AF640197

QUERVERLAG

SIGI LIEB

ALLE(S) GENDER

WIE KOMMT DAS GESCHLECHT IN DEN KOPF?

© Querverlag GmbH, Berlin 2023

Erste Auflage: März 2023

Lektorat: Katja Schurter

Alle Rechte vorbehalten. Kein Teil des Werkes darf in irgendeiner Form (durch Fotokopie, Mikrofilm oder ein anderes Verfahren) ohne schriftliche Genehmigung des Verlages reproduziert oder unter Verwendung elektronischer Systeme verarbeitet, vervielfältigt oder verbreitet werden.

Umschlag und grafische Realisierung von Sergio Vitale.

Druck und Weiterverarbeitung: Finidr
ISBN 978-3-89656-325-5
Printed in the Czech Republic

Bitte fordern Sie unser Gesamtverzeichnis an:
Querverlag GmbH
Akazienstraße 25, 10823 Berlin
www.querverlag.de

Inhaltsverzeichnis

Für Paul

Vorwort

Mein 52-jähriges Ich ist wütend: Wieso drängen wir Menschen 2023 noch immer in stereotype Vorstellungen von Mann und Frau? Wieso können Männer, Frauen und Intergeschlechtliche nicht einfach so sein, wie sie sind? Es ist doch völlig egal, wer Rock trägt und wer Hose, High Heels oder Sneakers, wer sich schminkt oder ungeschminkt in die Welt tritt, wer forsch, laut oder dominant ist und wer zurückhaltend, leise oder nachgiebig, wer lieber hämmert oder lieber häkelt. Soll doch jed*er so sein, wie sier möchte.

Die Diskussionen um den Anstieg von Transgender-Diagnosen bewegen sich weitgehend um die Frage, wie Betroffene behandelt werden sollen und ab welchem Alter. Oder sie kreisen um die Frage, ob es eine Laune der Natur ist, Menschen in ‚falsche' Körper zu stecken, oder ob sie psychische Krankheiten haben.

Kaum jemand fragt: Was läuft falsch mit unserer Gesellschaft, dass wir Menschen derartigem psychischen Druck aussetzen, dass sie in immer größer werdender Zahl bereit sind, sich gefährlichen Operationen zu unterziehen und lebenslang Hormone zu nehmen? Ist es wirklich der ‚falsche' Körper oder eher mangelnde gesellschaftliche Akzeptanz von Vielfalt?

Die *Neue Zürcher Zeitung* nennt im November 2020 Zahlen der schwedischen Gesundheitsbehörde, wonach in den Jahren 2008 bis 2018 die Zahl der Transgender-Diagnosen von 13- bis 17-jährigen Mädchen um 1500 Prozent gestiegen ist. Ähnliche Zahlen meldet das Tavistock Centre in London, eine Klinik für minderjährige Transgender-Personen. In ihrem Bericht zur Tavistock-Klinik schreibt Gutachterin Dr. Hillary Class, dass die Gesamtzahl von behandelten Minderjährigen im Zeitraum von 2009 bis 2020 von jährlich 50 auf 2500 angestiegen ist. 5000 Kinder und Jugendliche standen danach 2021 auf der Warteliste. Martina Lenzen-Schulte schreibt im Deutschen Ärzteblatt im Dezember 2022: „Konsistent liegen in vielen europäischen und angloamerikanischen Ländern seit etwa dem Jahr 2000 die Prävalenzanstiege bei mehr als 1.000 %." Auch in meinen Gesprächen mit Fachleuten in Bochum, Hamburg und Münster wird diese Entwicklung bestätigt.

Was ist hier los? Bin ich trans und habe es 50 Jahre nicht gemerkt? Was genau ist trans? Ich bin 52 Jahre alt, als Frau geboren, und mit meinem Körper ist alles in Ordnung. Trotzdem hatte ich schon meine Periode, als ich notgedrungen akzeptierte, dass aus mir kein Junge mehr wird. Hätte ich mich in der Pubertät unerwartet zum Mann entwickelt, ich hätte gejubelt. Was haben mich die wachsenden weiblichen Rundungen genervt. Wie neidisch war ich auf meine Freundin, die sehr dünn und zu diesem Zeitpunkt noch flach wie eine Flunder war. Und was war ich noch mehr neidisch auf die Jungs, die alles durften, coolere Klamotten trugen, coolere Geschenke bekamen und schmale Hintern mit geraden oder V-förmigen Oberkörpern hatten. Hätte ich damals etwas von Transition gewusst, es wäre eine echte Option für mich gewesen.

Mein 52-jähriges Ich wird stutzig und denkt: Hätte ich mich in den 1980er oder 1990er Jahren zum Mann operieren lassen, hätte ich kein Kind geboren. Mein wunderbarer Sohn wäre nicht auf der Welt. Mit 18 verschwendete ich keine Gedanken an eine potenzielle Elternschaft. Damals wusste ich nicht einmal, ob ich überhaupt Kinder will. Mein Problem war eher, dafür zu sorgen, nicht schwanger zu werden.

Andererseits: Vermutlich hätte ich als Transmann andere Vorteile gehabt. Ich wäre für manche meiner Wesenszüge gefeiert statt kritisiert worden. Und ich hätte es leichter gehabt in Sachen Karriere, weil ich nicht ständig mit Stereotypen über und Erwartungen an Frauen und Weiblichkeit konfrontiert worden wäre. Kurzum: mehr Akzeptanz und weniger Signale, ich solle anders sein, weniger falsche Unterstellungen über mein Sosein. Wer weiß: Vielleicht hätte ich mich als Transmann wohl gefühlt?

Ich weiß heute aber auch: Mein Genderstress rührte nicht von meinem Körper her, sondern von den Erwartungen, die wegen meines Körpers an mich gerichtet wurden. Ständig sollte ich Dinge tun oder lassen, wurde ich gelobt oder kritisiert, weil ich ein Mädchen, eine Frau bin. Wer ich wirklich bin, was ich will, was mich ausmacht, mein Sosein hat offenbar niemanden interessiert. Bis heute werden Mädchen und Jungs geschlechtsspezifisch unterschiedlich behandelt. Nicht nur von den Eltern, sondern von der Gesellschaft, ihren Narrativen und Produkten als Ganzes.

Mädchen werden dahingehend erzogen, schön zu sein, fleißig, sich keiner Gefahr auszusetzen, sich um andere zu kümmern und ihre Interessen hinter denen der anderen zurückzustellen. Jungs sollen stark sein und mutig, nicht weinen und ihr Ding machen. Wenn sie sich durchsetzen, werden sie gefeiert. Durchsetzungsstarke Mädchen gelten schnell als zu fordernd, zu forsch, zu laut.

Bei Kleidung und Style ist es umgekehrt. Hier haben Mädchen mehr Freiheiten als Jungs. Ob Frauen Jeans und Sneakers tragen oder Rock und High Heels oder Rock und Sneakers, interessiert kaum jemanden. Einem Mann in hohen Schuhen und Sommerkleid wird auch heute noch schnell das Mannsein abgesprochen oder ihm wird eine homoerotische Orientierung unterstellt. „No homo", sagen viele Jungs reflexartig, wenn einer irgendetwas zeigt oder tut, das auch nur einen Hauch von Weiblichkeit in sich trägt. Die Erwartung ist also nicht nur an Genderkonformität gerichtet, sondern auch an ein heterosexuelles Begehren.

Als junge Erwachsene habe ich mit androgynen Stilen gespielt, fand es schick, mein Geschlecht nicht allzu genau zu definieren, neutral zu sein. Was allerdings aufgrund meiner Sanduhr-Figur nur mittelmäßig gelang. Androgyn fühlte sich richtig an. So gefiel ich mir. Aber auch bei Frauen, die sich ‚männlich' stylen, urteilt die Gesellschaft schnell. Als ich 1997 die Haare sehr kurz trug, wurde ich von einem Busfahrer in Kalifornien gefragt, warum ich lesbisch sei. Offensichtlich konnte er sich nicht vorstellen, dass Frisur und sexuelle Orientierung keinen Zusammenhang haben.

Uns werden aufgrund unseres Aussehens zahlreiche Eigenschaften zugeschrieben. Das ist zunächst normal. Solange die Zuschreibungen zutreffen, ist das okay, weil sie uns in unserer Identität bestätigen. Anders ist es, wenn die Zuschreibungen vorurteilsbelastet und falsch sind. Das fühlt sich schlecht und schmerzhaft an. Natürlich kann ich mich entscheiden, ob ich ein schwarzes Heavy-Metal-T-Shirt oder eine pinke Glitzerbluse trage. Das ist ein Statement. Mein körperliches Geschlecht aber habe ich, ebenso wie meine Hautfarbe, immer dabei. Ob ich will oder nicht.

Was macht das mit Menschen, die ständig mit Erwartungen und Stereotypen von Mannsein oder Frausein konfrontiert werden, die nicht zu ihnen passen? Denen Dinge verwehrt werden, weil sie Mann sind, weil sie Frau sind? Sollten sie ihr Äußeres so anpassen, dass sie von der Gesellschaft in dem Geschlecht wahrgenommen werden, dem sie sozial mehr entsprechen?

Mein 52-jähiges Ich fragt sich: Warum soll ich meinen Körper ändern, damit ich sein kann, wie ich bin? Warum soll ich Hormone und andere Medikamente nehmen, mich gefährlichen Operationen unterziehen, damit ich als Ich akzeptiert werde? Warum soll ich meinen Körper zum Opfer patriarchaler Geschlechtervorstellungen machen?

In meinem Kopf taucht das Bild von Michael Jackson auf, der – wie viele andere Schwarze in den 1980er Jahren – mit Chemie-Präparaten und durch medizinische Eingriffe versuchte, seine Haut zu bleichen. Ziel: mehr gesellschaftliche Akzeptanz. In vielen afrikanischen Ländern benutzen Frauen bis heute gefährliche Bleichcremes, um heller zu werden und damit als schöner zu gelten.

Der Wunsch, im eigenen Sosein akzeptiert zu werden, ist sehr menschlich. Das möchten wir alle. Aber was ist das für eine Gesellschaft, die verlangt, dass wir unsere Körper dafür an Normen und Werte anpassen? Muss nicht eher die Gesellschaft ihre Normen und Werte ändern?

Die Black-Lives-Matter-Bewegung tritt heute zu Recht laut und forsch für gleiches Ansehen und Wertschätzung von Menschen aller Hautfarben ein. Und es ist noch ein weiter Weg, bis die Hautfarbe ähnlich wenig Auswirkung auf die Chancen eines Menschen hat wie die Haar- oder Augenfarbe.

Dass Menschen unabhängig von ihrem Geschlecht erzogen und gesehen werden, dass Männer ohne Diskriminierung geschminkt im Kleid und Frauen ohne sexistische oder misogyne Bemerkungen in den Führungsetagen unterwegs sein dürfen, davon sind wir trotz 250 Jahren Frauenbewegung weit entfernt.

Wenn es darum geht, dass wir als Gesellschaft anerkennen, dass die Natur vielfältiger ist, als es unsere binäre und heterosexuell genormte Ordnung glauben macht, stehen wir am Anfang. Das gilt für Intergeschlechtlichkeit wie für Transgender. Wie definieren wir Geschlecht? Was ist von der Natur vorgesehen? Was erzeugen wir kulturell? Geht es bei Transgender wirklich um Busen und Penis oder eher um die Freiheit, das eigene Sosein zu leben, egal mit welcher körperlichen Ausstattung?

Die gesellschaftliche Debatte ist ideologisch aufgeheizt. Die Konfliktlinie zieht sich nicht nur entlang der üblichen Gräben rechts gegen links oder konservativ gegen liberal. Streit gibt es auch innerhalb der queeren Community und zwischen Transaktivist*innen auf der einen, Feminist*innen und Homosexuellen auf der anderen Seite: Es gibt Interessenskonflikte zwischen Frauenrechten, Homosexuellenrechten, Transrechten und Interrechten. Doch statt diese herauszuarbeiten und Kompromisse zu suchen, wird der Konflikt schwarz-weiß geführt und immer radikaler.

Meine Geschichte hat viel mit beidem zu tun, mit Feminismus und mit Queer. Und beides ist wichtig.

Ich bin leidenschaftliche Feministin und möchte, dass Frauen nicht nur die Hälfte vom Kuchen kriegen, sondern das Rezept mitbestimmen. Gleichzeitig finde ich manche Äußerungen auch von Frauen stereotypisierend, pauschalisierend und diskriminierend. Wenn es heißt, „Frauen führen anders“ oder „Frauen sind so, Männer so“, bin ich raus. Wenn Transaktivist*innen behaupten, es gebe kein biologisches Geschlecht oder einen Penis als potenziell weibliches Organ bezeichnen, bin ich ebenfalls raus.

Ich bin für gesellschaftliche und geschlechtliche Vielfalt. Wir müssen akzeptieren, dass die Natur vielfältiger ist, als unser binäres Gesellschaftsmodell vorgaukelt, und uns entsprechend öffnen. Wenn wir uns wirklich befreien wollen, müssen wir uns von Stereotypen befreien und aufhören, kollektiv Kompetenzen und Wesensmerkmale nach Geschlecht zuzuschreiben.

Erst wenn ein Mann sanft, empathisch und nachgiebig sein darf und das als völlig normal gilt, und wenn eine Frau auf den Tisch hauen darf und sich laut und forsch durchsetzt, ohne dass sich jemand wundert, können wir von Gleichstellung reden. Wir sollten Geschlecht dort unterscheiden, wo es wichtig ist, um Benachteiligung zu vermeiden, ansonsten nicht.

Wenn wir Stereotype abbauen wollen, hilft es, zu hinterfragen, woher sie und die ungleiche Machtverteilung des Patriarchats kommen. Darum geht es in diesem Buch.

Nach einem Hinweis zur verwendeten Sprache beginne ich damit, Mann und Frau aus einem Alltagsverständnis heraus zu definieren und lege dabei Ungenauigkeiten und Grenzen der Definition offen. Ich erläutere das Akronym LGBTQIA+ und weitere queere Begriffe. Die beiden nächsten Kapitel widmen sich den biologischen und medizinischen Aspekten von Geschlecht. Außerdem erzählen Inter- und Transpersonen aus ihrem Leben. Im Mittelteil untersuche ich die Geschlechterbilder, die uns in der Werbung, auf Verkaufsflächen, bei Produkten, in Film und Fernsehen, Gaming oder Musik präsentiert werden, und setze sie in Bezug zu den tatsächlichen körperlichen Unterschieden. Ich beleuchte, wo Geschlecht in der Gesellschaft eine Rolle spielt, erforsche historische, soziologische und philosophische Erklärungen und die Ursprünge des Patriarchats.

Auf den Blick in andere Länder und Kulturen folgt die Entwicklung geschlechterbezogener Rechte in Deutschland. Am Ende gehe ich auf die aktuelle Transgender-Debatte in Deutschland ein und spiele mit Überlegungen, wie wir als Gesellschaft Geschlecht definieren könnten.

Das Buch ist ein Sachbuch mit biografischen und essayistischen Elementen. Es trägt den aktuellen Stand der Erkenntnis zusammen, analysiert, hinterfragt und macht die theoretischen Überlegungen anhand von Beispielen erfahrbar. Einige Interviewpersonen bleiben zu ihrem Schutz anonym. Ich möchte dich einladen, alle Aspekte von Sex, Gender und Geschlechtergerechtigkeit zu hinterfragen und deine eigene, informierte Meinung zu entwickeln.

Im Idealfall trägt das Buch dazu bei, die teils überhitzte Debatte zum Thema Transgender in sachlichere Bahnen zu lenken, sodass wir als Gesellschaft Lösungen finden, mit denen alle gut leben können. Ich wünsche dir eine interessante, unterhaltsame und anregende Lektüre!

Sigi Lieb, im Januar 2023

Zur verwendeten Sprache

Gendersensible Sprache ist mein Fachgebiet und der Stern ist das Sonderzeichen, das ich, sparsam eingesetzt, bevorzuge. Ich erlaube mir, bei allen Wortarten die gleiche Regel zu verwenden wie bei den Nomen: Wortstamm*längere Endung (jed*er). Dadurch wird die Regel einheitlich und der Stern sprechbar. Wenn das Nomen bereits durch den Stern als geschlechterübergreifend markiert ist, bleiben die Adjektive oder Artikel im Femininum. Eine Sternenflut würde nur den Lesefluss stören, ohne zusätzliche Informationen zu liefern.

Bisher fehlen in der deutschen Sprache genderneutrale Pronomen und Artikel. Andere Sprachen sind weiter. Im Englischen gibt es das Singular-they als neutrales Pronomen, im Schwedischen hen als Ergänzung zu han/hon. Im Französischen und Spanischen bilden sich ebenfalls neutrale Pronomen heraus: iel/yel und ele/elle. In beiden Fällen werden sie aus den Pronomen für sie und er gebildet. Ich verwende für dieses Buch ein analoges Konzept, wenn ich genderneutrale Pronomen benötige: sier als Personalpronomen, sihr als Possessivpronomen und dier als Relativpronomen.

Es ist einer der Vorschläge aus der Queer-Community. Ich habe mich für diese Form entschieden, weil sie deklinierbar ist und sich auch sonst flüssig in deutsche Texte integrieren lässt. Anstatt ewig über das Ob zu diskutieren, möchte ich das Wie probieren. Wo, wenn nicht in einem solchen Buch, soll ich kreative Lösungen für schöne und gendersensible Sprache ausprobieren?

Die Begriffe trans, inter oder cis verwende ich sowohl als Adjektive, wie als Teile eines Nomens, etwa Transpersonen oder Cis-Personen, so wie es im jeweiligen Kontext meinem Sprachgefühl besser entspricht, Cis- mit Bindestrich, damit es leichter lesbar ist.

Deutsch ist eine Legosprache, die sich vielfältig gestalten lässt. Wichtig ist, dass geschlechtliche Vielfalt wertgeschätzt wird. Dafür gibt es zahlreiche Möglichkeiten und die sollten wir nutzen, ohne uns mit Dogmen einzuengen, damit unsere Sprache reich und schön bleibt, wie eh und je.

Im Zusammenhang mit Gender und Geschlecht tauchen viele neue Wörter auf, außerdem verwende ich einige Fachbegriffe. Um die Orientierung zu erleichtern, befindet sich am Ende des Buches ein alphabetisch geordnetes Glossar zum Nachschlagen.

Wie definieren wir Mann und Frau, wie divers?

Seit Dezember 2018 gibt es in Deutschland den Geschlechtseintrag ‚divers' als dritte Geschlechtskategorie und es wird viel darüber gesprochen. Hitzig diskutiert wird vor allem die Frage, wie diese Menschen in der Sprache abgebildet werden sollen. Aber was heißt ‚divers' genau? Bezieht sich der Begriff nur auf intergeschlechtliche Menschen? Sind Transpersonen divers? Oder ist jeder Mensch divers, der keine Lust hat, sich als Mann oder Frau zu bezeichnen? Wie definieren und wie erleben wir Geschlecht und Gender? Müssen wir Geschlecht neu denken? Wie divers ist jed*er Einzelne von uns?

Beginnen wir mit dem, was wir seit immer kennen: Mann und Frau. Das zu definieren, müsste doch einfach sein, oder? Und daraus können wir dann ableiten, wer alles zur Kategorie ‚divers' zählt.

Ich sehe doch, wer ein Mann ist und wer eine Frau, wirst du vielleicht denken. Stimmt. Auf der Straße, im Büro oder in der Kneipe entscheiden wir in Millisekunden, wen wir als Frau und wen als Mann wahrnehmen. Meistens trifft diese Wahrnehmung auch zu.

Aber woran machen wir das fest? Wie entscheiden wir, wen wir welchem Geschlecht zuordnen? Die wenigsten Menschen sehen wir nackt. Noch seltener kennen wir den genetischen Cocktail einer Person. Es müssen also andere Kriterien sein, nach denen wir Mann und Frau zuordnen.

Fangen wir bei den Grundlagen an. Vielleicht erinnerst du dich noch an das eine oder andere aus dem Biologieunterricht.

Wieso gibt es mehrere Geschlechter?

Der Mensch pflanzt sich zweigeschlechtlich fort, wie andere Säugetiere auch. Anders als zum Beispiel manche Echsen- und Fischarten. Dort gibt es neben der zweigeschlechtlichen die eingeschlechtliche Fortpflanzung, auch Parthenogenese oder Jungfernzeugung genannt. Bei der eingeschlechtlichen Fortpflanzung klonen sich die Weibchen. Nur zufällige Genmutationen sorgen für Veränderung und Anpassung an die Umwelt. Es gibt Tierarten, die zwischen ein- und zweigeschlechtlicher Fortpflanzung wechseln können.

Der große Vorteil der zweigeschlechtlichen Fortpflanzung ist die deutlich schnellere Anpassungsfähigkeit an eine sich verändernde Umwelt. Durch die Vermischung der Gene von zwei Lebewesen entstehen sehr viel mehr genetische Kombinationen, und das ist evolutionär betrachtet positiv. Doch damit das klappt, müssen sich zwei erst einmal finden. Es gibt auch Tiere, die ihr Geschlecht im Laufe des Lebens ändern, so einige Fischarten wie zum Beispiel der Clownfisch.

Chromosomales Geschlecht

Bei den Menschen entsteht aus den Genen von zwei Personen ein neuer Mensch, der eine ganz individuelle Genzusammenstellung hat. Diese Gene liegen in jeder Zelle auf 23 Chromosomen-Paaren. Dabei unterscheidet sich das 23. Paar von den anderen: Dort gibt es neben der Variante XX die Variante XY, bislang definiert als Frau (XX) und Mann (XY).

Dazu gibt es weitere Chromosomen-Varianten. So kommt es vor, dass jemand mehr als zwei Geschlechtschromosomen hat (zum Beispiel XXX, XXY, XYY), oder eines fehlt (X0). Außerdem gibt es Menschen mit unvollständigen Geschlechtschromosomen. Wie nennen wir diese Geschlechter? Ist das ‚divers'?

Und wie soll das praktisch funktionieren? Woran erkennen wir ‚divers' auf der Straße? Wir wissen doch nicht, welche Chromosomen und Gene unser Gegenüber hat. Und das muss und will ich auch nicht wissen.

Körperliches Geschlecht

Egal, ob mit oder ohne Y-Chromosom: Embryonen sind die ersten Wochen geschlechtsneutral. Etwa ab der siebten Woche beginnt die geschlechtliche Differenzierung. Aus Embryonen mit zwei X-Chromosomen bilden sich in der Regel weibliche Babys, aus XY-Embryonen männliche. Die Natur aber probiert viel aus. Deshalb gibt es neben der Standardausführung zahlreiche Varianten, die sich nicht so einfach zuordnen lassen.

Es gibt XY-Personen, die mit Vulva geboren werden, XX-Personen, die aussehen wie ein Junge, Personen, die mit Penis geboren werden und in der Pubertät einen Busen entwickeln, und viele weitere Varianten. Die meisten von ihnen haben entweder Hodengewebe oder Eierstockgewebe, einige wenige beides. Woran machen wir fest, wer männlich, weiblich, divers ist?

An der Entwicklung unserer körperlichen Geschlechtsmerkmale sind nicht nur die Geschlechtschromosomen beteiligt, sondern eine Reihe weiterer Gene.

Die Forschung hat außerdem weitere Körper-Unterschiede zwischen Mann und Frau festgestellt: im Gehirn, in der Haut, im Stoffwechsel, den Knochen, dem Skelett, der Muskel-Fett-Verteilung. Was bei vielen dieser statistisch messbaren Unterschiede im Unklaren bleibt: Wie kommen sie zustande? Was ist in den Genen angelegt? Was wird durch Hormone verursacht? Und welche Unterschiede sind Folgen von Umwelt und Sozialisation? Denn auch gesellschaftliche Normen und Regeln haben biologische Folgen. Unser Körper und unser Gehirn entwickeln sich mit unseren Tätigkeiten und Erfahrungen.

Funktionale Definition von Geschlecht

2020 gab es einen Shitstorm gegen die britische Schriftstellerin Joanne K. Rowling. Ihr wurde Transfeindlichkeit vorgeworfen. Was war passiert? Rowling hatte die Formulierung „Menschen, die menstruieren“, wie sie in der transaktivistischen Szene statt „Frau“ verwendet wird, kritisiert und fragte: „Dafür gibt es doch ein Wort, helft mir.“ Können solche funktionalen Beschreibungen als Definition für Mann oder Frau herhalten?

Nein. Sie sind schlicht unpassend. Die Formulierung, die neben körperlichen Frauen Transmänner einschließen soll, eignet sich nicht. Denn auch vor der Menstruation und nach der Menopause reden wir von Mädchen und Frauen. Sie menstruieren aber noch nicht oder nicht mehr. Gleiches gilt für Frauen, denen die Gebärmutter oder Eierstöcke entfernt wurden.

Auch andere Definitionen, die von den Organen und deren Funktionalität ausgehen, eignen sich nicht. Es gibt Männer mit nur einem oder ohne Hoden. Ebenso gibt es Frauen, die keine Kinder bekommen und Männer, die keine zeugen können. Es gibt Männer, die keinerlei Körperhaare haben. Sind die dann alle divers?

Definition über das Aussehen

Zurück auf die Straße: Woran machen wir fest, ob eine Person ein Mann oder eine Frau ist? An äußerlichen Merkmalen: Bartwuchs, Körperform, Größe, das Vorhandensein oder Fehlen eines Busens. Sind Gesicht und Körper eher weich und kurvig oder eher kantig? Hat die Person einen Adamsapfel? Wir finden sicher noch ein paar weitere Merkmale, anhand derer wir auf der Straße, in der Bar oder im Büro schnell entscheiden, ob jemand Mann ist oder Frau.

Tatsächlich zeigen Forschungen, dass wir allein anhand von Bewegungsmustern relativ gut zwischen Mann und Frau differenzieren können. Aber lässt sich daraus eine Definition ableiten?

Würden wir Frau über sichtbaren Busen, breites Becken und schmale Taille definieren, wären viele Models keine Frauen mehr: zu dünn, zu wenige Rundungen.

Auch die Zahl der Männer würde enorm schrumpfen, wenn wir die Definition von Körperbehaarung, Größe des Adamsapfels und V-Form des Oberkörpers abhängig machen würden.

Die Zahl der Menschen mit dem Geschlecht ‚divers' wäre enorm.

Bei Kindern und sehr alten Menschen, also Menschen jenseits der fortpflanzungsfähigen Zeit, sind darüber hinaus diese geschlechtsspezifischen Merkmale noch nicht ausgeprägt oder bilden sich zurück.

Wir benutzen Kleidung und Styling, um ein Geschlecht zuzuweisen. Aber das ist nun wirklich eine rein kulturelle Frage und hat nichts mit Evolution oder Natur zu tun.

Definition über das Verhalten

Dass ich als Kind für einen Jungen gehalten wurde, hatte viel damit zu tun, was mir Spaß machte, wie ich mich verhielt, wofür ich mich interessierte: toben, klettern, Kräfte messen, sägen, schnitzen, hämmern, Schiffe bauen, Lego, Eisenbahn, Sandburgen mit Gräben und Tunneln, Welten erschaffen.

Aber kann eine geschlechtsspezifische Verhaltenserwartung wirklich Grundlage einer Definition sein? Sind dann Menschen, die gerne stricken oder häkeln, Frauen und Menschen, die gerne Fußball spielen oder sich handwerklich betätigen, Männer? Wohl kaum. Diese Stereotype wollen wir doch gerade loswerden, um Menschen aller Geschlechter gleiche Chancen zu ermöglichen.

Natur und Kultur: Geschlecht ist komplex

Aus natürlichen Geschlechterunterschieden konstruieren wir kulturelle Geschlechterstereotype und verbinden diese mit Erwartungen und Zuschreibungen. Treiben wir unsere Vorstellungen von männlich und weiblich auf die Spitze, landen wir bei Tarzan und Barbie. Oder bei *Die Schöne und das Biest* oder *King Kong*. In diesen extremen Rollenbildern ist die Frau schön, unschuldig, keusch, der Mann stark, mutig und beschützend. In den Extremen werden Mann wie Frau entmenschlicht, er wird zum Tier, sie zur Puppe, einem Gegenstand.

Die allermeisten Menschen sind weder Tarzan noch Barbie, sondern irgendwo dazwischen. Die meisten vereinen männlich und weiblich gedeutete Eigenschaften in sich. Manche Charakterzüge oder Interessen entsprechen den gängigen Stereotypen, andere nicht. Dennoch stellen wir lieber uns in Frage als unsere Vorstellungen von Mann und Frau.

Wie divers bist du?

Im Rahmen einer Online-Kunstausstellung im Frühling 2021 habe ich die Ausstellungs-Besucher*innen gefragt, wie sie sich selber sehen.

Die Mehrheit identifiziert sich zwar mit dem Geschlecht, das bei ihnen in der Geburtsurkunde eingetragen wurde, nicht aber mit den Stereotypen und Klischees, die mit dem Geschlecht verbunden werden.

Wie definierst du dich selbst?
Siehst du dich selbst als typisch männlich oder weiblich, passt diese Zuordnung nur teilweise oder passt sie gar nicht zu dir?

Antwort	Anzahl
Ich sehe mich als typische Frau.	27
Ich sehe mich als typischen Mann.	16
Ich sehe mich zwar als Mann, aber die Klischees über Männer passen nicht zu mir.	35
Ich sehe mich zwar als Frau, aber die Klischees über Frauen passen nicht zu mir.	77
Ich kann oder will mich nicht eindeutig zuordnen.	15

Quelle: https://www.gespraechswert.de/alle-gender-definiere-mann-frau-divers/

Alle in diesem Kapitel aufgeführten Definitionen von Mann und Frau können also männlich, weiblich, divers nicht widerspruchsfrei unterscheiden.

Wir erkennen zwar ziemlich gut, wer Mann ist und wer Frau, aber sicher ist das nicht, denn Interpersonen erkennen wir in der Regel nicht.

Unsere Vorstellungen von Geschlecht sind stark mit kulturell gelernten Normen, Werten, Erwartungen und Zuschreibungen verbunden. Aber nicht alles, was unser Geschlecht bestimmt, ist kulturell. Die Natur ist auch noch da.

Was heißt das jetzt für unsere rechtliche Definition von Geschlecht?

Soll das Geschlecht frei wählbar sein?

Insbesondere in der transaktivistischen Szene gibt es die Forderung, jede Person solle selbst entscheiden, ob sie Mann, Frau oder divers, also nicht-binär, ist, ganz unabhängig von der körperlich-genetischen Ausstattung. Darüber hinaus soll das

Geschlecht veränderbar sein, weil wir uns im Laufe unseres Lebens unterschiedlichen Geschlechtern zugehörig fühlen können. Angesichts der Schwierigkeit einer eindeutigen Definition scheint diese Lösung naheliegend.

Aber ist sie auch praktikabel? Welche Folgen hätte eine solche Definition? Nehmen wir die Medizin: Ganz egal, ob eine Transperson das äußerliche Erscheinungsbild an das empfundene Geschlecht angleichen lässt oder nicht, der Chromosomensatz bleibt und damit auch eine Reihe von körperlichen Wirkmechanismen. Auch wenn Hormone den Körper an das Identitätsgeschlecht angleichen, so bleibt es doch immer eine Annäherung.

Wir wissen, dass körperliche Männer und Frauen unterschiedliche Krankheitsrisiken haben, unterschiedliche Symptome zeigen, anders auf Wirkstoffe reagieren. Erforscht ist das aber kaum (siehe Kapitel „Gendermedizin"). In den letzten Jahren versucht die medizinische Forschung zunehmend, die Datenlücken für Frauen zu schließen und geschlechtsspezifische Aspekte zu berücksichtigen. Wie aber soll das gehen, wenn die Geschlechtsdefinition keinen biologischen Bezug mehr hat?

Ähnlich komplex wird es in anderen Bereichen. Kann ein Unternehmen Quotenregelungen umgehen, indem sich ein paar Führungsmänner als Frauen eintragen lassen? Bekommen auch nicht-binäre Menschen eine Quote? Wie gehen wir mit geschlechtsspezifischen Räumen um? Es mag lustig anmuten, wenn feministische Aktivistinnen sich als Mann eintragen lassen, um damit Burschenschaften zu unterwandern. Weniger lustig wäre es, wenn ein Mann mit sexuell übergriffigen Verhaltenstendenzen die Freiheit des Geschlechtseintrags ausnutzt, um sich Zugang zu Frauenräumen zu verschaffen. In welchen Knast soll eine Person, die sich während des Prozesses als Frau eintragen lässt, aber weiterhin über alle männlich definierten Geschlechtsorgane verfügt? Der Männerknast als Hotspot toxischer Männlichkeit ist für Transfrauen problematisch, für schwule Männer allerdings genauso (siehe Kapitel „Die aktuelle Transgender-Debatte").

Klar ist: Queere Menschen, Intergeschlechtliche und Transpersonen sind selbst häufig Opfer von Ausgrenzung und Gewalt und brauchen Schutz. Aber wie müssen wir unsere Regeln ändern, damit sie queere Personen schützen, ohne geburtsgeschlechtliche Frauen und LGBs zu diskriminieren oder zu gefährden?

Gerade bei Rechtsnormen steckt der Teufel im Detail. Deshalb müssen wir sie ausleuchten, darüber nachdenken und Lösungen diskutieren.

Queere Genderbegriffe und Geschlechterkategorien

Aus den Begriffen LGB (englische Schreibweise) und LSB (deutsche Schreibweise) aus meiner Jugend ist ein sehr langes Akronym geworden: LGBTQIA+ beziehungsweise LSBTQIA+. Das Akronym hat so viele Buchstaben, dass viele Menschen die Orientierung verlieren. Ich eingeschlossen. Ich muss immer wieder nachlesen, wie das Wort richtig geschrieben wird. Es ist unübersichtlich geworden. Daher hier eine Orientierungshilfe in der begrifflichen Vielfalt queerer Lebenswelten:

Was bedeutet LGBTQIA+?

Die ersten drei Buchstaben des Akronyms LGBTIQIA+ stehen für Lesbian, Gay und Bisexual (LSB für lesbisch, schwul, bisexuell). Sie beziehen sich auf die sexuelle Orientierung und sagen nichts über die Genderidentität aus.

Das T steht für trans oder transgender. Transgender sind Menschen, bei denen Geburtsgeschlecht und Identitätsgeschlecht verschieden sind. Das heißt: Sie fühlen sich nicht ihrem Körpergeschlecht beziehungsweise ihrem geburtsgeschlechtlichen Personenstand zugehörig. Häufig, aber nicht immer, ist das verbunden mit einer medizinischen Angleichung an das Identitätsgeschlecht.

Q steht für queer. Dabei hat der Begriff queer in den letzen 50 Jahren mehrere Bedeutungswandel erlebt. Queer kommt aus dem Englischen und bedeutet schräg oder seltsam. Ursprünglich wurde das Wort abwertend für Schwule und Lesben gebraucht, bis diese das Wort in den 1980er Jahren als Selbstbezeichnung verwendeten (Aneignung, Reclaiming) und positiv aufwerteten. Im Laufe der Zeit versammelten sich unter dem LGB-Dach auch andere Gruppen und Queer war der Dachbegriff für alle.

In jüngster Zeit wird queer immer mehr im Kontext der Queertheorie und der Geschlechtsidentität verwendet. Das führte dazu, dass sich immer mehr LGBs sowie ein Teil der Interpersonen nicht als queer bezeichnen möchten.

Das I steht für Intergeschlecht oder intersexuell. Das bedeutet, dass das körperliche Geschlecht nicht eindeutig ist. Oft wurden und werden intergeschlechtliche Menschen als männlich oder weiblich im Personenstand eingetragen. Auch Interpersonen können trans sein, wenn dieser Eintrag nicht zu ihrem Geschlechtserleben passt.

A für asexuell bedeutet, dass eine Person wenig oder keine Lust auf Sex hat. Am Ende steht manchmal das Plus (oder ein Stern) für alle weiteren Varianten, die nicht explizit benannt werden. Um das Lesen und die Wortbildung von zusammengesetzten Nomen zu erleichtern, verwende ich im weiteren Text LGBTQIA.

In LGBTQIA sind also die Kategorien sexuelle Orientierung, körperliches Geschlecht und Geschlechtsidentität zusammengefasst. Und weil es sich um verschieden Kategorien handelt, kann jede Person Aspekte aus jeder Kategorie in sich vereinen. Das führt nicht nur zu einer begrifflichen Vielfalt, sondern auch zu einer gewissen Inkonsistenz und mangelnden Abgrenzung, weil Körper, Identität und sexuelle Orientierung vermischt werden.

Weitere Begriffe und Konzepte

Zu den neuen Begriffen und Konzepten gehört auch die Vorstellung von und Benennung als nicht-binär. Das bedeutet, eine Person möchte sich weder als Mann noch als Frau identifizieren. Dies wird ergänzt von weiteren Wörtern, die sich zwischen Mann und Frau verorten, wie Demi-Boy, Demi-Girl, Two Spirit, genderfluid, androgyn oder agender.

Andere Begriffe orientieren sich an Äußerlichkeiten. Crossdresser meint, dass sich eine Person gegengeschlechtlich kleidet, ein Begriff, mit dem ich Probleme habe. Was soll das bedeuten? Kleidung hat kein Geschlecht. Dragqueen bezeichnet einen schwulen Mann in einem hyperstereotyp weiblichen Outfit (analog Dragking). Frauen, die sehr maskulin auftreten, werden Butch genannt. Transvestit bezeichnet eine hyperstereotyp weibliche Rolle, die eingenommen wird, vornehmlich in Theatern und auf Bühnen. Zusätzlich gibt es noch den Begriff der Autogynophilie, was Männer bezeichnet, die von der Vorstellung von sich als Frau erregt sind (bei Frauen: Androgynophilie).

Während Transgender in den 1980er Jahren nur Menschen meinte, die unter Geschlechtsdysphorie leiden und ein starkes

Bedürfnis hatten, ihren Körper medizinisch möglichst an das Identitätsgeschlecht anzugleichen, sind heute unter dem Begriff Transgender viele weitere Untergruppen versammelt. Das gefällt auch in der Community nicht allen. Überhaupt ist die Idee der Vielgeschlechtlichkeit jenseits von Mann und Frau auch in der Trans- und der LGB-Community umstritten. Manche sehen nur diejenigen als Transgender, die ihren Körper mittels Hormonen und Chirurgie so weit wie möglich an die empfundene binäre Geschlechtsidentität angleichen möchten. Andere gehen davon aus, dass allein der Sprechakt das Geschlecht definiert.

Der Begriff bisexuell funktioniert nur in einer zweigeschlechtlichen Welt. Der neuere Begriff pansexuell weitet die sexuelle Orientierung dahingehend aus, dass sie nicht auf ein Geschlecht festgelegt ist, ohne dabei die Zahl der Geschlechter zu bestimmen.

Auch um die Begriffe homosexuell, lesbisch und schwul gibt es Streit. Die einen sagen, eine Person, die sich weiblich identifiziert und Frauen begehrt, ist lesbisch, auch wenn sie einen Penis hat (schwul genauso, nur umgekehrt). Andere verweisen darauf, dass es homosexuell heißt, nicht homogender und es um eine sexuelle Orientierung anhand des Körpergeschlechts geht.

In der jüngeren Zeit gibt es Abgrenzungsbewegungen und Neugründungen von LGB-Verbänden ohne T und Q, wie die *LGB Alliance* oder *Just Gay*. Diese werden von den Anhänger*innen der Queertheorie massiv bekämpft.

Was heißt nun ‚divers'?

Im Akronym LGBTQIA fehlt der Buchstabe D für ‚divers'. Divers ist der Personenstand, der neu statt ‚männlich' oder ‚weiblich' eingetragen werden kann. Seit 1. Januar 2019 ist das Gesetz in Deutschland in Kraft. Aus den Stellenausschreibungen kennst du die Formulierung (m/w/d). Im Pass wird diese intergeschlechtliche oder nicht-binäre Geschlechtszugehörigkeit international mit X gekennzeichnet.

Wir müssen als Gesellschaft anerkennen, dass es körperlich viele Mischvarianten gibt, dass Liebe und Sex nicht nur der Fortpflanzung dienen, sondern viele weitere wichtige Funktionen haben, und dass es Menschen gibt, bei denen die gefühlte Geschlechtszugehörigkeit und ihr Körper im Widerspruch zueinander stehen.

Das alles trifft auf ein Gesellschafts- und Rechtssystem, das in Bezug auf Geschlecht durch und durch binär organisiert ist und von einem heterosexuellen Begehren ausgeht. Gendernonkonform heißt, dass eine Person auf welcher Ebene auch immer nicht in die genderstereotype Normvorstellung passt.

Diese Vielfalt zu erkennen, zu würdigen und unsere Regeln und Räume so zu gestalten, dass sie gerechte Chancen für alle bieten, da stehen wir als Gesellschaft erst am Anfang. Unsere Verfassung verpflichtet uns, allen Menschen die gleiche Würde entgegenzubringen. Menschenrechte sind Individualrechte und gelten für alle.

Grundgesetz der Bundesrepublik Deutschland, Artikel 1–3:

Art 1

(1) Die Würde des Menschen ist unantastbar. Sie zu achten und zu schützen ist Verpflichtung aller staatlichen Gewalt.

(2) Das Deutsche Volk bekennt sich darum zu unverletzlichen und unveräußerlichen Menschenrechten als Grundlage jeder menschlichen Gemeinschaft, des Friedens und der Gerechtigkeit in der Welt.

(3) Die nachfolgenden Grundrechte binden Gesetzgebung, vollziehende Gewalt und Rechtsprechung als unmittelbar geltendes Recht.

Art 2

(1) Jeder hat das Recht auf die freie Entfaltung seiner Persönlichkeit, soweit er nicht die Rechte anderer verletzt und nicht gegen die verfassungsmäßige Ordnung oder das Sittengesetz verstößt.

(2) Jeder hat das Recht auf Leben und körperliche Unversehrtheit. Die Freiheit der Person ist unverletzlich. In diese Rechte darf nur auf Grund eines Gesetzes eingegriffen werden.

Art 3

(1) Alle Menschen sind vor dem Gesetz gleich.

(2) Männer und Frauen sind gleichberechtigt. Der Staat fördert die tatsächliche Durchsetzung der Gleichberechtigung von Frauen und Männern und wirkt auf die Beseitigung bestehender Nachteile hin.

(3) Niemand darf wegen seines Geschlechtes, seiner Abstammung, seiner Rasse, seiner Sprache, seiner Heimat und Herkunft, seines Glaubens, seiner religiösen oder politischen Anschauungen benachteiligt oder bevorzugt werden. Niemand darf wegen seiner Behinderung benachteiligt werden.

Quelle: https://www.gesetze-im-internet.de/gg/BJNR000010949.html

Geschlechterkategorien

Unsere Vorstellungen von Geschlecht sind umfassend wie diffus. Aber warum klammern wir uns so daran, wie Männer und Frauen zu sein haben? Warum nutzen wir nicht Konzepte, die uns erlauben, unsere männlichen und weiblichen Anteile frei zu leben, ohne gleich unser Körpergeschlecht infrage zu stellen?

Helfen kann uns dabei vielleicht die ost-asiatische Philosophie mit ihrem Prinzip von Yin und Yang. Männliche und weibliche Anteile greifen ineinander. Jeder Mensch hat Anteile von beiden, unabhängig vom Körpergeschlecht. Wenn wir uns erlauben, dass Männer sehr weibliche Anteile haben dürfen und Frauen sehr männliche, befreit uns das aus den starren patriarchal geprägten Schubladen und schafft Raum für individuelles Sosein.

Lass uns dafür unser Geschlechterkonzept in seine Einzelteile zerlegen und die Kategorien getrennt betrachten:

Das **körperliche Geschlecht** ist die Kombination aus Genen, Hormonen und Geschlechtsorganen. Die Fortpflanzung ist zwar zweigeschlechtlich, die Natur schenkt uns aber neben Mann und Frau vielfältige intergeschlechtliche Varianten. Manche sprechen auch vom biologischen Geschlecht. Der Begriff ist aber nicht so trennscharf, weil natürlich auch unsere Psyche in Verbindung mit Biologie steht.

Das psychische Geschlecht oder die **Geschlechtsidentität** bezeichnet, wie wir uns fühlen. Erleben wir uns selbst als Frau, als Mann oder dazwischen beziehungsweise keiner der beiden Kategorien zugehörig, also nicht-binär?

Das **soziale Geschlecht** oder die Geschlechterrolle ist das Geschlecht, das die herrschenden Geschlechtsvorstellungen einer Gesellschaft einem bestimmten Aussehen, Styling und Verhalten zuweisen.

Die **sexuelle Orientierung** besagt, wen wir sexuell anziehend finden, in wen wir uns verlieben. In Menschen unseres Geschlechts oder in Menschen anderen Geschlechts oder das Geschlecht spielt keine große Rolle.

Zu Beginn meiner Recherchen für dieses Buch dachte ich, was hat hier die sexuelle Orientierung verloren? Was soll die in der Definition von Geschlecht? Bei näherem Hinsehen stellte ich fest, dass die entsprechenden Begriffe überhaupt nur im binären Mann-Frau-Konzept Sinn ergeben.

Oder wie definieren wir sexuelle Orientierung bei Interpersonen? Ist eine Interperson homosexuell, wenn jemand die gleiche körperliche Geschlechtlichkeit hat? Oder orientiert sich das eher an dem empfundenen Geschlecht, also der Identität, oder an der Zuschreibung, also wie uns andere lesen?

Ähnliche Fragen stellen sich auch bei Transpersonen. Transpersonen begehren ja keine anderen Menschen, nur weil sie transitionieren. Aber: Wann reden wir von homo-, wann von heterosexuell? Gehen wir vom Geburtsgeschlecht aus oder vom Transgeschlecht? Ist es überhaupt wichtig? Und für wen? Wie benennen wird das? Spätestens auf Dating-Portalen brauchen wir Wörter, um zu beschreiben, an welchen Personenkreis sich unser Interesse richtet.

Körperliches Geschlecht, Geschlechtsidentität, soziale Geschlechterstereotype und sexuelle Orientierung sind in unseren Vorstellungen und unserer Sprache vermischt.

Geschlechtliche Vielfalt aus biologisch-medizinischer Perspektive

Den Satz haben wir alle hundert Mal in Film und Fernsehen gehört: Es ist ein Mädchen! Oder: Es ist ein Junge!

Heute wissen die Eltern oft vor der Geburt, was es wird, ein Junge oder ein Mädchen, mindestens durch Ultraschall, manchmal durch Pränataldiagnostik. Das entscheidende Merkmal zur Geschlechtsbestimmung ist früher wie heute der Blick zwischen die Beine: Ist da ein Penis oder eine Vulva?

Dabei kann dieser Blick trügerisch sein. Wie wir im einleitenden Kapitel gesehen haben, kennt die Natur neben Mann und Frau zahlreiche gemischtgeschlechtliche Varianten. Manche dieser Varianten sind bereits beim Neugeborenen sichtbar, andere fallen erst auf, wenn die Pubertät anders verläuft als erwartet oder weil sich ein Kinderwunsch nicht erfüllt. Es gibt auch Varianten von Geschlecht, die nie auffallen. Varianten der Geschlechtsentwicklung heißen medizinisch DSD (Differences oder Disorder of Sexual Development). Dabei gelten nicht alle DSD-Varianten als intergeschlechtlich.

Wie entsteht das körperliche Geschlecht?

In Mamas Bauch sind zunächst alle gleich. Noch ist alles möglich. Embryos haben Anlagen für alle Geschlechter, sind bis etwa zur sechsten oder siebten Woche intersexuell. Die geschlechtliche Entwicklung selbst ist ein komplexer Prozess, an dem sowohl Gene als auch Hormone beteiligt sind.

Damit ein Junge entsteht, muss ein bestimmtes Gen aktiv werden, SRY genannt. Normalerweise befindet sich das SRY-Gen auf dem Y-Chromosom. Wird es aktiv, bilden sich Hoden, die zunächst noch im Körper liegen. Diese Hoden produzieren Testosteron und Anti-Müller-Hormon. Gemeinsam sorgen diese Hormone dafür, dass Samenleiter, Samenblasen und Prostata entstehen und die Hoden nach außen wandern. Aus den Genitalanlagen werden Eichel, Penis und Vorhaut. Weibliche Genitalanlagen bilden sich zurück. Ein körperlicher Junge wird geboren.

Ein XX-Embryo hat normalerweise kein SRY-Gen. Es produziert Estradiol, das dazu führt, dass sich Eierstöcke bilden. Es entstehen Eileiter, Gebärmutter und der obere Teil der Scheide. Die männlichen Anlagen bilden sich zurück und aus den weiblichen bilden sich Klitoris, Vulva und Harnröhrenöffnung. Ein körperliches Mädchen wird geboren.

Soweit der Standardprozess, die häufigste Form der Geschlechtsentwicklung. Die zahlreichen Abweichungen davon betreffen die Chromosomen, einzelne Gene, die Hormone sowie die Rezeptoren für deren Verarbeitung im Körper. Nicht alle Geschlechtsvarianten sind wissenschaftlich geklärt und verstanden. Ich habe den Kinderarzt und Endokrinologen Dr. Achim Wüsthof in Hamburg gefragt: „Wie viele Geschlechtervarianten gibt es eigentlich?“ Die Antwort: „Das ist gar nicht so einfach zu beantworten.“ Das bestätigt auch die Professorin für Endokrinologie Annette Richter-Unruh in Bochum und erzählt von einem Fall, bei dem die Fachleute sich nicht erklären konnten, warum dieser XX-Mensch männliche Genitale hatte.

Stefan, Grafikdesigner auf dem Dorf

Stefan und seine kleine Familie leben in einem Dorf irgendwo in Deutschland. Er ist Grafikdesigner. Seine Frau ist ebenfalls berufstätig. Ihr gemeinsames Kind besucht die Grundschule. Das Wunschkind kam über eine Embryonenspende in den Bauch seiner Mutter und in die Familie.

Dass Stefan gemischtgeschlechtlich ist, wissen nur wenige in seinem Umfeld. Die Diagnose ‚Klinefelter‘ (XXY) wurde bereits bei der Geburt gestellt. Er wurde häufig operiert und nimmt seit seiner Jugend Testosteron-Präparate.

Stefan fühlte sich oft als Forschungsobjekt. Das schlimmste sei gewesen, dass er sich bei den vielen Untersuchungen bis zum 16. Lebensjahr habe nackt ausziehen müssen, um fotografiert zu werden. „Mit Gewinn für die Wissenschaft, ohne Gewinn für mich“, fasst er dieses Erleben zusammen.

In der Schulzeit erinnert er sich besonders an einen Sportlehrer, der Jungs mit freiem Oberkörper Sport machen ließ, auch ihn. Dadurch wurde sein Brustwachstum, wie es bei Klinefelter-Menschen normal ist, für alle sichtbar und setzte ihn dem Mobbing aus.

Von seinen Eltern fühlte er sich angenommen und akzeptiert. Insgesamt sei seine Kindheit behütet gewesen, sagt Stefan. Allerdings habe er viel Zeit in Krankenhäusern verbracht, oft allein und weit weg von zu Hause.

Seine Eltern seien erleichtert gewesen, dass er normal intelligent sei, denn früher wurden Varianten der Geschlechtsentwicklung und Abweichungen generell häufig mit verminderter Intelligenz gleichgesetzt.

Auch von anderen Glaubenssätzen, die ihm von Ärzt*innen vermittelt wurden, musste er sich erst lösen. Etwa, dass er keinen Sex haben und nie Vater werden könne.

Stefan fühlt sich zwischen den Geschlechtern. Inzwischen lebt er ein selbstbewusstes Leben, ist aber dennoch vorsichtig, was er nach außen preisgibt. Wenn Stefan im Chor singt, wissen nur wenige von seinem wahren Geschlecht und lesen ihn als Mann. Wenn es dann heißt: „Stefan, übernimm du bitte die Männerstimme", stutzt er kurz. Inzwischen hat er sich einigen Chorfreund*innen gegenüber als intergeschlechtlich geoutet, stieß dabei bei manchen auf Unverständnis, bei anderen aber auch auf Akzeptanz und Sätze wie: „Ach, jetzt verstehe ich."

In seinem Pass steht nach wie vor ‚männlich'. Warum nicht ‚divers'?, will ich wissen: „Weil die Gesellschaft noch nicht so weit ist." Divers zu sein, sei ein Freibrief für Diskriminierung.

Für die Zukunft wünscht sich Stefan, dass Ärzt*innen besser ausgebildet werden. Und sie müssten lernen, sich zurückzunehmen und nicht ihre persönliche Haltung anderen überzustülpen. „Ihre Glaubenssätze haben mich lange belastet."

Formen von Intergeschlechtlichkeit

Intergeschlechtlichkeit ist also kein einheitliches drittes Geschlecht, sondern ein Überbegriff für zahlreiche DSD-Varianten, bei denen Chromosomen, Gonaden und äußere Geschlechtsmerkmale teilweise männlich, teilweise weiblich sind. Sehr selten kommt es vor, dass ein Mensch Hoden- und Eierstockgewebe besitzt. Bei den meisten Formen von Intergeschlechtlichkeit haben die Personen entweder Hodengewebe oder Eierstöcke, aber die Chromosomen und/oder das äußere Erscheinungsbild passen nicht dazu. Viele Interpersonen werden von ihrer Umwelt als Mann oder Frau wahrgenommen, auch wenn das Geschlecht in ihren Körpern nicht so eindeutig ist.

Klinefelter-Personen sehen sich meistens als Mann, aber nicht immer. Manche nehmen sich als Frau wahr oder sagen: „Ich bin dazwischen". Klinefelter haben ein Y-Chromosom und zwei oder mehr X-Chromosomen. Sie sind oft groß, ihr Bartwuchs ist eher gering und die Hoden klein, manche bilden einen Busen aus, andere sehen unauffällig männlich aus. Diagnostiziert wird Klinefelter oft erst in der Pubertät oder bei unerfülltem Kinderwunsch. Etwa eines von 500 oder 600 männlich gelesener Babys ist betroffen. Laut netdoktor ist Klinefelter die häufigste Ursache für Unfruchtbarkeit bei geburtsgeschlechtlichen Männern. Wobei es eine Dunkelziffer gibt, weil Klinefelter nicht immer diagnostiziert wird.

Renate, 61, aus dem Altmühltal

Renate ist 61 Jahre alt, verwitwet und lebt in einem kleinen Dorf im fränkischen Altmühltal. Aufgewachsenen ist sie als Mädchen auf einem Bauernhof. Nach der Hochzeit führte sie zusammen mit ihrem Mann dessen Firma. Eine Ausbildung hat Renate nicht. Ihre Eltern hielten das bei Mädchen nicht für notwendig.

Mädchen? Bis 2009 lebte sie in dem Glauben, sie sei eine Frau. Auch die Eltern glaubten das, obwohl Renate bereits als Einjährige wegen eines angeblichen Leistenbruchs operiert worden war und dem Landkrankenhaus vermutlich klar war, dass sie intergeschlechtlich ist

Als bei der jugendlichen Renate keine Menstruation einsetzte, ging sie mit ihrer Mutter zum Frauenarzt. Dort hieß es, sie habe keine Gebärmutter, aber sonst sei alles wie bei anderen Frauen, inklusive der Eierstöcke. Und sie müsse später nochmals operiert werden. Das geschah mit 19. Sie wurde in der Uniklinik München an ihrer Vagina operiert. Auch da sagte ihr niemand, was mit ihr los war.

Das fand sie erst viele Jahre später heraus, mit knapp 50, als sie bei der Uniklinik in München ihre Operationsunterlagen von damals anforderte. Renate erfuhr, dass sie genetisch ein Mann war, also intergeschlechtlich: Diagnose CAIS.

Das war ein Schock, und sie ist wütend, dass sie angelogen und ungefragt verweiblichend operiert worden war, dass man ihr die Entscheidung vorenthalten und sie jahrelang im Ungewissen gelassen hatte. Weder sie noch ihre Eltern waren gefragt worden. Der Arzt in München wusste genau Bescheid, dass sie inter ist. Aber er hatte nichts gesagt.

Renate verlor nicht nur ihr Vertrauen in die Ärzt*innen. Auch sich selbst gegenüber stellte sie viele Fragen. Als sie erfuhr, dass sie genetisch ein Mann ist, war sie seit Jahren mit ihrem Mann verheiratet. Das musste sie alles erst einmal verarbeiten. Ihr Mann reagierte zum Glück gelassen. Eine Selbsthilfegruppe fing sie damals auf.

Jetzt erschloss sich auch, was vermutlich bei der Operation als Einjährige passiert war. Es hatte geheißen, sie habe einen Leistenbruch gehabt. Vermutlich war einer der beiden Hoden nach außen gewandert und wurde entfernt. Aber was genau in dem Landkrankenhaus gemacht wurde, weiß sie nicht. Unterlagen gibt es keine mehr.

Renate hat im Zuge ihrer Recherchen auch erfahren, dass sie keine Eierstöcke, dafür einen innenliegenden Hoden hat. Und dieser produziert Testosteron. Das tat er schon ihr ganzes Leben lang. Und vermutlich hat der Körper dieses Testosteron ganz von alleine in Estradiol umgewandelt, sodass sich Renates Busen wie bei anderen Frauen entwickelte.

Nun wurde ihr klar, warum sie ihr Leben lang ein hormonelles Störgefühl hatte. Inzwischen hat sie Ärzt*innen, die besser auf ihre Bedürfnisse eingehen. Eine hormonelle Einstellung aber ist schwierig. Es gibt kaum Erfahrungen mit CAIS-Personen, die noch Hoden haben. Den meisten wurden sie entfernt. Viele bekommen Estradiol.

Das hat Renate auch probiert, aber es passte nicht. Außerdem erhöht sich so das Brustkrebsrisiko, und ihre Mutter ist an Krebs erkrankt. Am besten passt für Renate alle drei Monate eine Testosteronspritze.

Auf die Frage, ob sie sich als Mann oder Frau fühle, hat Renate eine sehr klare und pragmatische Antwort: Sie weiß nicht, wie andere Männer, Frauen, CAIS sich fühlen. Sie weiß nur, wie sie sich fühlt. Das kann sie nicht verallgemeinern. Das wäre aber auch so, wenn sie eine XX-Frau oder ein XY-Mann wäre.

Ihren Pass hat sie nicht ändern lassen. Auch in ihrem Dorf wissen die Leute von nichts. Nur ihre Familie und ihr Lebensgefährte wissen von Renates Intergeschlechtlichkeit.

Renate wünscht sich mehr Öffentlichkeit für das Thema, sodass die Menschen wissen, dass es Intergeschlechtlichkeit gibt und dass es normal ist.

Relativ häufig kommt es auch vor, dass Personen mit XY-Chromosomensatz mit Vulva, also weiblich gelesen, geboren werden. Eine Ursache dafür ist eine vollständige Androgenresistenz (CAIS). Der Rezeptor für das Testosteron fehlt oder passt nicht. Das heißt: Der Embryo hat zwar Hoden gebildet und Testosteron produziert. Es kann aber mangels Rezeptoren nicht wirken. So entwickelt sich der Embryo weiblich weiter und bildet weibliche Genitalien. Diese Babys haben eine Vulva und innenliegende Hoden, aber keine Eierstöcke. Manche verfügen auch über einen Uterus, könnten also später mit Eizellenspende schwanger werden.

Manchmal funktioniert der Androgenrezeptor ein bisschen. Die betreffenden Personen haben dann eine sehr große Klitoris, die einem kleinen Penis ähnelt.

Umgekehrt gibt es XX-Menschen, die mit männlichen Geschlechtsorganen geboren werden. So kann aus wissenschaftlich bisher nicht geklärter Ursache das SRY-Gen auf einem anderen Chromosom landen und von dort den Prozess „Bau einen Jungen“ starten. Also bildet der Embryo männliche Geschlechtsmerkmale. Auffallen kann eine solche Variante zum Beispiel, wenn die betroffene Person unter Testosteronmangel leidet.

Die Forschung hat Gene auf weiteren Chromosomen identifiziert, die ebenfalls an der Geschlechtsentwicklung beteiligt sind. Zum Beispiel spielt das SOX9-Gen auf Chromosom 17 eine wichtige Rolle. Veränderungen im SOX9-Gen können zu einer Geschlechtsumkehr führen. Es sind also nicht nur das X- und das Y-Chromosom an der Geschlechtsentwicklung beteiligt, sondern weitere Gene und vor allem hormonelle Prozesse.

Es gibt auch Menschen, in deren Zellen sich teilweise XX-Chromosomen und teilweise XY-Chromosomen befinden. Manche sehen aus wie Frauen, manche wie Männer, andere haben äußere Geschlechtsmerkmale beider Geschlechter. Je nachdem, ob die Gemischtgeschlechtlichkeit optisch auffällt oder nicht, wird sie früher oder später entdeckt – oder auch nie.

Eine Besonderheit sind Menschen mit einem doppelten Satz DNA, sogenannte Chimären. Sie entstehen ähnlich wie eineiige Zwillinge, nur umgekehrt: als zweieiiger Einling. Zwei befruchtete Eizellen verschmelzen in einem frühen Stadium zu einem Embryo. Dann wird ein Baby mit zwei Chromosomensätzen geboren. Ein Körper, der zweieiige Zwillinge in sich trägt. Intergeschlechtlich sind nur die Chimären mit gemischten Chromosomensätzen.

Ari, 54, Krankenpflegekraft aus Berlin

Ari ist 54 Jahre alt, Pflegefachkraft an der Charité in Berlin und engagiert sich dort für Diversity. Ari hat schon erlebt, dass Leute im Business-Meeting zusammensitzen, über Gender-Diversity reden und dann fragt ein*er: Wie viele ‚Diverse' gibt es überhaupt? Für wen machen wir uns die ganze Mühe? – Manchmal outet sie sich dann und sagt: Ich zum Beispiel.

Ari ist eine Chimäre. Sie verfügt über einen XX- und einen XY-Chromosomensatz. Ari ist hochgewachsen und lebt heute als Frau.

Geboren wurde Ari in Ostberlin und wuchs dort als Junge auf. Auch sie wurde operiert und mit Hormonen behandelt. Was genau medizinisch an ihrem Körper gemacht wurde, weiß sie nicht. Da gab es in der DDR und der BRD kaum

Unterschiede. Die Ärzt*innen machten, was sie für angemessen hielten, sprachen aber nicht unbedingt darüber.

Ari spürte, dass sie anders war. Und sie hatte viel mehr medizinische Untersuchungen als andere Kinder. Aber ihr Umfeld stritt das ab und Ari sollte sich verhalten wie ein Junge. Sie wurde bestraft, wenn sie sich nicht männlich genug verhielt. Es fiel ihr schwer, aber sie versuchte, sich anzupassen. Noch als Mann verliebte sie sich in eine Frau, gründete eine Familie, doch das Unbehagen blieb.

Ari bekam gesundheitliche Probleme und drängte zunehmend darauf, der Sache auf den Grund zu gehen. Erst da wurde festgestellt, dass sie intergeschlechtlich ist. Ari begann, ihren Hormonhaushalt umzustellen, und stellte fest, dass ihr die Östrogene guttaten. Das Frausein entsprach auch mehr ihrer Identität. Sie änderte ihren Personenstand in weiblich. Zu diesem Zeitpunkt gab es den Eintrag ‚divers' noch nicht.

Ari erzählt, wie sie beobachtete, wie ihre Umgebung sie wahrnahm. Als sie anfing, Östrogene zu nehmen, ging sie zunächst noch weiter in die Herrenumkleide. Irgendwann kippte die Außenwahrnehmung. Einmal ging ein unbekannter Kollege weg und zog sich woanders um. Da merkte Ari, dass sie jetzt als Frau gelesen wird.

Als eine Person, die in beiden Welten gelebt hat, sagt Ari, es gebe dramatische Unterschiede in der Männer- und der Frauenwelt.

Als Krankenpflegefachkraft hat sie ein besonderes Anliegen: Sie findet, dass medizinisches und pflegerisches Personal teils grausam mit Trans- und Interpersonen umgeht. Das müsse sich ändern. In Ausbildungseinrichtungen müsse das Thema deutlich mehr gelehrt werden. Mediziner*innen kennen bis heute oft den Unterschied zwischen trans und inter nicht. Auch Hebammen fehlt Fachwissen. Wenn ein Baby geboren wird, sollte nicht sofort eine Zuweisung zu einem Geschlecht erfolgen. Das Kind solle später selbst mitreden, wer es ist. Deshalb engagiert sie sich für Aufklärung und für queerfreundliche Curricula, insbesondere in den medizinischen und pflegerischen Fachberufen.

Nicht intergeschlechtliche DSD-Varianten

Chimären mit zwei Chromosomensätzen des gleichen chromosomalen Geschlechts sind nicht intergeschlechtlich. Aufsehen erregte ein Fall in den USA 2002. Nach der Trennung von ihrem Mann hatte eine Frau für sich und die beiden Kinder Sozialhilfe beantragt, und die ganze Familie musste einen Gentest machen. Danach wurde der Frau unterstellt, sie sei nicht die Mutter ihrer Kinder, weil die Gensätze nicht zusammenpassten. Ebenso bei ihrem dritten Kind. Da sie es unter Aufsicht geboren hatte, wurde ihr Leihmutterschaft unterstellt. Erst ein Artikel aus einem wissenschaftlichen Fachblatt brachte die Wahrheit ans Licht: Die Frau hatte zwei vollständige Chromosomensätze.

Weitere Varianten: Es gibt Frauen, die ohne Gebärmutter geboren werden. Es gibt Männer, bei denen der Harnausgang nicht an der Penisspitze, sondern am Schaft ist, und weitere Varianten, ohne dass dabei Elemente des anderen Geschlechts vorhanden sein müssen. Dazu zählen auch Menschen mit Trisomien wie XXX oder XYY. Sie sehen sich in der Regel nicht als intergeschlechtlich, da keine gemischten Merkmale vorliegen.

Das gilt auch für viele Personen mit Turner-Syndrom. Sie verfügen über ein vollständiges X-Chromosom, das zweite Geschlechts-Chromosom ist unvollständig oder fehlt in einem Teil oder allen Zellen. Turner-Personen sehen sich meist als Frauen. Häufig bilden sie zu wenig weibliche Hormone, um Kinder haben zu können. In jungen Jahren gibt es noch eine gewisse Chance, Eizellen einzufrieren für eine spätere künstliche Befruchtung.

Anders ist es, wenn das teilweise vorhandene, teilweise fehlende Chromosom ein Y-Chromosom ist, dann entwickeln sich männliche Geschlechtsteile. Bei manchen Betroffenen entstehen gemischt-geschlechtliche Auffälligkeiten, andere sehen unauffällig männlich aus. Hier zeigt sich, wie komplex die Abgrenzung von Intergeschlechtlichkeit zu männlich und weiblich ist.

Viele Interpersonen sind völlig gesund, andere brauchen eine Hormonbehandlung. Manche haben andere gesundheitliche Probleme. Vereinfacht können wir zusammenfassen: Neben

XX-Menschen mit weiblichen Genitalien und XY-Menschen mit männlichen Genitalien gibt es einen bunten Blumenstrauß weiterer Kombinationen aus chromosomalem, genitalem und phänotypischem Geschlecht. Häufig sind hormonelle Versorgung sowie Fruchtbarkeit beeinträchtigt, aber nicht immer.

Weil Interpersonen lange zwangsweise das Geschlecht Mann oder Frau zugewiesen wurden, ist es kein Wunder, dass viele Menschen keine Ahnung haben, was Intergeschlechtlichkeit ist und welche Formen es gibt. Dementsprechend verunsichert sind Eltern, wenn bei ihrem Kind eine Variante der Geschlechtsentwicklung festgestellt wird. Auch für die Betroffenen selbst ist die Akzeptanz der eigenen Geschlechtlichkeit oft nicht leicht. Der Verein *Intergeschlechtliche Menschen e.V.* schreibt auf seiner Website: „Intersexuelle Menschen setzen sich oft ihr ganzes Leben lang mit der Norm der Geschlechter in ‚männlich' und ‚weiblich' intensiv auseinander. Sie sehen sich mit der Aufgabe konfrontiert, ein eigenes Selbstverständnis finden zu müssen, für das es in der Gesellschaft kein Vorbild gibt, weil die konventionellen Rollenvorstellungen von Mann und Frau zu kurz greifen. Intersexuelle Menschen können sehr unterschiedliche Lebensplanungen haben und leben in unterschiedlichen Geschlechterrollen, können ‚weiblich' sein, ‚männlich' oder ‚intersexuell'. Wie sich ein intersexueller Mensch sieht, wird durch viele verschiedene Faktoren geprägt und ist das Ergebnis einer langen Differenzierungsphase."

Erkennen von Intergeschlechtlichkeit

Eine Möglichkeit, Intergeschlechtlichkeit zu erkennen, sind optische Auffälligkeiten an den äußeren Geschlechtsorganen. Andere Formen fallen durch das Neugeborenen-Screening auf, das verschiedene Stoffwechselerkrankungen und Hormonstörungen untersucht, darunter der 21-Hydroxylasemangel (Androgenitales Syndrom), der zu einer Vermännlichung von XX-Babys führt.

Im Rahmen der Pränataldiagnostik wird ein Chromosomen-Screening durchgeführt. Wenn Eltern den Chromosomensatz ihres Babys kennen und die äußeren Geschlechtsmerkmale bei

Geburt dem erwarteten Geschlecht widersprechen, fällt die Intergeschlechtlichkeit ebenfalls bereits bei der Geburt auf.

Häufig sieht das Baby zunächst aus wie ein Junge oder wie ein Mädchen und nichts fällt auf. Und so wird es in der Geburtsurkunde als weiblich oder männlich registriert.

Wurde in der Vergangenheit bei Säuglingen oder Kleinkindern eine Mischgeschlechtlichkeit festgestellt, wurden sie regelmäßig geschlechtszuweisend operiert, sozusagen operativ normiert. Dabei waren solche Operationen medizinisch oft unnötig. Dafür löste die Veränderung oder Entfernung von Geschlechtsorganen bei Betroffenen viel Leid aus: oft lebenslange Medikation, psychische Probleme, Schmerzen. Doch obwohl diese Operationen zunehmend als Menschenrechtsverletzung und Genitalverstümmelung kritisiert wurden, führte dies gemäß einer Studie der Ruhr-Universität Bochum mit Zahlen von 2005 bis 2016 nicht zu einem Rückgang dieser Operationen: „Umso problematischer ist es, dass es trotz der öffentlichen Debatte und Kritik an feminisierenden und maskulinisierenden Operationen an nicht-einwilligungsfähigen Kindern in den letzten Jahren insgesamt zu keinem Rückgang der Eingriffe gekommen ist“, schrieben die Autor*innen und forderten ein Verbot, wie es in Deutschland seit 2021 gilt (siehe Kapitel „Interrechte“).

Charlotte, 29, lebt in der Großstadt

Charlotte ist eine zierliche, schlanke Person und sieht auf den ersten Blick aus wie eine Frau. Ihre Gene aber sind XY. Sie selbst verortet sich als nicht-binär. Inwieweit sie das in ihrem Personstand abbilden will, war sich Charlotte zum Zeitpunkt unseres Interviews noch nicht sicher.

In der Ansprache findet sie weibliche Pronomen in Ordnung. Das seien einfach die Pronomen, an die sie sich gewöhnt habe, sagt Charlotte. Was sie nicht mag, ist, als Frau angesprochen zu werden. Denn das ist sie nicht. Charlotte ist intergeschlechtlich. Und inzwischen zeigt sie das auch öffentlich.

Sie trat in diversen Medienberichten auf und ist eines der Gesichter in der Arte-Dokumentation „Xenius – intergeschlechtlich – Raus aus der Tabuzone". Charlotte lebt in der Großstadt. Dort ist es viel einfacher als auf dem Dorf, wo es seltener LGBTIQA+-Leute gibt. Beziehungsweise: Intergeschlechtliche, homosexuelle und genderqueere Menschen gibt es schon, aber sie outen sich viel seltener, weil sie Angst vor Ausgrenzung haben. Oder sie ziehen weg, in Großstädte.

Charlottes Intergeschlechtlichkeit war bereits mit ihrer Geburt bekannt. Ihre Eltern hatten eine Pränataldiagnostik machen lassen und erwarteten einen Jungen. Charlotte kam als kleine Überraschung mit Vulva zur Welt. Sie ist ein XY-Mensch mit vollständiger Androgen-Insensitivität (CAIS). Das bedeutet: Ihr Körper hat Hoden ausgebildet, aber das Testosteron fand keine passenden Rezeptoren, an die es andocken und wirken konnte. Daher hat sich der Embryo anschließend weiblich weiterentwickelt.

Als Charlotte klein war, kannte sie keine anderen Interpersonen. Das heißt nicht, dass sie nicht da waren, vielleicht sogar in Charlottes direktem Umfeld, aber nicht öffentlich. Also fehlten ihr Vorbilder.

Die Sichtbarkeit von intergeschlechtlichen Menschen hat sich in den vergangenen Jahren zwar verbessert, auch durch die Möglichkeit, den Personenstand ‚divers' einzutragen, und 2021 durch das Operationsverbot von Interbabys. Aber hier ist noch deutlich Luft nach oben.

Charlotte wuchs behütet auf und durfte sein, wie sie ist. Ihren Eltern war von medizinischer Seite jedoch geraten worden, die Hoden zu entfernen, wie das bei diesem Geschlechtsbild häufig der Fall war. Diese Entscheidung hätte Charlotte gerne selbst gefällt. Es dauerte eine ganze Weile, bis sie nach der Pubertät auf die richtige Dosis Hormone eingestellt war.

Charlotte engagiert sich im Verein *Intergeschlechtliche Menschen e.V.* für die Rechte von Interpersonen. Intergeschlechtlichkeit sollte etwas Normales sein und als normal akzeptiert werden. Niemand sollte sich für seinen Körper schämen müssen oder wegen seines Geschlechts negative Erfahrungen machen, findet Charlotte. Sie möchte, dass keine voyeuristischen Fragen mehr gestellt werden, sondern dass jemand sagt: Ich bin inter und dann ist gut, ohne Detailfragen zu den Genitalien beantworten zu müssen.

Und dafür ist es wichtig, dass die Gesellschaft weiß, dass es intergeschlechtliche Menschen gibt, sagt sie. Charlotte wünscht sich, dass intergeschlechtliche Menschen gleichberechtigt teilhaben können. Das betrifft alle, die potenziell mit intergeschlechtlichen Menschen in Kontakt kommen.

Den größten Handlungsbedarf sieht Charlotte in der medizinischen Versorgung und bei der Ausbildung in den medizinischen, psychologischen und pflegerischen Berufen. Wenn es einer Person schlecht geht und sie muss der behandelnden Fachkraft erst erklären, dass es sie gibt, ist das schwierig.

Was ist Transgeschlechtlichkeit?

Bisher haben wir uns mit Genen, Hormonen und Geschlechtsorganen befasst. Diese körperliche Geschlechtlichkeit sagt noch nichts über die gefühlte Geschlechtszugehörigkeit.

Die Geschlechtsidentität beschreibt, welcher Gruppe oder Kategorie ich mich zugehörig fühle: Mann, Frau oder nicht-binär. Transgeschlechtlichkeit bedeutet, dass die Person nicht mit dem Geschlechtseintrag in der Geburtsurkunde einverstanden ist.

Wenn sich Menschen als Transgender definieren, ist nicht sicher zu unterscheiden, was bereits unmittelbar nach der Geburt im Embryo angelegt war und was sich durch Sozialisation und Umwelt entwickelt hat.

Ein Teil unseres Soseins ist Folge unseres individuellen Gen-Cocktails und der vorgeburtlichen Einflüsse in der Gebärmutter. Davon ausgehend entwickelt sich ein anderer Teil im Kontext unseres Lebens und Erlebens von Welt. Alles, was wir fühlen, denken, erleben hinterlässt biochemische Spuren in unseren Körpern und verändert unser Gehirn.

Die Medizin nennt den Wunsch, einem anderen als dem körperlichen und bei Geburt registrierten Geschlecht anzugehören, Geschlechtsdysphorie oder Geschlechtsinkongruenz.

Georg Romer, Professor und Direktor der Klinik für Kinder- und Jugendpsychiatrie am Uniklinikum Münster, ist der Überzeugung, dass Geschlechtsidentität zu einem wesentlichen Anteil angeboren ist. Er verweist auf die Metastudie aus Belgien aus dem Jahr 2011 von einem Team um Gunter Heylens, die Zwillingsstudien weltweit untersuchte. Zwillingsstudien mit ein- und mehreiigen Zwillingen werden oft verwendet, um herauszufinden, was genetisch angelegt ist und was durch Umwelt verursacht wird. In der erwähnten Studie waren bei 40 Prozent der eineiigen Zwillinge beide Transgender, bei zweieiigen Zwillingen nur eines der Geschwister. Das ist ein deutliches Zeichen dafür, dass unser gefühltes Geschlecht angeborene Anteile besitzt. Dennoch erklärt es nicht das ganze Phänomen und schon gar nicht die eingangs erwähnten gestiegenen Prävalenzen.

Aus seiner Praxis als Kinder- und Jugendpsychiater mit dem Fokus auf Genderdysphorie an der Uniklinik Münster sieht Romer viele Kinder und Jugendliche. Und er berichtet von Fällen, in denen Kinder ab dem Alter, wenn sie sprechen können, das Geburtsgeschlecht ablehnen und von sich sagen: „Ich bin ein Junge“, „Ich bin ein Mädchen“, auch wenn ihr Körper das gegenteilige Geschlecht nahelegt.

Es fällt auf, dass deutlich mehr Menschen mit der Diagnose Genderdysphorie psychische Probleme haben als der Bevölkerungsdurchschnitt. Aber was ist hier die Ursache, was die Auswirkung?

Sind es die psychischen Erkrankungen, die zu Genderdysphorie führen? Oder ist es umgekehrt: Die Kinder sind eigentlich gesund und erst die Genderdysphorie führt zu Stress und enormen psychischen Belastungen, die in Depression, Essstörung oder Selbstverletzung münden?

Romer verweist in unserem Gespräch immer wieder auf das Thema Homosexualität, die ebenfalls zum Teil angeboren ist. Lange Zeit wurde versucht, homosexuelle Orientierung durch Umerziehung und Therapie umzukehren (Konversionstherapie), was regelmäßig misslang. Heute weiß die Wissenschaft, dass die sexuelle Orientierung zum Teil angeboren ist und sich nicht durch pädagogische Maßnahmen oder Psychotherapie verändern lässt. Ebenso sinnlos erscheine es, Transpersonen umerziehen zu wollen, erklärt der Kinder- und Jugendpsychiater.

Natascha, 54, Tagesmutter in Norddeutschland

Natascha wurde 1966 im oberfränkischen Coburg an der deutsch-deutschen Grenze geboren und als Junge im Personenstandsregister eingetragen. Nur war sie kein Junge, sondern inter. Aber 1966 war nichts anderes vorgesehen als männlich oder weiblich. Und da sie Penis und Hoden hatte, wurde männlich eingetragen. Obgleich Besonderheiten direkt bei der Geburt auffielen.

Natascha hatte ihre erste Operation im Alter von sechs Monaten. Die Wunde verheilte so schlecht, dass es über ein Jahr dauerte, bis eine zweite Operation durchgeführt werden konnte. Da war Natascha 18 Monate alt. Den Eltern wurde gesagt, es sei ein angeborener Leistenbruch, aber was genau gemacht wurde, konnte sie bis heute nicht herausfinden.

Mehrere Versuche, an ihre medizinischen Akten zu kommen, liefen ins Leere. Natascha sagt, sie habe das Gefühl, sie sei ausgeweidet worden. Es wurden Teile ihres Körpers entfernt, und sie weiß nicht einmal, was genau.

So geschah es öfter in den 1960er und 1970er Jahren. Das Thema Sexualität war in vielen Familien so schambesetzt, dass es unmöglich war, darüber zu sprechen. So wurden vermutlich auch Eltern oft nicht richtig aufgeklärt, was ihre Säuglinge betraf. Außerdem waren Ärzte (fast nur Männer) zu dieser Zeit so etwas wie ‚Götter in Weiß'.

Natascha weiß nicht, welche Variante der Geschlechtsentwicklung sie hat. Das ist nach den vielen OPs heute nicht mehr so einfach feststellbar. Sie vermutet, dass es sich um das Müller-Gang-Persistenzsyndrom handelt. Dabei arbeitet das Anti-Müller-Hormon nicht, wie im Standardprozess üblich, und so werden bei XY-Babys die weiblichen Anlagen nicht oder nicht vollständig zurückgebildet. Das führt dazu, dass XY-Personen teils männliche, teils weibliche Geschlechtsorgane haben.

Natascha sagt, sie wusste mit drei oder vier Jahren schon, dass sie ein Mädchen war. Mit Jungs konnte sie nichts anfangen. Sie spielte lieber mit Mädchen.

Mit elf, zwölf Jahren entwickelte das damals als Junge eingetragene Kind einen weiblichen Busen und das entsprechende Schamgefühl. Dennoch musste Natascha im Schulsport mit den Jungs mit nacktem Oberkörper Sport treiben. Das führte erwartungsgemäß zu Mobbing. Mit 13 setzte eine Vermännlichung ein, mit Stimmbruch und Bartwuchs. Das empfand Natascha als absolute Hölle. Sie sagt, sie habe sich nicht rasiert, sondern die Barthaare einzeln mit der Pinzette aus der Haut gerissen.

Die Familie war ebenfalls keine Hilfe. Ihr Vater wollte aus ihr unbedingt einen ‚richtigen Mann' machen, notfalls auch mit Prügeln. Das war eine weitere schlimme Erfahrung für Natascha. Wie viele andere in ihrer Situation in dieser Zeit wuchs Natascha mehr oder weniger als Einzelgängerin auf und blieb ungeküsst, wie sie sagt. Sie hatte mit Körbchengröße C einen unübersehbaren Busen und gleichzeitig einen Penis.

Kaum aus der Schule und dem Elternhaus, begann sich Natascha um eine Transition zu bemühen. Ihr war schon lange klar, dass sie als Frau leben wollte, aber sie musste einen Weg finden, wie.

Dieser führte über das Transsexuellengesetz, das Ende der 1980er Jahre noch eine Zwangs-OP und eine Sterilisation forderte. Heute fühlt sie sich erneut betrogen. Der Arzt habe zwar festgestellt, dass sie intergeschlechtlich sei und nicht trans, habe aber nichts gesagt.

1990 bekam sie den Personenstand weiblich. 1991 heiratete sie ihren Lebensgefährten. Die Ehe ging in die Brüche. Ihre zweite Ehe hielt, jedoch starb ihre Frau an Krebs. Jetzt ist Natascha wieder mit einem Mann zusammen und verlobt. Er bringt ihr die Offenheit entgegen, die sie sich wünscht. Aber das gilt nicht für alle in der niedersächsischen Kleinstadt. Der Bruder ihres Verlobten und seine Frau hätten ihr Hausverbot erteilt, erzählt Natascha.

Beruflich begann Natascha als Informationstechnikerin und Qualitätsmanagerin. Vor einigen Jahren machte sie eine Ausbildung zur Tagesmutter, als die sie heute arbeitet. Die

Arbeit mit Kindern macht ihr Spaß. Natascha möchte, dass die Kinderrechte auf freie Entfaltung staatlich stärker berücksichtigt werden. Der Staat müsse verbieten, dass einem Kind ein Geschlecht zugewiesen werde. Außerdem müssten die Lehrbücher für pädagogische Berufe überarbeitet werden.

Zu ihrem Geschlechtseintrag sagt sie: „Ich hätte ihn am liebsten gelöscht, da mein Geschlecht meine Privatsache ist und nur den angeht, der mit mir ins Bett will." Den Begriff ‚divers' lehnt sie ab, da sie nicht viele Geschlechter habe, sondern eines, ihres.

Hormone steuern uns nicht nur beim Geschlecht

Im Kontext von Inter- oder Transgeschlechtlichkeit geht es häufig um Hormonspiegel und Hormonersatztherapien, die richtig eingestellt werden, und um Hormone, die ein Leben lang genommen werden müssen. Es lohnt sich, ein bisschen genauer hinzusehen, wo Hormone in unserem Leben überall eine Rolle spielen:

Hormone steuern unser Denken, unser Fühlen, unsere Körperfunktionen, unser Energielevel. Unser Körper produziert sie selbst oder sie werden medizinisch zugeführt: Cortison zur Behandlung von Entzündungen, Insulin zur Behandlung von Diabetes, Östrogene wie Gestagene zu Verhinderung unfreiwilliger Schwangerschaften und zur Linderung von Beschwerden in den Wechseljahren und der Menopause. Hormonpräparate helfen auch bei Kinderwunschbehandlung oder gleichen eine Mangel- oder Fehlversorgung mit körpereigenen Hormonen aus.

Unsere körpereigenen Hormonspiegel schwanken und verändern sich mit unserem Leben und Erleben. Sie machen uns wütend, erzeugen Schmetterlinge im Bauch, lassen uns wach oder müde, fröhlich oder traurig sein. Eine geburtsgeschlechtliche Frau, die schon mal schwanger war, hat bewusst oder unbewusst erlebt, welche enormen Effekte Hormone haben. In der Schwangerschaft und in der Stillzeit dachte ich manchmal: „Wow, solche Drogen kannst du nicht kaufen." Ab Beginn der Schwangerschaft habe ich nicht mehr durchgeschlafen, war aber absolut energetisch und fit. In der Stillzeit hielt ich es über

Monate durch, nie mehr als drei oder vier Stunden am Stück zu schlafen. Ohne Hormone hätte ich schlapp gemacht. Mein Körper regelte das ganz von alleine. Ich habe meinen Körper in dieser Zeit wirklich oft bestaunt.

Hormone sind es auch, die im weiblichen Zyklus stärker schwanken als das Testosteron beim Mann. Das ist einer der Gründe, warum Wirkstoffe jahrzehntelang nur mit männlichen Mäusen und an männlichen Probanden getestet wurden. Und das ist einer der Gründe, warum diese bei körperlichen Frauen oft anders wirken als bei körperlichen Männern. Die Bücher *Unsichtbare Frauen* von Caroline Criado-Perez und *Das Patriarchat der Dinge* von Rebekka Endler zeigen anhand zahlreicher Beispiele, warum wir geschlechtsspezifisch differenzieren müssen, um bei Medikamenten, Diagnosen und bei der Sicherheit gleiche Bedingungen für Männer und Frauen zu schaffen (siehe Kapitel „Gendermarketing" und „Gendermedizin").

Hormone beeinflussen unsere Muskel-Fettverteilung, die Muskelmasse und noch viel mehr. Doch wir wissen noch sehr wenig, denn insbesondere geschlechtsspezifische Hormone unterlagen in der Forschung jahrzehntelang stereotypen Vorstellungen von Geschlecht.

Ein Beispiel dafür ist Oxytocin. Bis vor wenigen Jahren glaubte die Wissenschaft, dass Frauen sich besser um Kinder kümmern können, weil sie mehr Oxytocin bilden. Oxytocin ist ein Hormon, welches dafür sorgt, dass wir liebevoll, geduldig und zugewandt bleiben, auch wenn es Schwierigkeiten gibt. Es wird auch Bindungs- oder Kuschelhormon genannt. Heute wissen wir: Die Menge an Oxytocin in unserem Körper hängt vor allen Dingen davon ab, was wir tun. Wenn wir uns um kleine Kinder kümmern, bilden wir mehr Oxytocin, egal ob Mann oder Frau.

Die Wissenschaftsjournalistin Mai Thi Nguyen-Kim stellt in einem Mailab-Video zu diesem Thema von 2018 fest, dass auch biologische Fakten soziale Ursachen haben können. Unser Gehirn ist plastisch und verändert sich mit unseren Erfahrungen.

Auch um das Hormon Testosteron kreisen viele Mythen. Neuere Forschungen zeigen, dass die Rolle von Testosteron weit komplexer und weniger eindeutig ist als bislang angenommen.

2010 untersuchte die Biologin Victoria Wobber vom Institut für Humane Evolutionsbiologie der Universität Harvard den Testosteron- und Cortisolspiegel bei Bonobos und Schimpansen, die um Futter konkurrieren. Tobias Deschner vom Max-Planck-Institut in Leipzig war 2012 an einer Studie beteiligt, die sich mit dem Testosteronspiegel dieser beiden nah mit dem Menschen verwandten Affenarten beschäftigte. Beide Teams brachten interessante Erkenntnisse zutage. Verhalten und Hormonproduktion der Tiere haben einen deutlichen Zusammenhang mit den sozialen Strukturen, in denen sie leben. Während Schimpansen patriarchal organisiert sind und die Männchen mit Dominanzverhalten ihren Status verbessern können, entscheiden bei den Bonobos die Weibchen. Bonobo-Männchen investieren mehr Zeit in Fellpflege und freundschaftliches Miteinander.

Bei den Schimpansen verhalten sich ranghohe Männchen aggressiver als rangniedrigere und haben einen höheren Testosteronspiegel. Der steigt noch einmal, wenn empfängnisbereite Weibchen in der Nähe sind. Bei den Bonobos ist es umgekehrt. Hier haben ranghohe Männchen eher einen niedrigen Testosteronspiegel. Zwar verhalten sich auch bei den Bonobos ranghohe Männchen aggressiver als rangniedrige, aber offenbar ohne große Auswirkung auf den Testosteronspiegel. Während bei Schimpansen unter Stress der Testosteronspiegel steigt, steigt bei den Bonobos eher der Cortisolspiegel, wie Wobber feststellte.

Laut Jean-Claude Dreher, der am Institute of Cognitive Sciences Marc Jeannerod (CNRS) in Lyon Testosteron bei Menschen erforscht, erhöht Testosteron zwar die Aggressivität, verbessert aber auch das soziale Verhalten. Ein eindeutiger Zusammenhang zwischen Testosteron und Aggressivität sei nicht nachweisbar, wohl aber ein Zusammenhang zwischen Testosteron und der Intensität der Reaktion. In einem Experiment mit Test- und Kontrollgruppe waren die Reaktionen der Männer unter erhöhtem Testosteron-Einfluss intensiver, egal ob Bestrafung oder Belohnung. Auch andere Studien zeigen, dass Testosteron die Impulsivität steigert. Häufig stellen Forscher*innen fest, dass Testosteron mit Statusstreben zu tun hat. Nur, was einem Mann in einem Gesellschaftssystem zu mehr Status verhilft, hängt von den gesellschaftlichen Strukturen, also der Kultur ab.

Bekannt ist, dass Testosteron Muskeln, Kraft und sportliche Leistungsfähigkeit beeinflusst. Deshalb wird im Leistungssport vor Wettkämpfen der Testosteronspiegel gemessen, um zu entscheiden, ob Sportler*innen bei den Frauen antreten dürfen, oder um Doping nachzuweisen. Testosteron zählt zu den Anabolika und wird zum Aufpumpen in Fitness-Studios missbraucht. Dabei kann zu viel Testosteron nicht nur unfruchtbar machen, sondern auch zur Verweiblichung der Körper führen. Denn bei zu viel Testosteron wandelt es der Körper in das weibliche Hormon Estradiol um. Das lässt körperlichen Männern einen Busen wachsen.

Weit weniger erforscht ist die Wirkung von weiblichen Hormonen auf Verhalten, Macht und Status. Deshalb wissen wir nicht, wie sich Östrogene und Gestagene auf Machtbewusstsein und Durchsetzungskraft auswirken. Die Forschung hat sich bisher fast nur mit Männern beschäftigt.

Testosteron wie Estradiol, das wirksamste Östrogen, beeinflussen unser Knochenwachstum, und sie wirken bereits bei Embryos auf das Gehirn.

Wenn wir also zurückkehren zur geschlechtlichen Vielfalt, dann wissen wir, dass Hormone hier eine wichtige Rolle spielen, aber nicht immer, welche. Das zeigt sich auch bei Inter- und Transpersonen, die berichten, wie schwierig es war, bis sie richtig auf die Hormonpräparate eingestellt waren, sodass es ihnen damit gut ging. Dazu kommen Wechsel- und Nebenwirkungen von Hormonpräparaten.

Sophia, 33, lebt in westfälischer Kleinstadt

Auch Sophia hat zwei X-Chromosomen und ein Y-Chromosom, XXY oder Klinefelter. Sophia lebt in einer betreuten Wohngruppe in einer westfälischen Kleinstadt, sieht sich als divers-weiblich und hat den Personenstand ‚divers'. Als Pronomen wünscht sich Sophia dey oder sie.

Bis Sophia dort ankam, wo dey heute ist, war es ein weiter und schmerzhafter Weg. Sophia wurde als Junge großgezogen, wie die meisten Klinefelter. Nur passte das für Sophia nicht.

In Sophias Geburtsurkunde stand männlich und so wurde dey erzogen. Sophia fühlte sich nie als Mann, war immer Außenseiterin, ihrem Vater war dey nie männlich genug, sollte werden wie die jüngeren Brüder. Aber das klappte nicht. Auch nicht mit Gewalt. Sophia kam in ein Kinderheim. Doch auch dort hieß es: Sei mehr wie ein Junge. Geh in die Muckibude, fall nicht auf, damit du nicht gemobbt wirst.

Bis es zur Diagnose Klinefelter kam, musste dey allerhand psychiatrische Diagnostiken über sich ergehen lassen. Mit Mitte 20 hatte Sophia bereits zwölf psychiatrische Diagnosen und forderte: Bitte untersucht doch erst einmal körperlich, was los ist. Und so wurde vor acht Jahren bei dey Klinefelter diagnostiziert.

Die Diagnose Intergeschlecht war für Sophia eine Erlösung. „Ich habe jetzt ein Wort dafür, warum ich nicht so bin, wie andere es erwarten."

Damit hörte das Problem aber nicht auf. Bei Klinefelter-Diagnosen ist die Standardbehandlung Testosteron und eine Vermännlichung. Sophia musste für weibliche Hormone kämpfen. Inzwischen hat dey eine neue Ärztin gefunden und nimmt Testosteron-Blocker. Jetzt passt es, sagt dey.

Sophia erzählt wie viele andere intergeschlechtliche Menschen von einer medizinischen Odyssee, von Ärzt*innen, die sich in dem Bereich wenig auskennen, von Übergriffen und mangelnder Wertschätzung. Neben Klinefelter ist bei Sophia auch Autismus diagnostiziert. Und aufgrund der Gewalterfahrung und dem ständigen Druck, anders sein zu sollen, leidet dey unter diversen Traumata. Dey hofft, eine Ausbildung machen zu können, wenn die Traumata bearbeitet sind.

Für die gesellschaftlichen Regeln wünscht sich Sophia, dass Standesbeamt*innen verpflichtende Fortbildungen machen müssen, damit Menschen wie sie nicht von A nach B nach C geschickt werden. Und sie wünscht sich, dass Intergeschlechtlichkeit in allen Heilberufen gelehrt werden muss.

Geschlechtliche Vielfalt in Zahlen

Häufig wird gefragt, wie viele Menschen überhaupt inter- oder transgeschlechtlich sind. Trans- und Intergeschlechtlichkeit sind zwei unabhängige Kategorien. Daher müssen wir uns die Schätzungen und Messungen getrennt ansehen.

Betrachten wir zuerst die Intergeschlechtlichkeit. Es gibt keine verlässlichen Zahlen dazu, wie viele Menschen intergeschlechtlich sind. Im internationalen Kontext ist häufig von 1,5 bis 2 Prozent der Weltbevölkerung die Rede, das heißt 120 bis 160 Millionen Menschen. Die US-amerikanische Bio-Wissenschaftlerin und Genderforscherin Anne Fausto-Sterling geht von 1,7 Prozent aus. Diese Zahl wird auch von der UNO verwendet. Es gibt aber auch niedrigere und höhere Schätzungen.

Lena Hauck, Hertha Richter-Appelt und Katinka Schweizer vom Universitätsklinikum Hamburg-Eppendorf untersuchten die Zahlen und verglichen deutsch- und englischsprachige Studien aus den Jahren 2000 bis 2017. Dabei stellten sie fest: Je nach Definition variiert der Anteil von intergeschlechtlichen Neugeborenen zwischen 0,018, 2,1 und 3,8 Prozent. Außerdem verweisen die drei Forscherinnen auf eine hohe Dunkelziffer, da viele Variationen nicht diagnostiziert werden.

Wir kennen also die genaue Zahl intergeschlechtlicher Menschen nicht. Doch wir wissen, dass Intergeschlechtlichkeit existiert und wir uns seit Jahrhunderten etwas vorlügen, indem wir so tun, als gäbe es nur eindeutige Männer und Frauen.

Wenn wir von der mittleren Größenordnung von knapp zwei Prozent ausgehen, bedeutet das: Es gibt ungefähr so viele intergeschlechtliche Menschen wie natürlich Rothaarige, ohne reproduktionsmedizinische Hilfe geborene Zwillinge oder so viele, wie es 2021 Veganer*innen in Deutschland gab. Eine Minderheit, aber durchaus sichtbar. Selbst wenn wir nur von 0,5 Prozent Intergeschlechtlichen ausgehen, heißt das: In jeder Grundschule mit 200 Kindern gibt es statistisch ein intergeschlechtliches Kind.

2017 haben sich intergeschlechtliche Personen das Recht auf einen eigenen Personenstand erstritten und seit Januar 2019 gibt es die Möglichkeit, außer ‚männlich' oder ‚weiblich' ‚divers' eintragen zu lassen. Um festzustellen, wie viele Menschen intergeschlechtlich sind oder sich aus anderen Gründen als nichtbinär definieren, ziehen manche die Zahl der Menschen mit Personenstand ‚divers' heran. So titelte das Deutsche Ärzteblatt im Mai 2019: „Zahl der Menschen mit drittem Geschlecht geringer als angenommen." Ich weiß nicht, mit welcher Motivation die Person diese Überschrift formulierte. Entweder war sie ausgesprochen naiv und hat wenig recherchiert oder es ging darum, eine Zahl politisch zu instrumentalisieren.

Denn einfach die Menschen zu zählen, die den Personenstand sofort nach Inkrafttreten des Gesetzes änderten, ist ungefähr so, wie wenn wir 1970, kurz nachdem Homosexualität teilweise entkriminalisiert wurde, die damals geouteten Schwulen und Lesben gezählt hätten. Bis heute trauen sich nicht alle Lesben und Schwulen, sich öffentlich zu outen. Deswegen sind sie aber nicht weniger lesbisch oder schwul. Beim Thema Intergeschlecht und Transgender stehen wir erst ganz am Anfang. Bevor wir wissen, wie viele Menschen betroffen sind, müssen wir zunächst einmal dafür sorgen, dass Inter- und Transpersonen nicht mehr stigmatisiert werden.

Während Intergeschlechtlichkeit sich auf genetisch-hormonell-körperliche Merkmale bezieht, spielen bei Transgender psychologische und identitätsprägende Merkmale eine Rolle. Und auch hier sind die Zahlen sehr ungenau. Auffällig ist jedoch, dass sie enorm steigen.

Das Markt- und Meinungsforschungsinstitut Gallup befragte 2020 mehr als 15.000 US-Bürger*innen ab 18 Jahren nach ihrer Selbstdefinition. Ergebnis: Ein*er von sechs Erwachsenen der Generation Z sieht sich der LGBT-Community zugehörig. Das entspricht 16,7 Prozent!

Über die Altersklassen hinweg ist der Anteil derer, die sich als schwul, lesbisch, bi oder transgender sehen, auf 5,6 Prozent gestiegen. 2017 waren es noch 4,5 Prozent. Die Daten von 2020 sind mit denen von 2017 allerdings nur begrenzt vergleichbar. Denn erst 2020 wurde gefragt, ob jemand Transgender ist, diese Frage gab es vorher nicht, sondern nur Fragen nach der sexuellen Orientierung.

Dennoch zeigen die Zahlen eine interessante Entwicklung, die sich zwischen den Generationen unterscheidet. Während sich laut Gallup um die 90 Prozent der Babyboomer (91,1) und der noch Älteren (89,9) als ‚straight' beziehungsweise ‚heterosexuell' sehen, sinkt diese Zahl auf 88,6 Prozent in der Generation X und macht einen Sprung bei den Millennials auf nur noch 82,7 Prozent und einen weiteren bei der Generation Z. Dort betrachten sich nur noch 78,9 Prozent als klassische Heteros, 15,9 Prozent sehen sich als LGBT und 5,2 Prozent hatten keine Meinung dazu.

Insbesondere der Anteil bisexueller Menschen ist in der jungen Generation erheblich höher als der in der älteren: 11,5 Prozent bei der Generation Z gegenüber weniger als zwei Prozent bei der Generation X und älter (siehe Grafik).

Americans' Self-Identified Sexual Orientation, by Generation

	Bisexual	Gay	Lesbian	Transgender	Other
	%	%	%	%	%
Generation Z (born 1997–2002)	11.5	2.1	1.4	1.8	0.4
Millennials (born 1981–1996)	5.1	2.0	0.8	1.2	0.4
Generation X (born 1965–1980)	1.8	1.2	0.7	0.2	0.1
Baby Boomers (born 1946–1964)	0.3	1.2	0.4	0.2	0.0
Tradionalists (born before 1946)	0.3	0.3	0.2	0.3	0.1

Quelle: https://news.gallup.com/poll/329708/lgbt-identification-rises-latest-estimate.aspx

Ähnlich ist es bei Transgender. In den Generationen der Geburtsjahre 1964 und älter sind es nur 0,2 beziehungsweise 0,3 Prozent. Bei den Millennials (Jahrgang 1981 bis 1996) sehen sich schon 1,2 Prozent als Transgender und bei der Generation Z (1997 bis 2002) 1,8 Prozent. Relevante Unterschiede in Bezug auf das Bildungsniveau konnte Gallup nicht feststellen.

Kanada ist das erste Land, das in der Zensusabfrage 2021 explizit nach Transgender und nicht-binären Identitäten gefragt hat. Die alte Frage nach Geschlecht wurde um die Formulierung „bei Geburt“ ergänzt. Außerdem wurde auch nach dem aktuellen Gender gefragt. Mit dem Ergebnis, dass sich 0,33 Prozent der Kanadier*innen ab dem Alter von 15 Jahren als Transgender oder nicht-binär identifizieren. Auch hier fällt ein riesiger Generationenunterschied auf. Bei der Generation Z sind es mehr als sechs Mal so viele Personen wie in der Generation vor 1945 und fünf Mal mehr als bei den Baby-Boomer*innen.

The Transgender and Non-Binary Generation Gap

	% of transgender and non-binary people
Generation Z (born 1997-2006)	0.79
Millennials (born 1981-1996)	0.51
Generation X (born 1965-1980)	0.19
Baby Boomers (born 1946-1964)	0.15
Tradionalists (born before 1946)	0.12

Quelle: Kanada, Census of Population 2021, https://www150.statcan.gc.ca/n1/daily-quotidien/220427/cg-b001-eng.htm

Eine im Februar 2022 veröffentlichte Studie des Kölner Marktforschungsinstituts Rheingold zum Thema gendergerechte Sprache brachte eine unterwartete Nebenerkenntnis hervor. Befragt wurden 2000 Menschen zwischen 16 und 35 Jahren, zur Hälfte Männer und Frauen. Überraschend ordneten sich nur 73 Prozent eindeutig als Mann oder Frau ein. 27 Prozent sahen sich dazwischen.

Spezialisierte Zentren für Sexualmedizin berichten seit längerem über die massiv steigenden Zahlen von insbesondere jungen Menschen, die sich als Transgender sehen und entsprechende medizinische Behandlung wünschen. Das gilt von Hamburg bis München ebenso wie international. In Stockholm, London, Amsterdam – überall werden ähnliche Zahlen gemeldet. Allerdings sind diese Zahlen kaum geeignet, um die Prävalenz in der Bevölkerung zu ermitteln. Denn nicht alle, die sich als transgender definieren, werden in Kliniken vorstellig.

Eine schwedische Studie einer Forschungsgruppe um Jill W. Ahs von 2018 versucht eine Annäherung. Eine regelmäßige repräsentative Umfrage der Bevölkerung ab 22 Jahren im Großraum Stockholm wurde um mehrere Fragen zum Thema Genderidentität ergänzt.

- Ich möchte Hormone und/oder Operationen, um mehr einem anderen Geschlecht zu entsprechen.
- Ich fühle mich einem anderen Geschlecht zugehörig.
- Ich möchte als jemand eines anderen Geschlechts leben und/oder behandelt werden.

Etwa 0,5 Prozent wünschten sich körperliche Veränderung hin zum Wunschgeschlecht durch medizinische Behandlungen. 2,3 Prozent gaben an, sich als andersgeschlechtlich zu fühlen, und 2,8 Prozent wollten andersgeschlechtlich leben und behandelt werden. Diese Zahlen sind deutlich höher, als Hochrechnungen vermuten lassen, die von den Personen ausgehen, die sich an entsprechende Kliniken wenden.

Über alle Fragen hinweg fassen die Forscher*innen um Ahs zusammen: „A total of 3,9% of participants in our study agreed that they either feel like, or wish to live as or be treated as someone of another sex, or both." – Also fast vier Prozent stimmten mindestens einer der obigen Fragen zu. Dabei verweist die Forschungsgruppe auf weitere Studien aus den Niederlanden und Belgien, die zu ähnlichen Ergebnissen kommen.

An den bekannten Zahlen fällt noch etwas auf: Früher waren es vor allem geburtsgeschlechtliche Männer, die als Frau leben wollten, also Transfrauen. Inzwischen hat sich die Zahl umgekehrt. Gerade bei jungen Menschen sind es sehr viel mehr geburtsgeschlechtliche Mädchen und Frauen, die als Junge beziehungsweise Mann leben wollen.

In einer 2020 veröffentlichten Auswertung von 1434 deutschen Gutachten nach dem Transsexuellengesetz (TSG) bei Kindern, Jugendlichen und jungen Erwachsenen zwischen neun und 19 Jahren aus den Jahren 2005 bis 2019 war das Verhältnis von Transjunge (Mädchen-zu-Junge) zu Transmädchen

(Junge-zu-Mädchen) 80 zu 20. Dr. Achim Wüsthof, Kinderarzt und Endokrinologe in Hamburg, beobachtet in seiner Praxis ähnliche Zahlen, er geht von etwa 70 Prozent Transjungen und 30 Prozent Transmädchen aus.

Warum ist das so? Bislang hat die Wissenschaft dafür keine Erklärung. Es gibt nur unterschiedliche Vermutungen, Thesen und Ansätze. Eine Erklärung geht davon aus, dass die weibliche Pubertät leidvoller ist und Mädchen unter einem größeren Druck stehen in Bezug auf Sexismus, Rollenerwartung, Schlankheits-Ideale und so weiter. Ein anderer besagt, dass Mädchen früher dran seien und offener mit dem Thema umgingen. Bei Jungs hingegen sei der Druck, Männlichkeit zu signalisieren, groß, was eine Hürde darstellt, sich als trans zu outen.

Kim, 59, Realschullehrer in Niedersachsen

Seine Kolleg*innen und Schüler*innen kennen Kim als Mann und Lehrkraft für Englisch und evangelische Theologie. Nur der engste Freundeskreis weiß Bescheid. Kim ist intergeschlechtlich. Er sieht sich selbst als Hermaphrodit, weil er diese Figur aus der griechischen Mythologie als positiv besetzt wahrnimmt. Andere Begriffe wie inter, divers oder nicht-binär gefallen ihm nicht, sie klängen nach Diagnose und nicht gleichwertig.

Welche Form der Intergeschlechtlichkeit Kim genau hat, weiß er nicht und will es auch nicht wissen. Er erinnert sich nur bruchstückhaft an die Diagnose in seiner Jugend, die er als traumatisierend erlebt hat.

Das war in den 1980er Jahren in Niedersachsen. Kim pubertierte, aber sein Körper vermännlichte nicht oder nur wenig, dafür wuchsen ihm Brüste. In der Schule wurde er gemobbt, besonders die Jungs-Umkleide war eine Belastung. Die Folge: ein Jahr Schulverweigerung.

Die Eltern gingen mit Kim zum Arzt. Und der diagnostizierte nach längerem Betasten der Geschlechtsorgane bei Kim eine ‚Störung'. Das geht ihm bis heute nahe. Er sagt: „Meine Welt war in Ordnung, auch mit weiblichen Brüsten. Warum wurde nicht mit denen geredet, die mobbten, dass mit ihnen etwas nicht stimmt? Warum wurde mir eine Störung diagnostiziert?"

Kim bekam eine massive Testosteron-Behandlung, und die Vermännlichung trat ein. Dafür aber auch ein Störgefühl. Irgendetwas stimmte nicht (mehr). Erst mit Hilfe von Selbsthilfegruppen und therapeutischen Gesprächen hat Kim den Weg zu sich zurückgefunden. Und als er bei sich war, hätte er gerne seine Brüste zurückbekommen. Dafür suchte er auch einen Arzt auf. Dort merkte Kim aber, dass der Arzt trans und inter nicht unterscheiden konnte, und hatte wieder das Gefühl, er werde nicht gesehen und ihm werde nicht zugehört.

Kims Körper produziert männliche und weibliche Hormone zu ähnlichen Anteilen. Mal fühlt er sich mehr so, mal mehr so. Für Kim ist das okay. Er lässt den Hormonspiegel zu, wie ihn sein Körper produziert. Aber Kim sagt auch: Sich öffentlich als der zu zeigen, der er ist, dafür fehle ihm die innere Distanz. Die alte Mobbing-Erfahrung wirke zu stark, negative Reaktionen würden ihm zu nahe gehen. Also sagt er von sich, er spiele jeden Tag das Theaterstück eines Mannes. Nur wenn er weit entfernt von seinem Wohnort ist, traut er sich, auch seine weiblichen Anteile zu zeigen.

Was Kim sich wünscht? Er möchte das Recht auf ein Einzelzimmer im Krankenhaus, weil er, wenn er hilflos ist, weder in einem Männer- noch in einem Frauenzimmer sein möchte. Er möchte, dass alle Heilberufe deutlich mehr über diese Thematik lernen. Und er wünscht sich, dass der Eintrag für ein drittes Geschlecht lebenspraktischer gestaltet wird. Derzeit bietet dieser Eintrag noch zu viele Nachteile.

Diagnosen, Transition und Detransition

Wenn wir von Transgender und Intergeschlechtlichkeit sprechen, geht es oft um Diagnosen.

Weltweit gibt es zwei Hauptwerke, die Krankheitsbilder definieren, den ICD- und den DSM-Katalog. An diesen richtet sich weltweit Diagnostik und Behandlung aus.

ICD steht für *International Classification of Diseases*, deutsch: die Internationale statistische Klassifikation von Krankheiten und Gesundheitsproblemen.

DSM steht für *Diagnostic and Statistical Manual of Mental Disorders* oder deutsch: *Diagnostisches Statistisches Manual Psychischer Störungen.*

Die Diagnose für Transgender heißt nach dem DSM-5 „Geschlechtsdysphorie", in der ICD-10 „Störung der Geschlechtsidentität". Im neuen ICD-11 gilt Transgender nicht mehr als Krankheit und heißt „Geschlechtsinkongruenz".

Intergeschlechtlichkeit ist nur in der ICD dokumentiert, da es um körperliche Varianten geht, nicht um psychische. Die meisten DSD-Varianten sind als seltene Krankheiten klassifiziert.

Doch wer klassifiziert, was normal oder gesund ist, was eine Fehlbildung, Störung oder Krankheit ist? Wie kommen die Klassifikationen zustande und warum werden sie geändert?

Jay, 55 Jahre, nicht-binär, Unternehmer*in

Jay Siegmann ist 55 Jahre alt, lebt in Niedersachsen und hat 2021 den Personenstand nicht-binär eintragen lassen. Ich sitze Jay via Zoom gegenüber und sehe eine fröhliche Person. Auf der Straße würde ich Jay vermutlich für eine sehr maskuline Frau halten, die Frauen liebt, eine Butch-Lesbe. Jay erzählt, wie intensiv sier sich in den letzten Jahren mit sich selbst auseinandergesetzt hat. Ursache dafür waren persönliche Schicksalsschläge, die dazu führten, dass sich für Jay zusammenfügte, was im Grunde schon im Kindesalter sichtbar war.

Bereits als Kleinkind hatte sier sich nur für Jungssachen interessiert. Aber die Jungs ließen sier nicht mitspielen, weil sier ein Mädchen war. Mit Mädchenzeugs konnte sier nichts anfangen. Jay entwickelte sich zu einem wütenden Kind, das einfach keinen Platz fand, wo es hingehörte.

Viele Jahre lebte Jay als lesbische Frau mit sehr männlichem Auftreten, als Butch. Jay erzählt belustigt davon, dass sier in der Öffentlichkeit häufig als Mann gelesen wurde und es überhaupt nicht auffiel, wenn sier auf die Männertoilette ging. Im Gegensatz zu sihrer Lebensgefährtin, die immer als Frau gelesen wurde.

2020 verstarb die Lebensgefährtin und Jay blieb nicht nur mit der Trauer zurück, sondern auch mit existenziellen Sorgen, denn die Firma, in der beide gearbeitet und in die sie investiert hatten, gehörte rechtlich alleine der Lebensgefährtin und deren Verwandte waren die gesetzlichen Erb*innen.

Jay begann einen Coachingprozess, um unterschiedliche Dinge aufzuarbeiten und eine Perspektive zu entwickeln. Im Zuge dieses Prozesses entdeckte sier mehr und mehr, dass die Labels Mann oder Frau beide nicht passen. Jay berichtet von einem Moment der Erkenntnis, der eine jahrelange innere Suche beendete. Jay erzählt von einer Situation im Badezimmer, die wie eine Erkenntnis wirkte. Sier dachte: ‚Ich bin nicht Judith, ich bin Jay und ich bin nicht-binär.' Damit fühlte ich mich vollständig und ganz."

Den Weg zur Personenstandsänderung empfand Jay als einfach, denn sier konnte den Weg über Paragraf 45b nutzen, der eigentlich nur Intergeschlechtlichen offensteht. Jay nutzte ein Musterschreiben vom Lesben- und Schwulenverband, das offenbar manche Standesämter überzeugt. Sier holte sich eine Bescheinigung sihres Hausarztes, dass bei sier eine Variante der Geschlechtsentwicklung vorliegt, und ging damit zum Standesamt. Jay hat zwar einen für Frauen hohen Testosteronspiegel, aber ob sier intergeschlechtlich ist, weiß sier nicht. Eine entsprechende Untersuchung hat sier nie gemacht. Letztlich ist es Jay auch egal, denn mit sihrem Körper ist sier einverstanden, da möchte sier nichts ändern. Und der Personenstand ist jetzt auch stimmig.

Und dann erzählt Jay noch etwas, das zeigt, wie sehr wir häufig die falschen Debatten führen. Mit 50 war Jay im Personenstand noch als Frau eingetragen und bekam die übliche Einladung zur Mammografie. Diese Gesundheitsvorsorge-Einladung bekam Jay mit Personenstand ‚divers' nicht mehr, obwohl der Körper ja derselbe war. Jay fiel also durch das Raster, weil viele Gesetze und Regelungen noch nicht auf den Personenstand ‚divers' angepasst sind. Hier ist dringender Nachholbedarf bei allen Prozessen, die geschlechtsspezifische Regeln haben.

Klassifikation als Krankheit

Der ICD-Katalog wird von der Weltgesundheitsorganisation (WHO) herausgegeben und in unregelmäßigen Abständen überarbeitet. Seit 1. Januar 2022 ist die ICD-11 in Kraft. Das heißt aber nicht, dass sie überall auf der Welt schon verwendet wird. Die Übertragung der internationalen ICD-Klassifikation in die einzelnen Länder erfordert nicht nur eine Übersetzung, sondern auch die Anpassung an die jeweiligen nationalen Gesetze und Gesundheitssysteme.

Das in Deutschland zuständige Deutsche Institut für Medizinische Dokumentation und Information (DIMDI), das inzwischen zum Bundesinstitut für Arzneimittel und Medizinprodukte (BfArM) gehört, schreibt auf seiner Website:

„Die Einführung der ICD-11 in Deutschland zur Morbiditätskodierung wird aufgrund der hohen Integration der ICD im deutschen Gesundheitswesen und der damit verbundenen Komplexität noch mehrere Jahre in Anspruch nehmen und kann auch die für die Mortalitätskodierung angedachte flexible Übergangszeit überschreiten."

Ende 2022 liegt in deutscher Übersetzung eine Entwurfsfassung für die ICD-11 vor. Bis ICD-11 in das komplexe deutsche Gesundheitssystem übertragen ist, gilt weiter die ICD-10.

Das DSM stammt von der American Psychiatric Association (APA). Im Unterschied zur ICD behandelt das DSM ausschließlich psychische und psychiatrische Themen. Das aktuelle DSM-5 gilt seit Mai 2013.

Die verschiedenen Diagnosen für Intergeschlechtlichkeit sind in der ICD-10 auf mehrere Kapitel verteilt. Der Buchstabe E beschreibt Varianten der Geschlechtsentwicklung, deren Ursache in den Hormonen liegt. Dazu gehört zum Beispiel das Androgenitale Syndrom in unterschiedlichen Ausprägungen unter E25 (XX-Personen mit männlichen Merkmalen). Bei E29 findet sich unter anderem der 5-Alpha-Reduktase-Mangel, der dazu führt, dass XY-Personen eine Vagina haben. Unter dem Buchstaben Q sind Besonderheiten in den Chromosomen aufgeführt. Q50 bis Q56 beschreiben „Angeborene Fehlbildungen der Genitalorgane", darunter Turner sowie das Androgenresistenz-Syndrom. Unter Q90-99 ist Klinefelter zu finden.

Transgender wird in der ICD-10 unter dem Buchstaben F „Psychische und Verhaltensstörungen" bearbeitet. Unter „Persönlichkeits- und Verhaltensstörungen" findet sich der Punkt F64 mit Störungen der Geschlechtsidentität. In der Vorgängerversion, der ICD-9 (1979–1992, in Deutschland in der Version West und Version Ost, 1998 abgelöst durch die ICD-10), galt auch Homosexualität noch als psychische Störung. Das wurde in der ICD-10 ersatzlos gestrichen.

Die Beschreibungen für Transgender in der ICD-10 gelten schon länger als veraltet, weshalb medizinisch vor allen Dingen das DSM-5 zur Anwendung kommt. Transgender wird im DSM-5 als Genderdysphorie oder Störung der Geschlechtsidentität beschrieben. Das DSM-5 stellt den Leidensdruck der Personen zwischen Geschlechtsidentität, Geschlechtsrolle und zugewiesenem Geschlecht in den Mittelpunkt. Der Leidensdruck entsteht, weil die Menschen sich nicht so fühlen und verhalten, wie es aufgrund der körperlichen Geschlechtsmerkmale erwartet wird. Aus diesem Denken wurden 2019 die S3-Leitlinien zur Diagnostik, Beratung und Behandlung von Transpersonen entwickelt.

Aus diesen Entwicklungen in der medizinischen Betrachtung von trans und inter wird deutlich: Was in unserer Welt als gesund oder krank, als normal oder abnorm gilt, ist kein unumstößlicher Fakt, sondern verändert sich über die Zeit, einerseits durch medizinische Forschung, andererseits durch gesellschaftlichen Wertewandel.

Die ICD-10 geht auf das Denken in den 1980er Jahren zurück. Formen von Trans- oder Intergeschlechtlichkeit werden darin als ‚Fehlbildungen' oder ‚Störungen' beschrieben. Wo etwas falsch oder gestört ist, muss es auch ein Richtig geben.

In der aktuellen Diskussion geht es darum, Transgender und Intergeschlecht zu entpathologisieren. Daher wird bei Intergeschlecht von Variante der Geschlechtsentwicklung gesprochen und bei Transgender von Inkongruenz zwischen dem körperlichen Geschlecht und der Geschlechtsidentität. Die ICD-11 versucht, diesen neuen Entwicklungen und Erkenntnissen Rechnung zu tragen, was nur teilweise gelingt.

Transgender wird in der ICD-11 in einem eigenen Kapitel 17 „Conditions related to sexual health" zusammengefasst. Transgender wird nicht mehr als psychische Störung definiert, sondern beschreibt unter dem Begriff Geschlechtsinkongruenz Widersprüche zwischen dem bei der Geburt zugewiesenen Geschlecht und der Geschlechtsidentität. Auch intergeschlechtliche Personen können nach der ICD-11 transgeschlechtlich sein.

Intergeschlechtlichkeit wird dagegen auch in der ICD-11 weiter mit den Begriffen ‚Störung' oder ‚Fehl-' pathologisiert. Auch sind die unterschiedlichen Diagnosen auf unterschiedliche Kapitel verteilt, je nachdem, ob sie chromosomale, hormonelle oder andere Ursachen haben. Die *Organisation Intersex International* (OII) kritisiert, dass eine Entpathologisierung von Interpersonen in der ICD-11 verpasst wurde.

Statistisch ist es so, dass Interpersonen häufiger gesundheitliche Probleme haben als der Durchschnitt. Allerdings ist unklar, wie hoch der Anteil der Probleme ist, die erst durch geschlechtszuweisende Behandlungen ausgelöst wurden. Schließlich wurden sehr viele der Menschen, die wissen, dass sie intergeschlechtlich sind, ungefragt an den Geschlechtsorganen operiert, oft verbunden mit lebenslangen Hormonersatztherapien, Traumata, Folgeoperationen, Narbengewebe oder Schmerzen. Auch der psychische Stress, dem Interpersonen ausgesetzt sind, ist enorm und kann krankmachen. Schade, dass sich die ICD-11 hier nicht weiter geöffnet hat.

Längst nicht alle Varianten der Geschlechtsentwicklung gehen mit gesundheitlichen Beeinträchtigungen einher. Viele Interpersonen sind kerngesund. Inzwischen findet in der Medizin und der Gesellschaft ein Umdenken statt, aber das Wissen über Intergeschlechtlichkeit ist nach wie vor sehr wenig verbreitet.

Im Kontext von Intergeschlechtlichkeit geht es darum, vielfältige Körper zu akzeptieren. Intergeschlechtliche Personen wollen selbst entscheiden, ob sie ihre Körper an ein binäres Normgeschlecht angleichen wollen, und nicht ungefragt operiert werden. Transpersonen haben meistens ein eindeutiges Körpergeschlecht. Aber sie fühlen sich damit nicht wohl. Für Transpersonen geht es also darum, den Zugang zu medizinischen Behandlungen, die dabei helfen, den Körper an das Identitätsgeschlecht anzupassen, zu ermöglichen.

Für beide geht es darum, dieses Geschlecht auch rechtlich im Personenstand zu dokumentieren.

Patricia, 49, Transfrau, OP-Assistentin und Aktivistin

Patricia Schüttler ist 49 Jahre, gelernte Zahnärztin und arbeitet als OP-Assistentin in einer Klinik für Transgender-Operationen in München. Darüber hinaus leitet sie eine Selbsthilfegruppe, geht in verschiedene Ausbildungsstätten, klärt auf, steht für Fragen offen, sucht den Dialog. Sie sagt, ihr Leben sei inzwischen eine Mission, aber keine, die etwas aufzwingen will, sondern eine, die erklärt, informiert, für Verständnis wirbt.

Ihr eigenes Anderssein hat sie zwar schon früh bemerkt, wollte es aber nicht wahrhaben. Als Kind spielte sie lieber mit Mädchen, wurde sogar von älteren Mädchen beschützt, wenn andere Jungs sie angriffen. Aber sie dachte, das würde sich ändern und sie werde irgendwann sein wie die anderen Jungs. Sogar zur Bundeswehr sei sie gegangen, erzählt sie. Aber es habe nichts genützt.

2010 outet sich Patricia gegenüber ihrer Frau, mit der sie schon viele Jahre als Mann verheiratet ist. Sie ist 38 Jahre alt und Inhaber einer Zahnarztpraxis. „Ich habe es nicht geschafft, mich persönlich zu äußern. Ich bin morgens in meine Praxis gekommen, es war kurz vor Weihnachten, weil ich dachte, da sind die Leute etwas netter zueinander. Ich habe eine E-Mail geschrieben, habe ihr praktisch mein Herz ausgeschüttet und habe ihr geschrieben, entweder, wir können damit umgehen oder nicht. Sie solle aber nicht sofort antworten, sondern erst 24 Stunden warten und sich das überlegen. Sie hat direkt geantwortet: ‚Wenn du uns auseinanderbringen willst, musst du dir freilich mehr einfallen lassen.' Das war, als ob mir der Mount Everest vom Herzen gefallen wäre."

Patricia sagt auch, sie hätten beide nicht gewusst, was da noch alles kommen sollte. Waren sie vorher Mann und Frau, werden sie heute als lesbisches Paar gelesen. Patricias Frau ist ebenfalls in der Selbsthilfe aktiv und leitet eine Gruppe für Angehörige von Transpersonen.

Patricia wünscht sich mehr Akzeptanz für Transpersonen in der Gesellschaft und einen leichteren Weg, um Namen und Personenstand zu ändern. Sie setzt sich für Aufklärung und gegen Diskriminierung ein, geht in Lehreinrichtungen, auf Podien, zeigt sich in der medialen Öffentlichkeit mit ihrer Geschichte. Und sie ist dabei wohltuend unaufgeregt.

Wer Patricia trifft, begegnet einer freundlichen und lebendigen Frau, die vor Engagement und Begeisterung für die Sache sprüht. Ihr tiefes Fachwissen zu Transgender geht weit über ihre persönliche Betroffenheit hinaus.

Doch obwohl sie sich zweifellos für Transgender engagiert, wurde sie von anderen Transaktivist*innen als transphob beschimpft. Der Grund: Sie sprach auf derselben Veranstaltung wie der Münchner Kinder- und Jugendpsychiater Alexander Korte. Korte stellt trans regelmäßig als gefährlichen Trend dar und ist für viele Transaktivist*innen ein rotes Tuch. Patricia war eingeladen, um seinen Argumenten entgegenzutreten. Rede und Gegenrede also. Für Patricia gehört das selbstverständlich zum demokratischen Diskurs. Wenn einer alte Studien zitiert oder Unsinn redet, lässt sich das mit Argumenten besser auflösen als mit Gesprächsverweigerung.

Wer aber schon die Teilnahme an einem kontroversen Diskurs als transphob verurteilt, schadet nach Patricias Ansicht der Akzeptanz von Transgender.

Patricia steht regelmäßig am OP-Tisch, wenn geschlechtsangleichende Operationen durchgeführt werden. Sie kennt sich aus und hat eine klare Position zu medizinischen Maßnahmen: Psychologische Beratung und Begleitung sei zwingend notwendig. Damit Chirurg*innen an Genitalien operieren dürfen, brauchen sie eine Diagnose. Damit Krankenkassen Leistungen bezahlen, brauchen sie eine Diagnose und eine Evidenz in der vorgeschlagenen Therapie. Außerdem müsse mit einer Differentialdiagnostik sichergestellt werden, dass der Leidensdruck durch eine Transidentität verursacht ist. Andernfalls drohe eine Fehlbehandlung.

Patricia macht sich Sorgen, dass die aktuellen Entwicklungen dazu führen könnten, dass Krankenkassen die Operationen und Hormone irgendwann nicht mehr bezahlen. Die alte Regelung zur Transdiagnostik ist klar: Eine Person kann ihren Körper nicht akzeptieren und hat den tiefen Wunsch, ihn dem gefühlten Geschlecht anzugleichen.

Die neue Regelung ist unklarer und offener. Trans wird nur darüber definiert, dass eine Person das Geschlecht in ihrem Personenstand ablehnt, zielt aber nicht mehr zwingend auf medizinische Angleichung. Patricia fände es besser, zwischen binären Transpersonen und nicht-binären Personen zu unterscheiden: Binäre Transpersonen kommen ohne weitgehende medizinische Angleichung nicht klar, während sich Nicht-Binarität wesentlich vielfältiger zeigt. Es gibt Nicht-Binäre, die einfach nur das Label Mann oder Frau loswerden wollen, und solche, die medizinische Angleichungen benötigen. Vor allen Dingen ist für Patricia eine exakte Diagnostik wichtig. Denn nur dadurch wird gewährleistet, dass medizinische Angleichung als evidenzbasierte Kassenleistung bezahlt wird und Menschen vor Fehlbehandlungen geschützt werden.

Transition – der Weg zum Identitätsgeschlecht

Wenn Menschen ihr Leben verändern, um sich ihrem Geschlechtsempfinden anzunähern, heißt dieser Prozess Transition. Von sozialer Transition reden wir, wenn jemand die soziale Rolle ändert, zum Beispiel durch Namen, Pronomen und/oder Kleidung. Eine rechtliche Transition bezieht sich auf die Änderung des Personenstandes. Und eine medizinische Transition bedeutet die körperliche Angleichung des Geschlechts. Damit verbunden sind irreversible Veränderungen am Körper.

Aber wie erkennen Fachleute eine Geschlechtsdysphorie, wie eine Transidentität nach dem aktuellen DSM-5-Standard heißt? Gerade im Vorfeld medizinischer Schritte zur Geschlechtsangleichung stehen Ärzt*innen, die mit dieser Diagnostik betraut sind, vor schwierigen Fragen. Wie sollen sie sehen, was jemand anderes fühlt? Identität lässt sich nicht diagnostizieren. Wie schließen sie andere Ursachen aus? Denn wenn das Leid durch etwas anderes als eine Transidentität verursacht wird, kann es durch eine Transition nicht gelindert werden. Im Gegenteil: Irreversible Veränderungen am Körper können zu einer zusätzlichen Belastung werden.

Die Linderung von Leid steht aber nach unserem Gesundheitssystem und nach der aktuellen S3-Leitlinie medizinischer Fachgesellschaften im Zentrum der Diagnostik, Beratung und Behandlung von Geschlechtsinkongruenz, Geschlechtsdysphorie und Transgesundheit. Eine Differentialdiagnostik, die andere Ursachen ausschließt, ist enorm wichtig.

Wenn Menschen leiden, haben sie oft die Tendenz, sich an einen Strohhalm zu klammern, nach dem Motto: Wenn sich diese eine Sache ändert, wird alles gut. Das ist super, wenn die Vermutung stimmt. Aber wenn nicht? Ganz besonders wichtig sind solche Fragen, wenn es sich bei den Patient*innen um Kinder und Jugendliche handelt. Und gerade bei Jugendlichen und jungen Erwachsenen schießen die Zahlen für Transidentität in die Höhe. Das macht auch Mediziner*innen Sorge.

Identitätskrisen und Unzufriedenheit mit dem eigenen Körper bei Heranwachsenden sind ein normales Phänomen, auch, dass sie psychisch unter den Veränderungen in der Pubertät leiden. Man könnte fast sagen, Pubertät und Identitätskrise sind Geschwister. Und natürlich kommen in den Fachkliniken Kinder und Jugendliche an, die leiden, oder Eltern, die sich Sorgen machen und verunsichert sind, schließlich sucht niemand ohne Grund eine Klinik für Kinder- und Jugendpsychiatrie auf.

Wie gehen also Psychiater*innen vor, wenn sie eine Genderdysphorie diagnostizieren?

Georg Romer hat an der Uni-Klinik für Kinder- und Jugendpsychiatrie in Münster täglich mit solchen Fällen zu tun. Er erklärt, dass die Diagnostik einen ergebnisoffenen Prozess vorsieht, in dem vorsichtig ausgekundschaftet wird, was der betroffenen Person und ihren Eltern oder ihrem Umfeld hilft. Bevor jemand Hormone bekommt oder gar eine angleichende Operation, müssen andere Schritte unternommen werden.

Romer ist es wichtig, dass sich Betroffene wie Eltern ergebnisoffen beobachten. Wie fühlt es sich an, wenn die Person sich zunächst im engen Freundes- und Familienkreis outet? Wie erlebt die Person einen sozialen Rollenwechsel? Die Betroffenen sollen ausprobieren, mit der Möglichkeit, wieder zurückzugehen, falls sie merken, dass der Weg doch der falsche ist. Romer ist überzeugt: Egal, ob es eine Phase ist oder ob sich eine Transidentität herausschält, sicher ist, dass dies von außen nicht beeinflussbar ist.

Am einfachsten seien die Fälle, in denen sich Kinder bereits im Kleinkindalter konsequent einem anderen als dem Geburtsgeschlecht zuordnen und diese Selbstwahrnehmung anhält. Schwieriger wird es, wenn sich dieser Wunsch erst in der Pubertät entwickelt. Aber auch das sei normal.

Romer erklärt Transidentität mit Analogien zur Homosexualität. Einerseits gebe es eine angeborene Veranlagung, andererseits sei unklar, wann sie sich zeigt. Das kann bereits sehr früh sein oder in der Pubertät oder mit 25 oder erst mit 40 Jahren oder noch später. Nur eines funktioniere nicht, so Romer: die Umdrehung dieser Anlagen mit pädagogischen oder therapeutischen Eingriffen.

Oft brauchen die Betroffenen selbst Zeit, um Fragen zu ihren Gefühlen, Problemen und zu ihrer Identität mit und für sich selbst zu klären. Und das ist von Person zu Person verschieden. Romer sagt: „Je mischgeschlechtlicher und diffuser und volatiler das Erscheinungsbild ist, desto mehr Zeit muss sich die betreffende Person damit lassen."

Zum Beginn einer Transition wird in der Regel eine diagnostische Begleitung und bei Bedarf psychotherapeutische Unterstützung angeboten, bevor medizinische Maßnahmen ergriffen werden. Verpflichtend ist eine Psychotherapie nicht. Die Therapie ist als Unterstützung zu verstehen, damit die Betroffenen herausfinden können, welche Wege und Maßnahmen für sie die richtigen sind: Brauchen sie wirklich eine medizinische Geschlechtsangleichung? Oder wollen sie einfach geschlechter-nonkonform leben? Sind sie vielleicht gar nicht trans, sondern homosexuell, oder liegt die Ursache für ihr Empfinden ganz woanders?

Spätestens vor medizinischen Eingriffen hält Romer eine gute Differentialdiagnostik für absolut notwendig, denn es braucht die Expertise von Kinder- und Jugendpsychotherapeut*innen und -psychiater*innen, um möglichst sicher zu sein und Fehlbehandlungen zu vermeiden.

Bei Kindern ist kein medizinisches Eingreifen erforderlich, hier reicht die psychosoziale Akzeptanz. Wenn Eltern mit vorpubertären Kindern zu ihm kommen, empfiehlt er den Eltern: Lasst das Kind sein, wie es ist, und sich ausprobieren, Rollenwechsel inklusive. „Das ist auch wichtig für die Selbstfindung. Ich kann akzeptiert werden, so wie ich bin. Dafür brauche ich später meinen Körper gar nicht zu verändern. Das kann eine hilfreiche Erfahrung sein", so Romer.

Die beginnende Pubertät ist aus medizinischer Sicht der Zeitpunkt, ab dem hormonelle Eingriffe sinnvoll sein können. Gerade diese Zeit ist aber auch sehr umstritten.

In der Pubertät beginnt der Körper, deutlich sicht- und hörbar männliche und weibliche Merkmale herauszubilden. Bei Jungs setzt der Stimmbruch ein, der Adamsapfel tritt hervor, die Schultern werden breit, das Gesicht wird kantiger und die Körperbehaarung nimmt zu. Bei Mädchen wächst der Busen, die Körperfettverteilung ändert sich, und die typischen ‚weiblichen Rundungen' treten hervor. Die Menstruation setzt ein.

Medizinisch ist es möglich, diesen Prozess mittels Pubertätsblockern zu unterbrechen, wenigstens für einige Monate oder ein paar Jahre, bevor der Körper Realitäten schafft, die von den Heranwachsenden als sehr belastend empfunden werden. Denn Testosteron und Östrogene verändern den Körper, egal ob sie körpereigen produziert oder künstlich zugeführt werden.

Nicht alle dieser Veränderungen sind reversibel. Sie bleiben. Das gilt zum Beispiel für den Stimmbruch. Wenn er erfolgt ist, bleibt die Stimme für immer tiefer.

Für Romer ist der Einsatz von Pubertätsblockern eine Hilfe, die den Jugendlichen Zeit schenkt, um sich zum Beispiel noch länger in ihrer gewünschten Geschlechterrolle zu erproben und sich über die langfristigen Konsequenzen einer geschlechtsangleichenden Hormonbehandlung hinreichend lang und gründlich Gedanken zu machen. Sein Münchner Kollege, Alexander Korte, ist kategorisch dagegen. In einer Stellungnahme zu den Gesetzesentwürfen für ein Selbstbestimmungsgesetz 2021 spricht er Minderjährigen die Reife und Einwilligungsfähigkeit ab. Er schreibt, beim Werbeverbot für Schönheitsoperationen für Kinder und Jugendliche seien Minderjährige ebenfalls unter besonderen Schutz gestellt worden mit dem Argument, „weil sie aufgrund pubertätstypischer Verunsicherungen hinsichtlich ihres Körperbildes in besonderem Maße gefährdet seien, sich in selbstschädigender Weise dem Diktat eines medial verbreiteten Schönheits- und Schlankheitsideals zu unterwerfen“.

Korte sagt, mit der Gabe von Pubertätsblockern sei der Weg in die Transition bereits vorgezeichnet. Auf meine E-Mails, mit denen ich ihn um ein persönliches Gespräch bat, hat Korte leider nicht reagiert.

Das Problem ist: Keine der Optionen ist neutral. Die Pubertät stößt unweigerlich Prozesse an, die in Teilen irreversibel sind. Pubertätsblocker stoppen die Vermännlichung oder Verweiblichung und schicken den Körper quasi künstlich in die Menopause. Das verschafft den Jugendlichen zwar Zeit, sich mehr Klarheit zu verschaffen, welcher Weg für sie der richtige ist. Aber neutral sind auch Pubertätsblocker nicht. Auch sie haben eine Wirkung auf das Gehirn, sagt Dr. Achim Wüsthof, Kinderarzt und Endokrinologe in Hamburg.

Außerdem sollen Jugendliche über etwas entscheiden, von dem sie bestenfalls theoretische Vorstellungen haben. Denn sie haben ja noch nicht erlebt, wie es ist, ein Mann oder eine Frau zu sein. Andererseits wird es besonders für Transmädchen schwierig, wenn der Stimmbruch erst einmal vollzogen ist, die Schultern breit sind, das Gesicht kantig und der Adamsapfel hervorsticht. Denn diese Veränderungen sind irreversibel. Das Gleiche gilt für Transjungs und Transmänner, falls sie später ihre Entscheidung bereuen: Mit der Gabe männlicher Hormone kommt irreversibel der Stimmbruch, es wächst vermehrt Körperbehaarung, die Klitoris wird größer.

Wüsthof und Romer betonen beide, dass Transidentität einerseits zumindest teilweise angeboren ist, es andererseits aber eine komplexe, vorsichtige und sehr genau beobachtende Diagnostik über einen längeren Zeitraum braucht, um halbwegs sicher sein zu können, dass es sich um eine Transidentität handelt und nicht um ein ganz anderes Problem. Wenn die Sicherheit da ist, sind sich der Psychiater und der Endokrinologe einig, sollten Jugendliche nicht durch eine falsche Pubertät gezwungen werden.

Anastasia, 48, Transfrau, Soldat*in und Aktivist*in

Anastasia Biefang ist Offizier*in bei der Bundeswehr. Unter der Woche lebt sie in Bonn, wo aktuell ihre Dienststelle ist. Am Wochenende mit ihrer Frau in Berlin. Anastasia oder kurz Ana ist Transaktivist*in. Sie engagiert sich bei QueerBw (Bw steht für Bundeswehr), redet in diversen Videos, Podcasts und Filmen offen über ihre Transition. Sie schreibt eine Kolumne im Queer-Magazin *Mannschaft*, und über ihre Transition gibt es den Dokumentarfilm *Ich bin Anastasia*.

Ana wuchs als Sohn eines Berufssoldaten in Krefeld auf, trat in die Fußstapfen ihres Vaters und wurde ebenfalls Soldat*in. Zwar hatte Ana schon immer ein Faible für weiblich gelesene Dinge und wünschte sich, ein Mädchen zu sein. Es dauerte aber viele Jahre und Jahrzehnte, bis sie sich ihrer Transidentität sicher war, beziehungsweise, bis sie sich traute, damit nach außen zu treten. Das war 2015. Da war Ana 40 Jahre alt. Ana war die erste Transfrau, die bei der Bundeswehr drei Jahre lang ein 700-köpfiges Bataillon kommandierte.

Als sie ihren Personenstand änderte, gab es nur ‚männlich' und ‚weiblich', also änderte sie ihn zu ‚weiblich'. Ana sagt bei unserem Gespräch im Herbst 2021: „Heute würde ich divers wählen." Ana erzählt offen, dass ein Rollenwechsel und der Wechsel des Personenstands für sie nicht ausreichend waren. Ihr war es wichtig, einen weiblichen Körper zu haben. Ana ist sich aber ebenso ihrer männlichen Sozialisation bewusst, denn sie hat 40 Jahre lang als Mann gelebt und Karriere gemacht.

Ana begegnet mir als offene, herzliche und reflektierte Person. Sie erzählt auch von den Grenzen ihrer Angleichung an ihr gefühltes Geschlecht. Denn einerseits wünschen sich transidente Menschen natürlich, in dem Geschlecht wahrgenommen zu werden, dem sie sich zugehörig fühlen. Misgendering fühlt sich schlecht an. Andererseits setzen Körper diesen Wünschen Grenzen.

Ana ist 1,87 groß, und ihre Stimme wird eher männlich gelesen. Sie war bei der Logopädin und begann, an ihrer Stimme zu arbeiten. Im Interview erzählt sie von einem Schlüsselmoment. Die Logopädin spielte ihr mehrere Vorher-nachher-Bänder vor. Und in Anas Ohren klangen die neuen Stimmen zwar alle weiblich, aber die Individualität war weg. Das war der Moment, in dem sich Ana gegen das logopädische Training entschied und für ihre natürliche Stimme.

Ein halbes Jahr später sehe ich bei Ana ein neues Foto auf Linkedin. Sie trägt das Haar jetzt kurz und einen kurz geschnittenen Bart. Ich treffe sie im Sommer 2022 erneut, wieder glatt rasiert. Ich möchte wissen, was sie dazu bewogen hatte. Ana erzählt, der Bart sei ihr gewachsen, als sie wegen Corona im Bett lag und zu schwach für alles war.

Ich frage sie, weshalb sie bei ihrer Transition keine Haarentfernung gemacht hat, die von der Kasse bezahlt wird. Ana erklärt mir, dass dies ein sehr langwieriger und schmerzhafter Prozess ist und sie zudem Schwierigkeiten hatte, das mit ihren Dienstpflichten als Soldatin zu koordinieren. Daher hatte sie mit der Haarentfernung zwar begonnen, jedoch wieder aufgehört.

Ana erzählt auch vom Druck, sowohl von der Mehrheitsgesellschaft als auch aus der Trans-Community, wie sie auszusehen habe, teilweise mit hyperstereotypen Erwartungen an ihr Äußeres. Damit habe sie brechen wollen.

In ihrer Kolumne schreibt sie zu ihrem neuen Aussehen: „Ich habe genug davon, ständig daran gemessen zu werden, wie weiblich ich auf Dritte wirke. Welche Attribute an mir, meinem Körper, mich in der Fremdwahrnehmung als Frau bestätigen und welche den Hinweis auf meine Nicht-cis-Natur geben." Ana will ihr Transsein nicht verstecken. Es dürfen ruhig alle sehen.

Ich frage Ana, ob sie ihren Geschlechtseintrag in ‚divers' ändern würde, wenn das Selbstbestimmungsgesetz das leicht ermöglichen würde. Sie sagt, darüber denke sie tatsächlich nach. Divers passe besser zu ihr. Nicht, weil sie sich nicht als Frau fühle. Aber ihr Körper sei nun mal uneindeutig, ihre Sozialisation männlich, ihre Identität weiblich. Die Einordnung als divers komme ihrer geschlechtlichen Vielfalt entgegen. Sie sieht es als eine Befreiung aus der Binarität.

Die enorm steigenden Zahlen an Transbehandlungen werden in Fachkreisen zunehmend kritisch hinterfragt: „Allein die Zahl der Mastektomien zum Angleichen der äußeren Erscheinung hat sich einer jüngsten US-Studie zufolge zwischen 2013 und 2020 verdreizehnfacht, vorgenommen bei Mädchen im Alter ab 12 (bis 17) Jahren", schreibt Martina Lenzen-Schulte im Dezember 2022 im Deutschen Ärzteblatt. In Deutschland sind Operationen bei Minderjährigen nicht üblich, aber auch nicht verboten. In einem Fachartikel von 2012 dokumentierten Bernd Meyenburg und Annette Richter-Unruh die jüngste Person in Deutschland mit knapp 16 Jahren.

Pubertätsblocker können spätere Angleichungen einerseits erleichtern, weil keine ‚falschen' Merkmale wegoperiert werden müssen. Andererseits verursachen sie auch Nachteile: Genital-Operationen sind auf erwachsene Körper optimiert. Wenn die natürliche Pubertät mittels Blockern erst gar nicht stattfindet, ist hinterher nicht genügend Hautmaterial vorhanden, um eine Vaginoplastik zu legen oder einen Penoid-Aufbau durchzuführen. Auch die Empfindsamkeit kann leiden.

Dazu kommen vielfältige Nebenwirkungen von Hormonen. Die Datenlage wird als dünn beklagt. Mehr Forschung ist nötig.

Bevor also irreversible Prozesse angestoßen werden, sollten alle Möglichkeiten ausprobiert werden, die weniger dramatische Langzeitwirkung haben. Dazu gehören etwa der gesellschaftliche Rollenwechsel, ein anderer Vorname, das Outing im Umfeld. All das kann eine Person mehrere Jahre leben und wieder rückgängig machen, falls es die falsche Entscheidung war.

Wenn die Hormontherapie beginnt, ändert sich nicht alles von heute auf morgen. Die Hormone brauchen Zeit, um ihre ganze Wirkung zu entfalten. Wenn jemand nach ein paar Monaten mit geschlechtsangleichenden Hormonen merkt, dass die Transition der falsche Weg ist, sind die bleibenden Veränderungen überschaubar. Wichtig ist eine gute Aufklärung, was sich alles ändert und was davon reversibel ist oder eben nicht.

Mehrere Transpersonen, die medizinisch transitioniert sind, betonen, wie wichtig die Diagnose und therapeutische Begleitung für sie war. Denn dieser Weg ist ein langer und schwieriger Prozess. Oft dauert es, bis die passende Hormontherapie gefunden ist. Nicht alle Menschen reagieren gleich auf Hormonpräparate. Es gibt zum Beispiel Menschen, die Hormone nicht über die Haut aufnehmen können. Für die sind Gels wirkungslos.

Till Amelung, Transmann und Aktivist, betont, dass wir bisher zu wenig über die Langzeitwirkung von Hormongaben wissen. So kann Testosteron zu Atrophie und Schmerzen in der Vulva führen. Östrogene können das Krebsrisiko erhöhen. Das alles spricht nicht grundsätzlich gegen eine Hormontherapie, wenn sie dabei hilft, andere Leiden zu lindern. Aber es zeigt, dass Hormone weitreichende Wirkungen und Nebenwirkungen haben und sorgfältig zwischen Nutzen und Risiken abgewogen werden muss (siehe Kapitel „Hormone").

Gänzlich irreversibel sind geschlechtsangleichende Operationen. Wenn der Busen ab ist, ist er ab. Und wenn Hoden oder Eierstöcke entfernt werden, ist die Person danach unfruchtbar. Wer also die Möglichkeit behalten möchte, leibliche Kinder zu bekommen, muss vorher Geschlechtszellen entnehmen und kryokonservieren. Werden die Genitalorgane verändert, kann es passieren, dass das Sexualempfinden nicht gleichwertig erhalten bleibt.

Operationen sind immer Eingriffe mit Risiken, die nicht ohne Not durchgeführt werden sollten. Deshalb ist es enorm wichtig, dass Menschen, die vor solchen weitreichenden und irreversiblen Entscheidungen stehen, beste Beratung und Information bekommen.

Lucille, 59, Transfrau, Gründerin mit internationalem Background

Lucille ist eine Zufallsbekanntschaft. Wir begegneten uns in den Kommentaren auf Linkedin, stellten fest, dass wir uns mit ähnlichen Themen befassen, und trafen uns via Zoom für einen Austausch. Erst während des Gesprächs wurde mir klar, dass Lucille eine Frau ist, die als Mann geboren wurde.

Sie ist stolz auf ihre Operationen und dass alles perfekt aussieht. Dabei stellte Lucille erst mit 40 fest, dass sie transsident ist. Zwar war sie, erzählt sie, für einen Jungen als Kind immer etwas sensibel und soft, hat sich darüber aber keine Gedanken gemacht.

Lucille hat viele Jahre im Ausland gelebt und gearbeitet und auch ihre Transition dort vollzogen. Sie habe alles selbst bezahlt. Denn in den wenigstens Ländern werden geschlechtsangleichende medizinische Leistungen von der Krankenkasse bezahlt. Dafür habe sie sich aber richtig gute Psycholog*innen und Chirurg*innen ausgesucht.

Für Lucille, deren Transition nach einem Suizidversuch begann, war die psychologische Begleitung enorm wichtig.

Sie versteht nicht, wieso manche hierzulande die Begutachtung so heftig ablehnen. Die Diagnostik und Begleitung gaben ihr Halt auf ihrem mehrjährigen Weg, ihren Körper ihrem Empfinden anzugleichen und in ihrem phänotypisch weiblichen Körper anzukommen.

Hormone nehme sie keine mehr, sagt sie. Als sie weibliche Hormone einnahm, hatte sie sich oft unwohl und deprimiert gefühlt. Außerdem macht sie sich Sorgen um das erhöhte Krebsrisiko. Die Hoden sind entfernt, aber auch andere Organe im Körper produzieren Testosteron und Estradiol. Ihr natürlicher Testosteronspiegel entspricht etwa dem einer Frau in der Menopause. Damit fühlt sie sich wohl.

Da Lucille körperlich vollständig transitioniert war, als sie ihren Namen und ihren Geschlechtseintrag ändern ließ, ging die Personenstandsänderung auch nach dem deutschen TSG relativ schnell und problemlos. Sie reichte ihre Diagnosen und medizinischen Nachweise ein, bezahlte die Gerichtsgebühr, musste nicht einmal persönlich vorsprechen, und das Gericht beschied ihren neuen Personenstand.

Lucille ist erst seit wenigen Jahren zurück in Deutschland und muss sich noch an die Debatten ihres Geburtslandes gewöhnen. Als eine Person, die mehrere Jahrzehnte im Ausland gelebt hat, hat sie viele Einblicke in andere Länder: Sie erzählt vom unfassbaren Hass auf Transfrauen in etlichen Regionen der USA, wo es für sie lebensgefährlich werden kann. Und sie erzählt von einer bunten Geschlechtervielfalt in Thailand und der dortigen Unterscheidung zwischen Ladyboys und Transfrauen. Erstere sind Personen mit Penis in weiblichen Outfits und werden auch ‚Secondary type of women' oder ‚Kathoey' genannt. Zweitere sind vollständig operiert mit künstlicher Vulva. In den thailändischen Medien nehme die Schönheit von Transfrauen viel Raum ein. Transmänner tauchen dagegen kaum auf. Im Anschluss an unser Interview schickt mir Lucille ein thailändisches Youtube-Video, in dem in Bollywood-Romantik die Hochzeit einer Transfrau und eines Transmannes zelebriert wird. Und sie schreibt dazu, dass es zwar Ehen zwischen Transpersonen gebe, Ehen zwischen Cis- und Transpersonen dagegen tabu seien. Wir sollten also immer vorsichtig sein, wenn wir internationale Vergleiche anstellen (siehe Kapitel „Blick in andere Länder").

Lucille unterscheidet zwischen trans und nicht-binär. Transidentität ist für Lucille untrennbar damit verbunden, dass die Person ihren eigenen Körper als falsch ablehnt und den dringenden Wunsch nach gegengeschlechtlicher Behandlung hat. Hierzu bedürfe es einer Diagnostik und Begleitung, findet Lucille.

Wer sich einfach nur anders fühlt oder in andere Geschlechterrollen schlüpft oder sich in beiden Genderrollen wohlfühlt und mit seinen Geschlechtsteilen einverstanden ist, ist aus Lucilles Sicht nicht wirklich trans, sondern nicht-binär. Was ebenfalls völlig in Ordnung ist, aber eben nicht das Gleiche.

Detransition

Detransition beschreibt die Rückkehr zum Geburtsgeschlecht, soweit dies nach erfolgter Transition machbar ist. Das Thema ist ein vermintes Gebiet. Einerseits werden Detrans-Beispiele von Transgender-Gegner*innen genutzt, um Transitionen generell abzulehnen. Andererseits blenden Transaktivist*innen Schwierigkeiten bei der Transition und mögliche Fehlentscheidungen gerne aus, um transaktivistische Ziele nicht zu gefährden.

Robin Respaut, Chad Terhune und Michelle Conlin lassen in einem Artikel von Dezember 2022 auf Reuters Detrans-Personen, hauptsächlich aus den USA und Kanada, zu Wort kommen, die Anfeindungen bis hin zu Morddrohungen erhielten, nachdem sie über ihre Detransition und die Gründe dafür auf Social-Media-Plattformen gesprochen hatten.

Auch in Deutschland werden Detrans-Personen aus der transaktivistischen Szene heraus angegriffen. Dabei sind ihre Erfahrungen so wichtig für alle, die überlegen, ob eine Transition der richtige Weg für sie ist.

Detrans-Personen haben also nicht nur mit den Folgen ihrer Entscheidung zu kämpfen, sie werden häufig von der Trans-

Community verstoßen und stehen allein auf weiter Flur. Es gibt auch kaum spezifische medizinische und psychosoziale Unterstützungsangebote. Das ist eine enorme psychische Belastung.

Vorbildlich ist ein Projekt, das die Ex-Transmänner Elie Vandenbussche und Nele ins Leben gerufen haben: *Post-Trans* sammelt Geschichten von Menschen, die wie sie den Weg von der Frau zum Mann zur Frau gegangen sind. Elie und Nele wollen anderen Ressourcen zur Verfügung stellen, die ihnen fehlten. Auf ihrer Website post-trans.com und in einer PDF-Broschüre, die es in mehreren Sprachen zum Download gibt, erzählen Menschen ihre Geschichte. Es sind persönliche Erzählungen, welche die Vielfältigkeit individuellen Erlebens zeigen, und gerade deswegen hilfreich für Menschen, die sich Fragen zu ihrer geschlechtlichen Identität stellen. Außerdem zeigt *Posttrans* Wege auf, die Menschen ausprobieren können, bevor sie irreversible Veränderungen an ihren Körpern durchführen lassen.

Vandenbussche hat außerdem in einer Studie untersucht, wie sich die Situation für Detrans-Personen darstellt. 2019 befragte sie via Online-Recruiting 237 Personen aus verschiedenen Ländern, etwa die Hälfte der Befragten kam aus den USA, ein Drittel aus Europa, der Rest aus weiteren Teilen der Erde. Die überwiegende Mehrheit waren geburtsgeschlechtliche Frauen (92 Prozent). Das Durchschnittsalter betrug 25 Jahre. Die Teilnehmenden gaben Auskunft zu ihrer Transition und Detransition.

Die geburtsgeschlechtlichen Frauen hatten ihre Transition durchschnittlich mit 20,1 Jahren begonnen und waren mit 22,2 Jahren detransitioniert. Die Männer hatten ihre Transition im Durchschnitt mit 26,2 Jahren begonnen und kehrten mit 30,0 Jahren zurück ins Geburtsgeschlecht. 65 Prozent hatten medizinische Angleichungen vornehmen lassen (Hormone und/oder Operationen). Viele der Detrans-Befragten hatten zum Teil mehrere weitere Diagnosen, wie Depressionen, Angststörungen, posttraumatische Belastungsstörungen, ADS, Autismus, Essstörungen.

Nur 18 Prozent der Befragten fühlten sich gut informiert. Das galt insbesondere für medizinische Nebenwirkungen und mögliche Komplikationen. Die drei häufigsten Gründe für die Rückkehr zum Geburtsgeschlecht waren die Erkenntnis, dass die empfundene Genderdysphorie mit anderen Themen zusammenhängt (70 Prozent), dass sie sich durch die Transition nicht besser fühlten (50 Prozent), und gesundheitliche Probleme (62 Prozent).

Sie berichten auch von fehlenden Informationen zur Detransition. Fast alle leiden unter psychischem Stress, ausgelöst durch Begleitdiagnosen, Reue oder aufgrund der schwierigen Situation, fühlen sich allein gelassen. Nur acht Prozent erhielten von Queer-Verbänden und fünf Prozent von Trans-Verbänden Unterstützung bei der Detransition.

Die schlechte Informationslage muss nicht allein an den Ärzt*innen und Therapeut*innen liegen, sondern kann auch darin begründet sein, dass sich die betroffenen Personen auf eigene Faust und Rechnung die entsprechenden Hormone oder Operationen organisiert haben.

Zu ganz ähnlichen Ergebnissen wie Vanderbussche kommen die Forschungen von Transmann und Assistenzprofessor für Sozialarbeit an der Universität York, Dr Kinnon MacKinnon. Er nennt gegenüber Reuters drei Hauptgründe der Reue:

- Die Transition hätte langsamer und mit mehr Therapie stattfinden müssen.
- Es gab Unzufriedenheit mit den Auswirkungen auf den Körper.
- Die psychischen Bedürfnisse vor der Transition wurden nicht angemessen berücksichtigt.

MacKinnon gehörte selbst lange zu denen, die nicht über Detransition forschen oder sprechen wollten, weil sie es als Hindernis für Transition betrachteten. Nach ersten Recherchen hat er seine Meinung geändert und richtete im November 2022 eine Konferenz zum Thema aus.

Diese Forschungen zeigen umso mehr, wie wichtig eine professionelle, evidenzbasierte und leitliniengestützte Differentialdiagnostik und die psychotherapeutische Begleitung einer Transition sind. Es sollte also nicht die psycho-medizinische Begleitung abgeschafft werden, wie von Trans-Aktivist*innen gefordert, sondern ihre Qualität verbessert.

Transaktivist*innen betonen immer wieder, es handle sich bei Detrans-Personen um eine verschwindend geringe Zahl, die vernachlässigt werden könne. Dem halte ich den gleichen Satz entgegen wie den Leuten, die fragen, warum wir für so wenige Trans- und Interpersonen so viel Aufwand betreiben: Menschenrechte können nicht an der Zahl der Betroffenen festgemacht werden, sie stehen jedem Individuum zu. Jede Person hat das Recht, vor einer Fehlbehandlung geschützt zu werden. Das gilt für Trans- wie für Detrans-Personen gleichermaßen.

Trotzdem: Wie viele Menschen sind es denn nun, die diesen Schritt bereuen? Genau wissen wir es nicht. Sicher ist nur, dass die häufig genannte Zahl von einem Prozent zu niedrig ist. Sie bezieht sich überwiegend auf alte Studien, nur auf Personen, die im Erwachsenenalter mit ihrer Transition begonnen haben, sowie auf eine Zeit mit sehr viel weniger Transbehandlungen und einer anderen Rechtslage und Definition von trans. Außerdem sind meist nur kurze Zeiträume erfasst und nur Detrans-Personen, welche die gleiche ärztliche Unterstützung aufsuchten wie während ihrer Transition. In der Befragung von Vandenbussche waren das gerade mal 29 Prozent.

Im erwähnten Reuters-Artikel sind Studien mit Reue-Raten von weniger als einem bis zu mehr als 25 Prozent verlinkt, abhängig von Forschungsfrage und -design, aber auch davon, wie intensiv oder oberflächlich das jeweilige Gesundheitssystem Transpersonen im Vorfeld diagnostiziert und aufklärt.

Nele – einmal zum Mann und zurück

Nele und ihre Lebensgefährtin Elie betreiben ehrenamtlich das erwähnte Projekt *Post-Trans*. Da sie wenig Zeit haben, erzähle ich Neles Geschichte aus den frei verfügbaren Informationen – verschiedene Medienberichte, Interviews, Podcasts und die Website post-trans.com und einem Youtube-Video, in dem Nele ihren Weg erklärt.

Nele wuchs behütet auf und war eine Person, die versuchte, Erwartungen an sie zu erfüllen. Sie war also zunächst sehr mädchenhaft, fühlte sich damit während ihrer Pubertät aber zunehmend unwohl und entwickelte eine Depression. Dazu kam eine Essstörung.

Im Alter von 19 Jahren zählte sie intensiv Kalorien, verbot sich bestimmte Speisen und nahm in kurzer Zeit viel ab. Sie lehnte ihren Körper ab und versuchte gleichzeitig, die Frauenrolle zu spielen.

Rückblickend sagt Nele: „Plötzlich war ich nicht mehr ich, sondern sexy und wurde aufs Hübschsein reduziert." Mit der Pubertät verlor sie ein Stück Freiheit und fühlte sich zum Objekt degradiert.

Zunächst hatte sie die Erwartung an sich und andere, die ihr zugewiesene Geschlechterrolle zu leben. Irgendwann dachte sie dann: Vielleicht bin ich ja Transgender und fühle mich deshalb so unwohl mit meinem Brüsten und in meinem Körper. Nele wurde zunehmend suizidal.

Sie fand einen Therapeuten, und es tat ihr gut, dass er sie*ihn ernstnahm. Er sprach Nele als Mann an und diagnostizierte relativ schnell eine Transidentität. Rückblickend sagt Nele: „Das hat sich zu dem Zeitpunkt so gut angefühlt, einfach mal jemand, der mir glaubt. Weil ich ja selbst so viel Zweifel hatte. (...) Dass jemand meine Gefühle ernst nimmt und sagt ja, weißt du, ich glaube, du bist wirklich Transgender. (...) Mittlerweile sehe ich das als kritisch, dass der Therapeut nicht ein bisschen kritischer war, auch, obwohl es mir zwar gutgetan hat, denke ich, Therapie ist halt schwer und sollte nicht immer einfach nur guttun." (Youtube-Video)

Der Therapeut war sich sehr sicher und verschrieb Nele bereits nach wenigen Monaten Testosteron. Der Therapeut war auf Transidentitäten spezialisiert, der Gynäkologe, der ihr Testosteron verschrieb, habe keine Ahnung von trans gehabt, sagt Nele.

Zunächst war sie sehr glücklich über die Veränderungen. Testosteron und später die Mastektomie (Brustentfernung) halfen ihr und stärkten sie. Sie lernte ihre Partnerin kennen, zu dem Zeitpunkt ebenfalls ein Transmann, und blühte auf. Neles Leben als Peer schien eine gelungene Entscheidung zu sein.

Sie genoss es, nicht mehr als Frau angesehen zu werden, auf der Straße wie im Beruf: „Als Frau bin ich das Mädchen, das als Hobby malt, als Mann bin ich ein professioneller Illustrator."

Mit ihrem Lebensgefährten Eliot sprach sie viel über Identität. Die beiden diskutierten, ob sie trans geboren sind oder ob das eher eine Folge gesellschaftlicher Normen ist. Für Nele war der Gedanke logisch, dass Menschen ab Geburt trans sind. Eliot war der Ansicht, dass es eher an der Gesellschaft liegt als an der Biologie, wenn sich jemand transident fühlt. Eliot beschloss zu detransitionieren und wurde zu Elie. Und so dachte auch Nele, damals Peer, vermehrt darüber nach, was ihre Gründe für die Transition waren.

Testosteron sei ein Weg gewesen, noch dünner zu werden und die verhassten weiblichen Rundungen loszuwerden, erzählt sie im Youtube-Video. Das hatte einen Bezug zu ihrer Essstörung – und zur sozialen Rolle als Frau, wie sie als Frau wahrgenommen und behandelt wurde. Sie realisierte: „Wenn ich mich mit der Rolle von Frau nicht identifizieren kann, wenn meine Gender-Identity nicht female ist, dann bedeutet das eigentlich ja nur, dass ich mich mit der Rollenerwartung von Frauen nicht identifizieren kann."

Nele störte auch der Alltagssexismus, den fast jede Frau erfährt: Auf der Straße nachpfeifen, vulgäre Anmache, angegrapscht werden, ständig mit potenziellen und tatsächlichen Übergriffen zu leben. „Als Mann war ich halt in Sicherheit davor." Sie realisierte, dass sie nicht Transgender war, sondern dass sie sich als Frau in dieser Gesellschaft nicht wohlfühlte.

Sie sagt heute, ihre Transition habe die Symptome behandelt, aber nicht die Ursachen. Als Mann war sie in einer neuen, ebenfalls mit Erwartungen verbundenen Schublade.

Nele erzählt eine Situation aus dem Fitness-Studio, die zeigt, welche stereotype Erwartungen an Körper gestellt werden: Als Frau sagte eine andere Frau zu ihr: Hey, du bist doch schon so dünn, du musst doch gar keinen Sport mehr machen. Als Mann hörte sie von anderen Männern mit Anspielung auf den Muskelaufbau: Bei dir dauert es aber noch ein bisschen.

Nele begann daran zu zweifeln, dass es richtig ist, den Körper von einer Geschlechter-Schublade in die andere anzupassen, um dann auch nur wieder eine Schubladen-Rolle zu spielen. Dazu kamen gesundheitliche Probleme durch das Testosteron, wogegen sie wiederum Östrogene nehmen sollte. Sie entschied sich, das Testosteron abzusetzen und ihre Probleme auf andere Weise zu bearbeiten.

Nele sagt heute, es wäre besser gewesen, wenn sie der Therapeut zuerst stabilisiert hätte, um dann alternative Wege aufzuzeigen. Im Mai 2022 waren Nele und Elie zu Gast in einer Ringvorlesung der Hochschule Darmstadt. Dort erzählt Nele, wie absurd die deutschen Gesetze sind (siehe Kapitel „Transrechte"). Sie zahlt heute noch die Kosten für ihre Gutachten und den Gerichtsbeschluss für ihre Personenstandsänderung ab. Als Detransitionerin müsste sie jetzt die gleichen Gutachten erneut erstellen lassen und noch einmal so viel Geld ausgeben, um im Personenstandsregister wieder als Frau geführt zu werden. Das kann sie sich nicht leisten. Deshalb steht im Personalausweis noch männlich.

Risiken und Nebenwirkungen

Bei meinen Recherchen für dieses Buch und den gehörten wie gelesenen Geschichten von Trans- und Detrans-Personen ist mir Folgendes aufgefallen:

Transpersonen, die zufrieden sind mit ihrer Transition, sagen: Das war die beste Entscheidung meines Lebens. Ich würde es jederzeit wieder tun. Jetzt ist es stimmig. Ihnen geht es richtig gut damit. Das heißt aber nicht, dass sie nicht mit Nebenwirkungen von Medikamenten oder Folgewirkungen von Operationen zu kämpfen haben. Hier hätten viele gerne im Vorfeld mehr gewusst und einfachere Möglichkeiten, darüber zu sprechen.

Bei Detrans-Personen gibt es neben den erwähnten gesundheitlichen Problemen vor allem zwei Punkte, die ich immer wieder gehört habe: Manche bemerkten im Nachhinein, dass sie mit der Transition eine verinnerlichte Homophobie kompensieren wollten. Bei anderen änderte sich die Einstellung zur Gesellschaft, und sie stellten fest, dass ihr Unwohlsein vor allem durch gesellschaftliche Geschlechterstereotype verursacht wurde. Ihr Körper war für sie eigentlich völlig okay, nur entsprach ihr Sosein nicht dem, was von Menschen ihres körperlichen Geschlechts erwartet wird.

Zu den Transpersonen, die differenzierend zurückblicken, gehört die schwedische Schauspielerin und Transfrau Aleksa Lundberg, über die im März 2021 im Deutschlandfunk ein längerer Beitrag gesendet wurde. Lundberg ist deswegen so interessant, weil sie 20 Jahre zurückblicken kann. Und sie erkennt dabei Positives und Negatives und möchte beides gesehen und besprochen wissen. Lundberg war viele Jahre so etwas wie Schwedens Vorzeige-Transfrau und Aktivist*in. Schon im Kindergarten merkte sie, dass sie anders ist als die anderen Jungs. Sie spielte lieber mit den Mädchen, liebte Glitzer und Kleider. Sie sagt von sich, sie habe als Kind eine Sissy sein wollen, eine Prinzessin. Im Kindergarten durfte sie das auch. Aber als sie in die Schule kam, sollte sie ihre Kleider als Theatersachen wegpacken, die Haare schneiden, Jungs-Klamotten tragen und sich „wie ein echter Junge benehmen". In den 1980er Jahren blieb Aleksas Mutter vermutlich auch im toleranten Schweden nicht viel anderes übrig, wenn ihr Kind nicht kollektivem Mobbing und Ausgrenzung zum Opfer fallen sollte. In der Pubertät merkte Aleksa, dass sie homosexuell ist, hatte ihr Coming-out und kleidete sich oft als Dragqueen, bis sie Transgender-Frauen begegnete. Damit eröffnete sich für Aleksa die Möglichkeit, das zu sein und zu leben, was sie schon immer wollte. Sie wandelte ihren Körper erst hormonell, dann mittels Operationen äußerlich zur Frau.

Nach einer Sendung in Schweden, in der Detrans-Personen sehr kritisch mit dem Thema Transition umgingen, sollte Lundberg in einer zweiten Sendung auftreten, in der Transpersonen positiv von ihrer Transition berichteten. Das brachte sie in einen Gewissenskonflikt. Sie sah sich als Vorbild, ihre eigene Transition differenziert und äußerte sich auch so in der Sendung.

Aleksa Lundberg betrachtet ihre Geschlechtsangleichung als richtig, aber keineswegs als einfach. Und sie sagt, heute würde sie sich vermutlich anders entscheiden. Sie sieht sich eher als femininer schwuler Mann und fragt sich, warum sie damals unbedingt ihren Körper verändern wollte. Lundberg vermutet dahinter auch gesellschaftliche Vorstellungen von Mann und Frau, die ihr das Gefühl gegeben haben, sie müsse ihren Körper anpassen, um akzeptiert zu werden. Heute wäre sie als femininer Mann vermutlich akzeptierter als in den 1980er Jahren.

Aleksa Lundberg hat eine sehr klare Position, was die Altersgrenzen insbesondere für Operationen an Genitalien angeht. Sie findet, junge Menschen sollten noch keine so weitreichenden, irreversiblen Entscheidungen treffen dürfen.

Auch Till Amelung, ein deutscher Transmann, sieht frühzeitige medizinische Behandlungen von Kindern und Jugendlichen kritisch. Er verweist darauf, dass zunächst einmal die körperliche Fortpflanzungsfähigkeit hergestellt sein muss, bevor in irgendeiner Form medizinisch eingegriffen wird, denn andernfalls kann ein Mensch niemals fruchtbar sein. Außerdem seien Behandlungen bislang vor allen Dingen an erwachsenen Körpern optimiert. Patricia Schüttler, Transfrau und OP-Assistentin für geschlechtsangleichende Operationen, sagt, dass sie bei ihren Infoveranstaltungen häufig besorgte Leute beruhigen muss und stellt klar: Genitaloperationen finden in Deutschland fast immer erst am erwachsenen Körper statt, Brustentfernungen sind zwar vorher möglich, das sei aber selten. In jedem Fall gehe das nur mit einer ärztlichen Diagnose.

Amelung betreut eine geschlossene Facebook-Gruppe für Transpersonen, in der sie offen über Dinge sprechen können, für die andernorts der Raum fehlt, etwa über unangenehme Nebenwirkungen, fehlendes Gefühl im Brustbereich nach einer Mastektomie, Komplikationen bei der Einstellung auf die richtige Hormondosis oder unerwünschte Nebenwirkungen durch die Hormoneinnahme (Herzkreislauf-Erkrankungen, Osteoporose, vaginale Atrophie). Über all diese Dinge sollte offen gesprochen werden können, damit sich Transpersonen informiert entscheiden können.

Schüttler und Amelung kritisieren, dass Transaktivist*innen die medizinische und psychotherapeutische Begleitung negativ als Gatekeeping framen. Das führe dazu, dass eine therapeutische Begleitung abgelehnt oder vermieden wird und wichtige Unterstützung nicht geleistet werden kann. Das schade der Transgesundheit. Denn die medizinisch-therapeutische Begleitung sei ein wichtiger Halt auf dem Weg der Transition, bei der sich so viel im Leben eines Menschen verändert. Die Psychotherapeut*in begleitet die Personen, wenn sie die Schritte des Geschlechtswechsels erproben, denn da hänge viel dran, worüber sich die Person Gedanken machen muss und wofür sie psychosoziale Hilfe braucht: „Wie realistisch ist es, dass man nach einer Angleichung vollumfänglich von der Gesellschaft akzeptiert wird? Wie reagiert das Umfeld? Bricht meine Familie zusammen, verliere ich meinen Job?", erläutert Schüttler. Sie selbst hat die medizinisch-therapeutische Begleitung als positiv erlebt. Heute begleitet sie in der Selbsthilfe zahlreiche Transpersonen, teilweise bis in den Operationssaal, wo sie als OP-Assistentin arbeitet.

Kindern und Jugendlichen wünscht sie, dass sie nicht gleich den harten, medizinischen Weg gehen, sondern sich Zeit lassen. Eine gute Chance dafür sind nicht-binäre Räume, in denen sie ihr Geschlecht und ihre Identität ausprobieren können. Und wenn sie sich als gender-nonkonform oder nicht-binär erleben, brauchen sie nicht unbedingt eine Operation, sondern können mit ihrem Körper, wie er ist, glücklich werden.

Ein Dilemma bleibt: Einerseits kann eine frühe Transition verhindern, dass sich als falsch empfundene Geschlechtsmerkmale stark ausbilden und es später viel schwieriger wird, von der Gesellschaft im Identitätsgeschlecht wahrgenommen zu werden. Andererseits besteht die Gefahr, dass die Transition als Weg aus einer Krise gesehen wird, die andere Ursachen hat.

Amelung kritisiert in diesem Zusammenhang eine Verpflichtung zum affirmativen Ansatz, wonach die Selbstdefinition als transgeschlechtlich nicht in Frage gestellt werden darf. Durch die Integration von Transgender in das gesetzliche Konversionsverbot bei Homosexualität 2020 ist für Therapeut*innen eine Rechtsunsicherheit und Grauzone entstanden. Mit dem affirmativen Ansatz ist der Prozess nicht mehr ergebnisoffen, sondern es gibt einen gewissen Druck, eine Transidentität zu diagnostizieren und kritisches Nachfragen zu vermeiden.

Kritische Fragen sind jedoch sehr wichtig, um festzustellen, ob eine Transidentität vorliegt, und um andere mögliche Ursachen für das Leiden zu erkennen. Amelung erzählt, dass sich inzwischen immer wieder Therapeut*innen aus der Trans-Therapie verabschieden, weil sie einen rein affirmativen Ansatz nicht mit ihrem Gewissen und ihrer Professionalität vereinbaren können.

Zwischen Homosexualität und Transidentität gibt es einen großen Unterschied: Während sich Menschen sexuell ausprobieren und sowohl homo- wie heteroerotische Erfahrungen sammeln können, geht es bei der medizinischen Transition um irreversible Veränderungen, die zwar bereut, aber nicht korrigiert werden können. Gerade die Jugend und die Adoleszenz sind besonders vulnerable Lebensphasen, geprägt von Identitäts- und Körperkrisen aller Art bei gleichzeitigem Hang zu impulsivem Handeln. Deshalb brauchen Jugendliche und junge Erwachsene eine besonders sensible und gute Begleitung und Beratung, die ihre Fragen, Ängste und Nöte ernst nimmt, aber eben auch hinterfragt, um die Ursachen erkennen zu können.

Diese Kritik hat in Schweden und Großbritannien zu einem Zurückrudern geführt. Pubertätsblocker werden nicht mehr oder nur noch in Ausnahmefällen und in kontrollierten Studien verschrieben, Altersgrenzen erhöht. Das Ziel: mehr medizinische Evidenz und Qualität in der Transgesundheit. Egal, in welchem Alter sich eine Person als transident empfindet und/oder outet, es ist wichtig, ihre wahren Bedürfnisse zu verstehen, möglichst bevor durch Operationen irreversible Schritte unternommen wurden.

Martin , 47, Transmann, Unternehmer

Martin lebt mit Frau und Kind in Köln. Er betreibt eine Kommunikationsagentur im Bereich Medizin und Text. Martin hat sich schon als Kind als Junge gefühlt und sich entsprechend burschikos verhalten. Martin war Anfang 30, als er sich als Transgender outete. Heute, als Mann, fühlt er sich richtig und wohl.

Ich habe Martin vor vielen Jahren bei einem beruflichen Netzwerktreffen als Frau kennengelernt und mich kurz mit ihr unterhalten. Bei einer späteren Veranstaltung sah ich die Person wieder, jetzt als Mann. Ich dachte mir nichts weiter, nahm die Transition zur Kenntnis. Ich hatte bereits im Studium viel Kontakt mit genderqueeren Welten. Insofern war es für mich nichts Neues.

Bei unserem Gespräch fragte ich Martin, wie er seine Transition als selbstständiger Unternehmer erlebte und wie seine Geschäftspartner*innen reagierten. Martin sagt: sehr offen. Er sagt aber auch, dass er es insofern leicht hatte, als er in einem offenen Umfeld arbeitet. Außerdem wechselte er von der Frauen- in die Männerrolle, also in die stärkere Rolle. Er mutmaßt: „Wäre ich in der umgekehrten Gendersituation und würde auf dem Bau oder im Autohaus arbeiten, wäre das wahrscheinlich anders gelaufen." Er wisse nicht, ob er sich das getraut hätte.

Martin arbeitet als Kommunikationsprofi und so ging er seine Transition an. Im Vorfeld der Hormontherapie bereitete er zuerst sein privates Umfeld vor und dann nach und nach das berufliche. Enge Geschäftspartner informierte er persönlich und traf sich zum Kaffee oder Essen. Und als die Hormontherapie erste Veränderungen zeigte, schrieb Martin eine Rundmail an seine 400 oder 500 Kontakte.

„Ich habe denen halt so geschrieben: ‚Ich möchte Sie über eine persönliche Veränderung informieren. Ich habe mich entschlossen, eine Geschlechtsangleichung vornehmen zu lassen.'" Er nannte seinen künftigen Namen und versicherte, dass sich an der Arbeit nichts ändern wird. Außerdem bot er an, für Fragen da zu sein, und ermunterte seine Geschäftskontakte, ihm mit der gleichen Offenheit zu begegnen wie er ihnen.

Daraufhin bekam er vor allen Dingen Glückwunschmails. Und unerwartete persönliche Geschichten, darunter zum Beispiel ein homosexueller Geschäftsführer, der sich diese Offenheit in seinem Arbeitsumfeld nicht traute. Aber auch andere persönliche Erzählungen, die Menschen oft lieber für sich behalten und in ihrem Arbeitsumfeld verbergen. Anderen war es egal. Letztendlich ging es ja um seine Leistung, die sie einkaufen.

Neue Kontakte merken nichts von seiner Transition. Sie sehen einen Mann, die weibliche Vergangenheit ist unsichtbar. Das ist der Vorteil, den Transmänner oft haben. Bei Transfrauen, die erst als Erwachsene transitionieren, ist das oft anders.

Martin ist nicht nur Transmann, sondern auch Mediziner. Daher wollte ich seine Einschätzung zur Transition bei Jugendlichen. Aus Martins Sicht wäre es falsch, die Jugendlichen sofort darin zu bestärken, trans zu sein. Ebenso falsch wäre es, die Transidentität abzustreiten. Martin ist überzeugt, dass für junge Menschen am wichtigsten ist, dass sie ernst genommen werden. Und sie brauchen professionell gut geschulte Begleitung, um möglichst auszuschließen, dass andere Ursachen unerkannt bleiben, bevor irreversible Schritte unternommen werden.

Die Definition von Geschlecht hat sich verschoben

Dass sich gemäß der erwähnten Rheingold-Studie 27 Prozent nicht eindeutig männlich oder weiblich sehen, zeigt, dass gerade in der jungen Generation die Vorstellung von Geschlechtlichkeit und geschlechtlicher Identität in Bewegung ist. Ich bin sicher, dass nur ein kleiner Teil dieser Menschen trans ist oder den eigenen Körper verändern möchte. Aber vermutlich alle wünschen sich, nicht in eine genderstereotype Rolle gedrängt zu werden und ihre männlichen und weiblichen Anteile frei zu leben. Mehr Offenheit, die Akzeptanz biologischer Unterschiede bei gleichzeitig gleichwertigem und egalitärem Verständnis von Geschlecht würde helfen, dass viele Menschen erst gar nicht in Identitäts- und Rollenkonflikte stürzen.

Wir brauchen mehr Wissen über geschlechtliche Vielfalt, mehr Informationsmöglichkeiten und eine ehrliche Auseinandersetzung. Außerdem brauchen wir mehr Forschung zu den Erfolgsfaktoren und Risiken für geschlechtsangleichende Behandlungen. Dafür müssen wir Brücken bauen, damit wir sachlich miteinander reden können, statt mit Rechthaberei und Maximalpositionen Gräben auszuheben und Vielfalt zu beschädigen.

Zum Abschluss des medizinisch-biologischen Teils möchte ich diese Fakten als Brückenpfeiler für eine sachliche Debatte anbieten:

1. Es gibt körperliche Geschlechter, zusammengesetzt aus Chromosomen, Genen, Hormonen, inneren und äußeren Geschlechtsmerkmalen. Zwar pflanzt sich der Mensch zweigeschlechtlich fort. Doch schenkt uns die Natur neben XX-Frauen und XY-Männern viele weitere Varianten der körpergeschlechtlichen Entwicklung.
2. Uns werden Wesenszüge, die später unsere Identität prägen, sprichwörtlich in die Wiege gelegt. Sie sind tief in uns verankert und wenn sie nicht akzeptiert werden, stößt uns das in schwere Krisen. Denn jeder Mensch möchte in seinem Sosein akzeptiert werden.
3. Wenn eine Transperson ihr Geschlecht an die empfundene Geschlechtsidentität angleichen lässt, kann sie das immer nur bis zu einem bestimmten Grad, aber nie zu 100 Prozent. Denn die Gene ändern sich nicht. Und Eierstöcke oder Hoden können nur entfernt, aber nicht dazugefügt werden.
4. Unsere Vorstellung von Geschlecht ist ein komplexes Konstrukt aus körperlichen Fakten, gefühlter Identität und Umwelteinflüssen. Egal ob cis oder trans, viele von uns laden Mann oder Frau viel zu sehr mit gesellschaftlich konstruierten Vorstellungen und Erwartungen auf.
5. Wir können neue Geschlechterrollen definieren und neben Mann und Frau weitere Geschlechtskategorien differenzie-

ren. Unsere Wahrnehmung von Mann und Frau aufgrund körperlicher Merkmale abstellen können wir vermutlich nicht. Denn die Ursache, dass wir überhaupt geschlechtliche Körper haben, liegt in der Evolution und der zweigeschlechtlichen Fortpflanzung. Die Natur können wir nicht ignorieren.

Die Frage, die ich mir stelle: Wieso lässt eine Gesellschaft so viele Menschen so sehr leiden, dass sie bereit sind, sich riskanten Operationen und lebenslangen Hormonbehandlungen zu unterziehen? Wieso definiert die Gesellschaft, wie ein Penis oder eine Vulva auszusehen hat, statt fasziniert die Vielfalt zu bestaunen? Warum akzeptieren wir nicht einfach alle so, wie die Natur sie geschaffen hat, in all den Gen-Hormon-Gonaden-Varianten, die es gibt? Die Frage muss also nicht lauten: Was stimmt mit Inter- oder Transpersonen nicht, sondern was stimmt mit der Gesellschaft nicht?

Wir sollten also die Gesellschaft, ihre Normen und Werte hinterfragen. Und wir sollten fragen: Wie muss ein Geschlechterkonzept aussehen, in dem sich möglichst alle wiederfinden, egal ob cis oder trans, binär oder nicht-binär, Mann, Frau oder Intergeschlecht?

Robin Ivy, 28, nicht-binär, Sozialwissenschaftler*in und Aktivist*in

Robin Ivy habe ich im Internet gefunden. Eigentlich verwendet Robin Ivy keine Pronomen. Damit ich nicht ständig den Namen wiederholen muss, darf ich sier als Pronomen verwenden.

Robin Ivy ist 28 Jahre alt, arbeitet bei der Landesfachstelle Trans beim *Queeren Netzwerk Niedersachsen* (QNN), ist wissenschaftliche Mitarbeiter*in an einem Soziologielehrstuhl und engagiert sich ehrenamtlich beim *Bundesverband Trans** im Vorstand. Dort steht: „Für Robin Ivy ist besonders die Vielfalt, die wir auch innerhalb unserer Communities haben, wichtig. Interessenfelder sind vor allem Gesundheit,

Unterstützung von Beratungsangeboten und Förderung von Zusammenarbeit, auch wenn wir nicht immer einer Meinung sind."

Robin Ivy ist nicht-binär oder, genauer gesagt, androgyn. Sier fühlt sich als Mischung aus maskulinen und femininen Anteilen. Das möchte sier zum Ausdruck bringen. Robin Ivys Stimme kann ich weder eindeutig männlich noch weiblich einordnen. Auch im Erscheinungsbild auf Zoom wirkt sier zwar eindeutig genderqueer, aber nicht spezifisch männlich oder weiblich.

Robin Ivy erzählt, dass sier als Mädchen, als das sier sozialisiert wurde, rosa und Glitzer liebte und das auch heute noch gerne mag. Autos aber auch. Sihre Identität hat Robin Ivy als Kind nicht hinterfragt. Das kam erst im Laufe der Pubertät.

Dass sich Robin Ivy nicht nur von einem Geschlecht angezogen fühlte, sondern bisexuell ist, war siem schon zu Beginn der Pubertät klar. Irritierender war die Erfahrung mit der Identität: Wer bin ich und werde ich von außen so wahrgenommen, wie ich mich sehe und fühle? Hier hatte Robin Störgefühle. Etwas passte nicht.

Parallel zu diesem Gender- und Pubertätsstress trennten sich Robin Ivys Eltern. Die Illusion der Bilderbuchfamilie löste sich auf. Da war Robin Ivy 15. Sier hatte zwar keine größeren Probleme mit der Trennung der Eltern, aber damit, dass sihre Mutter psychisch nicht mit der Trennung zurechtkam. Robin Ivy machte sich Sorgen, musste sich kümmern. Das wirkte sich auch auf sihr Wohlbefinden aus.

Eine Freundin brachte Begriffe wie genderfluid und nichtbinär in Robin Ivys Welt. Sier las dazu, probierte sich aus und fühlte nach. Nach einigem Probieren stellte Robin Ivy fest, dass sier mit Kleidung und Styling Androgynität nur bis zu einem bestimmten Punkt herstellen konnte. Daher wollte sier Testosteron nehmen. Die erste Ansprechperson, damals noch in Robin Ivys Geburtsort Bremen, war Gynäkologe, Endokrinologe und Therapeut zu Transthemen in einem, für Robin Ivy ein Glücksgriff. Leider ist der Mann inzwischen in Rente und hat in Bremen eine Versorgungslücke hinterlassen.

Robin Ivy zog nach Hannover und begann eine Lehre als Konditor*in. Sier traf auf einen Betrieb, in dem sehr geschlechterstereotyp gedacht und geredet wurde. Es gab oft geschlechtsspezifische Zuschreibungen, was etwas für Jungs oder für Mädchen sei, wie Männer und Frauen so sind und was sie können oder nicht können. Für Robin Ivy absoluter Stress, sind es doch gerade diese Zuschreibungen, die sich so irritierend falsch anfühlen.

Dazu kam ein schockierendes Erlebnis: Sier hatte gerade neu als Auszubildend*e angefangen und arbeitete alleine in einem Raum. Ein Bäckermeister kam vorbei, stellte sich vor, fragte nach dem Namen und kommentierte, dass Robin doch ein Jungsname sei. Der Name Robin sei geschlechtsneutral, erwiderte Robin Ivy verunsichert. Schließlich war sier Auszubildend*e und noch ganz neu, der Typ schon lange dabei und als Meister hierarchisch deutlich über siem. Ob Robin Ivy „so ein*e" sei, wollte der Mann wissen. Nicht genau wissend, was er damit meinte, antwortete Robin Ivy: „Ich bin nicht-binär." Das veranlasste den Mann, detailliert nach Robin Ivys Geschlechtsteilen und Sexualleben zu fragen. Übergriffige Fragen also, die wir sonst niemals einer fremden Person einfach so stellen würden.

Robin Ivy brach die Ausbildung nach zwei Monaten ab. Es ging siem nicht gut und sier suchte sich eine Therapeutin. „Das hatte nix mit trans zu tun, ich wollte einfach klarkommen", erzählt Robin Ivy und ist sehr froh über die Therapeutin und ihre offene, unterstützende Art: „Es war vielleicht gerade gut, dass sie von Transgender keine Ahnung hatte, weil sie so viel unvoreingenommener Fragen gestellt hat, die total den Punkt getroffen haben. Hat mir total geholfen."

Robin Ivy machte den Bachelor in Sozialwissenschaften und anschließend den Master in Geschlechterforschung. Sihren Personenstand änderte Robin Ivy in zwei Schritten. Die Namensänderung erfolgte über das TSG. Robin Ivy behielt das Geschlecht ‚weiblich', denn ‚divers' gab es damals noch nicht und ‚männlich' war genauso falsch. Den Personenstand änderte Robin Ivy erst später in divers über das Personenstandsgesetz. Ganz zufrieden ist sier jedoch noch nicht. Hat es früher genervt, ständig als Frau gelesen zu werden, so möchte Robin Ivy auch nicht nur als Mann gelesen werden.

Ich habe noch lange über mein Gespräch mit Robin Ivy nachgedacht. Wir haben beide einen sozialwissenschaftlichen Hintergrund und in vielen Punkten ähnliche Ansichten. So lehnen wir beide die Stereotypisierung, wie Männer oder Frauen so seien oder sein sollen, stark ab. Gleichzeitig bemerke ich aber auch einen Unterschied in Interpretation und Schlussfolgerung, den ich selbst nicht so ganz greifen kann. Ob das an unserer Sozialisation zu unterschiedlichen Zeiten liegt, kann ich nicht mit Sicherheit sagen, aber logisch wäre es schon: Meine Kindheit, Jugend, Adoleszenz fand in den 1970er bis 1990er Jahren statt, die von Robin Ivy in den 2000er bis 2010er Jahren. Ich durfte vieles nicht oder musste vieles tun, weil ich ein Mädchen bin. Chefs waren fast immer Männer. Da ist Robin Ivy wesentlich freier und offener aufgewachsen mit deutlich mehr weiblichen Rolemodels, als ich hatte. Andererseits waren Spielsachen, Kleidung und andere Dinge des Alltags in meiner Kindheit wesentlich weniger gegendert als zu Robin Ivys Kindheit und Jugend. Kunst und Musik in den 1970er und 1980er Jahren spielten mit Androgynität und Cross-Styling. Hier war ich freier als Robin Ivy, dier in einer Welt aufwuchs, die hyperstereotyp hellblau-rosa gegendert war, und das auf allen Kanälen rund um die Uhr präsentiert.

Männlichkeits- und Weiblichkeitsbilder und ihre Wirkung

In den nächsten Kapiteln geht es um unsere gesellschaftliche Konstruktion von Gender. Wie entstehen unsere Vorstellungen von männlich und weiblich im Kopf? Und warum klammern wir so daran? Warum weisen wir Männern und Frauen Interessen und Kompetenzen zu, wo es doch offensichtlich ist, dass das für viele nicht passt?

Von klein auf umgeben uns Bilder von Männlichkeit und Weiblichkeit: in Kinderbüchern, Kaufhäusern, der Werbung, in Film, Fernsehen, Videogames, in der Musik, in Lehrmitteln, bei Berufsbildern, Hobbys und so weiter. Sie prägen uns, und wir lernen Klischees, Erwartungen, Rollenbilder zu Männern und Frauen. Ganz gleich, wie genderoffen unsere Eltern uns zu erziehen versuchen, die Welt ist voller Genderstereotype. Und wir müssen uns mit unserem angeborenen Wesenskern zu dieser Umwelt positionieren.

Wie sieht es eigentlich mit deinem Bild vom Mannsein und Frausein aus? Teste dich. Antworte schnell und ohne lange zu überlegen. Ergänze die folgenden Sätze:

- Wesen/Charakter:
- Männer sind …
- Frauen sind …

- Verhalten:
- Männer handeln …
- Frauen handeln …

- Aussehen:
- Männer tragen …
- Frauen tragen …

- Kompetenz:
- Männer können/können nicht …
- Frauen können/können nicht …

- Interessen:
- Männer mögen …
- Frauen mögen …

Körpergröße und Körperkraft

Männer sind groß, kräftig, stark, Frauen zierlich, schwach und schutzbedürftig. Das lernen wir bereits als Kind in Märchenbüchern. In den Hollywood-Klassikern *King Kong* und *Die Schöne und das Biest* wird der Mann sogar zum Tier. Die Frau ist extrem viel kleiner, zart und bezaubernd schön. Auch Tarzan oder James Bond sind groß, stark und mutig, retten die Welt und beschützen Frauen und Kinder.

Wenn die Frau mutig und zupackend ist und der Mann eher ängstlich und zurückhaltend, gerät das patriarchale Rollenmuster durcheinander. Warum nur?

Statistisch stimmt es, dass Männer im Durchschnitt größer sind als Frauen. Die Website Laenderdaten.info hat die Welt vermessen. Danach sind niederländische Männer mit 1,84 Meter im Durchschnitt die größten und haben einen BMI von 26,1. Niederländische Frauen sind im Schnitt 1,70 groß und ihr BMI liegt bei 25,3. Die Durchschnittswerte orientieren sich an erwachsenen Personen im Alter von 18 bis 25 Jahren.

Deutsche Männer mit durchschnittlich 1,80 und einem BMI von 27,4 sind kleiner und dicker als Niederländer. Deutsche Frauen messen im Schnitt 1,66 und haben einen BMI von 26,0. In Asien oder Afrika sind Männer oft kleiner als westeuropäische Frauen. Der durchschnittliche Ghanae misst 1,69, der Durchschnittsvietnamese 1,68. Die kleinsten Männer leben in Osttimor mit gerade mal 1,59 und sind mit einem BMI von 21,2 nicht nur kleiner und zierlicher, sondern vermutlich auch schwächer als eine durchschnittliche westeuropäische Frau mit 1,66 und einem BMI von 25,1.

Interessant ist, dass der BMI in Vietnam und vielen anderen Ländern bei Männern und Frauen ungefähr gleich ist, darunter auch in Neuseeland mit schwergewichtigen 28,2 für Männer und 28,0 für Frauen. Und es gibt Länder, da sind eher die Männer zierlich und die Frauen rund. Hier scheint – neben der

Ernährungssituation – die kulturelle Vorstellung von dick oder dünn eine Rolle zu spielen.

Und ja, erwachsene Männer besitzen im Durchschnitt mehr Körperkraft als erwachsene Frauen. Die Betonung liegt dabei auf erwachsen. Denn dieser Unterschied entwickelt sich erst durch die Hormone in der Pubertät. Bei Grundschulkindern hängt die Körperkraft nicht vom Geschlecht, sondern davon ab, wie viel und welchen Sport ein Kind treibt, also wie trainiert die Muskulatur ist. Trotzdem glauben viele Kinder, Mädchen seien schwächer als Jungs – mit Auswirkungen auf die Wirklichkeit. In der ZDF-Sendung *No more boys and girls* lässt Reporterin Collien Ulmen-Fernandes Kinder der 2. Klasse *Hau den Lukas* spielen. Als die Mädchen gegen die Jungs antraten, zeigten sie schlechtere Ergebnisse. Als sie nochmal ohne Jungs antraten, waren sie genauso stark wie die Jungs.

Jungs und Mädchen lernen von klein auf Genderstereotype und orientieren ihr Verhalten an diesen Vorstellungen. Das betrifft nicht nur die Selbsteinschätzung, ob sich ein Kind stark oder schwach fühlt, sich selbst verteidigen kann oder hilflos fühlt. Es hat auch Auswirkungen auf die Entwicklung des Gehirns. Wer viel mit Bauklötzen spielt und Sandburgen baut, trainiert das räumliche Vorstellungsvermögen. Bei Rollenspielen von Alltagssituationen wird die soziale Interaktion trainiert. Kulturelle Vorstellungen haben also biologische Folgen.

Dabei ist es unmöglich, mit Sicherheit festzustellen, was vorgeburtlich angelegt ist und was erst durch Sozialisation verursacht wird. Denn die Sozialisation beginnt sofort, wie das „Baby X-Experiment" von Carol A. Seavey, Phyllis A. Katz und Sue Rosenberg Zalk aus dem Jahr 1975 zeigt. Es wurde seither oft wiederholt, immer mit ähnlichen Ergebnissen, wie 2020 bei Anke Rau und Lisa Weitemeier für die WDR-Sendung *Planet Wissen*: In der Versuchsanordnung spielten Erwachsene mit Babys, deren Geschlechter vertauscht wurden. Friedrich wird als Frieda und Paula als Paul vorgestellt. In einer zweiten Testreihe wurden die Babys neutral angezogen und den Erwachsenen wurden weder Namen noch Geschlecht mitgeteilt. Es standen unterschiedliche Spielzeuge zur Verfügung. Ergebnis: Die Erwachsenen wählten Spielsachen häufig gemäß dem Geschlecht aus, das sie dem Baby zuwiesen, entweder weil ihnen der Name genannt wurde oder weil sie innerlich selbst eine Zuweisung vornahmen.

Wird ein Baby als Junge vorgestellt oder gelesen, werden ihm häufiger Bauklötze und andere Spielsachen angeboten, die das räumliche Vorstellungsvermögen trainieren. Wird das Baby als Mädchen vorgestellt oder gelesen, bekommt es Spielsachen angeboten, die auf soziale Kompetenzen abzielen.

Ich war auch mal schwanger

Ich war auch mal schwanger. Allein mit den Mythen und Geschichten darüber, was bei männlichen Embryonen angeblich anders sei als bei weiblichen, ließe sich ein ganzes Buch füllen. Jungs/Mädchen bewegen sich mehr/weniger, bringen die werdende Mutter dazu, dies oder jenes zu essen oder sich wie auch immer zu fühlen. Selbst die Form des Bauches wird geschlechtszuweisend interpretiert. Mir erschien das immer absurd.

Und weil ich selbst so unter Geschlechterstereotypen gelitten hatte, versuchte ich bei meinem Sohn einfach nur darauf zu achten, was ihn interessiert. Als er etwa zwei oder drei Jahre alt war, beobachtete ich mit Belustigung, dass er mit der Leichtigkeit eines Kindes Männer- und Frauenklischees parallel und zeitgleich bediente und über den Haufen warf.

Mein Herz geht heute noch auf, wenn ich mich an diese Bilder erinnere: Auf dem Weg zur Kita mit rosa Lieblingsshirt, schulterlangen Haaren, Haarspangen oder Haarreif oder beides, darüber Bauarbeiter-Gehörschutz und in der Hand die Kettensäge, fröhlich hüpfend alle Marken der parkenden Autos aufzählend.

Schönheitsideale

Was wir als schön empfinden, wird von kulturellen Erwartungen, Moden und Trends beeinflusst und ändert sich im Laufe der Zeit. Während männliche Schönheitsidole früher glattrasiert waren, ist heute der Vollbart hip und vielleicht auch bald wieder vorbei. In den 1990ern dominierte bei Frauen der androgyne Heroin-Chic mit kaum wahrnehmbarem Busen, dann kam der Vollbusen und schließlich noch der runde Po dazu, der ‚Brasilian Butt'. Was sich seither kaum geändert hat, sind zwei Dinge:

- Schönheit wird bei der Beurteilung von Frauen nach wie vor als sehr wichtig wahrgenommen, selbst wenn ihr Beruf nichts damit zu tun hat, etwa weil sie CEO eines Konzerns oder Ministerin sind. Bei Männern spielt Schönheit eine weitaus geringere Rolle, es sei denn, sie wollen als Model arbeiten.
- Die Körpermaße für Männermodels sind zwar anspruchsvoll, aber für einen Durchschnittsmann erreichbar. Die Maße, die für Frauen als ideal gelten, sind realitätsfremd und gesundheitsgefährdend für die meisten Frauenkörper.

Durch die Omnipräsenz von Bildern und Selbstdarstellung in unserer digitalen Welt ist der Druck auf alle gestiegen, im Netz ein ‚gutes Bild' abzugeben. Weil bei Frauen Schönheit stärker gewichtet wird, ist für sie auch der Druck stärker. Was in der Realität nicht erreichbar ist, wird via Photoshop angepasst. Dargestellte Perfektion überall.

Auch wenn es inzwischen Beispiele für rundliche Models und die Body-Positivity-Bewegung gibt, ist der Druck auf junge Frauen enorm. Es ist kein Wunder, dass junge Frauen reihenweise Essstörungen entwickeln.

Vergleichen wir die Durchschnittsmaße westeuropäischer Frauen mit den gängigen Modelmaßen, dann werden Frauen geradezu zur Magersucht aufgefordert. Eine Studie von Peter Katzmarzyk und Caroline Davis von der York University in Ontario, Kanada, untersuchte die Maße von 240 Frauen, die zwischen 1978 und 1998 auf Playboy-Postern abgebildet waren. Sie kamen auf einen durchschnittlichen BMI von 18,1. Bei einer Frau von 1,75 Metern bedeutet das ein Körpergewicht von 55 kg, also etwa das einer durchschnittlichen Vietnamesin (54 kg) – die ist aber nur 1,58 groß. Zur Erinnerung: Die durchschnittliche 18- bis 25-jährige Deutsche misst 1,66, hat einen BMI von 26,0 und wiegt 71,7 kg.

Marylin Monroe war je nach Quelle zwischen 1,65 und 1,67 groß und wog zwischen 52 und 57 kg. 1,66 und 54 Kilo ergeben einen BMI von 19,6, liegen also im unteren, sehr schlanken Bereich des Normgewichts. Heutige Models wiegen so viel wie Monroe, sind aber einen Kopf größer: Das Top-Model Karlie Kloss gibt eine Größe von 1,88 an. In einem Artikel der Cosmopolitan aus dem Jahr 2019 wird für sie eine Größe von 1,83 und ein Gewicht von 55 Kilo angegeben, also ein BMI von 16,4. Gisele Bündchen wird im gleichen Artikel mit 1,80 und 59 Kilo vermessen, was einem BMI von 18,2 entspricht. Ein BMI von 17,5 bis 18,5 gilt als Untergewicht, weniger als anorektisch. Offiziell heißt es, Models sollten mindestens einen BMI von 18,5 haben, offensichtlich nur ein Lippenbekenntnis.

Die Vorgaben für Männer sind weitaus gesünder und einfacher zu erreichen. Während Frauen 20 bis 25 cm größer und gleichzeitig 20 Kilogramm leichter sein sollen als die deutsche Durchschnittsfrau, reicht es für Männer, 5-10 cm größer zu sein als der Durchschnitt. Angaben zu Gewicht sind gar nicht erst zu finden. Sportlich-durchtrainiert sollen sie sein, aber nicht zu muskulös. Der Mindest-BMI für Männer wird mit 20 angegeben.

Fassen wir zusammen: Mädchen wird von klein auf beigebracht: schön zu sein, ist sehr wichtig. Und als Schönheitsideal werden realitätsfremde Körper präsentiert. Ergebnis: Das kostet Selbstwertgefühl und führt dazu, dass sich gerade junge Mädchen oft hässlich und unzureichend fühlen. Ich bezeichne das als Unterdrückungsinstrument. Denn wer sich weniger selbstbewusst fühlt, lässt sich leichter dominieren.

Die Damenabteilung im Modehaus

Diese unrealistischen Anforderungen an weibliche Körpermaße schlagen sich auch in der Modeindustrie nieder. Modedesigner*innen wünschen sich ein Idealmaß von 34/36 oder sogar 32 bei einer Größe von 1,75. Das sind Kindergrößen an Riesenfrauen!

Als ich 25 war, gab es zwar das Wort Plussize noch nicht, aber meine Maße entsprachen einer 38. Ich bin 1,70 groß und wog damals etwa 62 kg. Das entspricht einem BMI von 21,4, Idealgewicht. Dennoch suggerierte mir die Modeindustrie ständig, ich sei zu dick. Und so fühlte ich mich lange: wie ein fettes hässliches Entlein.

Obwohl in Deutschland 42/44 die häufigste Konfektionsgröße von Frauen ist, produzieren viele Modelabels nur bis Konfektionsgröße 40, maximal bis 42. Danach heißt es: Ab in die Abteilung für Seniorinnen mit zeitlos langweiligen Designs.

Mir fiel das erst auf, als es mich traf. Durch Wechseljahre und Coronapandemie habe ich zugenommen und befinde mich mit einem BMI von 28,4 am oberen Ende des Normgewichts oder im leichten Übergewicht, beziehungsweise im neuseeländischen Durchschnitt bei jungen Erwachsenen.

Seither wurde ich von den Marken, die ich früher gerne kaufte, vertrieben. Da ich sowieso nur ungerne Klamotten kaufe, wird es nicht einfacher, wenn es die von mir bevorzugten Designs nicht in meiner Größe gibt.

Zwar gibt es inzwischen einzelne Labels, die auch für größere Größen produzieren, aber vielfältige Mode für vielfältige Körper ist noch lange kein Standard.

Bei Männern ist das anders. Die Mode orientiert sich viel stärker am realen Männerkörper. Hier gibt es zum Beispiel bei den Jeansmaßen Beinlängen, die den meisten Männerbeinen entsprechen, die Taillenweite beginnt bei 30, wächst mit dem Bauch, gefühlt nach oben offen.

Männliche Muskeln und Körpergröße

Während sich Mädchen zu Tode hungern können, um das Schönheitsideal (nicht) zu erreichen, können sich Jungs nicht langziehen, wenn sie klein sind. Wenn sie schmal und zierlich sind, können sie sich bis zu einem gewissen Punkt mit Sport – und leider oft auch mit Anabolika – vermeintlich männliche Körper antrainieren. Aber aus 1,65 Metern Länge werden eben keine 1,85.

Groß zu sein ist für Männer über unterschiedlichste Kulturen hinweg ein Statussymbol. Kleine Männer haben schlechtere Chancen bei Frauen und der Karriere. Angeblich macht sie das aggressiver, eifersüchtiger, dominanter. Das Phänomen hat in der Psychologie sogar einen Namen bekommen: Napoleon-Komplex oder Short-Man-Syndrom. Es wurde vom österreichischen Psychoanalytiker Alfred Adler Anfang des 20. Jahrhunderts beschrieben. Dabei müssen wir fairerweise festhalten, dass Napoleon für seine Zeit gar nicht klein war. Mit seinen etwa 1,70 entsprach er der Durchschnittsgröße für westeuropäische Männer des späten 18. Jahrhunderts.

Ob es das Short-Man-Syndrom gibt, ist wissenschaftlich umstritten. Sicher ist jedoch, dass die Körpergröße bei Männern thematisiert wird. In Deutschland werden Männer, die 1,75 und kleiner sind, mit jedem Zentimeter weniger stärker mit dem Thema konfrontiert und müssen sich dazu positionieren.

Es gibt zahlreiche Studien, die feststellen, dass sich die Körpergröße statistisch auf die Karriere auswirkt. Guido Heineck, der inzwischen als Professor für VWL an der Uni Bamberg arbeitet, machte 2004 Schlagzeilen, weil er für Deutschland erstmals einen Effekt von der Körpergröße auf das Gehalt nachwies. Dafür nutzte er die Daten aus dem sozioökonomischen Panel. Während es in anderen Ländern auch Effekte für große Frauen gibt, gab es für deutsche Frauen keinen Wettbewerbsvorteil, ebenso wenig für ostdeutsche Männer. Die Stereotype, die mit den Kategorien ‚Frau' oder ‚ostdeutsch' verbunden werden, scheinen stärker zu wirken als die Körpergröße. Britische Forscher*innen fanden noch etwas heraus: Insbesondere die Körpergröße als 16-jährige jugendliche Person spielt eine Rolle. Das ist insofern nicht erstaunlich, als dieses Alter besonders prägend ist für das Selbstwertgefühl.

Wir können also festhalten: Große Menschen haben berufliche Vorteile gegenüber kleinen Menschen. Bei Männern ist dieser Effekt stärker als bei Frauen. Zusätzlich wirkt sich die Körpergröße von Männern auf die Chancen bei Frauen aus.

Das Jugendmagazin *jetzt* der Süddeutschen Zeitung fragte in der Rubrik „Querfragen": „Kleine Männer, was macht eure Körpergröße mit euch?“ Ein Mann berichtet, dass er sich wesentlich mehr ins Zeug legen musste, um bei Frauen anzukommen, als großgewachsene Freunde. Und ja, das könne manche zu Zynikern oder Machos machen. Andere finden aber auch positive Adaptionsmuster und optimieren Humor oder Empathie. Insgesamt führt die fehlende Körpergröße dazu, dass kleine Männer weniger ernst genommen werden oder sich weniger ernst genommen fühlen. So ganz trennen lässt sich das eine vom anderen vermutlich nicht.

Outfit und Styling

Mit der Bewertung von Schönheit als etwas Weiblichem geht eine riesige Palette an Konsumgütern einher, mit der diese optimiert und zur Schau getragen werden soll. Die Auswahl an Kleidung, Make-up, Pflegeprodukten und Schmuck ist für Frauen weitaus größer als für Männer. Ganz zu schweigen von der größeren Vielfalt an Stoffen, Farben und Mustern. Auch in der Kosmetikabteilung ist das Gros der Fläche für Frauenprodukte reserviert. Warum ist das so? Was an Schönheit ist weiblich?

Betrachten wir die Tierwelt, ist es eher umgekehrt. Häufig sind Weibchen vergleichsweise unscheinbar und schmucklos, während Männchen eine Menge Schmuck tragen und zur Schau stellen, seien es Federn, Farben, Kämme, Mähne oder Geweih. Männchen setzen diesen Schmuck ein, um Weibchen zu imponieren und zu gefallen. Dass in der patriarchalen Menschen-Welt die Frauen zum Schönsein verdammt sind, ist eher Folge kultureller Normen.

Viele Dinge, die heute als weiblich gelten, wurden einst für Männer erfunden: Das gilt für Puder ebenso wie für hohe Absätze. Beides waren Insignien des Adels. Ebenso die Farben Rot und Pink. Wir sehen es heute noch an den Roben der Richter*innen des Bundesverfassungsgerichts oder an den Farben der Kleidung der Macht im Vatikan. Bischöfe tragen violett oder magenta, Kardinäle rote Kleider. Kleider, nicht Hosen. Dass wir den Papst immer nur im langen (weißen) Kleid und nie in Hose sehen, finden wir normal. Wenn ein x-beliebiger

Mann in Rock oder Kleid durch die Fußgängerzone läuft, finden wir das mindestens ungewöhnlich.

Dabei unterschied sich die Kleidung von Männern und Frauen lange Zeit kaum. Kleidung war vor allen Dingen zweckmäßig. Und sie war so kostbar, wie es der Geldbeutel zuließ. Samt und Seide oder Stickereien, gar aus Gold und Glitzer, musste mensch sich leisten können. Farben und Stoffe unterschieden sich eher nach Standeszugehörigkeit als nach Geschlecht.

Auch die gesellschaftlichen Normen bezüglich Rock und Hose hängen von Epoche und Kultur ab. Das Kleid ist das ältere Kleidungsstück, weil viel einfacher herzustellen. Hosen wurden wahrscheinlich von Nomadenvölkern erfunden, die sich zu Pferd fortbewegten. Ein Rock ist beim Reiten schlicht unpraktisch. Die erste Hose kommt vermutlich aus China. Sie ist ungefähr 3200 Jahre alt.

In manchen Kulturen sind Kleider für Männer bis heute Teil tradioneller Kleidung, etwa in Indien und in Teilen des Orients. Auch in manchen Ländern Afrikas gleicht die traditionelle Männerkleidung eher einem Kleid. Umgekehrt war im Orient früher die Hose ein weibliches Kleidungsstück. Die Welt ist also auch hier sehr viel bunter, als es uns unsere kulturellen Normen weismachen wollen.

In Mitteleuropa waren die Normen für Rock und Hose vor ein paar Hundert Jahren umgekehrt zu heute: Frauen durften nur Röcke tragen. Männer durften Röcke und Hosen tragen, wobei Rock und Hose zunächst eine Kombination war. Michela Seggiani schreibt auf der Website der Uni Basel: „Es handelte sich bei den Hosen zunächst um strumpfartige, enganliegende Beinkleidungen, welche die Schönheit der männlichen Beine zur Geltung bringen sollten. So finden wir auf vielen Bildern aus dem Mittelalter Männer mit kurzen Hosen und/oder einem Gewand, das die Sicht auf die Beine zuließ. Jedoch waren dies erst im 14. Jahrhundert Hosen, wie wir sie heute kennen. Diese neue Art des Beinkleids markierte zwar Männlichkeit, verdrängte den Rock für den Mann aber (noch) nicht."

Die Unterscheidung, wie wir sie heute kennen, kam erst in der Mitte des 18. Jahrhunderts auf. Das war die Zeit, als sich das Bürgertum gegen den Adel durchsetzte. Zur Abgrenzung und Symbolisierung des Wandels wurde adelige Kleidung abgewertet und als feminin dargestellt, schreibt Seggiani. Lebensführung und Moral des Bürgertums wurden als männlich und positiv definiert.

Das bürgerliche Modell orientierte sich am Mann als Norm und machte ihm die Frau zur Untertanin. Wo vorher die Grenze zwischen Adel und Bürgertum verlief, verlief sie nun zwischen Männern und Frauen. Der Sieg des Bürgertums über den Adel führte dazu, dass nicht-adelige Männer mehr Rechte bekamen. Die Rechte für Frauen wurden eher weniger.

Der Eigentum besitzende Mann war froh, die Herrschaft des Adels abzuschütteln, und übte sich nun seinerseits in feudaler Herrschaftskultur in der eigenen Familie gegenüber Frau und Kindern, die ihm zu dienen und zu gehorchen hatten. Rechtlos blieben die Besitzlosen. Sie dienten als Knechte und Mägde auf Bauernhöfen sowie als Hausangestellte wohlhabender Bürger*innen.

Die bürgerliche Kleiderordnung war strikt nach Geschlecht getrennt, wobei sich das Tragen von Röcken für Jungs im Kleinkindalter bis in 1920er Jahre hielt. Ab Mitte des 19. Jahrhunderts begannen Frauen, mehr Rechte zu erkämpfen. In diesem Kontext kam auch die Hose für die Frau auf. Nicht zuletzt beeinflusst von den orientalischen Pluderhosen für Frauen. Befördert wurde der Prozess durch den Trend, Fahrrad zu fahren und in der Freizeit Sport zu treiben.

Als eine der ersten Frauenhosen im westlichen Kulturkreis wurde in der zweiten Hälfte des 19. Jahrhunderts das Bloomer-Kostüm berühmt, benannt nach seiner Erfinderin Amelia Bloomer, zunächst türkische Hose genannt. Allerdings waren Frauen, die sich damit in die Öffentlichkeit wagten, massiven Anfeindungen ausgesetzt. „Die Bloomeritas mussten damit rechnen, auf der Straße von Passanten ausgelacht, angefeindet oder angegriffen zu werden; es kam immer wieder zu Verhaftungen wegen unzulässigen Tragens von Männerkleidung“, schreibt die Modedesignerin Galatea Ziss. Die Mehrheitsgesellschaft sah darin eine Bedrohung der herrschenden patriarchalen Ordnung.

In der ersten Hälfte des 20. Jahrhunderts gab es zwar immer häufiger Hosen für Frauen, diese wurden aber weitgehend als frivol bis unanständig angesehen. Nur Diven wie Marlene Dietrich oder Upper-Class-Frauen wie First Lady Eleanor Roosevelt konnten es sich leisten, im Hosenanzug zu posieren. Frauen brauchten Mut, wenn sie in Hose auf die Straße gingen. Es sollte bis in die 1960er Jahre dauern, bis Hosen für Frauen gesellschaftsfähig waren. Und selbst dann wurden sie in ländlichen oder konservativen Umfeldern noch als ‚unanständig' wahrgenommen.

In den 1980er und 1990er Jahren gab es eine Welle des Aufbäumens gegen geschlechtsspezifische Kleiderstereotype, die sich besonders in der Popkultur zeigte: Robert Smith von *The Cure* schminkte sich, David Bowie spielte mit Geschlecht und Androgynität, ebenso Frauen wie Annie Lennox oder Patti Smith, Freddy Mercury zog Kleider an. Aber auch 1980er-Jahre-Machos wie Mick Jagger oder David Lee Roth kamen mit hochhackigen Schuhen auf die Bühne oder spielten mit Stoffen, Farben und Mustern. Im Musikvideo „I am just a Gigolo" von David Lee Roth von 1985 trägt der Sänger, selbstverständlich glattrasiert, eine bunt gestreifte Pluderhose, ein enganliegendes Glitzer-Top mit betontem Dekolleté und – wie für diese Zeit üblich – lange wallende Haare. Lange Haare für Männer waren bereits seit den späten 1960er Jahren zumindest in der Hippie- und Rockszene verbreitet.

All das verschwand wieder und die Mode wurde hyperstereotyp. Waren weibliche Models in den 1990ern oft androgyn, sollten sie nun aussehen wie Lara Croft. Für Männer wurde das Gesichtshaar als Trendbereich entdeckt. In den letzten zehn Jahren öffneten zahlreiche Barbershops, die das männliche Gesichtshaar pflegen, schneiden und frisieren. Das männliche Kopfhaar dagegen wird wieder kurz bis extrem kurz getragen.

Am krassesten zu bestaunen ist das Bild stereotyper Männlichkeit in der Welt des Raps und der Videospiele.

Im Zuge der Debatte um Gender, Queer und Diversity geschieht aber auch etwas Gegensätzliches. In der jungen Generation wird Geschlecht oft als fluid und weniger festgelegt wahrgenommen. In der Folge gehen junge Männer, insbesondere in angesagten städtischen Milieus, experimentell mit Kleidung und Stylings um. Sie befreien sich aus dem engen Stil-Korsett männlicher Kleiderordnung und spielen frei mit allem, was gefällt: Make-up, Nagellack, Kleider, weiche, leichte Stoffe, bunte Farben. 2021 begegneten mir in Köln immer wieder männlich gelesene Menschen in Kleid oder Rock. In bestimmten Milieus ist Nagellack unter jungen Männern ein hippes Statement.

Die Industrie hat bereits auf den neuen Markt reagiert. Erste Make-up-Firmen öffnen sich für alle Geschlechter, insbesondere bei den Marken für ein junges Publikum. Während Schwarzkopf im Standard-Sortiment nach wie vor klar zuweist, welches Produkt für welches Geschlecht gedacht ist, bricht die Jugendmarke *Got2B* mit den Geschlechterklischees und sagt: Make-up ist für alle da.

Screenshot von, https://www.schwarzkopf.de/, abgerufen am 21.November 2021

Ob sich diese Styling-Offenheit durchsetzen wird oder wir bald den nächsten Rückschritt erleben, wird sich zeigen.

Wenn es nach der Moderatorin und Schauspielerin Barbara Schöneberger ging, gäbe es keine Genderoffenheit in Sachen Styling: 2019 postete Schöneberger ein Video auf ihrem Kanal, in dem sie Männern dringend vom Schminken abrät. Und zwar mit einer Formulierung, die mehr über Schöneberger verrät, als ihr vermutlich lieb ist. Sie sagte: „Aber wenn ihr euch jetzt auch noch schminkt … ich finde, irgendwo ist auch mal ein Punkt. Männer sind Männer, Männer sollen irgendwie auch Männer bleiben." Aha, sind also Männer mit Make-up keine Männer? Lässt Lidschatten die Libido leiden? Wirkt sich Puder im Gesicht auf den Penis aus? Schaden Kajal oder Lippenstift den Hoden? Nein. Was also macht aus Sicht von Barbara Schöneberger einen Mann zum Mann?

Hätte sie nur ihre persönliche Präferenz geäußert, nach dem Motto, ich date keine geschminkten Männer, wäre das eine legitime Aussage zur persönlichen Vorliebe. Aber sie geht diesen entscheidenden Schritt weiter. Der Shitstorm ließ nicht lange auf sich warten. Eine Woche später ruderte sie zwar zurück, viele empfanden die Erklärung aber eher als Rechtfertigung, denn als Entschuldigung.

Junge Männer beantworteten in der Rubrik „Querfragen" des Magazins *jetzt* die Frage „Männer, würdet ihr euch schminken?" folgendermaßen: „Nö. Und zwar nicht, weil es uns zu anstrengend ist oder wir nicht exzentrisch wirken wollen. Ich denke, ihr wisst die Antwort schon. Runtergebrochen ist der Grund schlicht, dass wir Angst hätten, auf irgendeine Art nicht wie strunznormale Hetero-Burschis zu wirken." Schönebergers Aussage trägt nicht gerade dazu bei, die Befürchtungen der jungen Männer zu entkräften.

Ähnlich irritierend wie die Aussagen von Schöneberger finde ich die Erwartung mancher Transfrauen, als Frau gelesen zu werden, nur weil sie Kleider tragen oder sich schminken. Ich kann doch die Identität nicht von außen sehen. Und auch Cis-Männer haben das Recht auf Kleid und Make-up.

Im Sommer 2021 begegnete mir im Aufzug eines Bürogebäudes ein 1,90 großer Mensch mit Vollbart und Blümchenkleid. Mutig, dachte ich und war gleichzeitig verunsichert. Wäre der Typ jetzt sauer, wenn ich ihn als Mann anspreche, oder wäre er sauer, wenn ich das nur wegen eines Stück Stoffs nicht tue?! Für mich war er ein Mann im Kleid. Gerne hätte ich ihm gesagt, wie toll ich das finde. Und unter normalen Umständen wäre ich vermutlich auf ein paar freundliche Worte mit der Person ins Gespräch gekommen. Vielleicht hätte es ihn gefreut und gestärkt. Aber ich war verunsichert, wollte nichts falsch machen, also fand leider kein Austausch statt.

Ich habe lange über diese Begegnung nachgedacht und komme zu dem Schluss: Ein Mann im sommerlichen Blümchenkleid mit lackierten Nägeln ist ein Mann. Ebenso wie ein Mann in Lederjacke und Kutte ein Mann ist. Das ist nur Styling, Make-up, Mode, persönlicher Ausdruck und ändert weder etwas an der sexuellen Orientierung noch am Geschlecht. Und wir sollten dringend aufhören, Styling geschlechtsspezifisch zu stereotypisieren.

Wenden wir uns eher einer Kleiderordnung zu, die in unsere Gesellschaft von heute passt.

Kleidung erfüllt vor allen Dingen zwei Aufgaben:

- Einerseits soll sie zweckmäßig sein. Zum Sport tragen wir andere Klamotten als auf einer Abendveranstaltung, auf dem Acker oder dem Bau andere als im Büro, im Winter andere als im Sommer.
- Andererseits ist Kleidung Ausdruck unserer Persönlichkeit und ein Statement, also eine kulturelle Begebenheit. Stil, Design, Farben, Stoffe, Schnitte nutzen wir, um zu zeigen, wer wir sind und wie wir uns fühlen.

Ich trage meistens Hosen und schminke mich so gut wie nie. Ich mag weder rosa noch verspielte Blümchen, Glitzer und Rüschen. Bin ich deswegen weniger Frau? Nein. Warum sollte also ein Mann weniger Mann sein, wenn er seine Mode-Präferenzen lebt?

Wie wäre es, wenn Kleidung künftig nicht mehr nach Männern und Frauen sortiert wäre, sondern nach Proportionen und Körperformen? Das würde alle intergeschlechtlichen und nichtbinären Personen automatisch einschließen.

Mit Proportionen meine ich das Verhältnis von Beinlänge zu Rumpflänge:

- Kurze Beine – langer Rücken
- Mittleres Verhältnis von Beinen und Rücken
- Lange Beine – kurzer Rücken

Die Körperform könnten wir kategorisieren in Lauch, Sanduhr, Birne, Apfel, Erdbeere. Und den Bereich vorne am Körper in flach, etwas Busen/Bauch, viel Busen/Bauch.

Wenn die Kleidung nach Körperlänge und Umfang sortiert ist, kann jede Person finden, was ihr gefällt und passt. Ohne Bodyshaming, ohne Geschlechtszuweisung, ohne Stress.

Wie cool wäre es, wenn ich nicht mehr verzweifelt nach Socken suchen müsste, weil es die, die ich will, in meiner Größe gibt und nicht erst ab Größe 39 bis 42. Auch die leidige Taschenfrage für Frauen wäre damit vom Tisch. Und jede Person könnte sich aussuchen, ob sie die Taschen lieber in den Klamotten am Körper hat oder ihre Sachen in einer extra Tasche herumträgt.

Und wenn sich die Modeindustrie dann noch an realistischen Körpern orientiert und nicht an Riesinnen in Kindergrößen, finden Markt und Mensch ohne psychischen Druck zusammen.

Das Gleiche gilt für Make-up und Pflegeprodukte. Warum kostet ein Duschgel für Frauen mehr als eines für Männer? Nicht etwa, weil teurere Inhaltsstoffe drin sind. Nein, weil Frauen bereit sind, höhere Preise für Kosmetikprodukte zu zahlen, weil sie in dem Glauben erzogen wurden, dass Schönheit besonders wichtig sei. Und weil wir das oft gar nicht mitbekommen, wenn wir uns nur in den Regalreihen aufhalten, die für unser Geschlecht vorgesehen sind.

Misogyne Kleidervorschriften im Tennis

Sport als Freizeitbeschäftigung und Radfahren als Mittel der Fortbewegung waren zwei entscheidende Faktoren, die Hosen für Frauen gesellschaftsfähig machten.

Nicht so beim Tennis. Bis in die 1920er Jahre mussten Frauen in boden- oder knöchellangen Kleidern mit langen, schmalen Ärmeln spielen. Sogar ein Korsett galt als angemessenes Sportdress. Bewegungsfreiheit? Fehlanzeige! Zwar wurde das Korsett abgeschafft und die Röcke erlaubten mehr Bewegungsfreiheit, allerdings wurden sie dann so kurz, dass auch das mit Sport weniger zu tun hatte als mit sexistischem

Voyeurismus. Hosen blieben bis Ende 2018 verboten. Einzig sogenannte Skorts, kurze Röcke mit Höschen darunter, waren erlaubt.

Als Serena Williams im Mai 2018 im Catsuit zu den French Open kam, war die Aufregung groß. Williams hatte sich den Ganzkörperanzug maßschneidern lassen, weil er ihr nach der Entbindung ihrer Tochter gegen Durchblutungsstörungen half. Der französische Tennisverband kündigte an, die Kleiderregeln zu verschärfen, um solche Kleidung zu unterbinden. Doch es war Williams, die sich durchsetzte. Ende 2018 änderte der Frauen-Tennis-Weltverband (WTA) die Kleiderordnung und erlaubt seither offiziell Leggins und halblange Kompressionshosen ohne Rock oder Kleid darüber.

Flirten und Heiraten

Das Patriarchat hat sich nicht nur in unsere Ästhetik und Kleiderordnung gefressen. Es lebt auch in unseren Verhaltensnormen. Wer gibt den Ton an und die Richtung vor? Wer wartet ab und passt sich an? Genderspezifische Rollenerwartungen zeigen sich auch im Flirtverhalten, in der Beziehungsgestaltung, beim Heiratsantrag.

Für homosexuelle Paare stellen sich diese Fragen nicht. Doch sie werden gefragt: „Wer von euch ist der Mann, wer die Frau?“ Sachlich betrachtet ist die Frage absurd: Bei einem homosexuellen Paar sind beides Männer oder beides Frauen. Das wissen die Fragenden natürlich auch. Dahinter steckt das Bedürfnis, die homosexuelle Welt in heteronormative Stereotype und Rollenbilder einzuordnen.

Eine Frau, die selbstbewusst und sexuell fordernd auf einen Mann zugeht, muss nach wie vor mit negativen Reaktionen rechnen. Zwar ist auch hier Bewegung bemerkbar, doch in den meisten Fällen ist das Flirtverhalten zwischen Männern und Frauen nach wie vor stereotypisiert. Ihm steht der aktive Part zu, ihr der passive. Besonders deutlich wird es, wenn wir fragen: Wer macht den Heiratsantrag? Wie oft hast du im wirklichen Leben oder in Filmen und Büchern erlebt, dass eine Frau dem Mann einen Heiratsantrag macht?

Im Polizeiruf „Abschied von Bukow“ im Januar 2022 fällt die BKA-Kommissarin Katrin König auf die Knie und macht ihrem Kommissar-Kollegen Alexander Bukow etwas unbeholfen einen Heiratsantrag. Das war der erste Heiratsantrag einer Frau gegenüber einem Mann, den ich in deutschen Krimiserien gesehen habe. Und romantisch wurde die Szene nicht dargestellt – was allerdings auch nicht zu den beiden Filmfiguren passen würde. Bukow sagt ja, aber aus der Ehe wird dennoch nichts. Kennst du eine romantische Film- oder Buchszene, in der sie ihm den Heiratsantrag macht und dann gibt es das rauschende Fest? Ich kenne keine.

Auch diese Frage wurde im Januar 2021 in der Rubrik „Querfragen“ gestellt: „Sind Männer gekränkt, wenn die Frau den Heiratsantrag macht?“ Die Antwort darauf ist komplex und kompliziert. Sie lautet kurz zusammengefasst:

- Mann: Gekränkt nicht, aber ich fühle mich als Versager.
- Frau: Ich finde es gut, wenn Frauen das machen, aber ich erwarte, dass mich der Mann fragt.

Der ganze Antworttext klingt wie ein Konzentrat patriarchaler Sozialisation und Wunsch nach Befreiung – versehen mit der nüchternen Vernunft der Millennials und Generation Z.

Er analysiert, wie Werbekampagnen und Hollywood-Schmonzetten die Erwartungen ins Unermessliche gesteigert haben. So erreichte ein Diamanten-Hersteller mit dem Spruch „Diamonds are forever“, dass heute viel mehr Verlobungsringe mit einem Diamanten versehen sind als vor der Kampagne. Der Antrag ist ein detailliert geplanter Event, bei dem keine Überraschung die Inszenierung stören darf. Der Moment muss ebenfalls mit Präzision ausgewählt werden: passend und besonders muss er sein.

Die Analyse des antwortenden Mannes endet sehr vernünftig: „Am Schönsten wäre es doch, wenn niemand mehr auf die Knie gehen müsste, sondern wir uns einfach auf Augenhöhe begegnen.“

Ich gehöre zur Generation X und erinnere mich an diese Varianten von Hochzeitsarrangements in meinem Umfeld:

- Traditionell: Polterabend, standesamtliche und kirchliche Trauung und Hochzeitsfest mit Familie und Verwandten, sie im weißen Kleid, er im schwarzen Anzug.
- Weltlich: Die standesamtliche Trauung genügt, die Kleiderordnung ist freier. Die Auswahl der Gäste umfasst Freund*innen wie Verwandte. Das Fest hat Party-Charakter.
- Politisch: Geheiratet wird aus pragmatischer Notwendigkeit, zum Beispiel, damit ein geliebter Mensch nicht abgeschoben wird.
- Privat: Das Paar geht in Minimalausstattung zum Standesamt und heiratet ohne Fest und Anhang.

Was es bei all diesen Hochzeiten in den 1990er und 2000er Jahren nicht gab: Instagram, Tiktok und so weiter. Die ganze Welt schaut zu.

Beziehungen und Abhängigkeit

Die Art und Weise, wie wir Beziehungen denken und leben, sagt viel über unsere Rollenbilder aus und sie ist Vorbild für die Kinder um uns herum. In der deutschen Gesellschaft ist 2022 beides sichtbar: patriarchale Tradition und Wandel hin zu mehr Egalität.

Im patriarchalen Rollenbild westlicher Prägung war der Ehemann bis vor wenigen Jahrzehnten oft auch gesetzlich das Oberhaupt der Familie. Aufgabe der Ehefrau war es, ihn zu unterstützen und ihm den Rücken freizuhalten. Er steht im Vordergrund, sie kümmert sich im Hintergrund. Er beschützt, sie braucht Schutz. Ihre sozialen Aufstiegsmöglichkeiten beschränkten sich darauf, eine ‚gute Partie' zu machen, also einen erfolgreichen Mann zu ehelichen. Dabei musste sie noch das Glück haben, dass dieser nicht ein Gewalttäter, Psychopath oder Narzisst ist. Andernfalls hatte sie nur die Alternativen, die Qual auszuhalten oder in die Armut und soziale Ausgrenzung zu gehen.

Aus eigener Kraft Karriere machen, Führung übernehmen, Visionen entwickeln, Unternehmen gründen, forschen und Dinge erfinden: Diese Rollen stehen im patriarchalen Bild Frauen nicht oder nur in als außergewöhnlich dargestellten Ausnahmefällen zu.

Ich schreibe ‚westlicher Prägung', weil wir hier bis heute Unterschiede zwischen den alten und neuen Bundesländern messen können. Im sozialistischen Umfeld war die Frau ebenso werktätig wie der Mann. Und tatsächlich konnten in der DDR Frauen weitgehend die gleichen Berufe ergreifen wie Männer, ausgenommen waren jedoch Spitzenpositionen wie das SED-Kommando. Eine gut ausgebaute Kinderbetreuung ermöglichte Berufstätigkeit und Unabhängigkeit. An anderer Stelle aber unterschieden sich West und Ost kaum: Männer beteiligten sich hüben wie drüben kaum an Haushalts- und Sorgearbeiten.

In ihren älteren Schriften ging Simone de Beauvoir noch davon aus, dass der Sozialismus die Diskriminierung der Frau überwinden würde. Daher sagte sie lange, sie sei keine Feministin. Das änderte sich im Laufe der 1960er Jahre. In einem Interview mit Alice Schwarzer sagte Beauvoir 1976: „Heute wissen wir, daß die Veränderung der Produktionsverhältnisse nicht ausreicht, um wirklich die Gesellschaft und den Menschen zu ändern."

Die Abhängigkeit der Frau vom Mann ist tief in das deutsche Rechtssystem eingeschrieben. Bis zu meiner Einschulung im Jahr 1977 war es in der Bundesrepublik per Gesetz festgelegt, dass sich eine Frau um den Haushalt und die Kinder zu kümmern hat und nur arbeiten darf, wenn sie ihre Pflichten in Ehe und Familie nicht vernachlässigt. Zu diesen ehelichen Pflichten zählte neben Kochen, Putzen und Kinderbetreuung auch Sex. Bis 1997 war eine Ehefrau gezwungen, ihrem Ehemann für Sex zur Verfügung zu stehen. Denn eine Vergewaltigung war bis dahin nur außerhalb der Ehe strafbar. Der Trauschein als Freibrief zur Vergewaltigung. Bis 1997 deutsches Recht. Damals war ich 26 Jahre alt.

Bis heute halten Gesetze und Gewohnheiten Frauen in Abhängigkeit von ihren Ehemännern. Bestes Beispiel ist die Besteuerung von Eheleuten in Deutschland. Theoretisch können sich beide mit Steuerklasse IV besteuern lassen. Faktisch wählen sie das nur, wenn sie gleich viel verdienen. Verdient ein Part deutlich mehr (meist der Mann) als der andere (meist die Frau), wählen sie die Klassen III/V.

Für die Jahressteuersumme ist es egal, ob sich ein Ehepaar für IV/IV oder III/V entscheidet. Durch die gemeinsame Veranlagung ist die zu zahlende Steuersumme gleich. Sie ist nur anders auf die Schultern und über das Jahr verteilt. Mit dramatischen Auswirkungen für die Person in V, fast immer die Frau. Denn so wird die Person, die ohnehin weniger verdient, auch noch höher besteuert.

Es passiert also Folgendes:

- Der Einkommensunterschied wird künstlich vergrößert, weil der schwächere Part höher besteuert wird.
- Deshalb fragen sich viele in Steuerklasse V: Lohnt die Vollzeitarbeit überhaupt, wenn mir sowieso alles wieder abgezogen wird? Und entscheiden: Nein.
- Sie verdienen also dauerhaft weniger.
- Dadurch sinken die Karrierechancen und das Armutsrisiko bei einer Trennung steigt.
- Die Abhängigkeit vom Mehrverdiener (meist dem Mann) steigt, und die abhängige Person (meist die Frau) bleibt eher in einer ungesunden und unglücklichen Beziehung, häusliche Gewalt inklusive.
- Die später zu erwartende Rente sinkt, dafür steigt das Risiko für Altersarmut.

Ein Ländervergleich der OECD von März 2020 lässt aufhorchen: Über alle OECD-Staaten hinweg erhalten Frauen über 65 Jahren 25 Prozent weniger Rente als Männer. In Deutschland beträgt die Pension-Gap mehr als 45 Prozent, der letzte Platz von 38 Industriestaaten. Über 40 Prozent Rentenunterschied (gesetzliche Rente, betriebliche und private Altersvorsorge zusammen) haben außer Deutschland nur noch die Niederlande und Luxemburg. In Dänemark beträgt der Rentenunterschied nur sieben Prozent und in Estland ist er mit einem Prozent quasi nicht vorhanden.

Warum machen das dann so viele? Vermutlich aus reiner Gewohnheit. Aus meiner Sicht gehören die Steuerklassen III und V ersatzlos gestrichen, die Klasse IV reicht für die gemeinsame Veranlagung von Eheleuten vollkommen aus.

Die Besteuerung hat einen zusätzlichen psychologischen Effekt: Denn viele abhängig Beschäftigte haben keine Ahnung, was sie brutto verdienen. Sie sehen nur, was netto auf dem Konto landet. Wenn beide Eheleute gleichberechtigt für die gemeinsame Einkommenssteuer aufkommen, ist das nicht nur gerecht. Es verringert den Einkommensunterschied merklich und sorgt so auch auf psychologischer Ebene für mehr Parität.

Das kann helfen, tiefsitzende Stereotype auch bei privaten Finanzen zu überwinden. Diese Stereotype wirken bei allen Geschlechtern, egal ob cis, trans, inter oder nicht-binär.

Bei etwa zehn Prozent der heterosexuellen Paare mit und ohne Kinder ist inzwischen die Frau die Haupternährerin. Aber das wird nicht gefeiert, sondern problematisiert. Die *FAZ* titelt: „Wenn Frauen mehr verdienen: Was bleibt von mir als Mann?" und die *taz* schreibt: „Es ist kompliziert. Warum tun sich selbst aufgeklärte Männer schwer damit, wenn eine Frau mehr verdient als sie?" Die Autorin Laila Oudray schreibt über die eigene Beziehung, denn sie verdient mehr als ihr Lebensgefährte, und Geld ist häufiges Streitthema. Sie schließt den Artikel mit: „Es ist nicht sein Problem, es ist unseres. Wir beide müssen patriarchale Konstrukte in unserem Denken und Handeln erkennen und ihnen gegensteuern. Nur so können wir eine wirklich egalitäre Beziehung führen – egal, wer mehr verdient."

Elternschaft

Zur Mutterschaft sagte Beauvoir im erwähnten Interview mit Schwarzer 1976: „Mutterschaft ist heute eine wahre Sklaverei. Väter und Gesellschaft lassen die Frauen mit der Verantwortung für die Kinder ziemlich allein. Die Frauen sind es, die aussetzen, wenn ein Kleinkind da ist. Frauen nehmen Urlaub, wenn das Kind die Masern hat. Frauen müssen hetzen, weil es nicht genug Krippen gibt … Und wenn Frauen trotz alledem ein

Kind wollen, sollten sie es bekommen, ohne zu heiraten. Denn die Ehe, das ist die größte Falle."

Und was hat sich seither geändert? Natürlich ist die Stellung der Frau heute sehr viel besser als 1976. Aber spätestens, wenn ein Kind da ist, klopfen patriarchale Normen an die Tür und drängen auf Einlass.

Während Mädchen und Frauen bei Schul- und Universitätsabschlüssen die Jungs und Männer überholt haben, sind sie auf den Führungsebenen nach wie vor erschreckend rar. Das liegt nicht nur an der Elternschaft, aber sie ist ein wichtiger Faktor, der Frauen benachteiligt.

Wenn Menschen Eltern werden, wirkt sich das für Väter positiv auf die Karriere aus, für Frauen negativ. Charlotte H. Feldhoff hat hierzu Daten aus dem sozioökonomischen Panel unter die Lupe genommen. Während die Vaterschaft mit mehr Gehalt verbunden ist, erleben Mütter einen erheblichen Gehaltseinbruch. Feldhoff rechnet vor, dass die Vaterschaft für einen Mann jährlich durchschnittlich 6.810 Euro mehr bringt. Frauen erleben mit der Mutterschaft dagegen einen jährlichen Verlust von 10.526 Euro, jeweils verglichen mit gleichwertigen Bildungsabschlüssen des gleichen Geschlechts ohne Kinder, gewertet für die ersten 20 Jahre nach Geburt.

Die Verdienstchancen sind allerdings bereits unterschiedlich, bevor eine Frau überhaupt schwanger wird. Allein die Möglichkeit, schwanger werden zu können, fließt in die betriebswirtschaftliche Kalkulation von Personal ein. Frauen werden anders gerechnet als Männer. Patriarchale Rangordnung und Aufgabenteilung werden mathematisch vorweggenommen. Wenn die Kinder großgezogen sind, werden die jungen Erwachsenen dann gerne als menschliche Ressource, neudeutsch ‚junge Talente', wieder in das System eingebracht.

Während zwei Personen aus freien Stücken ein Kind gezeugt haben, ist es nach der Geburt mit der Freiheit nicht mehr weit her. Selbst wenn das Paar vor der Geburt einen gleichberechtigten Anspruch hatte, schleichen sich nach der Geburt oft traditionelle Rollenmuster ein.

Von der Mutter wird erwartet, dass sie sich zurücknimmt und den Interessen des Kindes oder der Kinder und der Familie unterordnet. Für sie als Individuum ist erst Platz, wenn alle anderen versorgt und zufrieden sind und dann noch Zeit, Geld und Energie übrig ist. Und selbst dann wird hinterfragt, ob ihre Tätigkeit nicht dem Wohl der Kinder schadet. Vom Vater wird erwartet, dass er das Haushaltseinkommen heranschafft. Ansonsten ist er recht frei in seinen Entscheidungen. Und selbst wenn die Frau die Haupternährerin ist, heißt das nicht automatisch, dass der Mann den Hauptteil von Haushalt und Kinderbetreuung übernimmt, schreiben Ute Klammer und Christina Klenner im Handbuch *Feministische Perspektiven auf Elternschaft*. Es gibt auch Familien, in denen sie beides übernimmt. Und auch wenn inzwischen viele Frauen mit Kindern beruflich vorankommen: Mutterschaft ist nach wie vor der wirkmächtigste Patriachats-Bias.

Im Westen Deutschlands sind die Erwartungen an Mütter noch höher als etwa in den neuen Bundesländern oder in Frankreich oder anderen Ländern mit einer gut ausgebauten Kinderbetreuung.

Ein paar Wochen Elternzeit für Väter gehören 2023 zum Zeitgeist und zum guten Ton, jedenfalls, wenn das Gehalt dafür ausreicht. Aber darüber hinaus bleibt es in der Mehrheit der Fälle beim Alten. Aus Gewohnheit, aus dem Wunsch, es zu machen wie die meisten, aus Anpassung, Angst und Sorge vor Widerständen und Ablehnung, manchmal auch aus realem Druck heraus. Nicht nur Mütter, auch Väter, die Elternarbeit gleichberechtigt auf beide Elternteile aufteilen wollen, müssen sich oft gegen Widerstände durchsetzen. Denn lange nicht alle Arbeitgeberinnen ermöglichen ihren Beschäftigten gleichberechtigt Zugang zu Teilzeitarbeit. Dazu kommt: Während es viele Frauen als normal hinnehmen, dass mit dem Teilzeitjob ihre Aufstiegschancen beendet sind, reagieren Männer darauf sensibler. Sie sind es nicht gewohnt, für Kinder oder Familie Abstriche hinzunehmen. Und zack reproduziert das Paar im patriarchalen System, was es eigentlich nicht wollte. Bis heute arbeiten 66 Prozent aller Mütter und nur sechs Prozent aller Väter Teilzeit.

Das Genderstereotyp, das Vätern entgegenschlägt, ist nicht immer negativ. Im Gegenteil: Väter, die die Erziehungsarbeit selbstverständlich mit den Müttern ihrer Kinder teilen, erhalten von ihrem Umfeld häufig Bewunderung und Lob. Ein junger Vater schreibt im Dezember 2021 auf Linkedin: „‚Oh, ist heute Vatertag?‘ Wurde ich heute Mittag beim Spaziergang gefragt. ‚Nee, 2021.‘ Hätte ich gerne gesagt. Was soll man denn darauf antworten? Die Frage des Passanten hat mich so überrascht, dass ich erst mal keinen geraden Satz rausbekommen habe. Unser Nachwuchs ist schließlich zu gleichen Teilen mein Nachwuchs."

Andererseits ist das auch ein Beleg dafür, was sich schon verändert hat. 1971, als ich geboren wurde, wäre es unmännlich gewesen, einen Kinderwagen zu schieben oder ein Baby zu wickeln. Meine Mutter und die Frauen ihrer Generation konnten bestenfalls Hilfe von anderen Frauen erwarten, aber nicht die des Vaters. Für heutige Väter ist das eine absurde Vorstellung. Selbstverständlich wickeln sie ihre Babys. Warum auch nicht? Sie verbringen mehr Zeit mit Säuglingen und Kleinkindern. Trotzdem hängt das Patriarchat noch tief dunkel über der Sorgearbeit.

Dies hat sich auch in den zwei Jahren Corona-Pandemie gezeigt. Die Hans-Böckler-Stiftung stellt in ihrem Gleichstellungsreport im Februar 2022 fest: Vor der Pandemie übernahmen 62 Prozent der Mütter und fünf Prozent der Väter in Paarbeziehungen mit Kindern den überwiegenden Teil der Kinderbetreuung. Ein Drittel teilte sich die Aufgaben annähernd gleich. Zu Beginn der Pandemie stieg der Anteil der in der Sorgearbeit engagierten Männer zunächst auf 13 Prozent. Die Hans-Böckler-Stiftung vermutet, weil Männer häufiger in Kurzarbeit waren und Frauen häufiger in systemrelevanten Jobs weiterhin voll gearbeitet haben. Im Juni 2021 ist die Aufgabenteilung bei der Sorgearbeit jedoch noch ungleicher geworden als vor der Pandemie. Jetzt übernahmen bei 71 Prozent der Familien die Mütter die überwiegende Sorgearbeit, bei sieben Prozent die Väter und nur noch 22 Prozent teilten sich die Familienarbeit zu gleichen Teilen.

Das Deutsche Institut für Wirtschaftsforschung (DIW) veröffentlichte im August 2021 eine Studie, welche die Einstellungen zu Geschlechterrollen untersuchte. Dabei stellten die Forscher*innen einen Backlash insbesondere bei westdeutschen Vätern kleiner Kinder fest. Gerade die Gruppe, bei der vor der Pandemie die Einstellungen zur Rollenverteilung zunehmend egalitärer geworden waren, hat diese teilweise revidiert. Hatten im Jahr 2016 noch rund 60 Prozent der Väter eine sehr egalitäre Einstellung, waren es Anfang 2021 nach einem Jahr pandemiebedingter Schul- und Kita-Schließungen nur noch 54 Prozent. Bei Müttern und ostdeutschen Vätern wurden keine signifikanten Einstellungsänderungen gemessen.

In Beauvoirs Zeit war der Weg einer anständigen Frau vorgegeben: Jungfrau, Ehefrau, Mutter. Abweichungen davon wurden mit gesellschaftlicher Ausgrenzung bestraft. Die schlimmste Ausgrenzung erfuhren ledige Mütter und ihre Kinder. Väter, die ohne Trauschein Kinder zeugten, galten vielleicht als potente Casanovas, Ausgrenzung erfuhren sie nicht.

Die Ausgrenzung unverheirateter Mütter und ihrer Kinder haben wir zum Glück zumindest in den meisten gesellschaftlichen Milieus hierzulande überwunden. Weltweit sieht es anders aus.

Aber selbstverständlich mitgedacht und in die Strukturen einbezogen werden Alleinerziehende in Deutschland bis heute nicht. Das System ist darauf ausgerichtet, dass eine Familie aus Vater, Mutter und einem bis zwei Kindern besteht, die Frau Teilzeit arbeitet und der Mann den Hauptverdienst einbringt. Schon die Familienkarte im Zoo oder Freizeitbad vergisst die Alleinerziehenden. Und auch die Welt von Kita, Schule und Arbeit richtet sich an der genormten Standardfamilie aus. Dabei müssen Alleinerziehende die ganze Verantwortung auf zwei Schultern tragen. Und wenn es die alleinerziehende Frau schafft, gut zu verdienen, wird sie trotzdem dauernd mit dem pauschalen Armutsverdacht konfrontiert. Alleinerziehende Väter nicht.

Auf der anderen Seite der Medaille haben Alleinerziehende auch einen Vorteil. Alleinerziehende müssen den Unterhalt für sich und den Nachwuchs selbst verdienen. Das ist zwar eine erhöhte Belastung, heißt aber auch, dass sie öfter über einen Beruf und Einkommen verfügen und damit unabhängiger sind. Beauvoir selbst wurde durch die plötzliche Armut ihrer Familie davor bewahrt, den klassischen Weg der höheren Tochter zu gehen. Sie musste arbeiten. Und blieb unabhängig.

Führungsfrauen

Doch obwohl sie eine der führenden Denkerinnen ihrer Zeit war, wurde Beauvoir häufig eher als die Frau, Freundin, Geliebte von Sartre dargestellt, denn als ebenbürtige Person. Dieses Genderbias haftet Führungsfrauen bis heute an.

In der Welt meiner Kindheit, Jugend und meines jungen Erwachsenendaseins waren Führungsfrauen eine Seltenheit. Rita Süßmuth, Margot Käßmann oder Jutta Limbach fallen mir ein. Nachdem die Grünen 1986 eine Mindestparität (Frauenquote von 50 Prozent) für alle grünen Gremien und Listen eingeführt hatten, wuchs auch auf andere Parteien der Druck, Frauen zu beteiligen. Nur widerwillig gab der Männerclub der anderen Parteien nach. Und wenn Frauen in Ministerämter aufstiegen, bekamen sie die Ressorts Familie und Jugend und das, was Ex-Bundeskanzler Gerhard Schröder 1998 noch Gedöns nannte.

Ex-Bundeskanzlerin Angela Merkel (CDU) kam 1991 mit 36 Jahren in das Kabinett von Helmut Kohl, als dreifache Quotenfrau: jung, ostdeutsch, weiblich. Zuständig für Frauen und Jugend. Außer ihr waren da drei weitere Frauen: Irmgard Schwaetzer (Bau/FDP), Hannelore Rönsch (Familie und Senioren/CDU) und Gerda Hasselfeldt (Gesundheit/CSU) – und 17 Männer. Zum Vergleich: Die Regierung Scholz startete 2021 mit je acht Ministerinnen und Ministern plus Kanzler Olaf Scholz.

Zu Merkels Amtsbeginn wurde sie als ‚Kohls Mädchen' verniedlicht, zum Kind gemacht. Stell dir vor, die Presse hätte den 37-jährigen Karl-Theodor zu Guttenberg ‚Merkels Jungen' genannt oder den 38-jährigen Franz-Josef Strauß als ‚Adenauers Burschen' bezeichnet. Nachdem erst Kohl, dann Schäuble über den Parteispendenskandal der CDU gestürzt waren, übernahm Merkel 2000 den CDU-Parteivorsitz. Viele trauten ihr damals die Aufgabe nicht zu, es wurde geraunt, wie lange sie sich wohl an der Spitze wird halten können. Dass sie überhaupt an die Spitze kam, hatte ein Stück weit damit zu tun, dass sich kein Mann die Finger an der Parteispendenaffäre verbrennen wollte. Merkel hielt sich. Der Genderbias ebenfalls. Sie musste Edmund Stoiber den Vortritt für die Kanzlerkandidatur lassen. Erst 2005 durfte sie als Kanzlerkandidatin antreten und gewann. Der Genderbias blieb. Wenn Merkel Entscheidungen traf, bei denen sich einer der Männer übergangen fühlte, wurde ihr Kälte vorgeworfen. Welchem Mann wurden Entscheidungen als Kälte zur Last gelegt?

In der Wirtschaft sah es in den 1990er Jahren noch dunkler aus. Ich kann mich an keine einzige Konzernchefin erinnern, auch sonst waren Chefs in den allermeisten Fällen Männer und Sekretärinnen Frauen, so auch in den meisten Praxen und Kanzleien: Arzt ein Mann, die Sprechstundenhilfe eine Frau, der Anwalt ein Mann, die Rechtsanwaltsgehilfin eine Frau. Und es gab jede Menge männliche Führungskräfte, die vermutlich nur überlebensfähig waren, weil zu Hause die Ehefrau und im Büro die Sekretärin alles managte. Die älteren Leser*innen erinnern sich vielleicht, dass es dazu viele Witze gab.

Ich erinnere mich, dass in den 1990er Jahren darüber diskutiert wurde, ob einem Mann eine Frau als Chefin zuzumuten sei. Bitte lass dir das auf der Zunge zergehen: Es sei eine Zumutung für einen Mann, einer Frau untergeordnet zu sein. Er sei nicht in er Lage, ihren Anweisungen zu folgen, oder sie nicht in der Lage, ihn zu führen.

Spätestens mit der Mutterschaft war es – zumindest in Westdeutschland – mit beruflichen Ambitionen vorbei. „Eine Frau gehört zu ihren Kindern", „Warum kriegt sie überhaupt Kinder, wenn sie arbeiten will?"

Merkel wurde im späteren Verlauf ihrer Amtszeit Mutti genannt. Doch vermutlich ermöglichte ihr genau das, die fehlende Mutterschaft, überhaupt, Karriere zu machen. Denn so konnte Führungsfrauen wenigstens nicht vorgeworfen werden, ihre Kinder für die Karriere zu vernachlässigen.

Und wie sieht es heute aus?

Die Misogynie, die Annalena Baerbock im Wahlkampf und in den ersten Wochen ihrer Amtszeit als Außenministerin entgegenschlug, spricht Bände. Jeder Atemzug, jede Regung wurden zum Anlass für einen Chor der Entrüstung. Aber auch ohne Entrüstung versuchten hauptsächlich Männer, sie zu diskreditieren, kleinzumachen, als nicht-kompetent darzustellen. Manche Frauen stimmten ein und behaupteten, sie sei nicht kompetent für das Amt. Normalerweise bekommen Führungspersonen 100 Tage Zeit, bevor sie bewertet werden. Baerbock bekam keine Minute Schonzeit.

Im Januar 2022 bezeichnete der Journalist Christoph von Marschall Baerbock im Kontext ihres Besuches in der Ost-Ukraine als „diese junge Dame" und kritisierte ihre Betroffenheit im Angesicht der Zerstörung in einem Kriegsgebiet als Kompetenzmangel. Hätte er lieber einen lachenden Laschet im Angesicht der Flutkatastrophe von 2021 gesehen oder einen zu Guttenberg, der das Krisengebiet Afghanistan als Kulisse für eine Show benutzt?

Schwer zu glauben, dass ein Journalist sich der Wirkung seiner Worte nicht bewusst ist. Die Äußerung von Marschalls ist wohl eher Folge eines verinnerlichten patriarchalen Weltbilds. Als Weißer, deutscher Professorensohn mit adligem Hintergrund Anfang 60 ist er ein Paradebeispiel für die Akkumulation von Privilegien. Natürlich kann er nichts dafür, weiß und männlich in diese Familie an diesem Ort geboren zu sein. Aber er hat die Möglichkeit, sich seine Vorteile und Erleichterungen bewusst zu machen und dankbar dafür zu sein. Denn Privilegien haben nichts mit Qualifikation oder Leistung zu tun. Sie sind ein Geschenk, für das andere hart arbeiten und kämpfen müssen.

Mit seiner Abwertung von Frauen ist von Marschall nicht allein. Spiegel-Journalist Hajo Schumacher fragte 2020 die FDP-Politikerin Silvana Koch-Mehrin in einem Interview: „Sie galten als liberale Superfrau, bei der Karriere, Familie, Frisur immer perfekt aussahen. Sie haben sich auch ganz gern so inszeniert. Was hat der Brustkrebs mit Ihrem Gefühl von Weiblichkeit gemacht?" Stell dir vor, ein männlicher Politiker wäre gefragt worden: „Sie galten als liberaler Supermann, bei dem Karriere, Familie, Frisur immer perfekt aussahen. Sie haben sich auch ganz gern so inszeniert. Was hat der Hodenkrebs mit Ihrem Gefühl von Männlichkeit gemacht?" Schumacher selbst sieht sich als moderner Mann, jedenfalls hat er ein Buch geschrieben, wie Geschlechterrollen überwunden werden sollen.

Das zeigt: Stereotype sind tückisch, und niemand ist davor gefeit. Egal ob Mann, Frau oder Intergeschlecht, egal ob cis oder trans. Dafür sitzen sie zu tief. Das heißt: Wir alle haben eine Verantwortung, unser Denken, Fühlen und Tun kritisch zu hinterfragen. Das gilt ganz besonders für diejenigen, die eine große Reichweite haben oder als Vorbild für andere dienen.

Funk, das Jugendprogramm von ARD und ZDF, und meistens sensibel für Diversität, postete im Januar 2022 auf Linkedin: „Außenministerin sein und gleichzeitig zwei Kinder großziehen – geht das? – Klar. Und Annalena Baerbock hat ja auch noch ihren Ehemann. Der hat jetzt seinen Job aufgegeben, zugunsten der Karriere seiner Frau." Dazu ein Foto von Baerbock mit dem Schriftzug: „Ehemann von Annalena Baerbock gibt Job auf, um die gemeinsamen Kinder zu betreuen." Ich fand das enttäuschend, weil wieder das traditionelle Bild im Vordergrund stand: Die Frau, die nicht der Norm entspricht, die nicht die gesellschaftlichen Erwartungen erfüllt. So normal, so stereotyp.

Wenn der Ehemann als Rolemodel herausgestellt worden wäre, das wäre cool gewesen, mit seinem Foto und einer Schlagzeile wie: „Der starke Mann, der einer starken Frau den Rücken freihält." Ich schlug *Funk* den Umkehr- oder Flip-Test (siehe Kapitel „Wie erkenne ich Genderbias und was kann ich dagegen tun?") vor und kommentierte: „Ehefrau von XY gibt Job auf, um die gemeinsamen Kinder zu betreuen. Wo ist die Nachricht?"

Die Kommunikationsagentur Hering Schuppener untersuchte 2019/2020, wie Top-Managerinnen in den Medien dargestellt werden. Dafür wertete sie 850 Artikel großer deutscher Tageszeitungen und Wirtschaftsmagazine aus und führte Interviews mit sechs deutschen Top-Managerinnen.

Die Agentur stellte erhebliche Unterschiede in der medialen Darstellung von weiblichen und männlichen Topführungskräften fest. Zum Beispiel nimmt das Erscheinungsbild der Führungsperson bei Frauen 50 Prozent mehr Raum ein als bei Männern. Statt über die Sache zu schreiben, werden Frisur, Kleidung, Stil oder Attraktivität von Frauen zum Thema.

Außerdem fand die Agentur viele subtile Stereotype. Es ist okay, zu erwähnen, dass eine Frau die erste in Position X war, wenn es danach um die Sache geht. Oft bleibt das Weibliche aber dauerndes Subthema. So erfolgte die Kontextualisierung bei Frauen mit anderen Fragen und Themen als bei Männern. Frauen wurde häufiger Glück oder Beziehungen unterstellt, um auf eine bestimmte Position zu kommen, Männern Kompetenz. Bei Frauen nahm das Familienleben zweieinhalb Mal so viel Raum ein als bei Männern. Und über allem schwebten Fragen nach „Mutter und Karriere“, „Frau und Führung“ sowie „Mitgefühl und Durchsetzungsfähigkeit“.

Identisches Verhalten von Frauen und Männern wird unterschiedlich kommentiert: Männer haben Führungsqualitäten, sind Macher und treiben etwas voran. Frauen sind hart, karrieregeil oder überehrgeizig. Tina Müller, eine der interviewten Top-Managerinnen und zu dem Zeitpunkt CEO von Douglas, bringt es auf den Punkt: „Dahinter steht die Idee, dass eine Frau, die es auf so eine Position schafft, eine Persönlichkeit mitbringen muss, die nicht der Regel entspricht. Wenn Männer Karriere machen, entsprechen sie hingegen voll und ganz der Norm.“

Die Allbright-Stiftung untersucht das Ungleichverhältnis in der Arbeitswelt. Sie liefert regelmäßig Zahlen aus den Führungsetagen in Deutschland und international. Im Vergleich mit anderen Industriestaaten steht Deutschland ziemlich schlecht da. Während in der Pandemie in vielen Ländern die Diversität in den Führungsgremien internationaler Konzerne zugenommen hat, gab es in Deutschland zunächst eine Tendenz zur Homogenisierung. Im Vergleich mit den Ländern Frankreich, Großbritannien, Polen, Schweden und den USA landete Deutschland im Herbst 2020 auf dem letzten Platz. Die Vorstandsposten der 30 großen DAX-Konzerne waren zu 87 Prozent männlich besetzt, Frauenanteil 13 Prozent. Werden DAX, MDAX und SDAX gemeinsam gemessen, liegt der Frauenanteil bei zehn Prozent. Die Aufsichtsräte waren deutlich diverser, hier lag der Frauenanteil auch dank der Quotenregelung bei 28 bis 36 Prozent.

Und doch ist in den letzten Jahren etwas passiert. Während es vor wenigen Jahren noch sang- und klanglos hingenommen wurde, dass Frauen objektiviert, auf ihr Äußeres reduziert und verbal abgewertet wurden, führt dies heute regelmäßig zu einem Aufschrei. Und es sind keineswegs nur Frauen, die das nervt und ärgert. In den Reaktionen auf von Marschalls „diese junge Dame" äußerten sich viele Männer, die sich fremdschämten.

In einem Bericht von September 2021 stellt die Allbright-Stiftung den größten Frauenzuwachs in deutschen Vorständen innerhalb eines Jahres fest. Das Niveau von vor der Pandemie sei aber noch nicht wieder erreicht. Immerhin waren 28 Prozent der Neubesetzungen Frauen, und der erste DAX-Konzern hat eine weibliche CEO. Vermutlich eine Reaktion auf die Quote, die es inzwischen auch für Vorstände bei Unternehmen mit mindestens 2000 Beschäftigten und drei Vorstandsposten gibt. Im Ländervergleich hat Deutschland immerhin Polen überholt, rangiert aber weiter auf den hinteren Plätzen.

Die Gleichstellung von Menschen aller Geschlechter bewegt sich langsam, aber sie bewegt sich doch. Insbesondere auf der mittleren Führungsebene sind inzwischen viele Frauen. Und sie erheben Anspruch, haben Budgets und wollen gestalten. Das ist für Traditionalist*innen mit Angst und Unsicherheit verbunden. Sie argumentieren gegen die Quote mit dem Argument, es solle um die Qualifikation gehen. Ja, bitte. Das wäre schön. Keine Privilegien mehr für Hautfarbe oder Geschlecht. Nur Qualifikation. Das wäre super für alle, die nicht männlich, weiß, westdeutsch sind.

Dafür müssen aber auch viele umdenken, die Gleichstellung für Frauen wollen. Denn Aussagen wie „Frauen führen anders" bedienen ebenfalls Genderstereotype. Frauen haben keine anderen Gehirne als Männer und führen auch nicht anders, weil sie eine Vulva haben. Aber viele Frauen sind anders sozialisiert, haben andere Freiräume und erfahren andere Kritik. Sie haben gelernt, sich in dem sozialen Raum, der ihnen zur Verfügung steht, zu bewegen. Dieser Raum ist aber gesellschaftlich konstruiert, nicht biologisch.

In dem Maße, in dem wir die Strukturen ändern und Menschen unabhängig von ihrem körperlichen Geschlecht die gleichen Entwicklungsmöglichkeiten und -chancen zur Verfügung stellen, sodass sie sich ihren Talenten und Interessen gemäß entwickeln können, werden auch die kulturellen Unterschiede zwischen Männern und Frauen kleiner. Was bleibt, ist die Biologie.

Berufsbilder und Kompetenzen

Im Kontext des Gender-Pay-Gap heißt es immer wieder, Frauen seien selbst schuld, wenn sie sich gering bezahlte Berufe und Branchen aussuchten. Ist es wirklich so?

Mädchen werden dahin sozialisiert, sich Berufe auszusuchen, bei denen sie sich um andere kümmern, dienen, assistieren. Sie lernen, was Frauen- und was Männerberufe sind. Sie brauchen Eigensinn und Mut, um entgegen der Geschlechterstereotype KFZ-Mechantronikerin oder Elektrikerin zu werden. Gleiches gilt für Jungs. Wenn sich ein Junge für den Beruf des Erziehers interessiert, Frisör oder Kosmetiker werden will, muss er mit allerhand Zuweisungen und Unterstellungen aus seinem Umfeld rechnen. Er steht unter dem Verdacht, nicht männlich genug zu sein.

Und es gibt noch einen anderen Effekt in Bezug auf die Bezahlung: Wenn Frauen in Männerdomänen eindringen, sinkt dort das Gehaltsniveau. Umgekehrt geschieht das Gleiche: Wenn Gehaltsniveau und Ansehen eines Berufes steigen, werden Frauen verdrängt.

Schauen wir uns einen Bereich an, der mal sehr weiblich war und heute als Männerdomäne gilt: die IT.

Wir haben einerseits die Metapher von der ‚schwäbischen Hausfrau', wenn wir ausdrücken wollen, dass jemand gut rechnen und sparsam haushalten kann. Andererseits wird behauptet, Mädchen könnten kein Mathe.

Dabei waren Informatik und Programmieren lange eine klassische Frauentätigkeit. Das änderte sich erst, als mit Informatik Ansehen, Macht und Geld verbunden wurde. Da begann die Verdrängung von Frauen aus der IT-Entwicklung.

Obwohl es Frauen zur Zeit von Ada Lovelace (1815 bis 1852) verboten war zu studieren, hielt es Lovelace nicht davon ab, eine Pionierin für IT und Programmierung zu werden. Sie war ihrer Zeit weit voraus und gilt heute als Visionärin für die Computerentwicklung. Wikipedia schreibt: „In Lovelaces *Notes* finden sich eine Reihe dem Stand der Forschung um 1840 weit vorausgreifende Konzepte. Während ihre Beiträge zu Rechnerarchitektur und Grundlagen der Programmierung bis zu ihrer Wiederentdeckung in den 1980er Jahren weitgehend in Vergessenheit gerieten, spielten ihre Standpunkte zur künstlichen Intelligenz in erkenntnistheoretischen Debatten als ‚Lady Lovelace's Objection' bereits bei Begründung dieses Forschungsbereichs der Informatik eine gewisse Rolle." Lovelace sollte standardmäßig in Schulbüchern auftauchen. Jedes Kind sollte Ada Lovelace kennen, wie Albert Einstein oder Leonardo da Vinci oder Pythagoras. Dem ist aber nicht so.

Und Lovelace war nicht die einzige Frau, die in Sachen IT Großartiges leistete. So arbeiteten während des Zweiten Weltkrieges fast ausschließlich Frauen in Bletchley Park, um Hitlers geheimen Nachrichtenverkehr über Enigma zu dechiffrieren, darunter die Krypto-Analytikerin Joan Clarke. Die Informatikerin und Mathematikerin Margaret Hamilton entwickelte Software für die NASA, um zum Mond zu navigieren und dort zu landen. Weitere Pionierinnen der IT und Programmierung sind Grace Hopper und Agnes Meyer Driscoll.

Sie werden in der Geschichte über die Ursprünge unserer modernen digitalen Welt ignoriert. Stattdessen wird das Narrativ erzählt, IT sei ein Männerberuf. Wie kam es dazu? Wer hat all diese weiblichen Vorbilder – nicht nur in der IT – für heutige Frauen vergessen oder absichtlich gestrichen?

Film, Fernsehen, Kindergeschichten und Gaming

Wir reden heute oft davon, wie wichtig Storytelling ist. Geschichten zu erzählen und damit Werte, Normen, Wissen und Glauben weiterzugeben, ist so alt wie die Menschheit selbst. Menschen lieben Geschichten, ob Märchen, Romane, Hollywood-Erzählungen oder die Bibel. Bereits in der Bibel sind patriarchale Verfälschungen zu finden (siehe Kapitel „Wie entstand das Patriarchat?").

Welche Geschichten wir erzählen und wie wir diese Geschichten erzählen, ist einerseits Ausdruck unseres Weltbildes und erzeugt andererseits Bilder von der Welt, die wiederum die Wirklichkeit prägen.

Erinnerst du dich an Derrick? Von 1974 bis 1998 war Derrick Serienkult, im deutschen Fernsehen und weltweit. Ermittelt haben nur Männer. Auch sonst kamen Frauen bestenfalls in Gastrollen vor, als Opfer, als besorgte Mutter, als Mörderin, als Prostituierte oder als Nebendarstellerin in einer Barszene. Derrick selbst hatte kein Privatleben. Drehbuchautor Herbert Reinecker sagt im *Spiegel*-Interview zum Ende der Serie: „Am Anfang hatte Derrick ja eine Freundin. Aber wir konnten keine gute Schauspielerin halten, die 20 Jahre zur Verfügung steht, aber kaum etwas zu tun bekommt."

Und das war über viele Jahrzehnte das Schicksal der Frau in Film und Fernsehen. Frauen fanden nur selten statt und wenn sie stattfanden, nur in eingeschränkten Rollen: als Mutter, Opfer, Hure, Mörderin, Assistentin. Auch in Alter und Optik fehlte die Diversität. Meistens mussten sie jung sein und dem jeweiligen Schönheitsideal entsprechen.

Natürlich haben sich Frauenrollen im Laufe der Jahrzehnte verändert. Und „Fräulein" werden sie nur noch genannt, um eine Figur als altmodisch oder verschroben darzustellen, wie Kommissar Schaller in *München Mord*, der Kommissarin Flierl stets mit Fräulein Flierl anspricht.

Die Darstellung der Geschlechter lässt sich gut in den Krimiserien *Tatort* und *Polizeiruf* nachvollziehen. Beide werden seit über 50 Jahren produziert, der *Tatort* nahm seinen Ursprung 1970 im Westen, der *Polizeiruf* 1971 im Osten Deutschlands.

Im westdeutschen *Tatort* war Marianne Buchmüller 1978 die erste Kommissarin. Der *Polizeiruf* startete bereits 1971 mit einem gemischten Team. Leutnant Vera Arndt ermittelte an der Seite von Hauptmann Peter Fuchs, gleichgestellt waren sie aber nicht. Er war der Chef.

In den 1990er Jahren kamen mehr und mehr Kommissarinnen auf die Leinwand, zunächst noch kinderlos oder mit erwachsenen Kindern, irgendwann auch als alleinerziehende Mütter. Erst langsam entwickelte sich die Vorstellung von alleinerziehenden Vätern. Noch langsamer die von einsamen Wölfinnen oder Frauen, die zu Gewaltausbrüchen neigen.

Valide Zahlen zu Präsenz und Darstellung von Geschlecht in audiovisuellen Darbietungen gab es bis 2016 keine. Die Schauspielerin Maria Furtwängler und ihre Tochter Elisabeth Furtwängler, die gemeinsam die Malisa-Stiftung betreiben, änderten das mit einem Studien-Projekt. Ein Team um die Professorin Elizabeth Prommer von der Universität Rostock untersuchte 3000 Stunden TV-Material und mehr als 800 deutschsprachige Kinofilme. 2017 gab es die ersten validen Zahlen zur Gleichstellung in Fernsehen, Kino und Kinderfernsehen. Im Bereich Fernsehen differenzierte die Studie zwischen fiktionaler Unterhaltung, non-fiktionaler Unterhaltung und Information. 2020 gab es eine erweiterte Wiederholungsstudie. Einerseits wurde gemessen, was sich in Sachen Gender (unter Berücksichtigung von Alter und sexueller Orientierung) seit 2016 verändert hat. Andererseits wurden die Diversitätsdimensionen erweitert (ethnische Herkunft, Religion/Weltanschauung, Behinderung).

Die Ergebnisse sind spannend wie erhellend. Über die gesamten Genres und Formate hinweg hat sich an der Dominanz männlicher Präsenz zwischen 2016 und 2020 kaum etwas verändert. Männer kommen im deutschen Fernsehen doppelt so oft vor wie Frauen. Frauen unterliegen dabei zusätzlich einer Altersdiskriminierung. Bis zum Alter von etwa 35 Jahren sind sie etwa gleich oft vertreten wie Männer. Dann verschwinden sie sukzessive vom Bildschirm. Studien in den USA kommen zu ähnlichen Ergebnissen.

Im Detail der Formate und Besetzungen zeigen sich aber spannende Entwicklungen, stellt die Studie von Pommer und Team fest. Zum Beispiel bei Informationssendungen: Senderinterne Positionen wie Moderation oder Berichterstattung sind 2020 deutlich häufiger von Frauen besetzt. Anders bei senderexternen Positionen, also zum Beispiel Expert*innen oder Studiogäste. Dort werden selbst dann überproportional Männer gezeigt und gehört, wenn die Branche weiblich dominiert ist. „In der Summe sind Frauen mit 80 Prozent im Bereich ‚Bildung' vertreten. Als Expertinnen für diesen Bereich sind sie wieder unterrepräsentiert: nur 35% sind Frauen, 65% sind Männer", schreiben die Autor*innen der Fortschrittsstudie.

Weil oft behauptet wird, das liege daran, dass Männer eben häufiger in der Führungsposition seien, hat das Team um Pommer diese Aussage geprüft. In einer Sonderauswertung zur Corona-Berichterstattung dominierten männliche Protagonisten auch bei Ärzt*innen ohne Leitungsfunktion zu 80 Prozent, obwohl etwa die Hälfte der Ärzt*innen Frauen sind.

Besonders stark ist die Verzerrung im Bereich Quiz- und Unterhaltungsshows mit einem Frauenanteil von nur 13 Prozent, und diese ist im Vergleich zu 2016 sogar gesunken. Hier ist auch die Altersdiskriminierung von Frauen besonders groß. Frauen über 50 sind praktisch nicht existent. Werden die Moderator*innen in dieser Altersgruppe verglichen, kommen auf 97 Männer fünf Frauen! In der Altersgruppe von 20 bis 49 Jahren sind 18 Prozent weiblich.

Die größte Diversität sehen wir in Fernsehserien. Waren 2016 noch 38 Prozent weiblich besetzt, waren es 2020 bereits 46 Prozent. Das liegt vor allem an aktuellen Produktionen, die stärker auf Diversität in der Besetzung achten. Dort ist auch ethnische Vielfalt, sexuelle Orientierung oder Behinderung deutlich häufiger repräsentiert.

Ein Altersbias gibt es aber auch hier. Zwar spielen inzwischen häufiger Frauen mittleren Alters, aber sie sind nach wie vor weit unterrepräsentiert und es hat sich lediglich das ‚Verfallsdatum' verschoben. Sie fallen nicht mehr mit 50, sondern mit 60 aus dem Programm.

Und es gibt einen weiteren Bias für weibliche Rollen: Während es Männerfiguren in vielfältigen Größen, Körperformen und Attraktivitätsniveaus gibt, sind Frauen weit überproportional schlank und entsprechen dem gängigen Schönheitsideal. Eingeschränkt ist auch die Vielfalt der Charaktere und Rollen. Bei Männern ist der Beruf häufiger erkennbar und sie sind öfter in einer gehobenen Position. Frauen werden nach wie vor überproportional im Kontext von Beziehung und Partnerschaft gezeigt. Soweit die Darstellung im Erwachsenen-Programm.

Bei Kindern sind wir aber weiter, denkst du vielleicht. Weit gefehlt. Gerade im Bereich Kinderfernsehen ist der Genderbias besonders extrem. In den untersuchten Sendungen dominieren männliche Figuren mit 70 Prozent über 30 Prozent weibliche. 2016 waren es 28 Prozent weibliche Figuren. Während es bei Menschen, Monstern und Kreaturen einen leichten Überhang von 61 beziehungsweise 55 Prozent männliche Protagonisten gibt, ist die männliche Verzerrung bei Tieren, Pflanzen und Robotern/Maschinen besonders extrem. 95 Prozent der sprechenden Pflanzen, 82 Prozent der Tiere und 77 Prozent der Roboter und Maschinen sind männlich. Maria Furtwängler kritisiert: „Wenn weibliche Figuren vorkommen, dann sind sie sehr oft in einem schmalen Muster. Sie sind Feen, Hexen, Mütter und sehr stark das Objekt der Begierde. Sie sind nicht die Entdeckerinnen, die technischen Erfinderinnen, die Piraten, die Kosmonauten."

Und ich frage mich: Welche Stereotype geben wir unseren Kindern mit?

Am Anfang dieses Buches beschrieb ich *Die Schöne und das Biest* oder *King Kong* als auf die Spitze getriebene Geschlechterstereotype. Und wenn Hollywood etwas beherrscht, ist das Dramaturgie mit klischeehaften Schubladen. Sie können diese Schubladen aber auch klar benennen: Das tat Disney bei *Chaos im Netz,* als die weibliche Hauptfigur Vanellope von den Disneyprinzessinnen einem Prinzessinnentest unterzogen wird. Die Eine-Million-Dollar-Frage lautete: „Glauben die Leute, dass all deine Probleme gelöst wurden, nur weil ein großer starker Mann kam?“ Vanellope antwortet: „Ja, ist daran was auszusetzen?“ Prinzessinnen-Chor: „Sie ist eine Prinzessin!“

Auch die klassischen Märchen zeichnen stereotype Rollenbilder. Märchen sind im Grunde moralische Erzählungen, die erziehen sollen. Wir sollten also überlegen, was wir da anerziehen, wenn die Prinzessin die Schönste von allen ist, die sich für den einen wahren Prinzen aufspart, und deren Leben nach der Hochzeit zu Ende erzählt ist.

Regisseurin Claudia Bauer inszenierte 2014 zusammen mit der Band *Ministry of Wolves* am Schauspiel Dortmund Grimms Märchen als Märchenmassaker mit Live-Musik. Aus den Gut-Böse-Kindergeschichten mit Happy End werden nicht jugendfreie Erzählungen über Gier, Lust, Verlangen, Verführung, Sex, Gewalt und Missbrauch. Grimms Märchen sind ein reicher Kulturschatz. Sie erzählen nicht nur von den großen menschlichen Themen und von Moral mit Happy End. Sie spiegeln auch die Werte und Stereotype einer Gesellschaft. Und sie sind wandlungsfähig und haben das Potenzial, sehr unterschiedlich erzählt zu werden. Wir müssen es nur nutzen. Und dann kann die Jägerin den Jungen vor dem bösen Wolf retten.

Erheblichen Nachholbedarf in Genderfragen hat auch die Gaming-Szene. In der Welt der Videospiele dominiert der männliche Held, der männliche Gamer, der männliche Entwickler. Bleiben wir zunächst im Spiel: In martialischer Kampfausrüstung geht der Mann in den Kampf. Frauen sind wahlweise hilflos-hübsche Wesen, die entführt, gestohlen oder gefangen genommen werden. Der männliche Held muss sie retten. Oder, wenn eine Frau als Kämpferin auftritt, ist sie oft hypersexualisiert und trägt kampfuntaugliche Kleidung. Oder hast du schon mal echte Soldatinnen oder Guerilleras im Bikini in den Kampf ziehen sehen? Und selbstverständlich sind die meisten Spielwelten strikt heterosexuell.

Die Fifa-Spielreihe gibt es seit 1993, und sie gehört zu den meistverkauften Videogames weltweit. Fußballfans konnten sowohl die Bundesliga nachspielen wie den UEFA-Cup. Aber: nur Männerfußball. Erst ab 2015 kamen auch Frauen vor. Die waren aber so programmiert, dass sie bei gleicher Bewertung schlechter spielten. Das Verhältnis Frauen- zu Männerteams bei Fifa 18 war 15 zu 699. Und erst bei Fifa 22 bekam das Videospiel zum ersten Mal eine Kommentatorin.

Auch in anderen Videospielen kämpfen inzwischen Frauen. Doch statt weibliche Charaktere zu entwerfen, wird die männliche Figur verkleinert und wird zu irgendwas Rosafarbenem mit langen Wimpern und Sexappeal. Die Botschaft: Jungs sind die Norm, Mädchen eine Abwandlung der Norm und außerdem rosa und sexy. Das Patriarchat ist überall.

Und passt nicht zur Wirklichkeit: Inzwischen spielen ebenso viele Mädchen und Frauen Videospiele wie Männer und Jungs. Allerdings treffen sie mitunter auf eine toxische Männerwelt, die ihnen den Zugang erschwert oder den Spaß am Spielen vermiest.

Natalie Denk ist selbst Gamerin und Leiterin des Zentrums für Angewandte Spieleforschung der Donau-Universität Krems. In einem Interview mit der österreichischen Zeitung *Der Standard* kritisiert sie, dass oft die falschen Fragen gestellt werden. Es wird danach gefragt, was Mädchen und Frauen angeblich anders machen als Jungs und Männer. Viel sinnvoller wäre es zu fragen, warum sich in bestimmten Gaming-Feldern Geschlechterunterschiede zeigen und bestimmte Spiele sowie E-Sport-Turniere so männlich dominiert sind. Denk macht vier Hauptursachen aus: Frauen fehlen Rollenvorbilder. Erschwert wird das durch die Sozialisation: „Wenn einem Mädchen immer vorgebetet wird, dass Mädchen gerne Casual Games und Handyspiele mögen, wird das Mädchen irgendwann gar nicht mehr annehmen, dass es sich überhaupt für Strategie- oder Shooterspiele interessieren könnte. Umgekehrt gilt das auch für Burschen, die dann vielleicht sagen: ‚Ich spiele keine Handyspiele. Ich bin ja ein Mann und muss Shooter spielen.'"

Und natürlich müssen Frauen in männlich dominierten Umfeldern Sexismus fürchten. Wenn ein Typ schlecht spielt, dann spielt der Typ schlecht. Wenn eine Frau schlecht spielt, heißt es, Frauen spielen schlecht. Und zum vierten werden Frauen als Zielgruppe von der Spieleindustrie bisher unzureichend wahrgenommen.

Wie erkenne ich Genderbias und was kann ich dagegen tun?

Wir begegnen alle jeden Tag geschlechterstereotypen Vorstellungen, Verhaltenserwartungen und Verhaltensmustern (Genderbias) und haben selbst welche im Kopf. Oft unbemerkt und unbewusst. Manche mag die ganze Genderdiskussion verunsichern. Und nicht alles ist gleich Sexismus oder Diskriminierung. Männer und Frauen sind nun mal auch verschieden.

Doch wo beginnt Sexismus? Was ist Misogynie? Potenziell sexistisch ist es, wenn jemand aufgrund des Geschlechts anders behandelt wird. Misogynie ist ein anderes Wort für Frauenfeindlichkeit, die bis zu Frauenhass reichen kann.

Um die Diskussion zu entspannen, hier ein paar wichtige Erkenntnisse:

- Ich, du, wir alle haben Stereotype. Niemand ist frei davon.
- Nicht alles, was geäußert wird, folgt einer bösen Absicht.
- Auch unbeabsichtigte Zuweisungen, Herabsetzungen oder Beleidigungen verletzen.
- Wie etwas gemeint ist oder was jemand fühlt, lässt sich nicht objektiv messen. Deshalb hilft es nicht, herauszufinden, wer recht hat. Es hilft jedoch, die Punkte 2 und 3 zu unterscheiden, zu respektieren und eine gemeinsame Lösung zu suchen.
- Kommunikation ist nie einseitig und alle Beteiligten sind gemeinsam verantwortlich.

Im Folgenden stelle ich einige Tipps und Techniken vor, wie du geschlechterbezogene Verzerrungen und Stereotype erkennst und damit umgehen kannst.

Der Flip-Test

Eine einfache Möglichkeit, ein Genderbias in Äußerungen zu erkennen, ist der Flip-Test: Tausche einfach die Geschlechter. Klingt der Satz dadurch schräg? Bekommt er eine andere Bedeutung? Dann ist das ein deutliches Zeichen für ein Genderbias.

In der Studie „Typologie der Wünsche" aus dem Jahr 2009 wird gefragt: Finden Sie es bewundernswert, wenn Frauen Kinder und Karriere gleichzeitig bewältigen? – Drehe die Frage um: Finden Sie es bewundernswert, wenn Männer Kinder und Karriere gleichzeitig bewältigen?

Mit diesem Umkehrtest entlarvst du Sexismus. Nicht jede Form von Sexismus ist eine bewusste Herabsetzung oder ein Übergriff. In Ordnung ist das trotzdem nicht. Denn eine Mutter darf ebenso beruflichen Erfolg haben wie ein Vater. – Und ja, es gibt auch Sexismus, der sich gegen Männer richtet. Zum Beispiel, wenn ein Vater am Kinderspielplatz von fremden Müttern bemuttert oder bevormundet wird, wenn ihm Frauen also nicht zutrauen, dass er das als Mann ebenso gut kann wie eine Frau.

Der Linkedin-Nutzer Florian Wieser sammelte Ende 2021 auf seinem Account Beispiele für diesen Flip-Test. Er nannte es Swap-it und schrieb als Einstiegsbeispiel: „MÄNNER WOLLEN EH NUR KINDER – 84% der DAX-Vorstände sind Männer und davon haben 94% Kinder. Wie haben die das hinbekommen?"

Hier ein paar Antworten aus den Kommentaren:

„Was arbeitet Ihre Frau? Aha … hm, reicht das nicht für den Unterhalt der gesamten Familie? Sie müssten doch eigentlich gar nicht mehr arbeiten mit dem Job Ihrer Frau?" (von Katja Reuther)

„Herr X, Sie sind schon zurück aus der Elternzeit? Sie waren nur 1 Jahr zu Hause. Und wie viele Stunden arbeiten Sie pro Woche? 30? So viele?!?! Wer kümmert sich um Ihre Kinder denn?" (von Valentina Contini)

„Sie sind alleinerziehend und wollen zu 100% arbeiten? Wer kümmert sich denn um Ihr Kind, wenn es mal krank ist? Können Sie das überhaupt mit Ihrem Gewissen vereinbaren?" (Kerstin Jermis)

„Herr Mayer, der Rock steht Ihnen sehr gut.
Herr Mayer, mit einer Brille würde man Sie ernster nehmen.
Herr Mayer, wollen Sie noch Kinder haben?
Herr Mayer, warum so zickig heute?

Herr Mayer, es ist bekannt, Männer haben die schönere Schrift, schreiben Sie bitte das Protokoll.

Herr Mayer, warum das schöne Kleid, wollen Sie eine Gehaltserhöhung?

Herr Mayer, ist der Lippenstift neu?“ (alle Jessica Fritz)

„Herr XY, ich gehe davon aus, dass Sie spätestens nach dem zweiten Kind Ihr Arbeitspensum reduzieren möchten?“ (von Kathrin Teuscher)

Im Autohaus (2002)

Ich habe hochschwanger ein gebrauchtes Auto mit doppeltem Reifenset erworben, also mit Sommer- und Winterreifen, jeweils auf Felgen. Als ich am nächsten Tag komme und mein Auto holen will, soll die Absprache auf einmal nicht mehr wahr sein. Und wie sehr ich auch argumentiere, die schriftliche Notiz zeige. Keine Chance. Ich ziehe wütend ab. Wenn der meint, mich als Frau veräppeln zu können, dann kann ich das auch. Ein Freund von mir hat zwar von Autos ebenso viel oder wenig Ahnung wie ich, aber er trägt Gesichtshaar, wird also als Mann gelesen. Er sagt mir, dass er keine Ahnung hat. Ich antworte: Macht nix. Du musst nichts sagen, nur dabei stehen. Und genau das tat er. Wir kommen also wieder zum Autohändler. Mein Kumpel steht da, sagt kein einziges Wort. Und ich bekomme alles, was ich vorher vereinbart hatte.

Der Bechdel-Test

Den Bechdel-Test hat die Cartoon-Zeichnerin und Autorin Alison Bechdel 1985 entwickelt. Er wird verwendet, um die Stereotypisierung weiblicher Figuren in fiktionalen Erzählungen, insbesondere in Film und Fernsehen, zu beurteilen. Die deutsche Schauspielerin Maria Furtwängler hat den Bechdel-Test um den Furtwängler-Test ergänzt. Beide stellen Fragen an die Hauptfiguren. Der Furtwängler-Test ist der umgekehrte Bechdel-Test.

Beantworte dafür folgende vier Fragen:

Bechdel // Furtwängler:

Gibt es zwei Frauen? // Männer?
Haben diese erkennbare Namen?
Sprechen sie miteinander?
Über etwas anderes als Männer/Beziehung? // Frauen/Beziehung?

Um sexistische und stereotype Verzerrungen zu erkennen, wird also nicht nur gemessen, wie viele Rollen mit Männern und Frauen besetzt sind, sondern es geht auch darum, wie vielfältig und differenziert diese Rollen sind.

Beim Herrenausstatter (1998)

Ein Freund ist zu Besuch und will in Köln einen Anzug kaufen, wo es mehr Auswahl für Sondergrößen gibt. Er ist 1,98 Meter groß, breitschultrig und sehr dünn. Bei einem Herrenausstatter mit entsprechenden Sondergrößen werden wir fündig. Allerdings muss das Jackett noch angepasst werden. Der Schneider eilt herbei und behandelt meinen Kumpel wie eine Puppe, an der er zwar misst und absteckt. Sprechen allerdings will er nur mit mir, der Frau. Ich bin irritiert, denn es geht ja nicht um mich. Ich antworte immer wieder, dass dies mein Kumpel schon selbst entscheide und auch selbst antworten könne. Es brauchte mehrere Anläufe und ich muss so viel Abstand nehmen, dass ich fast außer Hör- und Sichtweite bin, damit der Schneider endlich mit dem Mann spricht, an dessen Körper er das Jackett absteckt.

Keine Elefanten im Raum stehen lassen

Der Elefant im Raum ist das Problem, das nicht angesprochen wird. Lass keinen Elefanten im Raum stehen. Sprich Probleme an. Steh für deine Bedürfnisse ein. Höflich, aber bestimmt. Auch wenn es etwas Mut kostet und du dafür deine Komfortzone verlassen musst.

Janina Kugel, ehemalige Personalvorständin von Siemens, erzählt in Interviews, hier im *Handelsblatt*, zum Beispiel diese Geschichte: Es war die erste Tagung nach ihrem Mutterschutz. Sie hatte Zwillinge bekommen. Und sie saß als einzige Frau in der Runde des Führungsgremiums. Die Pause verzögerte sich, und dann machte auch noch ein Kollege den Vorschlag, noch ein weiteres Thema vor der Pause abzuhandeln. Kugel sagte: „Meine Herren, ich muss leider für einen Moment unterbrechen. Ich muss abpumpen." Ich kann mir die Blicke der Männer lebhaft vorstellen. Sie hatten schlicht vergessen, dass andere Menschen andere Bedürfnisse haben.

Sachlich kontern

Wir sind nicht gezwungen, uns auf Provokationen einzulassen. Wir können mit Witz und hilfreichen Sachinformationen antworten.

Du kennst das: Dein Gegenüber regt sich auf, provoziert, macht dir Vorwürfe. Innerlich fängt dein Blut an zu kochen. Du bist empört. Was tust du? Der Reflex ist häufig eine Rechtfertigung und zunehmende Emotionalisierung und damit Eskalation. Auf Social Media können wir das jeden Tag beobachten.

Emotionen sind sehr menschlich. Die Frage ist, ob du ihnen freien Lauf lässt oder ob du bewusst und kontrolliert konterst. Du entscheidest, wie du mit einem Angriff oder einer Beleidigung umgehst. Ein Beispiel, von dem wir uns etwas abschauen können, sind die folgenden Reaktionen der Redaktion von *Funk*, die sie im März 2022 auf Linkedin geteilt haben. Es waren Kommentare zu einem Video über den Verdienst von Soldat*innen.

Viele Kommentare bezogen sich nicht auf den Inhalt, sondern regten sich über die verwendeten Genderzeichen auf.

Kommentar: „Soldaten arbeiten doch nicht innen."

Antwort: „Doch, es gibt zivile und militärische Tätigkeiten bei der Bundeswehr. Ganz spannend, oder?"

Kommentar: „Was verdienen Soldat:aussen?"

Antwort: „Erhalten den gleichen Sold und die gleichen Zuschläge."

Kommentar: „Dieses Gendern fuckt ab."

Antwort: „Das Gendern ist in der Bundeswehr angekommen. So wird aus Panzerkommandant in Stellenbeschreibungen jetzt Teamleitung Panzertruppe (m/w/d)."

Kommentar: „Was sind Soldat:innen? Ich kenne nur Männer und Frauen – muss man das akzeptieren?“

Antwort: „Soldat:innen sind Personen (m/w/d), die bei der Bundeswehr arbeiten. Tolerieren reicht schon 😉“

Kommentar: „Ihr habt nicht beim Deutschunterricht aufgepasst!“

Antwort: „Wenn Verben verneint werden sollen, steht das ‚nicht‘ bei zusammengesetzten Zeitformen am Satzende vor dem Vollverb. Also: Ihr habt beim Deutschunterricht nicht aufgepasst.“

Auf diese Weise kannst du elegant widersprechen, ohne dass die Emotionen hochkochen.

Im Baumarkt (2020)

Ich will zu Hause ein Möbelstück reparieren und suche dafür Rat im Baumarkt, damit ich die richtigen Dinge kaufe. Der Verkäufer versucht erst gar nicht, mein Problem zu verstehen. Er unterbricht mich, um mir ausschweifend Dinge zu erklären, die ich nicht gefragt habe und die mir bekannt sind. Meine Versuche, gehört zu werden und Antwort auf meine Frage zu bekommen, scheitern alle. Er unterbricht mich, erklärt mir Allgemeinplätze und wirft mir vor, ich würde schlecht kommunizieren. Als ich merke, dass es sinnlos ist, beende ich das Gespräch, zunächst nur kopfschüttelnd angesichts der Sales-Inkompetenz. Aber nur für einen Moment. Denn den Mann, der nach mir kommt, behandelt er so, wie ich gerne behandelt worden wäre. Er hört ihm zu, fragt nach, ob er ihn richtig verstanden hat. Dann erst antwortet er. Er kann es also doch. Nur nicht bei Frauen. Ich gehe sofort zum Vorgesetzten und beschwere mich. Mit ihm finde ich die richtigen Bauteile und kann zu Hause mein Handwerk erfolgreich vollenden.

Der Genderbegriff

Unsere Gesellschaft ist durch und durch nach Geschlecht organisiert. Das Wort Gender taucht in allen möglichen Zusammenhängen auf. Dabei wird es in unterschiedlichen Bedeutungen, Kontexten und Absichten verwendet.

Ursprünglich kommt der Begriff Gender aus der Soziologie und betont das erlernte soziale Geschlecht im Unterschied zum angeborenen Körpergeschlecht (Sex).

Im Laufe der Zeit wurde der Begriff Gender teilweise synonym zu Geschlecht/Körpergeschlecht/Sex verwendet. Gerade im Englischen war es weniger verfänglich, nach *gender* zu fragen als doppeldeutig nach *sex*. Dadurch verschwamm genau die Differenzierung, die ursprünglich damit beabsichtigt war.

Und überall dort, wo zwischen Männern und Frauen unterschieden wurde, tauchte der Begriff Gender auf. Solange nur von Männern und Frauen die Rede war, hatte diese Vermischung von Sex und Gender kaum Folgen, weil beide Begriffe die gleiche Personengruppe meinten.

Das änderte sich mit der Debatte um Transgender und Vielgeschlechtlichkeit. Hier erscheint es sinnvoll und notwendig, zwischen körperlichen Geschlechtsmerkmalen, sozialen Rollen und Geschlechtsidentitäten zu differenzieren, um unterschiedliche Voraussetzungen und Bedürfnisse erfassen und berücksichtigen zu können.

Natürlich gab es auch früher Inter- und Transpersonen. Doch erstere wurden zwangsweise als Mann oder Frau geführt. Zweitere durften nur nach strengen Vorgaben überhaupt transitionieren, und es war eine verschwindend kleine Minderheit. In der gesellschaftlichen Debatte spielten beide Gruppen keine Rolle. Das Konzept einer nicht-binären Geschlechtsidentität gab es noch nicht.

Wenn wir heute den Begriff Gender hören, kann dieser unterschiedliche Bedeutungen haben. Kathleen Stock macht in ihrem Buch *Material Girls* vier Definitionen von Gender aus.

- Gender als synonyme und weniger verfängliche Alternative zum Begriff Sex.
- Gender als Begriff für „soziale Stereotype, Erwartungen und Normen von ‚Männlichkeit' und ‚Weiblichkeit', die sich ursprünglich an biologisch männliche respektive weibliche Menschen richten".
- Gender als soziale Rollenzuschreibung für zwei Gruppen von Menschen.
- Gender als Geschlechtsidentität, verbunden mit der Vorstellung einer Vielzahl von unterschiedlichen Geschlechtern.

Der Begriff Gender kann sich also sowohl auf die Vorstellung einer Welt, die aus Männern und Frauen besteht, beziehen als auch auf die Vorstellung einer Welt mit vielen Geschlechtsidentitäten. Er kann das körperliche Geschlecht im Fokus haben oder die soziale Geschlechterrolle.

Gleichzeitig sagt der Begriff nichts darüber aus, ob damit Genderstereotype verstärkt oder abgebaut werden. Im Folgenden betrachte ich einige wichtige Gender-Begriffe.

Gender Mainstreaming

Der Begriff Gender Mainstreaming geht zurück auf eine UNO-Konferenz im Jahr 1995 und hatte den Abbau der weltweiten systematischen Benachteiligung von Frauen zum Ziel. Gender Mainstreaming ist ein Konzept, das dazu verpflichtet, bei allen Entscheidungen die Auswirkungen auf Männer und Frauen in den Blick zu nehmen und zu berücksichtigen, mit dem Ziel, die Gleichstellung von Männern und Frauen zu fördern. Dahinter steckt die Erkenntnis, dass Männer und Frauen oft sehr unterschiedlich von politischen und administrativen Entscheidungen betroffen sind. Eine Verpflichtung zum Gender Mainstreaming ergibt sich für Deutschland aus internationalem und nationalem Recht. Auch die Verfassung fordert dazu auf, die Gleichberechtigung von Frauen und Männern aktiv zu fördern. 1999 führte die Bundesregierung die Gender-Mainstreaming-Strategie ein.

Die Streit- und Knackpunkte liegen einerseits darin, wie das politisch umgesetzt werden soll. Und andererseits in der Definition von Gender.

- Gender Mainstreaming kann bedeuten, bestimmte Strukturen oder Produkte stärker nach dem körperlichen Geschlecht zu differenzieren, weil zum Beispiel eine kugelsichere Weste sitzen muss, egal ob die Person einen Busen hat und wie groß der ist.
- Gender Mainstreaming kann ebenso bedeuten, die Differenzierung nach Geschlecht zu reduzieren oder ganz auf sie zu verzichten, weil sie die Vielfalt des Menschseins auf stereotyp patriarchale Rollenbilder reduziert. So ist es sinnvoll, in Fragen von Elternzeit und der Vereinbarung von Beruf und Familie nicht nur über Mütter zu sprechen, sondern die Väter gleichermaßen zu benennen. Beide Elternteile haben gleichermaßen das Recht und die Pflicht, für ihre Kinder da zu sein, sich zu kümmern und mit ihnen Zeit zu verbringen.

Häufig sind beide Aspekte miteinander verschränkt: Die Verkehrsplanung zum Beispiel ist in den meisten Städten darauf optimiert, schnell in die Stadt und wieder hinaus zu kommen, besonders der ÖPNV. Das ist gut für die, die morgens zur Arbeit und abends nach Hause fahren. Und es ist schlecht für die, die vor allen Dingen Querverbindungen benötigen, weil sie Lebensmittel einkaufen, Kinder in die Kita bringen, Angehörige zur Ärzt*in und so weiter. Benachteiligt wird hier nicht das Geschlecht, sondern die Aufgabenverteilung. Trotzdem sind natürlich überwiegend Frauen benachteiligt, weil sie mehr Sorgearbeiten übernehmen als Männer und deswegen oft viel komplexere Strecken zurücklegen, als einfach nur zur Arbeit und zurückzufahren.

Gender Mainstreaming kann eine Frauenquote bedeuten, um informelle patriarchale Gewohnheiten zu durchbrechen. Es kann Frauenschutzräume bedeuten, weil Frauen von männlicher Gewalt besonders betroffen sind, oder es kann um andere nach Geschlecht definierte Zugänge gehen. Spätestens hier begegnen uns die definitorischen Abgrenzungsprobleme zwischen körperlichem Geschlecht und Geschlechtsidentität, die eingangs beschrieben wurden.

Wann ist eine Frau eine Frau? Gibt es unterschiedliche Kategorien von Frau? Reden wir über den Körper, die Identität, die Sozialisation, das Aussehen? Je nachdem, welchen Aspekt wir in den Vordergrund rücken, kommen wir zu unterschiedlichen Antworten. Und alle diese Aspekte sind nicht nur schwarz und weiß, sondern deutlich vielfältiger. Diese Ambiguität auszuhalten und kluge Kompromisse für den jeweiligen Kontext zu finden, ist eine wichtige Herausforderung unserer Zeit.

Gender Mainstreaming ist komplex. Es bietet die Chance, für mehr Geschlechtergerechtigkeit zu sorgen. Und es lauert die Gefahr, Geschlechterstereotype und patriarchale Strukturen zu festigen. Nicht immer ist es einfach zu bestimmen, was zu mehr Gleichberechtigung beiträgt.

Betrachten wir nochmal die erwähnte Vereinbarkeit von Beruf und Familie: Wenn ich Arbeitszeitmodelle danach ausrichte, dass Frauen leichter Kinderbetreuung und Berufstätigkeit verbinden können, hilft das Frauen auf den ersten Blick. Auf den zweiten festigt es patriarchale Strukturen, denn es wird nicht infrage gestellt, warum vor allem Frauen im Beruf zurückstecken. Diese Fragen muss ich aber stellen, wenn ich das Patriarchat überwinden will. Erst dann können sich Menschen frei entscheiden, wie sie Sorgearbeit und berufliche Ambitionen aufteilen wollen. Das heißt: Firmen müssen Arbeitszeitmodelle so gestalten, dass sie die Vereinbarkeit von Beruf und Familie fördern und bewusst alle Geschlechter einbeziehen, ansprechen und meinen.

Ich – ein katholisches Arbeitermädchen vom Land der 1970er und 1980er

Heute sprechen wir von Intersektionalität, wenn wir Mehrfachdiskriminierung benennen wollen. Der Begriff geht auf die afroamerikanische Juristin Kimberlé Crenshaw zurück, die sich Ende der 1980er Jahre damit auseinandersetzte, dass

Schwarze Frauen im US-Justizsystem als Frau, als Schwarze und als Schwarze Frau diskriminiert werden. In den 1960er Jahren formulierte der Philosoph Ralf Dahrendorf ebenfalls eine Mehrfachdiskriminierung, allerdings mit dem Fokus auf Westdeutschland und die dortigen Aufstiegschancen im Bildungssystem. Er beschrieb das Zusammenwirken mehrerer Benachteiligungsmerkmale als die „katholische Arbeitertochter vom Land": Arbeiterklasse, weiblich, vom Land und katholisch.

In den 1960er Jahren war es Arbeiterkindern in der BRD nur in Ausnahmefällen möglich zu studieren. Wenn einem Kind eine höhere Bildung ermöglicht wurde, konzentrierte sich alles auf den ältesten Sohn der Familie.

Für Mädchen wurde häufig kein Wert auf Bildung gelegt. Sie sollten jungfräulich heiraten, Kinder kriegen, kochen, den Mann und die Kinder versorgen und in die Kirche gehen. Das galt umso mehr, wenn sie aus tief katholischen Familien kamen. Auf dem Land war diese Tendenz stärker als in der Stadt, wo es vielfältigere Einflüsse gab und es logistisch für Mädchen und Frauen einfacher war, andere soziale Räume zu entdecken und zu nutzen.

Erst nachdem Willy Brandt und Helmut Schmidt Förderprogramme wie Bafög aufgelegt hatten, war es für Arbeiterfamilien überhaupt finanzierbar, ihre Kinder studieren zu lassen. Ich selbst und mehrere meiner Cousins und Cousinen haben in den 1980er und 1990er Jahren als Erste in der Familie einen akademischen Abschluss erworben.

Gendermarketing

Grundsätzlich wäre es ja toll, wenn zum Beispiel Maschinen die unterschiedliche Handgröße und Handkraft von körperlichen Männern und Frauen berücksichtigten und so für alle Hände optimal bedienbar wären. Aber das ist Zukunftsmusik.

Geschlechtsspezifische Vermarktung bedeutet in den meisten Fällen eine plumpe Stereotypisierung von Produkten, die patriarchale Rollenvorstellungen bedienen. Egal ob Gartencenter oder Baumarkt, Autohaus oder Haushaltswaren, Drogerie,

Mode, Spielwaren. Im Zuge der Gender- und Diversity-Debatte gibt es zwar Ansätze, mit diesen Stereotypen zu brechen. Aber der Weg ist noch weit.

Wenn Bohrmaschinen gegendert werden, wird nicht auf die geringere durchschnittliche Größe und Kraft der weiblichen Hände Rücksicht genommen. Bohrmaschinen für Frauen zeichnen sich vor allem durch bunte Farben, Muster und Glitzer aus, dafür weniger Qualität und Funktionalität.

In den Nullerjahren nahm das Gendering im Marketing derart absurde Züge an, dass sogar eine Bibel für den Mann und eine Bibel für die Frau auf den Markt kamen. Der Markt wurde außerdem überschwemmt mit Ratgeber-Literatur, die den Leuten einredete, dass Männer und Frauen eben nicht anders könnten. Produkte für Frauen sind dabei oft Zwangsrosa. Das nervt mich ungemein, weil ich nicht zwangspinkisiert werden will. Ich mag Grüntöne viel lieber. Und ich hätte gerne die Wahl. In der feministischen Geschichte tauchen Grün und Weiß als Farbsymbole häufiger auf als Pink oder Rosa.

Besonders bei den Kinderprodukten ist zu Beginn des 21. Jahrhunderts eine enorme Genderisierung zu beobachten. Spielsachen, die 1980 noch neutral angeboten wurden, sind in den 2010er Jahren komplett durchgegendert und weisen Jungs und Mädchen klar zu, wer womit spielen soll. Und Pink ist plötzlich überall und signalisiert: für Mädchen.

In meiner Kindheit in den 1970er und 1980er Jahren gab es zwar klare Erwartungen an Jungs und Mädchen. Jungs durften viel mehr. Kleidung und Spielwaren allerdings waren viel weniger gegendert als heute. Kinderkleidung wurde damals regelmäßig an Geschwister, Verwandte und Bekannte weitervererbt und aufgetragen. Da waren genderneutrale Sachen einfach praktischer. Lego-Steine waren genderneutral. Es gab bunte Klemmbausteine in vielen Farben und Formen. Ich baute daraus leidenschaftlich gerne Welten. Nie hatte ich das Gefühl, Lego sei was für Jungs. Nur bei Lego-Technik war das anders. Die war auch damals schon mit Jungs assoziiert und niemand wäre auf die Idee gekommen, mir so etwas zu schenken. Dem Nachbarsjungen aus derselben Grundschulklasse schon.

Mein 2002 geborener Sohn teilte die Leidenschaft für Klemmbausteine und baute phantastische Dinge damit. Die Legosets der 2000er und 2010er Jahre waren extrem gegendert. Wir waren, wahlweise für ihn oder einen Kindergeburtstag, oft im Kölner Ladengeschäft des dänischen Herstellers. Fast der ganze Laden richtete sich gezielt an Jungs, eine kleine Ecke ebenso stereotyp an Mädchen, mit Haus und Garten, versehen mit Pink und Lilifee-Farben. Die Website des Konzerns sah ähnlich aus.

Erst seit jüngster Zeit beginnt der dänische Hersteller, die Produkte wieder mehr für alle zu öffnen. Im Oktober 2021 kündigte das Unternehmen an, die Sets künftig frei von Geschlechterstereotypen zu machen. Auf der Website sind die Sets inzwischen nach Themen geordnet, nicht mehr nach Jungs und Mädchen.

Auch Barbie hat noch einen weiten Weg vor sich. Zwar gibt es Barbies jetzt in unterschiedlichen Hautfarben, anorektisch sind die meisten nach wie vor. Eine Handvoll ‚Curvy-Barbies', die einfach nur normal dünn sind, macht es auch nicht besser.

Ich habe hier nur zwei Klassiker herausgegriffen. Wenn wir in die Welt der Spielsachen blicken, sehen wir eine stark stereotypisierte Welt, in der es eine klare Jungs-Mädchen-Aufteilung gibt. Intergeschlechtliche Kinder finden nicht statt. In der Spielwelt für Jungs dominieren Artikel, die auf Stärke und Macht abzielen, während Mädchen vor allen Dingen schön sein sollen. Der Weg zu einem genderneutralen oder genderoffenen Angebot für alle Kinder ist noch weit.

Auf der anderen Seite gäbe es viele Produktaspekte, bei denen es sinnvoll und nötig wäre, nach Geschlecht zu unterscheiden. Und dort geschieht es nicht. Caroline Criado-Perez und Rebekka Endler haben in ihren Büchern *Unsichtbare Frauen* 2020 und *Das Patriarchat der Dinge* 2021 ausführliche und teils schockierende Beispiele geliefert, wie Frauen in diesem System vergessen und als nicht relevant ignoriert werden – in der Medizin, der Stadtplanung, der Sicherheit, im Leistungssport.

Wie kann es sein, dass es seit 2012 bekannt ist, dass Unfälle für Frauen erheblich verletzungs- und lebensgefährlicher sind, weil Autos für männliche Körper optimiert sind und sich bis 2022 nichts daran ändert? Nach wie vor gibt es in der EU keine Vorschriften, die sicherstellen, dass für Frauen die gleichen Sicherheitsstandards erfüllt werden müssen wie für Männer. Nur in einem von fünf Tests für die Neuzulassung von PKWs ist ein Kinder-Dummy vorgeschrieben. Ich schreibe Kinder-Dummy, weil es sich um eine kleine Variante des Männer-Dummys handelt, der nur auf dem Beifahrersitz getestet wird. Frauen-Dummys gibt es inzwischen zwar, aber sie sind nicht vorgeschrieben.

Nenn mich naiv, aber ich hielt es für selbstverständlich, dass kugelsichere Westen und andere Sicherheitskleidung auf Frauenkörper optimiert hergestellt werden, und war geschockt, als ich das Beispiel einer Frau las, die starb, weil ihr Busen nicht in die kugelsichere Weste passte. Gleiches gilt für die Ausrüstung für Leistungs- und Profisport oder die Landwirtschaft, die auf Männerhände, männlichen Körperbau, männliche Muskel-Fett-Verteilung optimiert wird. Körperliche Unterschiede bei Frauen bleiben unberücksichtigt.

Maschinen im Genderfokus

Werkstatt und Technik sind für Männer, Küche und Haushalt für Frauen. Wirklich? Lass uns mal typische Maschinen vergleichen:

Zum Beispiel die Bohrmaschine und das Rührgerät. Beide Geräte werden in der Regel mit einer Hand geführt und von einem elektrischen Motor angetrieben. Beide dienen dazu, Aufsätze zu drehen. Für beide gibt es unterschiedliche Aufsätze und Dreh-Stärken, je nachdem, was damit gemacht werden soll. Schlagbohren, Schrauben reindrehen oder rausdrehen. Sahne schlagen, einen empfindlichen Teig vorsichtig rühren oder einen Pizzateig kräftig kneten. – Je nach Ausstattung können beide Geräte noch mehr oder es gibt weitere Bauteile für andere Aufgaben.

Wo genau ist der Unterschied zwischen einem Brulée- oder Flambier-Brenner und einem Bunsen-Brenner – abgesehen vom Design? Beides sind kleine Flammenwerfer. Auch unterschiedliche elektrische Sägewerkzeuge sind Küchenstandard, etwa zum Schneiden von Braten oder Brotschneidemaschinen. Und Nähmaschinen sind komplexe Geräte, deren Bedienung gelernt sein will. Ich kann es nicht.

Küche und Haushalt sind ebenso voller Technik, Physik und Chemie wie die Werkstatt oder der Garten. Wo ist hier also das Gender? Außer in der patriarchalen Zuweisung.

Gendermedizin

Ein Forschungsfeld, das bisher zu wenig auf geschlechtsspezifische Unterschiede geachtet hat, ist die Medizin. Das noch junge Forschungsfeld Gendermedizin versucht, das zu ändern. Gendermedizin beschäftigt sich damit, wie körperliche Männer und Frauen unterschiedliche Krankheitsrisiken oder -symptome zeigen und wie sie anders auf Medikamente reagieren.

Dass körperliche Männer häufiger von vielen Erbkrankheiten betroffen sind, weil sie nur ein X-Chromosom haben, habe ich bereits im Bio-Leistungskurs Ende der 1980er Jahre gelernt. Auf dem Y-Chromosom liegt wenig Geninformation: Es ist das einzige Chromosom, auf das ein Mensch verzichten kann. Und weil Frauen zwei X-Chromosomen haben, haben sie die jeweilige Gen-Information doppelt. Wenn ein Merkmal rezessiv vererbt wird, sind sie nur betroffen, wenn es auf beiden X-Chromosomen vorhanden ist. Es gibt Hinweise darauf, dass das Immunsystem von Frauen robuster ist als das von Männern. Auch ihr Stoffwechsel funktioniert wegen der zwei X-Chromosomen anders. Und ihre Hormonversorgung und der Zyklus sowieso.

Trotzdem wissen wir sehr wenig über den weiblichen Stoffwechsel und noch weniger über weibliche Hormone und den weiblichen Zyklus oder die Unterschiede im Immunsystem. Das liegt daran, dass Frauenkörper in der medizinischen Forschung lange Zeit ignoriert und Frauen lediglich als kleinere Männer behandelt wurden. Bis vor wenigen Jahren wurden in medizinischen Studien sowohl bei Mäusen als auch bei Menschen nur oder überwiegend mit männlichen Probanden getestet. Symptomatik und medikamentöse Wirkung wurden einfach auf Frauen übertragen.

Frauen sind keine kleinen Männer. Das ist bekannt. Doch gerade die zyklusbedingten Schwankungen in weiblichen Körpern haben Forschende davon abgehalten, sie als Probandinnen einzubeziehen. Denn es macht die Bewertung der Ergebnisse komplizierter. Aber genau deshalb fehlen diese Erkenntnisse, wie sich der weibliche Zyklus auf Symptome und Therapiemöglichkeiten auswirkt, wie also anders zu diagnostizieren und zu therapieren ist.

Frauen haben ein höheres Risiko, an einem Herzinfarkt zu sterben als Männer. Nicht, weil sie öfter Herzinfarkte haben. Sondern weil sie oft andere Symptome zeigen. Doch Mediziner*innen lernen nur die männlichen Symptome und betrachten sie als generisch und für alle gültig. Folge: Der Herzinfarkt wird bei Frauen nicht oder später erkannt.

Auch Medikamente wirken unterschiedlich bei Männer- und Frauenkörpern. Dabei geht es nicht nur um die Dosis. Möglicherweise wäre ein Wirkstoff, der bei Männern nicht passt, für Frauen perfekt geeignet. Wir wissen es nicht und erfahren es nicht, wenn wir es nicht erforschen. Diese Daten orientieren sich nicht an Geschlechtsidentitäten, sondern an der Wirklichkeit der Körper.

Auch Frauenleiden wie zum Beispiel Endometriose sind bislang unzureichend erforscht. Endometriose ist eine der häufigsten Unterleibserkrankungen bei Frauen und oft verantwortlich für starke Beschwerden bei der Monatsblutung. Zellen aus der Gebärmutterschleimhaut breiten sich im Körper aus und können heftige Schmerzen verursachen. Schätzungsweise etwa zehn Prozent aller Frauen (und nicht-operierter Transmänner) sind betroffen. Obwohl das so viele sind, kann es Frauen bis heute passieren, dass ihnen gesagt wird: Das seien Bauchkrämpfe und die seien normal und das müssten sie eben aushalten. Oder ihnen wird einfach die Anti-Baby-Pille verschrieben, ohne sie genau zu untersuchen. Wäre Endometriose eine Männerkrankheit, würde hingeschaut, diagnostiziert, therapiert.

Die Ignoranz Frauen gegenüber betrifft auch andere Beschwerden und Erkrankungen. Jena Pincott schreibt in einem Artikel für *Spektrum.de*: „So stellten US-Forscher 2008 fest, dass Patientinnen mit Bauchschmerzen in der Notaufnahme länger als Männer auf Hilfe warten müssen und mit einer um bis 25

Prozent geringeren Häufigkeit Opiate zur Schmerzlinderung bekommen. Nach einer früheren Studie erhalten männliche Patienten von Krankenschwestern eher Schmerzmedikamente, Frauen dagegen nur Beruhigungsmittel.“

Gendermedizin ist wichtig, damit wir lernen, wie sich Männerkörper von Frauenkörpern unterscheiden und wie die Medizin allen gerecht werden kann. Und auch in der Gendermedizin muss sensibel beobachtet und erforscht werden, welche Unterschiede genetische körperliche Ursachen haben und welche Folge sozialer Unterschiede sind.

Unterschiede gibt es auch in der Lebenserwartung von Männern und Frauen. Frauen werden im Durchschnitt älter. Aber warum? Liegt es an den Chromosomen und Hormonen? Oder verführt eine patriarchale Machogesellschaft Männer eher zu übertrieben riskantem Verhalten mit entsprechenden Folgen? Die Zahl an Männern, die aufgrund von Gewalt, Unfall oder Selbstmord sterben, deutet auf starke soziale Faktoren hin. Der soziale Druck, sich stark und potent zu zeigen, wirkt negativ auf die gesundheitliche Prävention, zum Beispiel in Bezug auf Vorsorge. Aber vielleicht auch auf die Fähigkeit, die Symptome des eigenen Körpers überhaupt wahrnehmen zu können.

Bei intergeschlechtlichen Menschen verhalten sich die Körper gemischtgeschlechtlich, je nach Chromosomen-Organ-Hormon-Mischung. Auch bei Transpersonen, die Hormone nehmen, wirken die Körper teils männlich, teils weiblich. Die Chromosomen und Gene bleiben die gleichen. Auch die Sozialisation und ihre Wirkung auf den biologischen Körper bleibt. Nehmen sie keine medizinischen Geschlechtsveränderungen vor, wirken ihre Körper weiter männlich oder weiblich, wie es im Geburtsgeschlecht eingetragen ist.

Eine Gendermedizin, die die Wirkzusammenhänge von chromosomalem Geschlecht, hormonellem Geschlecht, Sozialisation und Lebenswandel erforscht und berücksichtigt, birgt große Chancen für eine bessere medizinische Versorgung nicht nur von Männern und Frauen, sondern insbesondere auch von Menschen, deren Körper gemischtgeschlechtlich funktionieren. Denn wenn wir verstehen, wie unterschiedliche Aspekte von

Geschlecht und Lebenswandel zusammenwirken, können wir besser diagnostizieren und therapieren.

Bisher wissen wir wenig über die natürliche Entwicklung intergeschlechtlicher Körper, weil sie sich nicht natürlich entwickeln durften. Hier müssen wir abwarten, wie sich intergeschlechtliche Kinder entwickeln, die alle Organe behalten dürfen, bis sie selbst entscheiden können, ob sie eine geschlechtszuweisende Operation wünschen.

Aktuell ist die Gesundheitsversorgung von Interpersonen in Deutschland schlecht. Ärzt*innen, Pflegekräften und Psycholog*innen fehlt es an fachlichem Wissen. Viele verwechseln Inter- und Transgeschlechtlichkeit. Wenn zum Beispiel eine Person den Verdacht hat, intergeschlechtlich zu sein und das medizinisch abklären lassen möchte, kann es passieren, dass sie einfach abgewiesen wird.

Das Abrechnungssystem der Krankenkassen orientiert sich nicht an der Untersuchungszeit, sondern daran, was diagnostiziert und was therapiert wurde. Das führt dazu, dass nicht immer genau genug geschaut wird, warum Menschen mit bestimmten Beschwerden bei der Ärzt*in erscheinen. Und es macht Druck, schnell zu entscheiden und die nächste Person aufzurufen.

Auch Transpersonen klagen über mangelnde Gesundheitsversorgung. Das kann im Notfall gefährlich werden, da sich die Medizin an der körperlichen Wirklichkeit orientieren muss, die gerade bei operierten Transpersonen nicht immer sofort ins Auge springt.

Dem Körper ist es egal, welche Identität ihn bewohnt. Er funktioniert nach biologischen Regeln und die müssen auf der Krankenkassenkarte erfasst sein.

Gendersprache

Das Thema Gendersprache wird heiß diskutiert, dabei kursieren viele Mythen und Falschinformationen. Wenn du ohne besondere Verständnisschwierigkeiten bis hierher gelesen hast, darfst du es als erwiesen ansehen, dass gendergerechte Sprache Texte nicht schlechter macht. Sie macht sie auch nicht automatisch besser. Sie versucht, unnötige Gendermarkierungen zu vermeiden, und wenn sie Gender benennt, benennt sie alle, die gemeint sind, und sagt nicht das eine und meint etwas anderes. Im Grunde geht es darum zu verstehen, wie Gender in der deutschen Sprache verankert ist, und achtsam damit umzugehen.

Sprache ist unser Werkzeug, um unser Denken und Fühlen der Welt mitzuteilen. Und sie wirkt auf unser Denken und Fühlen zurück. Nehmen wir ein einfaches Beispiel ohne Gender. Bei welchem Satz wird es Max leichter fallen, seine Steuern zu bezahlen?

- Max denkt an seine Steuerlast.
- Max denkt an seine Steuerverantwortung.

Die Art und Weise, wie wir über etwas reden, beeinflusst also unser Denken. Und unser Denken geht dem Tun voraus. Was nicht gedacht wird, wird beim Tun vergessen.

Sprache ist Ausdruck von Kultur, wirkt auf sie und verändert sich mit ihr. Hier ein zweites Beispiel aus der deutsch-deutschen Geschichte mit zwei unterschiedlichen politischen Systemen:

In der DDR hieß die hormonelle Verhütung mittels Pille „Wunschkind-Pille“, in der BRD „Anti-Baby-Pille“. Welche Narrative, Gefühle und Verhaltensempfehlungen schwingen bei diesen Begriffen mit?

Das Deutsche schenkt uns viele Möglichkeiten, ohne Sonderzeichen neutral über Geschlechter zu sprechen. Verben und Adjektive haben kein Gender. Es gibt zahlreiche neutralisierende Endungen. Und die deutsche Grammatik erlaubt es uns herzuleiten, wie wir wollen: Redepult und Fleischmesser sind genauso richtig und verständlich wie Rednerpult und Fleischermesser, nur ohne Gendermarkierung, weil von der Tätigkeit oder der Sache hergeleitet.

Deutsch ist nicht nur flexibel in der Wortbildung, sondern hat auch einen Hang zur Präzision. Manchmal sind einzelne Wörter so voller Information, dass sie einen ganzen Satz ersetzen können:

- Pferd, Stute, Hengst, Wallach, Fohlen
- Rind, Kuh, Bulle, Ochse, Kalb

Bei historisch wichtigen Nutz- und Arbeitstieren unterscheiden wir nicht nur zwischen Gattung, weiblichem, männlichem oder Jungtier. Wir haben sogar ein eigenes Wort für männliches kastriertes Tier. Bei anderen Tieren differenzieren wir nicht so genau, zumindest nicht in der Alltagssprache: Wir reden von der Eidechse, der Spinne oder dem Rotkehlchen.

Wenn wir über Personen sprechen, benennen wir in der Regel neben der Rolle, Funktion oder den Beruf das Geschlecht gleich mit, zum Beispiel:

- Die Ärztin untersucht die Patientin.
- Die Ärztin untersucht den Patienten.
- Der Arzt untersucht die Patientin.
- Der Arzt untersucht den Patienten.

Für intergeschlechtliche oder nicht-binäre Personen fehlen uns die Wörter. Auch fehlt ein genderneutraler übergeordneter Gattungsbegriff. Dieses Problem, fachsprachlich Benennungslücke, anerkennt auch der Rechtschreibrat. Und darum geht es bei der Debatte um den Genderstern und andere Sonderzeichen. Der Stern ist der Versuch, diese Lücke zu schließen. Gleichzeitig erinnert uns der Stern daran, dass wir Geschlecht nicht nur als Mann und Frau denken sollen, sondern vielfältiger.

Die Ärzt*in benennt also entweder als Gattungsbegriff den Beruf, ohne ein Geschlecht zu spezifizieren. Oder sie benennt eine Person, deren Geschlecht nicht bekannt oder nicht-binär ist.

Präzise sind auch die grammatikalischen Strukturen. Mit den vier Fällen klären wir die Beziehungen im Satz. Zusammen mit den drei Genera wird das für eine neutrale Pronomenbildung zur echten Herausforderung.

Pronomen müssen sich an Genus, Kasus und Numerus anpassen. Das führt zu sehr vielen Pronomen und Artikelwörtern. Das mag ein Grund sein, warum sich im Deutschen, anders als im Englischen, noch kein einheitliches genderneutrales Pronomen durchgesetzt hat.

Im Englischen gibt es nur einen Artikel und drei Fälle. Das macht die Sache deutlich einfacher. Und so setzte sich ‚they', ‚their', ‚them' und ‚themself' im englischen Sprachraum schnell als neutrale Verwendung durch. Zudem war ‚they' bereits in der Vergangenheit als neutrales Singularpronomen verwendet worden, bis es Mitte des 19. Jahrhunderts verboten wurde.

Im Schwedischen übernahm das Neopronomen ‚hen' diese Aufgabe. Auch hier sind die meisten Nomen, ähnlich wie im Englischen, bereits neutral oder können leicht in neutrale Formen überführt werden.

Anders in den romanischen Sprachen. Die haben ähnliche Probleme wie das Deutsche. Von ihnen können wir lernen.

Im Französischen, Spanischen und Portugiesischen bilden sich neutrale Neopronomen, die sich von vorhandenen Pronomen ableiten. Aus ‚il' und ‚elle' wird ‚iel' oder ‚yel' (Französisch). Aus ‚el' und ‚ella' wird ‚ele' oder ‚elle' (Spanisch).

Die Website *nibispace.com* listet Ende 2022 mehr als 40 Vorschläge für genderneutrale Personalpronomen auf, allerdings nur bei wenigen auch Konzepte, wie sie zu deklinieren sind. Dafür herrscht die Vorstellung vor, jede Person möge sich ihr eigenes Pronomen aussuchen.

Wenn in einem Satz mehrere nicht-binäre Personen mit unterschiedlichen Pronomen erwähnt werden, kann das zu solchen Konstrukten führen: „Wenn ens zusammen mit xier nins in ninsens Haus besucht, erzählt nin, dass nin zier vermisst?" Dieser Weg ist eine Sackgasse und führt zu einer exkludierenden Geheimsprache. Pronomen sind keine zweiten Vornamen.

Eines der vorgeschlagenen Neopronomen mit Potenzial ist ‚sier', analog zu den romanischen Sprachen abgeleitet aus vorhandenen Pronomen sie und er. Das dazugehörige Possessivpronomen wäre dann ‚sihr' aus sein und ihr und ‚dier' das Relativpronomen, eventuell auch der Neoartikel aus die und der. Alle lassen sich in den vier Fällen deklinieren. Die Frage bleibt, ob sich die Deklination eher an der männlichen oder der weiblichen Deklination orientiert. Daher werden in der folgenden Tabelle mehrere Formen vorgeschlagen.

Da sich das feminine Genus leichter deklinieren lässt, wäre es im Sinne einer inklusiven Sprache, wenn wir uns daran orientieren.

Für die Personalpronomen könnte das so aussehen:

	m	w	d
Nominativ	er	sie	sier
Akkusativ	ihn	sie	sier/sien
Dativ	ihm	ihr	sier/sien/siem
Genetiv	seiner	ihrer	siener

Ich wähle: sier, sier, siem, siener

Für die Relativpronomen sähe das so aus:

	m	w	d
Nominativ	der	die	dier
Akkusativ	den	die	dieser
Dativ	dem	der	diem
Genetiv	des	der	diem

Da Possessivpronomen in beide Richtungen angepasst werden müssen, verzichte ich auf eine tabellarische Darstellung, weil sie zu unübersichtlich ist. Aber auch das lässt sich deklinieren.

Wie sich unsere Sprache entwickelt, entscheidet die Sprachgemeinschaft durch ihren Sprachgebrauch. Ein Sprachzwang von oben funktioniert nicht. Deshalb setzte sich auch Esperanto nicht durch. Zugegeben eine wunderbare Idee, eine Sprache für Europa. Aber bis heute spricht sie fast niemand.

Ich möchte hier keinen Genderkurs geben. Ich möchte dich vielmehr einladen, spielerisch und kreativ über die Wirkung von Wörtern und Sprache nachzudenken und einfach auszuprobieren.

Das Bürgertum bezog sich nur auf Männer

Im Streit um das sogenannte generische Maskulinum geht es darum, inwieweit die männliche Bezeichnung als Gattungsbegriff dienen kann oder nicht. Historisch betrachtet wurde es mal so, mal so verwendet.

Nehmen wir beispielsweise den Begriff Bürger. Das Bürgertum war ursprünglich nicht generisch. Der Bürger war ein Mann und das Bürgertum bestand ausschließlich aus Männern. Frauen hatten keine Bürgerrechte, sie waren Frauen und wurden als minderwertige Variante des männlichen Ideals betrachtet. Sie gehörten wahlweise dem Vater, Bruder, Ehemann oder einem Zuhälter, jedenfalls einem Mann.

Zugang zu Bildung hatten sie nur in den seltensten Fällen. Die Universität Zürich ließ Frauen ab 1840 als Gasthörerinnen und ab 1867 als ordentliche Studierende zu. Als erste Unis auf dem Gebiet des heutigen Deutschlands ließen Freiburg und Heidelberg ab 1900 Frauen als ordentliche Studierende zu, Bayern zog 1903 nach, Preußen 1908.

So kommt die erste promovierte Juristin im deutschen Sprachraum aus der Schweiz: Emilie Kempin-Spyri (1853-1901) wollte eine Zulassung als Anwältin. Dafür brauchte sie das Aktivbürgerrecht. In der Schweizer Verfassung stand 1887: „Alle Schweizer sind vor dem Gesetze gleich."

Kempin-Spyri verstand „alle Schweizer" generisch und stützte sich in ihrer Klage darauf, dass damit alle Menschen mit schweizerischer Staatsbürgerschaft gemeint seien. Sie irrte. Das Bundesgericht urteilte, eine solche Sichtweise sei „ebenso neu als kühn" und könne nicht gebilligt werden. Bürger meine ausschließlich Männer.

Einige Jahre später erlaubte die Schweiz Frauen, als Anwältin zu arbeiten. Doch sie gestand Frauen nicht etwa die vollen Bürgerrechte zu. Sie beschloss eine Ausnahmegenehmigung für Frauen, auch ohne Aktivbürgerrecht eine Anwaltszulassung bekommen zu können. Das vollständige Bürgerrecht inklusive Wahlrecht bekamen Schweizerinnen erst 1971.

Patriarchale Sprache

Mit Sprache drücken wir unsere Wirklichkeit aus. Es ist also kein Wunder, dass sich die patriarchale Hierarchie und Gesellschaftsordnung in der Sprache wiederfindet.

Nehmen wir das Wort Frau. Eine Frau wurde früher erst dann eine Frau, wenn ein Mann sie geheiratet hat. Vorher war sie ein Fräulein oder ein Mädchen. Blieb sie unverheiratet, wurde sie erst zum späten Mädchen und dann zur alten Jungfer. Sex war Frauen nur in der Ehe erlaubt. Waren sie außerhalb einer Ehe sexuell aktiv, wurden aus ihnen Huren, Nutten oder Flittchen.

Unverheiratete Männer wurden nie Männlein genannt. Auch existiert weder Jungfer noch Jungmann und auch kein alter Jungfer. Ein sexuell aktiver Junggeselle hieß und heißt Gigolo, Casanova, Don Juan oder Frauenheld. Ein Held also, einer, der bewundert wird. Und wenn er die unverheiratete Frau schwängerte und sitzen ließ, genoss er weiterhin Ansehen, sie wurde verstoßen, das Kind als Bastard stigmatisiert.

Ein weiteres Beispiel: Jungtiere sind meist sächlich: das Junge, das Fohlen, das Ferkel, das Kalb, das Kitz, das Küken. Ihnen wird noch keine Geschlechtlichkeit zugeschrieben. Das gilt auch für das Baby und das Kind sowie das Mädchen. Nicht jedoch für den Buben und den Jungen. Warum?

Wäre die Wortbildung bei beiden Geschlechtern gleich, müsste es die Maid und der Bub heißen oder das Mädchen und das Bübchen und als Gattungsbegriff ‚das Junge'. Der/die Junge ist im Grunde ein substantiviertes Adjektiv, so wie der/die Alte.

Versteh mich nicht falsch. Ich sage auch ‚der Junge' und das ist völlig okay. Aber es ist innerhalb des Sprachsystems eben nicht logisch, sondern ein Abbild gesellschaftspolitischer Entwicklungen.

In manchen deutschen Dialekten geht es so weit, dass Frauen nie den Status einer Sache verlassen. Im Saarländischen heißt es das Brigitte, das Sabine, aber der Peter oder der Christian.

Bemerkenswert ist auch unser Arsenal an Schimpfwörtern. Auf Linkedin schrieb eine Frau im März 2022, Männer sollten keine Pussys und Frauen keine Tussis sein. Ich fragte sie, ob ihr bewusst sei, dass sie ein Wort für das weibliche Geschlechtsorgan benutzt, um Männer zu beleidigen, und dass dies sowohl männer- wie frauenfeindlich ist. In der Folge wurde ich geblockt.

Die Auswahl an sexualisierten Beschimpfungen in der deutschen Sprache ist groß. Männer werden dafür kritisiert, wie Frauen, homosexuell oder nicht stark und potent genug zu sein (Schlappschwanz, Mädchen, Weichei, Hurensohn, Schwuchtel, Schwanzlutscher). Frauen werden dafür kritisiert, dass sie zu viel Sex haben, keinen Sex wollen oder aus Sicht der beschimpfenden Person zu viel reden. Botschaft an die Frau: Halt die Klappe und stehe deinem Mann sexuell zur Verfügung, immer dann, wenn er will, und bitte nur einem Mann im Leben (Fotze, Hure, frigide, ungebumst, Mannweib, Hexe, Giftspritze, Tratschtante).

Ein weiteres interessantes Phänomen ist die patriarchale Umwidmung gegen das Sprachsystem bei der Genuszuweisung. Zwar sind Firmen fast immer weiblich (die GmbH, AG, SE, Anstalt öffentlichen Rechts und so weiter). Dennoch reden wir oft von Vertragspartnern und Arbeitgebern statt von Vertragspartnerinnen und Arbeitgeberinnen, was sprachlogisch konsistent wäre (Genuskongruenz).

Wenn wir für die GmbH ein Pronomen verwenden, müssen wir das Femininum nehmen. Bei Nomen lässt uns der Duden die Wahl, ob wir uns am grammatischen System oder der patriarchalen Gewohnheit orientieren.

Sprache und Wirklichkeit

In ihrem Buch *Gender Trouble* beschreibt Judith Butler die Definition von Mann und Frau als kulturelle Leistung. Dabei will Butler keineswegs leugnen, dass sich der Mensch zweigeschlechtlich fortpflanzt. Vielmehr geht es darum, dass unsere Begriffe von männlich und weiblich einerseits unpräzise und andererseits mit kulturellen Vorstellungen aufgeladen sind.

Unpräzise sind sie deshalb, weil die Unterscheidung von Babys mit Vulva gleich Mädchen und Babys mit Penis gleich Junge zwar eine hohe Trefferquote hat, aber eben nicht immer funktioniert. Das haben wir im Kapitel über intergeschlechtliche Menschen gesehen.

Zu den kulturellen Vorstellungen zählt Judith Butler nicht nur geschlechterstereotype Rollenerwartungen, sondern ebenso das heterosexuelle Begehren. Daher ist in diesem Zusammenhang oft von der heteronormativen Matrix die Rede. Und wie wir in diesem Buch gesehen haben, sind diese kulturellen Geschlechterbilder mit zahllosen Eigenschaften aufgeladen, die eigentlich ungeschlechtlich sind.

Dominanz etwa gilt als männlich. Dabei gibt es ebenso dominante Frauen. Aber die weibliche Dominanz ist kaum erforscht, nicht beim Menschen und nicht in der Tierwelt. Und weil sie in der kulturellen Vorstellung nicht vorgesehen sind, werden geschlechter-nichtkonforme Verhaltensweisen in der Sprache abgestraft.

Männer und Frauen bekommen für identische Verhaltensweisen unterschiedliche begriffliche Bewertungen: Während er wettbewerbsorientiert und durchsetzungsstark ist, ist sie überehrgeizig und karrieregeil. Umgekehrt gibt es auch, aber seltener: Was ihr als Gutmütigkeit gutgeschrieben wird, könnte bei ihm als Schwäche ausgelegt werden.

Kulturelle Normen aber verändern sich und mit ihnen die Zuweisungen in der Sprache. So wurden Rothaarige lange misstrauisch beäugt oder sogar körperlich angegriffen, weil ihnen Zauberkräfte und anderes unterstellt wurden. Die Haarfarbe hat jedoch keinerlei Zusammenhang mit Charakter und Kompetenz. Daher konnten wir diese Zuschreibung ersatzlos ablegen.

Doch zurück zu den Begriffen Mann und Frau. Was erleben wir ganz ohne Forschung und Medizintechnik: Nicht alle Menschen mit Vulven bekommen Babys. Aber alle Babys werden von Menschen mit Vulva zur Welt gebracht. Dazu muss noch nicht einmal bekannt sein, wie Babys entstehen. Auch andere Säugetiere erkennen problemlos männliche und weibliche Exemplare einer Art, selbst bei anderen Arten. Die Differenzierung in Mann und Frau hat also eine evolutionsbiologische, natürliche Grundlage. Deshalb hat sich die Kategorisierung Mann/Frau, ausgehend von den sichtbaren Geschlechtsmerkmalen, weltweit in allen Kulturen durchgesetzt, auch in jenen, die mehr als zwei Geschlechter kennen. Diese kulturelle Mehrgeschlechtlichkeit geht in der Regel mit sozialen Rollen einher. Intergeschlechtlichkeit wird nur selten als eigenes Geschlecht gewürdigt (siehe Kapitel „Ein Blick in andere Länder und Kulturen“). Es ist nicht sinnvoll, die Definition von Mann und Frau völlig von den geschlechtlichen Körpern zu lösen. Aber wir können offenere und neue Kategorien bilden, um auch Intergeschlechtliche, Nicht-binäre und Transpersonen gleichermaßen wertzuschätzen und zu würdigen.

Sexistische KI

In unserer modernen digitalen Welt geht es nicht nur darum, wie Menschen Sprache benutzen und verstehen. Immer häufiger übernimmt Künstliche Intelligenz, kurz KI. Sie trifft Entscheidungen oder bietet eine Auswahl an. Und diese Entscheidungen sind geprägt von Rassismus und Sexismus, wie zahlreiche Beispiele zeigen. Gesichter von Frauen und Schwarzen werden schlechter erkannt als die von Männern und Weißen. Spracherkennung funktioniert bei Frauenstimmen schlechter als bei Männerstimmen. Und Übersetzungssoftware übersetzt in sexistischer Art und Weise.

2021 ging ein Aufschrei durch das Netz, weil das Übersetzungs-Tool von Google neutralen Pronomen in sexistischer Manier Geschlechter zuwies. Auch Deepl und andere Übersetzungs-Software arbeitet mit sexistischen Zuweisungen.

Im Finnischen, Ungarischen oder Türkischen gibt es keine geschlechtsspezifischen Pronomen. Die Pronomen sind für alle Gender gleich. Lange übersetzte Google in sexistischer Weise: Aus „Er/sie/es ist/hat“ wurde „Er hat ein Auto.“ „Sie hat Kopfschmerzen.“ „Er ist reich.“ „Sie ist erschöpft.“

Ende 2022 scheint Google am Übersetzungstool zu arbeiten. Neuerdings werden Pronomen tendenziell vermännlicht, Frauen gibt es nicht mehr oder nur noch in besonders sexistischen Kontexten.

Von Finnisch nach Englisch werden alle Pronomen vermännlicht. Und das, obwohl es im Englischen längst ein genderneutrales Singular-Pronomen gibt: *they*. Warum übersetzt Google eine genderneutrale Berufsbezeichnung nicht als „They are a journalist“? *They* kann im Singular wie im Plural verwendet werden, wie *you* auch. Die sprachliche Möglichkeit, einen neutralen Satz neutral zu übersetzen, ist also da.

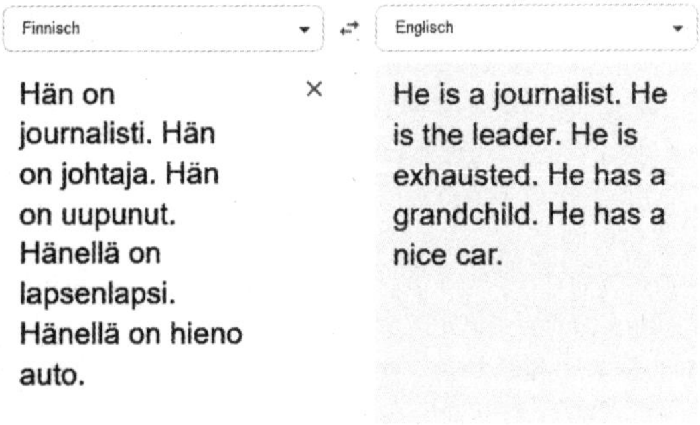

Screenshot von Google Translate, 24.11.2022

Vom Türkischen ins Englische schlägt Google Translate stellenweise beide Alternativen vor. Er oder sie ist Präsident. Auch hier wäre „They are a president“ die neutrale und korrekte Übersetzung.

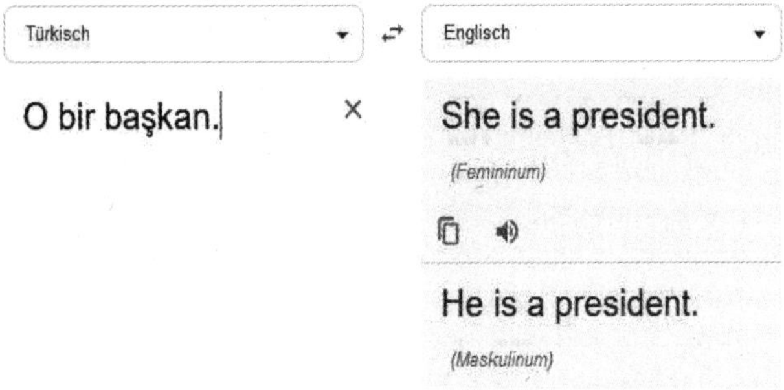

Wenn wir vom Türkischen ins Deutsche übersetzen lassen, gibt es keine Präsidentin mehr. Dann ist der Präsident ein Mann.

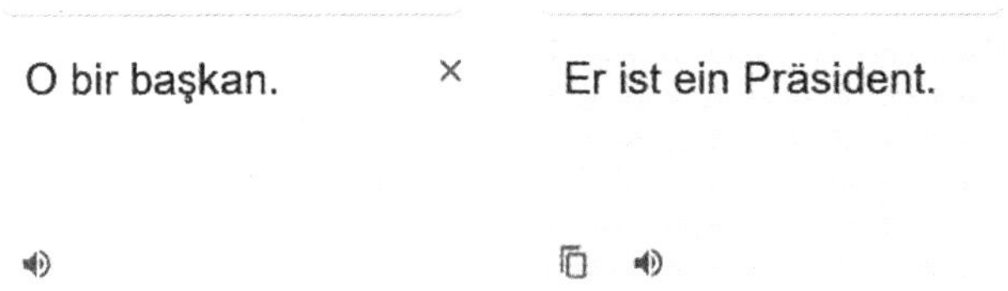

Screenshots von Google Translate, 24.11.2022

Sexistisch übersetzt auch die Software Deepl, sogar dann, wenn die Information über das Geschlecht der beteiligten Personen in der Ausgangssprache vorliegt und in der Zielsprache ebenfalls abgebildet wird, etwa bei Deutsch und Spanisch. Wenn das Geschlecht nicht zum patriarchalen Stereotyp passt, wird es bei der Übersetzung kurzerhand getauscht. Bei Google Translate passiert der gleiche Übersetzungsfehler.

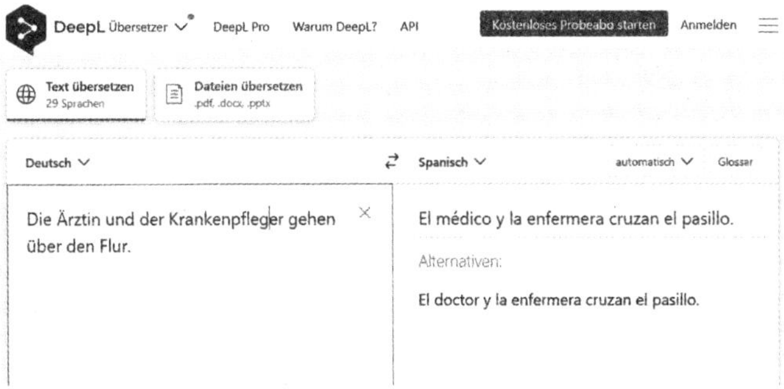

Aus der Ärztin wird ein Arzt und aus dem Krankenpfleger eine Krankenpflegerin. Aus dem Kosmetiker eine Kosmetikerin. Auf Linkedin kam das Übersetzungstool bei der Übersetzung vom Ukrainischen ins Deutsche vollends durcheinander. Ich ließ mir die Antwort an eine Frau vom Ukrainischen oder Russischen ins Deutsche übersetzen. In der Übersetzung bekam die Frau mehrere Geschlechtsumwandlungen. In einem Satz war sie männlich, im nächsten weiblich, manchmal wechselte das Geschlecht auch im selben Satz.

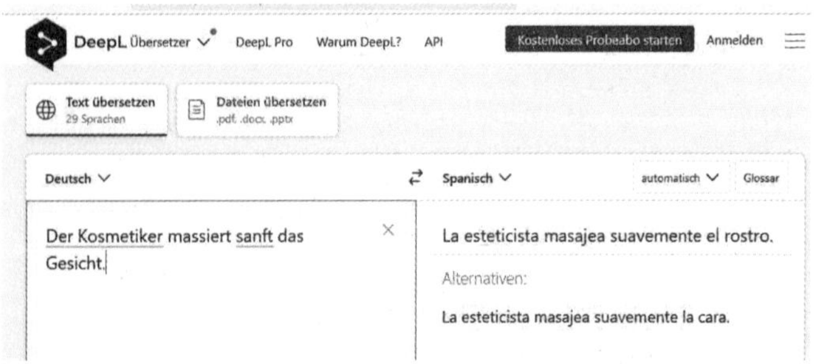

Screenshots von Deepl, 24.11.2022

Das liegt daran, dass die Übersetzungsprogramme Englisch als Brückensprache verwenden. Sie übersetzen also nicht direkt in die Zielsprache, sondern zunächst ins Englische. Dabei gehen viele Gendermarkierungen verloren. Die werden bei der Übersetzung neu zugewiesen, oft orientiert an sexistischen Stereotypen.

Wieso passiert das? KI ist darauf programmiert, Muster in den Daten zu finden und zur Entscheidung heranzuziehen. Stereotype sind Muster. KI hält uns also einen ungemütlichen Zerrspiegel für all die unbewussten Verzerrungen (Unconcious Bias) in unserer Sprache, unseren Bildern und sonstigen Daten vor.

Die Informatikerin Joy Buolamwini am Massachusetts Institute of Technology (MIT) sieht in den rassistischen und sexistischen Verzerrungen durch Algorithmen eine Gefahr für die Menschenrechte. Sie drückt es so aus: „We risk losing the gains made with the civil rights movement and women's movement under the false assumption of machine neutrality.“ – „Wenn wir annehmen, Maschinen seien neutral, riskieren wir, die Errungenschaften der Bürgerrechtsbewegung und der Frauenbewegung zu verlieren.“ Hier besteht dringender Handlungsbedarf.

Sprich mich richtig an

Mein Name ist Sigi. Und wie etwa die Hälfte aller Sigis, Michas, Saschas, Chris oder Alex bin ich eine körperliche Frau. Es ist mir egal, ob mich jemand mit „Guten Tag, Sigi Lieb" oder mit „Sehr geehrte Frau Lieb" anspricht.

Falsch jedoch ist „Herr Lieb". Um es meinem Gegenüber einfach zu machen, steht mein Geschlecht überall dabei. Lesen muss die andere Seite selbst.

Klar, Fehler sind menschlich. Und einmal im Jahr ist eine falsche Anrede kein Problem. Drei Mal pro Woche sind mir definitiv zu oft. Ich habe einen männlichen Alex gefragt, ob ihm das auch so oft passiere. Er verneinte. Umgekehrt berichteten mir Sabines oder Claudias, dass ihnen das auch passiere, sobald sie Geschäftsführung oder eine andere Führungsposition auf ihrer Visitenkarte stehen hatten.

Es gibt viele Namen, deren geschlechtliche Bedeutung nicht einheitlich oder eindeutig ist. Wenn Andrea, Gabriele oder Simone italienische Vorfahren haben, handelt es sich wahrscheinlich um Männer. Zahlreiche Namen sind androgyn, werden also von Menschen aller Geschlechter getragen, zum Beispiel Robin, Lovis, Luca, Pascale oder Dominique. Manche Namen sind uns fremd und wir haben keine Vorstellung, zu welchem Geschlecht sie gehören. Und schließlich gibt es noch Menschen, die sich weder als Mann noch Frau sehen und auch nicht so angesprochen werden möchten.

Wenn Personen im falschen Geschlecht angesprochen werden (misgendern), erzeugt dies ein Störgefühl. Deshalb sollten wir uns angewöhnen, Menschen nicht aus dem Bauch heraus ein Geschlecht zuzuweisen.

Toleranz lässt sich nicht verordnen

Ich engagiere mich seit Jahren für gender- und diversitätssensible Sprache. Ich halte Sprache für einen wichtigen Baustein unseres kulturellen Miteinanders. Und ich bin ebenso überzeugt, dass wir Toleranz nicht verordnen können, sondern vielfältige Meinungen und Positionen aushalten müssen.

In jüngerer Zeit werde ich nicht nur von den Leuten angegriffen, die sich regelmäßig über den Genderstern echauffieren, sondern auch von der anderen Seite, die mir erzählen will, wie ich den Begriff ‚trans' zu verwenden habe oder ob und wann ich das Wort Frau benutzen darf. Ich halte beides für gleichermaßen übergriffig. Ich begegne beiden mit der gleichen Antwort: Sprechen und schreiben Sie, wie Sie das für richtig halten. Ich spreche und schreibe, wie ich das für richtig halte.

Dogmen und Zwang erzeugen vor allem eines: Widerstand. Sprache ist nicht nur ein gemeinsames Kulturgut. Sie ist auch subjektiver Ausdruck der eigenen Persönlichkeit. Das sollten wir respektieren.

Wer Verständnis und Akzeptanz wachsen lassen möchte, muss Brücken bauen, Menschen abholen, das Warum erklären und auch die Bedürfnisse der anderen sehen.

Im Kontext von gendergerechter Sprache zum Beispiel mache ich die Erfahrung, dass die Akzeptanz in Unternehmen und Organisationen viel höher ist, wenn neben dem Thema Gender auch andere ausschließende Aspekte von Sprache aufgegriffen werden, zum Beispiel Behördensprache, Anglizismen, Diskriminierungen in Bezug auf Herkunft, Hautfarbe oder Behinderung.

Er ergibt keinen Sinn, eine Sprache zu entwerfen, die sich so weit von den Dingen, Gegenständen, Körpern entfernt, dass viel Denkarbeit geleistet werden muss, um das Narrativ zu lernen, das gerade gültig ist. Auch das schließt viele aus, weil nicht alle Menschen die Bildung, die kognitiven Fähigkeiten oder die Lust haben, derart komplexe Gedankenwelten zu durchdringen und zu verinnerlichen.

Am Ende brauchen wir eine Sprache, die im Alltag funktioniert. Und ja, auch mir rutschen Formulierungen heraus, die ein patriarchales Geschlechterbild bedienen. Das ist die Folge der patriarchalen Welt, in die wir alle sozialisiert worden sind. Gewohnheiten können wir nur mit Achtsamkeit und Geduld ändern.

Daher mein Tipp: Hör dir selbst zu, nicht nur deinen gesprochenen Worten, auch deinen Gedanken. Erst einmal ganz ohne Bewertung, nur beobachtend. Welche Bilder und Narrative werden bedient. Ist es das, was du wirklich meinst?

Doing Gender

Carolin Küppers stellt die berechtigte Frage, wie ein verhältnismäßig kleiner anatomischer Unterschied derartige große soziale Folgen haben kann. Damit beschäftigt sich dieses Kapitel. Der Streit zwischen ‚nature' (Natur, Evolution) und ‚nurture' (Kultur, Sozialisation) wird seit mehreren hundert Jahren ausgefochten und ist auch in unserer modernen Wissenschaft nicht eindeutig beantwortet.

Die zweite berechtigte Frage lautet: Warum ist das wichtig? Weil die Unterscheidung zwischen Mann und Frau in der überwältigenden Mehrheit der menschlichen Kulturen von einem Herrschaftssystem begleitet wird, das den Mann über die Frau stellt: dem Patriarchat. Und dieses System führt dazu, dass weiblich geborene Menschen diskriminiert werden.

Wie entstand das Patriarchat?

Woher kommt das Patriarchat und warum hat es sich weltweit und kulturübergreifend als dominante Gesellschaftsform durchgesetzt? Betrachten wir unsere nächsten Verwandten bei den Menschenaffen, so sind die einen patriarchal organisiert (Schimpansen), die anderen matriarchal (Bonobos). Evolutionär ist die Sache also keineswegs eindeutig.

Blicken wir tief in die menschliche Geschichte, offenbaren sich mehrere Entwicklungen, die patriarchale Strukturen begünstigt oder verstärkt haben.

Das Kinderkriegen können die Männer den Frauen nicht abnehmen und so werden Unterschiede zwischen Männern und Frauen häufig damit begründet, das sei noch aus der Steinzeit übernommen. Das ist allerdings falsch. Neuere archäologische Forschungen werfen unsere Geschlechterbilder von dem Leben in der Steinzeit über den Haufen.

In einem Grab am Bodensee liegt beim männlichen Skelett eine Knochennadel: Hat dieser Mann die Kleidung hergestellt? Beim weiblichen Skelett fanden die Forscher*innen Gegenstände, die zum Herstellen von Werkzeugen gebraucht wurden. Auch andernorts wurden Gräber gefunden mit Frauen als Jägerinnen und Kriegerinnen. In 26 Jägergräbern in Amerika wurden in 16 Männer- und in zehn Frauenknochen gefunden. Jägerinnen waren also keine Ausnahme. Es liegt eher die Vermutung nahe, dass das steinzeitliche Geschlechterverhältnis wesentlich egalitärer und gleichberechtigter war als angenommen.

Das gilt auch für die Wikinger. Lange wurden Gräber mit Waffen und anderen kriegerischen Grabbeigaben automatisch Männern zugeschrieben. Niemand konnte sich vorstellen, dass eine Führungsperson in einem Krieg, eine erfolgreiche obendrein, eine Frau gewesen sein könnte. Und doch war es so. Jedenfalls, wenn wir XX als Frau und XY als Mann definieren.

Heute stehen nicht nur Methoden wie gentechnische Analysen zur Verfügung. Auch veränderte gesellschaftliche Wertevorstellungen und diverser aufgestellte Forschungsteams verändern den Blick und führen zu anderen Forschungsfragen.

Die Archäologin Brigitte Röder betreibt als Professorin für Ur- und Frühgeschichte an der Universität Basel prähistorische Geschlechterforschung. Ihre These: Die Steinzeit diente mindestens seit dem 18. Jahrhundert als eine Art Projektionsfläche, um gesellschaftliche Phänomene als naturgegeben zu legitimieren.

Und tatsächlich kann die Zeit der Aufklärung als ein Mosaikstein für unsere heutigen stereotypen Vorstellungen von Mann und Frau in westlichen Kulturen betrachtet werden.

Vor ungefähr 300 Jahren entstand das Gesellschaftsmodell der bürgerlichen Gesellschaft. Wie im Kapitel über Kleidung und Styling dargelegt, entstand damals ein neues Geschlechter- und Familienmodell mit dem Mann als Oberhaupt und Ernährer und der Frau als Mutter, Ehefrau und Hausfrau. Die bürgerliche Gesellschaft war der (H)Ort der Männlichkeit. Nachdem die Dominanz des Adels an Bedeutung verloren hatte, verstärkte sich die Abgrenzung zwischen den Geschlechtern. Die Menschen dieser Zeit waren regelrecht besessen von der natürlichen Unterlegenheit und Minderwertigkeit alles Weiblichen.

Menschen im 18. oder 19. Jahrhundert hatten keine Genanalyse zur Verfügung. Sie interpretierten Knochen neben Schmuck als Frau und Knochen neben Waffen als Mann, weil es ihren Vorstellungen entsprach.

Der Soziologe Norbert Elias beschreibt in seinem Standardwerk *Über den Prozess der Zivilisation* immer wieder Fälle, in denen Gesellschaften historische Ereignisse so uminterpretiert haben, dass sie in das eigene Werte- und Normsystem passten. Das ist typisch für unser Gehirn. Die moderne Psychologie nennt dieses Phänomen Confirmation Bias (Bestätigungsfehler).

Die Fehlinterpretation von steinzeitlichen Funden im 18. und 19. Jahrhundert diente also der Legitimation der männlichen Macht als natürlich gegeben. Es ist aber nicht so, dass Frauen vorher gleichberechtigt gewesen wären.

Bereits im aristotelischen Denken von vor etwa 2500 Jahren galt die Frau als minderwertig. Nur Männer waren vollwertige Menschen und damit Bürger; Frauen, Kinder und Sklaven nicht.

In diese Zeit fällt ein Narrativ, das seither zur Legitimation männlicher Vorherrschaft missbraucht wird, ein Übersetzungsfehler im Alten Testament. Das Alte Testament ist eine Textsammlung, die aus unterschiedlichen Jahrhunderten und Gesellschaftstraditionen stammt. In den älteren bekannten Texten auf Hebräisch erschuf Gott nicht Mann und Frau, sondern zwei gleichwertige Menschen mit unterschiedlichen Körpern. Die Theologieprofessorin Ulrike Auga führt in einem Aufsatz 2014 aus, dass das Wort Adam abgeleitet ist vom hebräischen Wort für Erde. Gott erschuf aus Erde also einen Erdling und baute aus einem Teil von ihm einen zweiten Erdling. Diese Beschreibung zeuge von Augenhöhe und Verbundenheit, nicht von Hierarchie, schreibt Auga. Es gab also Menschen und es gab Gott. Gott hatte zu dieser Zeit kein Geschlecht.

Die Kategorisierung in Mann und Frau sowie die Sexualisierung und Hierarchisierung kamen durch die Übersetzung ins Griechische. Auga schreibt, dass in der Zeit von Alexander dem Großen, also ein paar hundert Jahre vor Christi Geburt, mehr Menschen Griechisch sprachen als Hebräisch, also wurde das Alte Testament übersetzt. Die Übersetzung selbst war beeinflusst vom Denken Aristoteles'. Außerdem stand die damalige griechische Kultur auf erotisches Storytelling.

Und so wurde aus den beiden Erdlingen der Mann Adam und seine Frau Eva, die mit viel Eros dargestellt wurde. Adam erlag ihrer Schönheit, biss in den Apfel, den sie ihm reichte, und so mussten sie das Paradies verlassen und künftig selbst arbeiten. Schuld daran trug der Erzählung nach Eva. Auga schreibt: „Diese Entwicklungen resultierten in einer gänzlich verschobenen Hierarchisierung von Geschlecht und Konstruktion von Sünde als genuin weiblich."

Die Vorstellung von der Frau als potenziell böse und minderwertig prägt ihre Darstellung auch im Neuen Testament. Das geht sogar noch einen Schritt weiter. Hier wird der Mann dem Göttlichen gleichgestellt. Jesus ist nicht einfach ein Prophet, sondern Gottes Sohn und rückt das Männliche in die Nähe des Göttlichen. Die Frau wird weiter abgewertet und es erfolgt eine Spaltung in die Heilige und die Hure. Die Heilige ist Jesus' Mutter, aufopfernd, keusch und unerreichbar. Schließlich wird sie ohne Sex schwanger. Im Neuen Testament übernimmt Maria Magdalena die Rolle der Sünderin. Sie wird als Hure dargestellt. Jesus als asexuell. Auch wenn Magdalena in Wirklichkeit eher eine der Jüngerinnen war, vielleicht auch schlicht Jesus' Lebensgefährtin.

Auch das Neue Testament enthält Verfälschungen und wurde zugunsten eines patriarchalen Weltbildes verändert. Auga schreibt: „Jesus hatte viele Frauen in seiner Gefolgschaft. Erst später wurden sie in untergeordnete Positionen zurückgedrängt." In den Paulusbriefen wurden Frauennamen über die Zeit gestrichen oder zu Männernamen umgetextet. Und es gab weitere Anpassungen. Bibel-Wissenschaftler*innen sind sich heute weitgehend darüber einig, dass das Schweigegebot an Frauen in den Paulus-Briefen nicht von Paulus stammt, sondern nachträglich hineingeschrieben wurde. Der Journalist Gernot Facius zitiert aus dem Galater-Brief: „Es gibt nicht mehr Juden und Griechen, nicht Sklaven und Freie, nicht Mann und Frau; denn ihr alle seid ‚Einer' in Christus Jesus." Und er schreibt weiter: „Im Römer-Brief nennt er viele Frauen, darunter ‚unsere Schwester Phöbe', Diakonin und Vorsteherin der Gemeinde in Kenchreä, einem Ortsteil von Korinth."

Wissenschaftler*innen vermuten, dass patriarchale Regeln in das Neue Testament hineingeschrieben wurden, um in der patriarchalen römischen Gesellschaft nicht als Sekte ausgegrenzt zu werden. Es war sozusagen ein Zugeständnis um der Macht und des Marketings willen.

In der Zeit der christlichen Inquisition waren es vor allem Frauen, die in Massen-Femiziden ermordet wurden unter dem Vorwurf, Hexen zu sein. Der *Spiegel* schreibt zur Hexenverfolgung von Salem in den USA im 17. Jahrhundert: „78 Prozent der Beschuldigten waren Frauen. Ihre Seelen galten den Puritanern als offene Einfallstore für den Teufel, weil Frauen grundsätzlich der Erbsünde schuldig seien und zu schwach für den Widerstand gegen das Böse. Viele Frauen hatten diesen irren Glauben selbst derart verinnerlicht, dass ihre Bereitschaft zum Geständnis größer war als die der Männer."

Die heilige Maria braucht für eine Schwangerschaft weder Sex noch Spermien von einer Samenbank. Eva dagegen ist die sündige Verführerin, die Adam, der offenbar keinen eigenen Willen hat, ins Unglück stürzt.

Die Heilige und die Hure prägen das christliche Weltbild bis heute, sichtbar zum Beispiel am berühmten Loreley-Felsen im Mittelrheintal. Wer ist schuld, wenn Kapitäne nicht aufpassen und ihr Schiff auf Grund laufen lassen? Natürlich eine betörend schöne Jungfrau, die Lore vom Felsen, die Loreley. Als ob Männer nicht eigenverantwortlich entscheiden könnten, was sie tun oder lassen. Männer werden als nicht denk- und kontrollfähig dargestellt, sobald sie eine Frau erblicken. Ich finde, das ist eine sehr herablassende Perspektive auf Männer. So gesehen ist das Patriarchat nicht nur frauen-, sondern auch männerfeindlich.

Foto: Sigi Lieb/privat

Der Platz auf dem Felsen gegenüber der Loreley heißt übrigens Maria Ruh, die Heilige und die Hure. Unten im Hafen von St. Goarshausen ist die schöne Loreley als Statue abgebildet. Mit meiner heutigen Kulturbrille sehe ich noch etwas anderes: Die Statue stellt ein junges Mädchen von höchstens 14 Jahren dar, nackt. Ich sehe keine schöne Verführerin, ich denke da eher an Kindesmissbrauch. Aber ab wann Jugendliche als sexualfähig gelten, auch das ist eine kulturelle Norm.

Heute ist Jungfräulichkeit für die wenigsten Frauen der westlichen Welt etwas Erstrebenswertes. Dafür haben wir längst andere unerreichbare Vorbilder für Frauen konstruiert, etwa die unerreichbaren Modelmaße für weibliche Körper: Riesenfrauen mit Kindergrößen, bei gleichzeitig ausgeprägten Rundungen. Das ist ohne Operation nicht zu schaffen.

Auch Judentum und Islam konstruierten patriarchale Erzählungen aus den Geschichten des Alten Testaments, wenn auch mit Varianten. Die Schöpfungsgeschichte ist so etwas wie die erste weltweite Verschwörungserzählung.

Aber auch im Hinduismus und Buddhismus haben sich patriarchale Strukturen festgesetzt. Die Wissenschaft vermutet heute, dass wesentliche Ursprünge patriarchaler Rollenaufteilung entstanden, als der Mensch sesshaft wurde. Durch den Anbau von Getreide oder Kartoffeln mussten Babys nicht mehr so lange gestillt werden, sondern wurden mit Brei gefüttert. Frauen wurden deshalb häufiger schwanger. Auch die Idee von Eigentum und Besitz, der beschützt und nach außen gesichert werden musste, entstand zu dieser Zeit.

Das Patriarchat hat also mehrere kulturelle Quellen, aber nicht die Steinzeit. Steinzeitmenschen wussten womöglich nichts von Sperma und Vaterschaft. Was natürlich auch Steinzeitmenschen sahen, war, dass Frauen Kinder gebären. Wenn wir uns die sehr mächtigen und positiv dargestellten steinzeitlichen Frauenkörper als eine Art Mythos und Glaube an die Urmutter vorstellen, waren die Steinzeitmenschen näher an der biologischen Realität als die Religionen, die aus dem Alten Testament hervorgingen.

Warum hält sich das Patriarchat so hartnäckig?

Warum ist es so schwierig, patriarchale Muster zu überwinden, und warum reproduziert sich dieses Patriarchat immer wieder neu, trotz etlicher Bemühungen, es zu überwinden? Ein Grund sind unsere stereotypisierenden Narrative, Normen und Kulturpraktiken, die Kindern von klein auf beibringen, wie Männer oder Frauen sein sollten. Das meinte Simone de Beauvoir, als sie sagte: „Eine Frau wird nicht geboren, eine Frau entsteht." Natürlich leugnete Beauvoir nicht die existenten körperlichen Unterschiede. Aber sie werden benutzt, um aufgrund dieser körperlichen Unterschiede Frauen andere gesellschaftliche Räume und Entwicklungsmöglichkeiten zuzuweisen und sie zu begrenzen. Bei Beauvoir geht es um die Erziehung zu bestimmten Verhaltensnormen, die Anpassung des Menschen in eine gesellschaftliche Erwartung und die Sanktionierung, wenn jemand diesen Normen nicht entspricht. Gleiches lässt sich auch über Männer sagen: Ein Mann wird nicht geboren, ein Mann entsteht. Auch er wird in bestimmte Erwartungen von Männlichkeit hineinerzogen. Der Unterschied dabei ist, dass dem Mann ein hierarchisch über der Frau stehender Platz zugewiesen wird. Beauvoir beschrieb dieses Phänomen mit: „Er ist das Subjekt, er ist das Absolute: sie ist das Andere."

Auch der französische Soziologe Pierre Bourdieu beschäftigte sich in seinem 1998 erschienenen Werk *Die männliche Herrschaft* intensiv mit der Konstruktion der hierarchischen Geschlechterbeziehung. Laut Bourdieu wurden die für die Fortpflanzung relevanten körperlichen Unterschiede zwischen Mann und Frau benutzt, um soziale Unterschiede zu begründen. Im Laufe der Zeit wirken die soziokulturell erzeugten Unterschiede naturgegeben. Und weder die Herrschenden noch die Beherrschten bemerken, dass ihre Geschlechterverhältnisse kulturell erzeugt werden. Auf diese Weise reproduziert sich das Patriarchat immer wieder selbst.

In der Folge entstehen daraus Vorstellungen von normal und richtig und von unnormal oder falsch. Wenn sich jemand so verhält, wie es die sozialen Normen aufgrund der äußeren Geschlechtsmerkmale vorgeben, gehört die Person dazu. Wenn die Person in ihrer sexuellen Orientierung, ihrem sozialen Rollenverhalten oder in ihrem Körper selbst nicht in die Schublade heteronormativer Mann/heteronormative Frau passt, führt dies leicht zur sozialen Ausgrenzung.

Dieser Druck, sich der patriarchalen Norm gemäß zu verhalten, geht von allen Geschlechtern aus. Kate Manne zitiert in ihrem Buch *Down Girl* Forschungsarbeiten der Psychologin Madeline Heilman und ihres Teams: In einer Studie legten sie den Testpersonen Informationspakete über Führungskräfte in einem männlich dominierten Umfeld vor. Die Informationen unterschieden sich nur in einem Punkt, dem Namen. Einmal bekam die Führungskraft einen männlich, einmal einen weiblich gelesenen, aber sonst unspezifischen Namen (James und Andrea). Es gab zwei Versuchsreihen. In der ersten war noch nicht bekannt, ob die Führungskräfte kompetent und erfolgreich sind. Erfragt wurde also der Glauben oder die Erwartung an die Kompetenz. 86 Prozent hielten James für kompetenter als Andrea. In der zweiten Version hatte die Führungskraft ihre Kompetenz bewiesen. Jetzt wurden zwar beide als gleichermaßen kompetent eingeschätzt, aber James wurde von 83 Prozent als sympathischer bewertet.

Für einen Erklärungsversuch für dieses Phänomen zitiert Manne die Psychologin Laurie A. Rudman: „Menschen sind häufig (unbewusst) motiviert, Genderhierarchien aufrechtzuerhalten, indem sie Frauen, die um hochrangige, männlich kodierte Positionen konkurrieren oder aufzusteigen drohen, mit sozialen Strafen belegen."

Ob in den USA oder in Deutschland: Wir sind noch weit davon entfernt, Kindern wirklich die freie Wahl zu lassen. Im Kapitel über Körpergrößen und Körperkraft erwähnte ich bereits die ZDF-Dokumentation *No more boys and girls* von 2018. Die Moderatorin Collien Ulmen-Fernandes besucht darin eine Woche lang eine Grundschulklasse in Köln. Die Kinder erzählen ihr von ihren Vorstellungen von Jungs und Männern und Mädchen und Frauen. Sie reden über Berufswünsche, Hobbys und Klamotten. Eltern werden gefragt, welche Kleidung sie ihren Kindern kaufen würden. Es ist erschreckend, wie stark schon Siebenjährige patriarchale Rollenbilder verinnerlicht haben. Doch sie zeigt auch, wie sie sich verändern lassen. An einem Tag kommen eine Pilotin, eine Automechatronikerin, ein Tänzer und ein Florist in die Klasse. Die Kinder staunen, weil sie das Geschlecht nicht in dem Beruf erwartet hatten, ihnen der Raum also nicht offen stand. Sie beginnen sich mit Dingen zu beschäftigen, um die sie vorher einen großen Bogen gemacht haben. Und manche entdecken ihren Spaß daran.

Geschlechterstereotype Zuweisungen sind auch deshalb so hartnäckig, weil sie uns permanent umgeben. Wenn sich eine Person nicht unserem gelernten Stereotyp gemäß verhält, bezeichnen wir sie als Ausnahme von der Norm. Die Norm aber bleibt.

Höre mal bewusst deinem Umfeld zu, wenn über Paare gesprochen wird: „Das ist wenigstens mal ein richtiger Mann." Ich frage dann immer: „Was genau meinst du mit ‚richtiger Mann'?" Und ernte meist Stammeln. Oder: „Die Mia, das ist unser Junge. Sie spielt besser Fußball als die Jungs." „Bei uns in der Familie ist die Lina der Junge und Anton das Mädchen: Während Lina laut und wild ist, ist Anton eher sehr zurückhaltend. Er malt gerne und liebt es, der Mama beim Kochen zu helfen." Was liebevoll gemeint ist, entwickelt dennoch eine geschlechter-stereotypisierende Wirkung. Denn es signalisiert: Du bist anders, nicht der Norm entsprechend.

Spätestens wenn der Teenagersohn mit lackierten Nägeln ankommt oder sich gerade einen Rock gekauft hat, macht sich so manche Familie Sorgen, das Kind könnte homosexuell sein. Ganz abgesehen davon, dass Homosexualität kein Grund zur Sorge ist, hat das Tragen oder Nicht-Tragen von Nagellack oder Rock keinen Einfluss auf die sexuelle Orientierung. Inzwischen wird Kindern und Jugendlichen, die sich außerhalb der Geschlechterstereotype bewegen, mitunter Transidentität unterstellt, ganz egal, ob sie wirklich trans sind oder nicht.

In stärker patriarchal geprägten Umfeldern wird die Frau zudem objektiviert und zum Besitz des Mannes, eine Sache, die ihm gehört und über die nur er verfügen darf, im Zweifel bringt er sie lieber um, als sie gehen zu lassen. Laut Bundeskriminalamt wird in Deutschland durchschnittlich jeden Tag eine Frau Opfer eines Tötungsversuchs durch ihren Partner oder Ex-Partner. Alle drei Tage gelingt der Femizid. Studien, die untersuchen, welche Rolle das patriarchale Machtgefälle bei Femiziden und anderen Gewaltdelikten gegenüber Frauen spielt, gibt es in Deutschland bisher nicht. Das Tübinger Institut für Kriminologie und das Kriminologische Forschungsinstitut Niedersachsen untersuchen in einem Forschungsprojekt Tötungsdelikte an Frauen und arbeiten geschlechterbezogene Motive heraus.

Diese Sichtweise von der Frau als Besitz des Mannes reicht bis in juristische Entscheidungen. Noch 2019 gestand der Bundesgerichtshof einem Mörder mildernde Umstände zu, weil sein Opfer ihn zuvor verlassen hatte. Der Juristinnenbund fordert, dass die Trennung vom Partner kein strafmildernder Grund sein darf und dass eine solche Rechtsprechung der Instanbul-Konvention gegen geschlechtsspezifische Gewalt widerspricht, die Deutschland ratifiziert hat.

Das Patriarchat schadet allen

Das Patriarchat schadet nicht nur Frauen, sondern vor allem auch all den Männern, die nicht als Alpha-Männchen ganz oben stehen. Also den allermeisten. Und selbst die, die für eine Zeit als Alpha-Männchen ganz oben stehen, müssen irgendwann gehen, nämlich dann, wenn die Silberrücken von den jungen aufstrebenden Alpha-Männchen besiegt werden. Das Patriarchat bedeutet also für alle einen Kampf um Dominanz und am Ende für jeden irgendwann eine Niederlage.

JJ Bola beschäftigt sich in seinem 2020 auf Deutsch erschienenen Buch *Sei kein Mann. Warum Männlichkeit ein Albtraum für Jungs ist* mit den Folgen patriarchaler Strukturen für Jungs. Er listet auf, wie „Mythen der Männlichkeit“ über mediale und tatsächliche Rollenbilder und soziale Interaktion vermittelt und gelernt werden. Und er beschreibt, wie giftig sie auch für Männer wirken. Männer sind nicht nur gewalttätiger, sie sind auch öfter Opfer von Gewalt durch andere Männer. Auch die Suizidrate bei Männern ist höher als die von Frauen. 2020 nahmen sich in Deutschland laut Statistischem Bundesamt 9206 Personen das Leben, 75 Prozent davon waren Männer.

Zu einem ähnlichen Schluss kommt Boris von Heesen in *Was Männer kosten. Der hohe Preis des Patriarchats* vom Mai 2022. Darin wertet der Wirtschaftswissenschaftler Daten zu Drogenkonsum, Verkehr, Gefängnissen und Kriminalität nach Geschlecht aus. Im Interview mit dem *Handelsblatt* rechnet von Heesen vor, dass bei den erfassten Daten mehr als 63 Milliarden Euro Kosten im Jahr von Männern verursacht werden. Die tatsächlichen Kosten schätzt er höher ein. Bei 94 Prozent männlichen Gefängnisinsassen fallen drei Milliarden Euro allein für den Gefängnisaufenthalt an. Dazu kommen Kosten, die durch häusliche Gewalt verursacht werden, betroffen sind zu 81 Prozent Frauen. „Ich will zeigen, welche erheblichen ökonomischen Schäden das Patriarchat in Form ungesunder männlicher Verhaltensweisen verursacht", sagt von Heesen.

Männer sind auch vorne bei Wirtschaftskriminalität, Diebstahl und Sucht, außerdem bei den Folgen schlechter Ernährung und Verkehrsunfällen mit Personenschäden. Die Ursache dafür sieht van Heesen im Patriarchat, das Jungs den Zugang zu ihren Gefühlen und ihren empathischen und weichen Seiten abtrainiert und ihnen suggeriert, sie müssten hart sein. „Gefangen in einem Panzer aus Zuschreibungen achten solche Männer tendenziell weniger auf ihre und die Gesundheit anderer – und kompensieren Stress und Unsicherheit später durch Alkohol, Drogen, Arbeitswut, Pornografie oder Gewalt und hinterlassen dabei eine finanzielle Schneise der Verwüstung." Frauen hingegen führen bei den stillen Süchten wie Tablettenkonsum oder Essstörungen.

Männliche und weibliche Gehirne

Ein ewiger Streit tobt darüber, ob Menschen geschlechtsspezifisch unterschiedliche Gehirne haben. Ein beliebtes Argument ist die These, Männer könnten besser räumlich denken, Frauen seien sprachlich begabter. Als Begründung wird gerne unsere Vorstellung von der steinzeitlichen Rollenteilung herangezogen. Dumm nur, dass diese Vorstellung auf falschen Annahmen beruht (siehe Kapitel „Wie entstand das Patriarchat?").

Eine weitere These für die Unterscheidung männlicher und weiblicher Gehirne fokussiert auf den hormonellen Einfluss. Der Fötus ist bereits im Mutterleib unterschiedlichen Hormondosen ausgesetzt, auch unterschiedlichen Mengen an Testosteron. Hormone verändern das Gehirn, das sagt auch Endokrinologe und Kinderarzt Achim Wüsthof, einer der Spezialisten in Deutschland für transidente Kinder und Jugendliche. Auch der Neurobiologe Gerald Hüther vermutet in seinem Buch *Der Mann. Das schwache Geschlecht und sein Gehirn*, dass Hormone für manche geschlechtsspezifischen Unterschiede verantwortlich sein könnten.

Jüngere Forschungen haben festgestellt, dass Frauen andere Ergebnisse in Experimenten zum Gehirn zeigen, je nachdem, wo sie gerade in ihrem Zyklus stehen. Wenn der Östrogenspiegel gering ist, sind sie Männern ähnlicher, als wenn der Hormonspiegel hoch ist. Während der Periode ist der Einfluss von Testosteron stärker als an anderen Tagen des weiblichen Zyklus. Das zeigt ein Quarks-Video vom Juni 2018.

Wir können also sicher sagen: Hormone haben Folgen für unsere Gehirne. Allerdings wissen wir an vielen Stellen nicht, welche. Und wir wissen nicht, was daran geschlechtsspezifisch ist und was kulturell überformt. Denn auch unser Wissen über Hormone ist nur unzureichend erforscht und häufig durch kulturelle Annahmen verzerrt (siehe Kapitel „Hormone").

Blicken wir auf die Vermessung männlicher und weiblicher Gehirne, stellen wir statistisch relevante Unterschiede fest. Das männliche Gehirn ist etwas größer als das weibliche. Das gilt allerdings ebenso für das männliche Herz, die Lunge oder die Nieren und liegt schlicht daran, dass Männer im Durchschnitt größer sind als Frauen, also auch ihre Organe. Herz oder Niere lassen sich problemlos zwischen den Geschlechtern transplantieren, sind also Organe ohne Geschlecht. Weitere Unterschiede im Gehirn von Mann und Frau: Die Menge an grauer und weißer Masse ist unterschiedlich verteilt und es gibt Unterschiede in der Vernetzung und der Symmetrie.

Neuere Forschungen sprechen dafür, dass es keine männlichen und weiblichen Gehirne gibt. Die Neurologie-Professorin Lise Eliot spricht in Bezug auf den Menschen von Neuro-Sexismus. Künstliche Intelligenz beispielsweise ist zwar gut darin, männliche und weibliche Gehirne zu unterscheiden. Die Treffsicherheit liegt aber vor allem an der Größe. Rechnet man den Faktor Größe heraus, ist die Trefferquote kaum besser als geraten. Die Studien und Methoden zur Erforschung geschlechtsspezifischer Unterschiede in menschlichen Gehirnen seien zwar größer und komplexer geworden, schreibt Eliot, die gemessenen Unterschiede selbst aber kleiner.

Marco Hirnstein, Kenneth Hugdahl und Markus Hausmann von der Universität Bergen in Norwegen haben die letzten 40 Jahre Forschung zur Unterscheidung männlicher und weiblicher Gehirne kritisch überprüft. Sie kommen ebenfalls zu dem Schluss, dass die Unterschiede kleiner sind als früher angenommen. Außerdem passten die daraus abgeleiteten Interpretationen nicht zu den gemessenen Daten. Mal führten gemessene Unterschiede nicht zu Kompetenzunterschieden. Mal gab es zwar Kompetenzunterschiede, aber keine entsprechenden Unterschiede in den Gehirnen.

Weil sich die These von männlichen und weiblichen Gehirnen dennoch hartnäckig hält, spricht Eliot von einem Zombie-Konzept. Sie macht folgenden Vorschlag:

„Another way to think about it is every individual brain is a mosaic of circuits that control the many dimensions of masculinity and femininity, such as emotional expressiveness, interpersonal style, verbal and analytic reasoning, sexuality and gender identity itself. Or, to use a computer analogy, gendered behavior comes from running different software on the same basic hardware."

Wir sollen uns das Gehirn als ein Mosaik vorstellen, das in einer einheitlichen Grundstruktur viele individuelle Ausprägungen von Talenten und Wesenszügen in sich trägt, in der Zusammenstellung einzigartig. Genderspezifisches Verhalten entstehe dadurch, dass wir unterschiedliche Software über eine grundsätzlich gleiche Hardware laufen lassen.

Identität

Identität ist, einfach gesprochen, die Vorstellung, die eine Person von sich selbst im Kontext ihrer Umwelt entwickelt. Das Online-Lexikon für Psychologie und Pädagogik, Werner Stangl, schreibt: „Jeder Mensch ist, wie er ist, und hat dabei meist eine Vorstellung davon entwickelt, wie und wer er ist, d. h., er besitzt eine Identität. Diese Identität findet und entwickelt er im Laufe seines Lebens, wobei ihm die Sprache hilft, denn Menschen erzählen gerne über sich selbst, über das, was sie erlebt und unternommen haben und wie sie in dieser und in jener Situation reagiert haben."

Die Identität spielt sich zwar im Körper ab, findet aber auf der psychisch-emotionalen Ebene statt. Sie ist tief in uns verankert und bestimmt unser Denken und Tun. Sie hat angeborene Anteile, die sich nicht durch Erziehung verändern lassen. Nennen wir diesen Teil unseren Wesenskern. Und sie hat Anteile, die sich daraus entwickeln, dass unser Wesenskern auf eine Umwelt trifft, mit der er interagiert und in der er Erfahrungen sammelt.

Identität ist vielfältig und hat etwas mit Zugehörigkeiten zu tun. Wir erleben uns als Mensch mit individuellen Wesenszügen, Talenten, Interessen und Eigenschaften. Und wir erleben uns als Teil von Gruppen und Kategorien. Wenn wir zum Beispiel mit Penis geboren werden, wird uns gesagt, wir gehören zu der Gruppe ‚männlich'. Verfügen wir über eine Vulva, steht in unserer Geburtsurkunde in der Regel ‚weiblich'. Das Weglassen einer geschlechtlichen Zuweisung oder der Eintrag ‚divers' sind erst jüngste Entwicklungen. In der Gesellschaft gibt es noch wenig Erfahrung mit der Kategorie ‚divers' oder ‚nicht-binär'.

Jedes Baby wird also mit einem geschlechtlichen Körper und einem individuellen Cocktail aus Genen und pränatalen Umwelteinflüssen geboren. Dazu gehören angeborene Talente und Wesenszüge, die zunächst geschlechtslos sind. Ein Säugling hat noch keine Vorstellung von Geschlecht. Er kann noch nicht einmal sich selbst als Ich wahrnehmen, hat also auch keine Identität. Bis ein Kind sich selbst als Individuum erkennt und empfindet und bis es bewusst Jungs von Mädchen unterscheiden gelernt hat, hat es bereits ein mehrjähriges Sozialisationsprogramm zum Jungen oder zum Mädchen erlebt. Deshalb unterscheiden schon Vorschulkinder Geschlecht nicht nur anhand objektiver äußerer Merkmale wie Penis und Vulva, sondern haben eine ganze Reihe von Ideen, was Jungs anziehen, spielen, mögen und was Mädchen anziehen, spielen, mögen.

Wir Menschen sind soziale Wesen und unser Gehirn kommt sehr unreif zur Welt. Das macht uns sehr anpassungsfähig. Wir erarbeiten uns die Wahrnehmung der Welt um uns herum, erstellen Verknüpfungen, lernen Bedeutung. Um zu überleben, sind wir auf unser Umfeld angewiesen. Von ihm lernen wir, wer wir sind und wie wir uns verhalten sollen, um von der Gruppe akzeptiert zu werden. Von unserer Umwelt lernen wir eine Sprache, um uns mit den anderen zu verständigen. Und wir lernen die kulturellen Bedeutungen und Normen unseres Umfeldes.

Darauf verweist Judith Butler, wenn sie sagt, dass unsere Bilder von Geschlecht erst durch Sprache und Vorstellung entstehen. Diese Begriffe und Erklärungen treffen auf das Ich und seinen Wesenskern, also den Teil unserer Identität, den wir bei Geburt mitbringen. Solange die kulturellen Normen und Erwartungen an uns mit unseren Wünschen und Interessen zusammenpassen, ist alles fein. Stehen gesellschaftliche Normen und Kategorien aber mit den Wesenszügen in Konflikt, erfahren wir Zurückweisung, Schmerz, Leid: Dem Ich wird vermittelt, es sei anders, als es sein soll. Oder gar weniger wert.

Bezogen auf die patriarchalen Rollenbilder soll ein Junge zum Beispiel mutiger, stärker, wilder sein, als es ihm entspricht. Oder ein Mädchen soll leiser, angepasster, zurückhaltender sein, als der angeborene Wesenskern es vorschlägt. Das bedeutet Stress für die eigene Identität. Denn wir wollen akzeptiert werden, wie wir sind.

Kommen wir zurück zu der Frage, die Küppers stellt: Wie kann ein verhältnismäßig kleiner anatomischer Unterschied, der hauptsächlich dafür da ist, dass wir uns fortpflanzen können und als Art nicht aussterben, derart große gesellschaftliche Folgen haben?

Körperliche Realitäten werden bedeutsam, wenn sie kulturell als wichtig erachtet werden. Beim Geschlecht oder der Hautfarbe ist das der Fall. Hier wird ein objektiver körperlicher Unterschied subjektiv mit kulturellen Narrativen aufgeladen.

Die Hautfarbe eines Menschen sagt nichts über seine Talente, Kompetenzen oder Interessen, nichts über den Charakter. Trotzdem haben es Weiße Menschen leichter als Schwarze. Die Hautfarbe als kulturelles ‚Qualitätsmerkmal' ist zwar absurd und rassistisch, trotzdem tragen wir dieses koloniale Erbe in uns und müssen aktiv daran arbeiten, es zu überwinden.

So ist es auch beim Geschlecht. Hier tragen wir das patriarchale Erbe in uns.

Die Sozialisation hat starke Auswirkungen auf unser Identitätsempfinden. Natürlich gibt es Mädchen, die offensiv sind, die gerne ihre Kräfte messen, herumtollen und Lust auf Bauklötze oder Technik haben. Und es gibt Jungs, die zurückhaltend sind, die gerne basteln und malen oder einen ausgeprägten Sinn für Ästhetik und Schönheit haben, körperliche Auseinandersetzungen dagegen furchtbar finden. Das ist völlig normal. Diese Kinder treffen auf eine Welt, die im Kinderbereich noch stereotyper ist als die Erwachsenenwelt.

Mit diesen Zuweisungen gehen Menschen sehr unterschiedlich um. Es gibt welche, die revoltieren und wollen in ihrem Sosein gesehen werden. Und es gibt welche, die versuchen sich an die Erwartungen anzupassen. Und es gibt alle möglichen Mischungen aus beidem.

Wir wissen noch zu wenig darüber, wie vorgeburtliche Einflüsse eine Transidentität begünstigen. Wir wissen, dass es transidente Menschen gibt. Und wir wissen auch, dass unsere Gesellschaft voller Geschlechterstereotype ist, die uns aufgrund unseres männlichen oder weiblichen Körpers zugeschrieben werden. Diese Zuweisungen sollten wir abbauen, damit sich Menschen aller Körper frei entwickeln können.

Ein Mensch, der unabhängig von seinem Körper seinen Interessen folgen kann, hat viel weniger Gendertrouble. Denn dann haben Penis oder Vulva viel geringere soziale Folgen und die Identität kann sich in ihrem Sosein entwickeln.

Wenn wir Transpersonen zuhören, deren Transition lange zurückliegt, und erst recht, wenn wir Detrans-Personen zuhören, stellen wir fest, dass die Ursachen und Gründe für Transitionen vielfältig sind. Es gibt kein Trans-Gen oder einfache Erklärungen. Ob eine empfundene Geschlechterinkongruenz, wie es im ICD-11 heißt, oder eine Geschlechtsdysphorie, wie sie im DSM-5 genannt wird, gemildert oder behoben werden kann, indem eine Person von einem Geschlecht in das andere transitioniert, kann immer nur individuell und niemals pauschal beantwortet werden.

Habitus

Das Habitus-Konzept geht zurück auf die Soziologen Pierre Bourdieu und Norbert Elias. Es beschreibt vereinfacht gesprochen, dass Menschen in gleichen sozialen Kategorien gemeinsame Gewohnheiten entwickeln. Bourdieu bezieht sich in seinen Analysen auf Elias und beschreibt den Habitus als „das gesamte Auftreten einer Person, im Einzelnen also etwa den Lebensstil, die Sprache, die Kleidung und den Geschmack, wobei sich am Habitus einer Person der Rang oder Status einer Person in der Gesellschaft ablesen lässt", so das Online-Lexikon für Psychologie und Pädagogik von Werner Stangl.

Der Habitus entwickelt sich dabei aus unbewussten Sozialisationseffekten sowie aus bewusster Anpassung an das jeweilige soziale Umfeld. Wir interpretieren Golf, Reiten oder Tennis als Hobby für andere Gesellschaftsgruppen als Fußball oder Basketball. Wir erwarten in der Oper ein anders Publikum als auf dem Punkkonzert.

Und natürlich gibt es Universitätsprofessor*innen, die Punk und Metal lieben, und es gibt ungelernte Arbeitskräfte, die gerne in die Oper gehen. Allerdings passen die sich den jeweiligen Verhaltensnormen für ein Punkkonzert oder einen Opernbesuch an. Und wenn sie diese nicht beherrschen, fallen sie sofort als anders auf. Sie verursachen schnell Misstrauen in der Gruppe: Wer ist das? Was will diese Person hier?

Der Habitus beschreibt sozusagen den ‚Stallgeruch', den wir aus unserer Sozialisation mitbringen. Viele Teile davon sind unbewusst und lassen sich nur mit großer Anstrengung verändern.

Diesen Habitus gibt es auch bezogen auf das Geschlecht. Ein einfaches Beispiel können wir täglich beobachten. Viele Männer setzen sich vollkommen selbstverständlich und ohne dass ihnen das bewusst ist, raumgreifend und breitbeinig hin. Viele Frauen falten sich ebenso unbewusst beim Sitzen regelrecht zusammen, schlagen die Beine übereinander, setzen sich schräg, machen sich klein. Das ist nur ein plakatives Beispiel. Tatsächlich sind die Verhaltensmuster viel kleinteiliger – und eben oft unbewusst.

Ändern können wir aber nur, was uns bewusst ist. Der Habitus ist nichts Feststehendes, sondern eine Sammlung an unterschiedlichsten Signalen, die die Zugehörigkeit zu einer Gruppe markieren. Und welche Merkmale die Zugehörigkeit zu einem Milieu, einer Szene, einer Berufsgruppe, einem Geschlecht, einer Statusgruppe markieren, verändern sich über die Zeit. Wenn wir unseren eigenen Habitus ändern wollen, brauchen wir viel Aufmerksamkeit, Reflexion und Geduld.

Transpersonen geraten hier mitunter in Gendertrouble: Denn wenn jemand viele Jahrzehnte in einem Geschlecht gelebt hat und dann transitioniert, nimmt sier diesen gelernten Habitus mit in die andere Geschlechterrolle – und fällt dort möglicherweise auf.

Das ist weniger problematisch, wenn ein Transmann einen Teil der weiblichen Zurückhaltung beibehält. Dann gilt er vielleicht als zurückhaltender Mann, und solange er sich nicht in einem toxischen Macho-Umfeld befindet, wird ihm das keine Probleme machen.

Umgekehrt ist es schwieriger. Eine Transfrau, die weiblich gesehen werden will, sich aber männlich-dominant und fordernd verhält, verursacht Unruhe und Ärger in der Gruppe der geburtsgeschlechtlichen Frauen, die seit Jahrhunderten in der Hierarchie unten stehen und verständlicherweise wenig Interesse haben, erneut von männlich geborenen Personen dominiert zu werden.

Intergeschlechtliche Kinder in unserer Gesellschaft

Inge ist ein Kind mit XY-Chromosomen, innenliegenden Hoden und Vulva und lebt in den Niederlanden. Quarks zeigt 2018 eine Reportage über sie und ihre Eltern. Gegen ärztlichen Rat, die das Kind in ein binäres Geschlecht operieren und mit Hormonersatztherapie das Geschlecht steuern wollten, entschieden sich Inges Eltern, keine Eingriffe durchführen zu lassen, für die es keine medizinische Notwendigkeit gibt. Sie ließen Inge so intergeschlechtlich aufwachsen, wie sie geboren war, als Junge-und-Mädchen. Das fünfminütige Video zeigt die berührende Geschichte von einem selbstbewussten Kind, das sich vor die Klasse stellt, sagt, dass es beides ist, Junge und Mädchen. Eine ermutigende Geschichte, die aber auch zeigt, wie weit weg wir noch von einem selbstverständlichen Umgang mit intergeschlechtlichen Kindern sind.

In Schulbüchern, der Sprache, der Schulorganisation gibt es Mädchen und Jungs. Interkinder kommen nicht vor. Aber auch sie wollen dazugehören, sich wiederfinden, ein normaler Teil unserer Gemeinschaft sein und sich richtig fühlen.

Selbst wenn wir von einer niedrigen Schätzung von 0,5 Prozent Interkinder ausgehen, ist das statistisch ein Kind pro durchschnittlicher Grundschule von 200 Kindern. Hat es nicht die gleichen Rechte wie alle anderen auch?

Die Grenzen von Doing Gender

Ich habe viel darüber geschrieben, wie wir Geschlecht konstruieren. Das könnte zu einem Schwarz-weiß-Denken verleiten, dass wir Menschen unabhängig von ihren Körpern beliebig formen könnten, weil wir sie in ein Geschlecht sozialisieren. Dieses Narrativ war tatsächlich eine Zeit lang verbreitet. Und es hat sich als Mythos erwiesen.

In den 1960er Jahren herrschte die Vorstellung vor, Menschen könnten beliebig in ein Geschlecht sozialisiert werden. Insbesondere wenn dies bereits im Babyalter beginnt, bevor das Kind ein eigenes Ich-Bewusstsein entwickelt. Dieses Narrativ führte dazu, dass intergeschlechtliche Babys konsequent geschlechtszuweisend operiert wurden.

Berühmt wurde und tragisch ist das Experiment um die Reimer-Zwillinge. Der Sexualwissenschaftler John Money an der US-amerikanischen Johns-Hopkins-Universität, spezialisiert auf Genderidentität, vertrat in den 1960er Jahren die These, dass Geschlechtsidentität ausschließlich eine Folge von Erziehung sei und Eltern in den ersten beiden Lebensjahren eines Kindes quasi frei wählen könnten, ob ein Kind zum Jungen oder zum Mädchen wird.

Bei einer Operation der 1965 geborenen eineiigen Zwillinge Brian und Bruce Reimer in Kanada missglückte ein Eingriff und eines der Babys verlor seinen Penis. Die verzweifelten Eltern wandten sich an Money und er überzeugte sie, das Kind ohne Penis als Mädchen aufzuziehen. Damit wollte er seine These beweisen. Und sie scheiterte tragisch. Aus Bruce wurde Brenda. Doch Brenda war unglücklich, eine Außenseiterin. Mit 14 erfuhr Brenda die Wahrheit. Aus Brenda wurde David. David lebte als Mann, der Missbrauch seiner Kindheit ließ ihn aber nicht los. Mit 38 Jahren beging er Selbstmord.

Heute wird dieses dramatische Beispiel benutzt, um die These zu untermauern, die Geschlechtsidentität sei angeboren, sie müsse sich nur outen. Mir erscheint dies als bloße Umkehrung der These von Money, genauso binär und schädlich, ebenfalls ein Mythos.

Wir sollten also unseren Denkraum öffnen. Körper sind real und es gibt sie in männlich, weiblich, intergeschlechtlich. Doch damit sind keine Charakter-Eigenschaften, Talente oder Vorlieben verbunden.

Der schwangere Mann – eine Frage der Perspektive

Wir haben gelernt: Es braucht einen Mann und eine Frau, um ein Kind zu zeugen und es auszutragen. Dieser Satz wird mit den aktuellen Entwicklungen in Frage und auf den Kopf gestellt. *Der schwangere Mann* heißt der deutsche Titel des Dokumentarfilms *Seahorse* von Jeanie Finlay über Freddy McConnell, einen Transmann aus dem südenglischen Deal, der eine Familie möchte und 2017 ein Kind austrägt. Er setzt das Testosteron ab, die Befruchtung mittels Samenspende klappt und Freddy wurde ... Vater? Mutter? Darüber entbrannte ein Rechtsstreit. Aus Freddys Sicht ist er der Vater des Kindes. Aus Sicht britischer Gerichte die Mutter. In Schweden kann er sich als Vater eintragen lassen, weswegen Freddy sein zweites Kind dort zur Welt gebracht hat.

Es stimmt natürlich, dass Freddy kein eigenes Sperma hat, dafür Eizellen und eine Gebärmutter. Andererseits: Wenn Freddy mit seinem Kind auf der Straße spazieren geht, wird er als Mann, also als Vater gelesen.

Ist Freddy jetzt also der Vater, weil er sich so sieht und von seinem Äußeren als Mann gelesen wird? Oder ist er die Mutter, weil er die Eizelle gespendet und das Baby in der eigenen Gebärmutter ausgetragen hat? Wie definieren wir Vater? Wie Mutter?

Mittels Samenspende und künstlicher Befruchtung schwanger zu werden, ist 2022 nichts Besonderes. Möglich ist es bereits seit ungefähr 50 Jahren. Allerdings gibt es unterschiedliche Regeln, wer eine Kinderwunschbehandlung bekommt und wer nicht. Eine Herausforderung für unsere Wahrnehmungsgewohnheiten ist es, wenn eine männlich gelesene Person schwanger wird. Mit Schwangerschaften von Transmännern oder Zeugungen durch Transfrauen geraten unsere Begriffe, Vorstellungen und Bilder von Geschlecht durcheinander.

Ein Blick in andere Länder und Kulturen

In den letzten 25 Jahren haben weltweit immer mehr Staaten einen rechtlichen Personenstand jenseits von Mann und Frau eingeführt, im Pass durch ein X gekennzeichnet. Dazu gehören: Argentinien (2012), Australien (2003), Bangladesch (2013), Chile (2018), Dänemark, Deutschland (2018, beziehungsweise leer seit 2013), Indien (2014), Island (2019), Kanada (2017), Kenia (2014), Kolumbien (2022), Malta (2015), Nepal (2015), Neuseeland (2012), Niederlande (2018), Österreich (2018) und Pakistan (2009). In anderen Staaten gibt es zwar Selbstbestimmungsgesetze, aber kein drittes Geschlecht. Und wieder andere haben über Selbstbestimmungsgesetze debattiert, diese aber wieder auf Eis gelegt.

In diesem Kapitel blicken wir über den Tellerrand. Welche Geschlechterkonzepte gibt es in anderen Kulturen, Religionen oder philosophischen Denkrichtungen? Und wie regeln sie geschlechtliche Vielfalt? Wie verlaufen die Debatten zu weiteren Geschlechterkategorien und Selbstbestimmungsgesetzen in anderen Ländern?

Geschlechterbeziehung und Hierarchie bei anderen Kulturen

In den Kulturen der Menschheit dominiert das Patriarchat, in dem Besitz, Macht und Sesshaftigkeit vom Mann bestimmt werden. Die Frau gehört zu seinem Besitz, den er verteidigt. Nicht-heteronormative Lebensformen werden ausgegrenzt, ebenso intergeschlechtliche Körper.

Vereinzelt finden wir aber auch Gesellschaftsformen, in denen Erbe, Sesshaftigkeit oder Macht über weibliche Linien laufen. Es ist mühsam, sie aufzuspüren. Denn Jahrhunderte von Missionierung und Kolonialisierung haben kulturelle Gewohnheiten anderer Völker ausgelöscht, unterdrückt, in Vergessenheit geraten lassen. Indigene Traditionen wurden überschrieben mit christlichen oder islamischen Regeln und westlich-kapitalistischen oder östlich-sozialistischen Gedanken.

Matrilinear, matrilokal, matriarchal

Matri- und Patri- stehen für mütterlich und väterlich. Die Begriffe linear, lokal und -archal beziehen sich darauf, wer das Erbe an wen weitergibt, wer bleibt und wer geht und wer die Macht ausübt.

In einer matrilinearen Gesellschaft werden Eigentum, soziale Positionen und Privilegien über die weibliche Linie, also von der Mutter an die Töchter, weitergegeben. Matrilinear sind zum Beispiel die Khasi im Nordosten Indiens, die Minangkabau auf der indonesischen Insel Sumatra und die Hopi und Irokesen in Nordamerika.

Matrilokal sind Gesellschaften, bei denen Männer in die Haushalte ihrer Ehefrau und ihrer Familie ziehen. Dies ist zum Beispiel in Nordamerika bei den Hopi oder den Irokesen der Fall.

Matrilineare Gesellschaften sind häufig auch matrilokal, aber nicht immer. Die Aufgaben in solchen Gesellschaften sind zwar oft geschlechtsspezifisch verteilt, allerdings ohne die für das Patriarchat typische Hierarchisierung. Andre Gingrich, Sozialanthropologe an der Österreichischen Akademie der Wissenschaften (ÖAW), erklärt auf deren Website: „Wo sich Matrilinearität auch mit Matrilokalität verbindet, wie in etwa in zwei Drittel der bekannten Fälle, ziehen die Brüder bei der Heirat zum Wohnort ihrer Frauen, während die Schwestern vor Ort bleiben und Hof, Land und Wasserzugänge erben. Die Frauen spielen daher die entscheidende Rolle im wirtschaftlichen und sozialen Alltag, die Rolle der Mutterbrüder kann wiederum im religiösen Bereich, zuweilen aber auch im rechtlich-politischen Feld dominieren."

Matriarchal bedeutet, dass die Frauen die Herrschaft ausüben. Diese Gesellschaftsform ist selten. Laut Gingrich gab es einige Matriarchate im vor- und frühkolonialen südlichen Afrika. Im Süden Chinas, in der Nähe zu Tibet, gibt es auch heute noch eine matriarchal organisierte Volksgruppe, die Mosuo. Die Väter spielen dort eine untergeordnete Rolle. Sie leben ein Leben lang in der Familie der Mutter. Kinder werden vom Onkel, dem Bruder der Mutter erzogen. In der Nacht besuchen die Männer ihre Lebensgefährtinnen. Und die Frauen sind nicht nur Familienoberhaupt, sie tragen auch die Hauptlast der Arbeit.

Symmetrische Geschlechterbeziehungen

Grundsätzlich sind Gesellschaftsformen zu unterscheiden, die auf Besitz und Landwirtschaft gründen, und sogenannte Wildbeuter-Völker, also Gruppen, die ohne festen Wohnsitz umherziehen, jagen und sammeln. Bei aller Unterschiedlichkeit dieser Kulturen haben sie oft relativ symmetrische, also gleichberechtigte Geschlechterbeziehungen. Dazu zählen zum Beispiel die Wedda in Sri Lanka oder die Maniq im südostasiatischen Regenwald.

Binarität und geschlechtliche Vielfalt im Judentum

Die jüdische Religion ist ebenso wie die christliche und muslimische streng binär und patriarchal organisiert. Allein die Zugehörigkeit zum Judentum wird matrilinear weitergegeben. Dennoch tauchen im Talmud weitere Geschlechter auf. Die Rabbinerin Ulrike Offenberg erklärt im Deutschlandfunk, welche Begriffe darauf verweisen: Da gibt es zum Beispiel „Menschen, die äußerlich beide Geschlechtsmerkmale aufweisen. Das ist ein sogenannter Androgynos. Und es gibt welche, deren Geschlechtsmerkmale, die sekundären Geschlechtsmerkmale, nicht eindeutig sind. Das ist ein sogenannter Tumtum." Außerdem gibt es eigene Wörter für unfruchtbare Frauen (Ajlonit) und Eunuchen (Saris).

Allerdings heißt das nicht, dass Mehrgeschlechtlichkeit akzeptiert wäre. Der Rabbiner Elischa Portnoy schreibt in der *Jüdischen Allgemeinen*: „Vor allem dank der jüdischen Gender-Studien an amerikanischen Universitäten hat sich heute die Meinung durchgesetzt, dass es im klassischen rabbinischen Judentum angeblich sechs Geschlechter gibt. Das jedoch ist ein Irrtum: Es gibt im klassischen Judentum nur zwei Geschlechter, Mann und Frau." Und er führt weiter aus: „während ‚Androgynos' und ‚Tumtum' noch als separate Geschlechter infrage kommen können, ist das Absondern von verstümmelten Männern und unfruchtbaren Frauen in eine eigenständige Kategorie mehr als problematisch."

Offenberg erläutert, dass Androgynos und Tumtum letztlich der Binarität unterworfen werden, indem der Talmud sagt, dass sie in einer der binären Geschlechterrollen leben sollen. Portnoy philosophiert darüber, wie aus jüdisch-religiöser Sicht mit intergeschlechtlichen Sportler*innen wie Caster Semanyas umzugehen sei, und kommt zu dem Schluss, dass für sie weder ein Wettkampf mit den Frauen noch mit den Männern infrage käme, weil sie gegenüber den einen im Vorteil, gegenüber den anderen im Nachteil wären. Auch eine Hormonbehandlung, wie vom Leichtathletikverband IAAF gefordert, käme nicht infrage, denn die Gesundheit habe Vorrang. „Der Vorschlag der Rabbinen wäre es wohl, einen zusätzlichen Wettbewerb zu schaffen, bei dem die von den aktuellen Regelungen betroffenen Sportlerinnen und Sportler gegeneinander antreten können. Denn wenn der Ewige einen Menschen ‚anders' erschaffen hat, muss er sich weder an andere anpassen noch wegen seiner Einzigartigkeit mit ihnen streiten. Sondern er muss das Recht bekommen, sein Leben in Würde und Ehre leben zu können."

Yin und Yang im Buddhismus

Nach der Lehre der buddhistischen Philosophie hat jeder Mensch männliche und weibliche Anteile, Yin und Yang. Diese Kategorisierung orientiert sich an dem aktiv-männlichen, am Sichtbaren (Penis, Hoden) und am passiv-weiblichen, dem im Körper Verborgenen (Eierstöcke, Gebärmutter). Auch hier finden wir also die Zuweisung aktiv gleich männlich und passiv gleich weiblich. Aber dadurch, dass jedem Individuum natürlicherweise Männliches und Weibliches innewohnt, das in Harmonie gebracht werden muss, entfalten sie weniger Hierarchie und weniger patriarchalen Druck. Denn jedem Mann werden weibliche Anteile zugesprochen, jeder Frau männliche.

Polygamie für alle in Südafrika

Im Zuge der Gleichberechtigung von Mann und Frau diskutiert Südafrika die Einführung der Vielehe für Frauen. Polygamie ist in einigen Regionen Südafrikas weit verbreitet und gesellschaftlich wie gesetzlich erlaubt. Es gibt sogar eine Fernsehshow, in der der Ehemann der Ehefrau die langjährige Geliebte vorstellt und sie darum bittet, sie als Zweitfrau ehelichen zu dürfen. Bisher ist die Vielehe nur Männern vorbehalten. Die südafrikanische Verfassung aber verbietet jede Form der Benachteiligung und so wird darüber diskutiert, ob die Vielehe für Frauen (Polyandrie) erlaubt werden soll.

Polyandrie gibt es heute beispielsweise in Teilen Indiens, im Himalaya (Tibet, Kaschmir), in Bhutan, im Kongo und in Nord-Nigeria.

Vielfältige Geschlechtskonzepte – aber immer mit Mann und Frau

Der Sozial- und Kulturanthropologe Gingrich erklärt, dass das kulturelle Verständnis von Geschlecht und auch die Zahl der sozialen Geschlechter variiert. So werden in manchen Kulturen Kinder als drittes Geschlecht geführt oder die Geschlechtsbezeichnung wird mit bestimmten Rollen verknüpft, manchmal gelten Homosexuelle als eigenes Geschlecht. Oder Menschen mit gemischtgeschlechtlichen körperlichen Merkmalen wurden oder werden besonders verehrt, weil sie männlich und weiblich in sich vereinen. Kulturen, die auf die Unterscheidung von Mann und Frau gemäß körperlicher Merkmale verzichten, sind nicht bekannt.

In relativ vielen Kulturen bilden körperliche Männer in stereotyp weiblichen Outfits ein eigenes Geschlecht. Übertragen auf unsere Vorstellungen sind das Personen irgendwo zwischen Dragqueen und Transfrau. Dazu zählen die Muxe in Mexiko oder die La'afafine auf Samoa oder die Kathoey in Thailand. Teilweise werden auch schwule Männer hier subsummiert. Weit seltener gibt es einen Begriff für Transmänner oder lesbische Frauen. Auch Intergeschlechtliche kommen nur selten vor.

Dass eine Gesellschaft mehr als zwei Geschlechter kennt, heißt in der Regel nicht, dass das eigene Geschlecht frei wählbar wäre. Gleichzeitig sind Geschlechtszugehörigkeiten mit zahlreichen Normen und Regeln verbunden. Das geht oft mit rigiden hierarchischen Strukturen und Marginalisierung einher, entspricht also nicht dem, was wir im westlichen Diskurs mit geschlechtlicher Vielfalt meinen.

Burneshas in Albanien

In Albanien heißen Frauen in Männerrollen Burneshas. Burneshas haben (fast) alle Rechte, die im patriarchalen Albanien Männern vorbehalten sind. Fast alle, weil ein entscheidendes Recht fehlt. Burneshas müssen ewige Jungfräulichkeit schwören, dürfen also keinen Sex haben. Das Konzept der Burneshas diente in erster Linie dazu, die Erbfolge von Familien ohne Söhne zu regulieren. Oder eine Frau erklärte sich zur Burnesha, um einer Zwangsheirat zu entkommen. Heute gibt es nur noch sehr wenige Burneshas.

Hijras in Indien

Ich greife die Hijras in Indien stellvertretend für zahlreiche Modelle heraus, in denen feminine oder schwule Männer als eigenes Geschlecht geführt werden. Indische Hijras sind körperliche Männer in hyperstereotyp weiblichem Auftreten. Sie bezeichnen sich nicht als Frau, nicht als transgeschlechtlich, sondern als Hijra.

Hijra wird als drittes natürliches Geschlecht neben Mann und Frau betrachtet. Dahinter steht die Vorstellung, dass Menschen neben ihrem Körper ein Wesen mitbekommen, das nicht veränderlich ist und das Geschlecht mitbestimmt, also etwa das, was wir Geschlechtsidentität nennen. Das geht zurück auf altindische Traditionen. In altindischen Texten wird die Vorstellung beschrieben, dass Menschen aus männlichen und weiblichen Samen entstehen. Und je nachdem, wie hoch der männliche und der weibliche Samenanteil ist, entstehen Männer, Frauen oder Hijras.

Die britische Kolonialgesetzgebung und islamische Einflüsse schrieben ein Zwei-Geschlechter-Modell vor und drängten Hijras weiter an den Rand. Allerdings gehörte Indien 2009 auch zu einem der ersten Länder, die eine dritte Geschlechtsoption im Personenstand einführten: ‚other'. Also anders, Nicht-Mann-nicht-Frau. Die Vorstellung war bereits kulturell verankert.

Mit unseren Vorstellungen von Freiheit und geschlechtlicher Selbstbestimmung hat das alles herzlich wenig zu tun. Die indische Gesellschaft ist streng patriarchal, hierarchisch und nach Geschlechtern getrennt organisiert. Hijras können nicht bei ihren Familien bleiben. Sie werden zwar toleriert, haben aber in der Regel speziell für sie vorgesehene gesellschaftliche Räume. Zu ihren Pflichten gehört es, weiblich gelesene Kleidung zu tragen und sich zu schminken, häufig hyperstereotyp, wie es Frauen nicht erlaubt ist.

Transmänner oder Lesben sind nicht vorgesehen. Renate Syed erklärt das mit der strikten Kontrolle von Mädchen und Frauen in der indischen Gesellschaft. Wenn sich ein körperlicher Mann in seiner Seele als weiblich entpuppt, sei das für die Familie zwar eine Enttäuschung, aber zu tolerieren, weil er nun mal so ist. In weiblichen Körpern geborene Menschen dagegen unterliegen viel strengerer Kontrolle und Regulierung ihres Verhaltensraumes. Sie haben in der Regel keine freien Entwicklungsmöglichkeiten, denn sie gehören ihren Vätern, Brüdern und Ehemännern.

Das gedankliche Konzept der Dreigeschlechtlichkeit bei gleichzeitiger strenger patriarchaler Gesellschaftsordnung führt dazu, dass ein Mann mit einer Frau, einem Mann und einer Hijra Sex haben kann. Er kann sogar mit einer Frau und einer Hijra verheiratet sein. Eine Hijra kann Sex mit einem Mann oder einer anderen Hijra haben. Eine Frau jedoch darf ausschließlich heterosexuell und monogam Sex mit ihrem Ehemann haben. Die hohe Zahl an Femiziden und Vergewaltigungen liefern trauriges Zeugnis für die Stellung der Frau in der indischen Gesellschaft.

Bugis in Indonesien

Eine Kultur mit einem vielfältigen Geschlechterkonzept sind die Bugis auf der indonesischen Insel Sulawesi. Diese Volksgruppe kennt traditionell fünf Geschlechter: männliche Männer, weibliche Männer, männliche Frauen, weibliche Frauen und Menschen, die in der Mitte zwischen den Geschlechtern stehen. Allerdings wurden die Traditionen der Bugis durch islamische Einflüsse überformt und verändert.

Indigene in Nordamerika

Verändert und letztlich zerstört wurde auch das Geschlechterkonzept der Navajo in Nord-Amerika. Neben Männern und Frauen gab es Nádleehí (körperlicher Mann, weiblicher Geist) und Dilbaa (körperliche Frau, männlicher Geist). In der Tradition der Navajos genossen sie hohes Ansehen und übernahmen besondere Aufgaben, zum Beispiel als Heiler*innen. Die Kolonialmächte und Siedler*innen zwangen die Navajos zur Anpassung. Heute werden Menschen des dritten und vierten Geschlechts nicht nur von der Mehrheitsgesellschaft, sondern auch von den Navajos selbst ausgegrenzt.

Amarete in den Anden

Ein besonderes und sehr komplexes Geschlechterkonzept haben die Menschen im bolivianischen Ort Amarete in den Hochanden. Dort hat alles ein Geschlecht, auch ein Acker oder ein Amt. Und die biologisch-körperlichen Geschlechter Mann und Frau werden kombiniert mit fünf symbolischen Geschlechtern, sodass diese Kultur zehn Geschlechter kennt.

Geschlechtermodelle und Selbstbestimmungsgesetze international

Viele Länder haben zusätzlich zu Mann und Frau weitere Geschlechtseinträge eingeführt. Andere debattieren über Selbstbestimmungsgesetze, in denen Männer per Selbstauskunft rechtlich zu Frauen und Frauen zu Männern werden können.

Die Ausgestaltung dieser Gesetze und die Bedeutung unterschiedlicher Geschlechtsbezeichnungen sind von Land zu Land sehr verschieden. Neben mythologischen Traditionen spielen staatliche und gesellschaftliche Strukturen, vorhandene Freiheitsrechte sowie Größe und Bevölkerungszahl eine Rolle. Im Folgenden stelle ich beispielhaft einige vor. Um keine Zusammenhänge herzustellen, wo es womöglich keine gibt, habe ich mich entschieden, die Länder nach Alphabet zu sortieren.

Argentinien

Argentinien hat sehr offene Gesetze, wenn es um die rechtliche Definition von Geschlecht geht. Bereits seit 2012 kann jede Person ihre Geschlechtszugehörigkeit frei bestimmen. Das gilt auch für Minderjährige. Das Gesetz sieht vor, dass die Geschlechtszugehörigkeit allein durch das individuelle innere Erleben bestimmt wird. Es ist unabhängig von der Geschlechtsbestimmung bei der Geburt. Ein medizinischer Nachweis einer Geschlechtsumwandlung wird nicht gefordert. Seit Juli 2021 erlauben nun alle Identitätsausweise und Pässe eine dritte Kategorie X für nicht-binäre Geschlechtsidentitäten. Ebenfalls im Jahr 2021 führte Argentinien in seinen Behörden eine Transquote von einem Prozent ein. Auch Frauenrechte wurden gestärkt, 2020 wurde die Abtreibung bis zur 14. Schwangerschaftswoche legalisiert.

Vorangetrieben wird diese Politik von Präsident Alberto Fernández, dessen geburtsgeschlechtlicher Sohn als Dragqueen berühmt ist und sich als nicht-binär geoutet hat.

Argentinien wird für seine Transfreundlichkeit gefeiert. Und für Buenos Aires mag das vielfaltsfreundliche Bild auch passen. Das darf aber nicht darüber hinwegtäuschen, dass Argentinien nach wie vor zutiefst katholisch geprägt ist und dass es zwischen den Provinzen und Buenos Aires riesige Unterschiede gibt.

Das wird von hiesigen Transaktivist*innen gerne übersehen. So sind im Artikel, in dem *queer.de* im Mai 2022 zehn Jahre Selbstbestimmungsgesetz in Argentinien feiert, fünf Mann-zu-Frau-Transpersonen und eine Frau-zu-Mann-Transperson zu sehen, die alle in Buenos Aires oder Umgebung leben. Die *Tagesschau* (ARD) schreibt anlässlich der Einführung der Transquote im öffentlichen Dienst: „Transpersonen treffen im katholisch geprägten Argentinien noch immer auf große Vorbehalte. Vor allem in ländlichen Provinzen. Sie finden oft genug keine Arbeit außerhalb der Prostitution. 95 Prozent der Transgender-Personen sind laut Studien nicht formal angestellt.“ Der Transaktivist und Philosophie-Professor Tomás Máscolo sagte gegenüber dem Schweizer Radio und Fernsehen (SRF): „Ich bezweifle sehr, dass alle diese Gesetze, welche wir erreicht haben, auch wirklich umgesetzt werden. Da kann die Regierung noch lange sagen, ein Prozent der Jobs soll an Transpersonen gehen, und dann wird es einfach in den Provinzen nicht umgesetzt. Die Gesetze sind auf dem Papier sehr fortschrittlich. Im wirklichen Leben sind sie zum Teil weit von der Realität entfernt."

Bangladesch

In Bangladesch gibt es seit 2013 die Kategorie Hijra im Pass. Hijras sind geburtsgeschlechtliche Männer, die sich weiblich identifizieren und, ähnlich wie in Indien, ein eigenes Geschlecht darstellen. Trotz des eigenen Personenstandes werden sie ausgegrenzt, häufig von ihren Familien verstoßen, arbeiten oft als Prostituierte und leben am Rande der Gesellschaft.

Ein vergleichbares Geschlecht für Transmänner gibt es in Bangladesch nicht. Körperliche Frauen, die eine männliche Geschlechtsidentität haben, leben versteckt und gefährlich. *Human Rights Watch* (HRW) versuchte Ende 2017, die Situation von Transmännern in Bangladesch zu dokumentieren, und hatte Schwierigkeiten, überhaupt Interviewpartner zu finden. Die Transmänner wollten aus Angst um ihre Sicherheit nicht sprechen, oft nicht einmal anonym. HRW schreibt:

„Many of the trans men Human Rights Watch initially reached out to, chose not to be interviewed because of security concerns, and those we did interview requested anonymity."

Intergeschlechtliche Menschen in Bangladesch werden häufig als Babys oder Kleinkinder in ein Zielgeschlecht operiert, ihre Intergeschlechtlichkeit wird in der Gesellschaft möglichst verborgen. Seit 2020 gibt es die *Astrea Lesbian Foundation for Justice*, ein Forum, das auf die Menschenrechtssituation von LGBTQI-Personen aufmerksam machen will. Dort steht:

„In Bangladesh, parents are quick to do ‚correctional' surgery on intersex bodies very early on in their lives. Thus, intersex people suffer from levels of extreme trauma and are stuck in a vicious dark circle."

Frankreich

Ein Recht auf einen dritten, neutralen Geschlechtseintrag gibt es in Frankreich nicht. Nachdem ein Gericht 2015 in Tours einer intergeschlechtlichen Person erstmals zugestand, als Geschlecht ‚neutral' einzutragen, wurde dieses Urteil 2017 vom Obersten Gerichtshof in Frankreich wieder kassiert. „Die Unterteilung in Mann und Frau in offiziellen Dokumenten sei ‚legitim', weil sie der ‚sozialen und rechtlichen Organisation' diene. Das französische Recht sehe zudem kein ‚neutrales Geschlecht' vor."

Ein Wechsel des Geschlechtseintrags von Frau zu Mann oder Mann zu Frau muss in Frankreich vor dem zuständigen Zivilgericht beantragt werden. Dabei muss die beantragende Person nachweisen, dass sie sich nicht dem im Personenstandsregister dokumentierten Geschlecht zugehörig fühlt. Dazu zählt zum Beispiel, dass diese Person ihre Geschlechtsidentität lebt und das ihrem Umfeld bekannt ist. Eine geschlechtsangleichende Operation ist nicht nötig. Wenn das Geschlecht geändert wird, hat das keinen Einfluss auf bestehende rechtliche Verpflichtung und Abstammung. Geregelt wird das im Code Civil 61-5 bis 61-8, schreibt der Wissenschaftliche Dienst des Deutschen Bundestages in einer Zusammenfassung im Oktober 2022.

Anfang 2022 gewann eine Transfrau einen Rechtsstreit und wird nun als zweite Mutter ihrer Tochter anerkannt. Die Tochter hatte sie vor ihrer Transition gezeugt. Sie wurde bereits lange als Frau geführt, hatte sich aber erst später einer Geschlechtsangleichung unterzogen.

Großbritannien

Einen dritten Personenstand jenseits von ‚männlich' und ‚weiblich' gibt es in Großbritannien nicht. Die Diskussion um Selbstbestimmung und Transgender verläuft ähnlich wie in Deutschland, wird dort aber schon ein paar Jahre länger geführt.

Die Änderung des Geschlechtseintrags in Großbritannien richtet sich nach dem ‚Recognition Act 2004'. Personen ab 18 können einen Antrag stellen und müssen an Eides statt versichern, seit zwei Jahren im Identitätsgeschlecht zu leben. Außerdem müssen sie zwei Berichte von Mediziner*innen und

Psycholog*innen vorlegen. Eine Vornamensänderung ist mit einem einfachen Antrag möglich.

Diese Regelung ist für transaktivistische Organisationen wie *Stonewall* und *Mermaids* nicht akzeptabel, sie kämpften für eine einfache Geschlechtsänderung per Selbstauskunft. Eine entsprechende Gesetzesinitiative, die die Personenstandsänderung an eine reine Selbstaussage knüpfen sollte, wurde 2020 kurz vor Verabschiedung gekippt.

Das Regionalparlament in Schottland dagegen stimmte Ende 2022 einem Reformgesetz zum Geschlechterwechsel zu, der ‚Gender Recognition Reform Bill'. Das medizinische Gutachten soll entfallen, das Mindestalter wurde herabgesetzt. Die Gesetzesänderung war in Schottland hoch umstritten. Sogar die UNO-Sonderbotschafterin für Gewalt gegen Frauen und Mädchen, Reem Alsalem, schaltete sich mit einem Brief an die schottische Regierung ein und brachte ihre Sorge zum Ausdruck, dass das neue Gesetz Frauen und Mädchen nicht ausreichend schütze.

Die schottische Entscheidung wurde im Januar 2023 von London zurückgewiesen. Begründung: Das schottische Gesetz verstoße gegen Gleichstellungsvorschriften, die für das ganze Königreich gelten. Der Streit dauert an.

Kritik an einem Geschlechterwechsel per Selbstauskunft ohne Voraussetzungen kommt nicht nur von Feminist*innen, sondern auch von Transpersonen. Diese beschrieben Hormontherapie und Operationen als wichtige Schritte auf dem Weg zur rechtlichen Anerkennung. Wenn die rechtliche Anerkennung am Anfang stehe, verwische das die Grenzen von transgeschlechtlichen Menschen und zu solchen, die lediglich einen Fetisch für weibliche Kleidung hätten, oder zu Männern, die Frauenrechte für sich in Anspruch nehmen wollten, so die Kritik. Transfrauen, die sich hatten operieren lassen, hatten also Angst, dass ein allzu laxes Gesetz ihre Akzeptanz in der Gesellschaft gefährden könnte.

Die geäußerten Sorgen und Ängste blieben in Großbritannien nicht nur Theorie. Für Aufsehen sorgte zum Beispiel der Fall von Karen White. White trat 2017 als Transfrau ihre Haft in einem britischen Frauengefängnis an. Verurteilt worden war sie für eine Messerattacke auf ihre Nachbarin. Im Gefängnis bedrängte sie zwei Mitinsassinnen. Es stellte sich heraus, dass White eine lange Liste von Vergehen hatte: Exhibitionismus, sexuelle Übergriffe gegenüber Kindern und Frauen und mehrere Vergewaltigungen kamen ans Tageslicht. Nicht alle Straftaten waren angezeigt worden. Die Staatsanwaltschaft gestand ein, dass sie die Vorgeschichte von White vor ihrer Unterbringung im Frauengefängnis nicht genügend durchleuchtet habe. Außerdem erklärte sie, bei White handele es sich um eine gefakte Transfrau, die ihre Transition nur dafür nutze, um in die Nähe von Frauen und Kindern zu kommen. White wurde 2018 wegen zweifacher Vergewaltigung, zweier sexueller Übergriffe und einer Körperverletzung zu lebenslänglicher Haft verurteilt.

Umstritten ist auch die Belegung von Mehrbettzimmern in Krankenhäusern. Erst seit 2010 dürfen Menschen nicht mehr gegen ihren Willen mit Andersgeschlechtlichen in einem Mehrbettzimmer untergebracht werden. Seit 2019 gibt es erneut Streit. Grund ist eine Richtlinie, die besagt, dass Personen nach dem Geschlecht in Krankenhäusern untergebracht werden sollen, welches ihrem Kleidungsstil, ihrem bevorzugten Pronomen und ihrer geäußerten Geschlechtsidentität entspricht. Nachweise sind nicht erforderlich. Die britische Oberhausabgeordnete Emma Nicholson berichtete von einem Fall, bei dem eine Patientin im Krankenhaus vergewaltigt worden sei. Die Klinik argumentierte, es könne keine Vergewaltigung gegeben haben, weil kein Mann auf der Station gewesen sei, bis ein Videobeweis vorgelegen habe. Erst dann räumte sie ein, dass es den Vorfall gegeben haben könne.

Auch in Sachen medizinischer Behandlung gab es viel Aufregung und öffentliche Debatte. Im Mittelpunkt steht die Abteilung Gender Identity Development Service (GIDS) in der Tavistock-Klinik in London, lange Zeit die einzige Klinik in England für Kinder und Jugendliche mit Transitions-Wünschen und entsprechend überlaufen.

Schlagzeilen machte der Fall von Keira Bell. Bell kam als Jugendliche zur Tavistock-Klinik, wo ihre Transition zum Mann begleitet worden war. Kurz nach der Amputation ihrer Brüste bereute Bell ihre Transition. Sie verklagte die Tavistock-Klinik, mit der Begründung, sie sei schlecht beraten worden. Und überhaupt seien Jugendliche unter 16 Jahren nicht reif genug, um eine so weitreichende Entscheidung zu treffen. Sie bekam zunächst Recht und die Tavistock-Klinik setzte den Einsatz von Pubertätsblockern bei Minderjährigen aus. Das Berufungsgericht hob das Urteil aber auf. Der Oberste Gerichtshof nahm eine erneute Eingebung von Bell nicht an.

Kritik gab es aber auch von der anderen Seite. Die Wartelisten sind so lang, dass Jugendliche oft zwei Jahre bis zu einem ersten Vorstellungstermin warten müssen, für genderdysphore Jugendliche, die schnell Pubertätsblocker wollen, eine Katastrophe, denn in der Zeit geht die Pubertät ja weiter.

Es wurde eine Kommission eingesetzt, welche die Transbehandlungen in der Tavistock-Klinik einer Qualitätsprüfung unterzog. Die Ergebnisse waren alarmierend. In ihrem Gutachten bewertete die pensionierte Kinderärztin, Dr. Hillary Class, die Qualität der Genderabteilung als „unzureichend". Class kritisierte fehlende Qualitätsstandards und das Monopol auf diese Behandlung in ganz England. Die Behandlung sei nicht sicher. Der Behandlungsansatz müsse grundsätzlich überdacht werden. Sie forderte eine Regionalisierung von Behandlungsangeboten sowie eine Überprüfung und Anpassung der Datenerhebung und eine standardisierte Erhebung. Außerdem müssten Standards guter medizinischer Praxis und Evidenz eingehalten werden. Class betont, sie wolle nicht die Behandlungen reduzieren oder einstellen, sondern verbessern.

Ende Juli 2022 beschloss der öffentliche Gesundheitsdienst NHS die Schließung der GIDS in der Tavistock-Klinik per Frühling 2023 zugunsten einer Regionalisierung der medizinischen Versorgung für die besonders vulnerablen minderjährigen Transpersonen. Diese sollen zunächst im Londoner Kinderkrankenhaus von Great Ormond Street, im Alder-Hey-Krankenhaus in Liverpool und in der Kinderklinik von Manchester eingerichtet werden, wie die *taz* schreibt.

Kanada

Kanada ist in Sachen Diversity und Gleichstellung eine Art internationale Musterschülerin. Das gilt auch für die Akzeptanz von Transgender und nicht-binären Geschlechtsidentitäten. Ein Gesetz im Juni 2017 verbietet allen Bundesbehörden sowie vom Staat regulierten Unternehmen wie zum Beispiel Banken, Menschen wegen ihrer Geschlechtsidentität oder ihres Geschlechtsausdrucks zu benachteiligen. Transgender-Hass ist illegal und Hassverbrechen werden hart bestraft. Seit September 2017 können Kanadier*innen neben m für ‚männlich' oder w für ‚weiblich' auch ein x als neutrales Geschlecht in den Pass eintragen lassen.

Kanada ist das erste Land, das transgeschlechtliche und nicht-binäre Personen statistisch in den Zensusdaten erfasst. Die Zensusdaten werden ähnlich wie in Deutschland alle paar Jahre erhoben, um Informationen über die Bevölkerung zu gewinnen. Diese Daten dienen dazu, Politik zu machen, die sich an der Wirklichkeit der Menschen orientiert. Zuletzt gab es Beschwerden darüber, dass Personen sich in den binär formulierten Zensusdaten nicht wiederfinden. So wurde für die Befragung 2021 die Gendererfassung geändert. Die ursprüngliche Frage nach dem Geschlecht wurde präzisiert in körperliches Geschlecht bei Geburt (sex at birth). Ergänzt wurde eine zweite Frage nach dem sozialen Geschlecht heute (gender).

Die Änderung von Vornamen und Geschlechtseintrag sind in Kanada in den jeweiligen Provinzen geregelt. In New Brunswick können Personen ab 16 einen Antrag auf Geschlechterwechsel stellen und müssen dafür eine Erklärung eines medizinischen Sachverständigen beifügen, in Ontario die Erklärung einer Ärzt*in oder Psycholog*in.

Und natürlich gibt es auch in Kanada Vorfälle, die vor Gericht landen. Jessica Yaniv lebt als Transfrau in einem männlichen Körper. Sie wollte sich die Schamhaare an den Hoden entfernen lassen und fragte dafür mehrere Kosmetikstudios an. Doch alle lehnten ab. Keine der Kosmetikerinnen wollte den Genitalbereich der Transfrau enthaaren. Jessica Yaniv fühlte sich diskriminiert und verklagte fünf Kosmetikerinnen auf jeweils 10.000 Euro Schadensersatz.

Die Kosmetikerinnen sagten vor Gericht, sie hätten keineswegs in einer diskriminierenden Absicht gehandelt und nannten andere Gründe: Einerseits seien sie nicht für intimes Waxing am Hoden geschult und hätten Angst, den empfindlichen Hodensack der Kundin zu verletzen. Andere nannten religiöse Gründe beziehungsweise, dass sie nicht gezwungen werden sollten, männliche Geschlechtsorgane zu berühren. Das Gericht in Kanada gab 2019 den Kosmetikerinnen recht. Außerdem stellte es fest, dass Yaniv sich bewusst kleine Salons ausgesucht und es auf den Konflikt angelegt hätte, um sich zu bereichern.

Das hält Yaniv nicht davon ab, weitere Menschenrechtsklagen zu führen, etwa gegen einen Schönheitswettbewerb. Dort nehmen auch kleine Mädchen teil und alle ziehen sich in einer Gemeinschaftsumkleide um. Die Regularien der Veranstaltung besagten, dass genetische Frauen und vollständig operierte Transfrauen akzeptiert werden. Yaniv will das nicht akzeptieren und fordert 10.000 Euro Schadensersatz.

Die Rechte intergeschlechtlicher Menschen sind in Kanada nicht so gut geschützt. Anfang 2022 klagte Egale Canada vor dem Ontario Superior Court gegen ein Gesetz, das zwar Genitalverstümmelungen an Frauen verbietet, bestimmte geschlechtszuweisende Operationen bei intergeschlechtlichen Kindern jedoch vom Verbot ausnimmt. Das verletze die Menschenrechte dieser Kinder, so die Klägerin. Ziel ist es, kosmetische geschlechtszuweisende Operationen zu verbieten, bis die betroffenen Personen selbst entscheiden können, was sie möchten.

Malta

Malta war das erste Land in der EU, das sich nicht-binären Geschlechtseinträgen öffnete, und wird dafür von Transaktivist*innen gefeiert. Malta verabschiedete 2015 den ‚Gender Identity, Gender Expression and Sex Characteristics Act'. Seither kann die Geschlechtsangabe im Geburtseintrag zurückgestellt werden, bis die Geschlechtsidentität der minderjährigen Person geklärt ist. Auch frühkindliche geschlechtsangleichende Operationen stehen unter Strafe. Das Gesetz gilt international als bahnbrechend für die menschenrechtliche Gleichstellung inter- und transgeschlechtlicher Menschen.

Das Gesetz darf aber nicht darüber hinwegtäuschen, dass Maltas Gesellschaft zutiefst katholisch und patriarchal organisiert ist. Der Katholizismus ist als Staatsreligion in der Verfassung verankert. Je nach Quelle sind zwischen 94 und 98 Prozent der Bevölkerung katholisch. Erst 2011 wurde eine zivilrechtliche Scheidung eingeführt, 2014 die gleichgeschlechtliche Ehe.

Bei Selbstbestimmungsrechten für Frauen hat das Land Nachholbedarf. Malta hat nach wie vor das strengste Abtreibungsrecht der EU. Und weltweit gibt es nur wenige Länder mit ähnlich strengen Vorschriften. Abtreibungen sind unter allen Umständen verboten. Selbst nach einer Vergewaltigung oder wenn das Leben der Mutter gefährdet ist. Frauen, die abtreiben, drohen bis zu drei Jahre Gefängnis.

Nepal

2007 entschied das oberste Gericht in Nepal, ein drittes Geschlecht offiziell anzuerkennen. Dieses Urteil galt international als Meilenstein für die Rechte von genderqueeren Menschen, und Nepal wird in westlichen Debatten um Selbstbestimmung häufig als transfreundliches Positivbeispiel zitiert.

Genderqueere Menschen in Nepal sehen das anders. Im Online-Medium *The Record* kritisiert eine nepalesische Queer-Initiative die internationalen Narrative und schreibt über die zahlreichen formalen Hürden, die Transpersonen für eine Änderung des Geschlechtseintrags überwinden müssen. Der Umgang mit Formularen und Nachweisen ist in vielen ostasiatischen Kulturen anders, als wir das in Deutschland gewohnt sind.

Für sämtliche Schulanmeldungen und Prüfungen, Zeugnisse und sonstigen Dokumente sind in Nepal Registrierungen erforderlich, bei denen die Angaben mit jenen in der Geburtsurkunde übereinstimmen müssen. Bei vielen Anlässen muss eine sogenannte Staatsangehörigkeitsbescheinigung vorgelegt werden (zum Beispiel Führerschein, Fahrzeugkauf, Grundstückkauf, Reisepassantrag). Auch diese muss mit der Geburtsurkunde übereinstimmen.

Bis zum jungen Erwachsenenalter kommt also eine ganze Reihe an Dokumenten zusammen, die bei der Änderung des Geschlechtseintrags alle kostenpflichtig geändert werden müssen. Das können sich viele Transgender gar nicht leisten. Die Regelungen zur Änderung von Dokumenten sehen zudem Bedingungen und Fristen vor, die häufig nicht zur Lebensrealität von Transpersonen passen. Und sie können schwerwiegende Folgen haben, etwa den Ausschluss von höherer Bildung, weil sie ihr Identitätsgeschlecht nicht oder nicht rechtzeitig lückenlos dokumentieren können.

Dazu kommt, dass der Ausschuss für Staatsangelegenheiten und gute Regierungsführung des Bundesparlaments vorgeschlagen hat, dass Transpersonen für eine Änderung ihres Geschlechtseintrags künftig eine ärztliche Bescheinigung vorlegen müssen. Die Gruppe kritisiert, dass Rechte für Transpersonen, die sich als nicht-binär identifizieren, nur auf dem Papier gewährt werden.

Die Vorstellung eines dritten Geschlechts oder einer dritten Natur, *Tritiya prakriti*, beruht in Nepal auf traditionellen Mythologien. Zum Beispiel gibt es in der hinduistischen Mythologie viele Hinweise auf das dritte Geschlecht oder eine dritte Natur. Der Eintrag dafür lautet *Anya*, anders. Genderqueere Gruppen kritisieren, dass darunter alles gefasst werde, das nicht der heterosexuell-binären Norm entspreche, also sexuelle Orientierung, körperliche Geschlechtsmerkmale und Genderidentität, und fordern mehr Differenzierung.

Pakistan

Seit 2009 kann in pakistanischen Ausweisdokumenten X als drittes Geschlecht eingetragen werden. Neben den Geschlechtseinträgen ‚männlich' und ‚weiblich' gibt es die Einträge ‚gemischt' und ‚keins'. Auf dem Papier haben genderqueere Menschen also die gleichen Rechte wie Männer und Frauen. Die Wirklichkeit sieht anders aus.

Wie in Indien gibt es eine kulturelle Tradition von körperlichen Männern, die in Frauenrollen leben, hier Hidrscha genannt. Sie tragen Frauenkleider, schminken sich und leben in Gemeinschaften, die von einer Guru-Mutter geführt werden. Sozial werden sie ausgegrenzt. Im Wesentlichen haben sie drei Möglichkeiten, um Geld zu verdienen: betteln, tanzen und Prostitution.

Sich als Frau zu bezeichnen, käme für eine Hidrscha nicht in Frage. Hidschra ist eine eigene Geschlechtskategorie. Die Kategorie Frau wäre auch nicht erstrebenswert. Denn Frauen haben in Pakistan faktisch kaum Rechte, sondern gehören ihren Vätern, Brüdern, Ehemännern. Für eine Hochzeit muss die Braut nicht einmal anwesend sein. „Die Epidemie sexueller Verbrechen und der Gewalt an Frauen in Pakistan ist eine stille Epidemie. Keiner sieht sie. Keiner spricht von ihr“, sagt die Menschenrechtlerin Tahira Abdullah in einem Artikel des RND. Dort steht auch, dass trotz sich zuspitzender Gewalt gegen Frauen im Sommer 2021 ein Gesetz gescheitert ist, das Frauen vor häuslicher Gewalt schützen sollte. RND schreibt: „Auf dem globalen Geschlechterindex des Weltwirtschaftsforums war Pakistan 2020 fast das Schlusslicht, landete auf Platz 153, nur noch gefolgt vom Irak, dem Jemen und von Afghanistan.“

Schweden

Das liberale Schweden war das erste Land, das Transpersonen entschädigte, die sich früher wie in Deutschland für eine Änderung des Geschlechtseintrags zwangssterilisieren mussten. Auf genderneutrale Sprache und genderneutrale Erziehung wird Wert gelegt, und Frauen und Männer sind in Schweden wesentlich egalitärer als in Deutschland.

2018 war die rotgrüne Regierung angetreten, die Rechte von Transpersonen zu stärken. Dazu gehörte eine Gesetzesinitiative, die Jugendlichen den Zugang zu geschlechtsangleichenden Maßnahmen ab 15 erleichtern sollte. Diese wurde 2021 gestoppt. Zuvor war die Kritik innerhalb Schwedens immer lauter geworden, insbesondere was die Altersgrenzen für Transitionen angeht. Auch die Debatte um die Tavistock-Klinik in England hinterließ Spuren. So wurde der Gesundheitsbehörde der Auftrag erteilt, zunächst medizinische Qualitätsstandards und Evidenzen zu überprüfen. Außerdem sollte nach den Ursachen des sprunghaften Anstiegs insbesondere von Frau-zu-Mann-Transitionen bei Jugendlichen geforscht werden. Ergebnis: Die Datenlage ist dünn.

Von Pubertätsblockern wurde vorerst Abstand genommen. Die schwedische Gesundheitsbehörde empfiehlt in einer neuen Leitlinie im Februar 2022 stattdessen, dass Pubertätsblocker nur noch in Ausnahmefällen verschrieben werden sollen.

Der Geschlechterwechsel in Schweden ist ab 18 Jahren auf Antrag möglich. Dieser wird vom Nationalen Rat für Gesundheit und Soziales geprüft. Die Behörde kann eine Begutachtung verlangen, die in der Regel ein medizinisches sowie ein psychologisches Gutachten enthält sowie einen Sozialbericht eines Sozialarbeiters. Wenn der Antrag bewilligt wird, bekommt die Person eine neue persönliche Identitätsnummer, auf der das Geschlecht hinterlegt ist.

In Bezug auf die Rechte intergeschlechtlicher Menschen in Schweden habe ich im Netz nichts gefunden. Auch im Bericht des Wissenschaftlichen Dienstes des Bundestages vom Oktober 2022 steht nichts dazu. Wie es scheint, fallen Interpersonen auch in Schweden durch das Raster der binären Brille.

Schweiz

Seit dem 1. Januar 2022 können Schweizer*innen relativ einfach ihren Geschlechtseintrag von Mann zu Frau oder von Frau zu Mann ändern, unabhängig vom Körpergeschlecht. Das neue Personenstandsrecht sieht vor, dass Menschen ab 16 Jahren als einfachen Verwaltungsakt ihr Geschlecht in Personalausweis und Pass ändern können. Sie müssen das nur beim Zivilstandesamt beantragen. Bis 10. Februar 2022 machten allein in den größeren Städten der Schweiz bereits weit über 100 Schweizer*innen davon Gebrauch, berichtet Swissinfo. 2021 seien es für die ganze Schweiz und das ganze Jahr etwa 200 Änderungen gewesen.

Im neuen Recht steht auch, dass missbräuchliche Anwendungen nicht erlaubt sind. Laut eines Berichts von *Blick* dürfen Standesbeamt*innen den Eintrag nur verweigern, wenn ein offensichtlicher Missbrauch vorliegt. Nur frage ich mich, woran sie das erkennen sollen?

Beispiele für missbräuchliche Anwendung gibt es bereits. Ein Mann Anfang 60 in Luzern hat seinen Geschlechtseintrag in weiblich geändert, um früher Rente zu beziehen. Anonym gab er zu, dass der finanzielle Aspekt seine Motivation war. Das Selbstbestimmungsrecht wurde also genutzt, um sich einen sozialrechtlichen Vorteil zu verschaffen. Wir müssen diesen Fall jetzt nicht zu hoch hängen, weil es in der Schweiz bald keinen Altersunterschied beim Renteneintrittsalter zwischen Männern und Frauen mehr geben wird. Doch zeigt er, dass Gesetzeslücken ausgenutzt werden.

Die Schaffung eines dritten Geschlechtseintrages, wie es ihn in Deutschland und Österreich gibt, lehnte der Schweizer Bundesrat im Dezember 2022 jedoch ab. Auch sprach er sich gegen das Offenlassen des Geschlechtseintrages aus. Intergeschlechtliche und nicht-binäre Personen sind in der Schweiz also weiter gezwungen, sich als Mann oder Frau im Personenstandsregister führen zu lassen.

Spanien

In Spanien gibt es wie in Deutschland schon länger Gesetze, wonach eine Änderung des rechtlichen Geschlechtseintrags möglich ist, seit 2007 ohne Zwang zu geschlechtsangleichenden Operationen. Zusätzlich haben mehrere Regionen eigene Regeln für die Änderung von Namen und Geschlechtseintrag in Bezug auf ihre regionalen Befugnisse. 2021 wurde eine Gesetzesinitiative auf den Weg gebracht, die, ähnlich wie in Deutschland, eine Änderung des Geschlechtseintrags durch Sprechakt ermöglichen soll und unter dem Namen ‚Ley trans' für viel Diskussion sorgt.

Im November 2022 äußerten sich medizinische Fachgesellschaften für Psychiatrie, Endokrinolgie und Psychologie kritisch zu dem Entwurf. Sie verwiesen darauf, dass zugrunde liegende Erkrankungen und andere Ursachen nicht vernachlässigt werden dürfen. Ähnlich wie in Deutschland stellen sich Feminist*innen gegen Teile des Entwurfs, weil sie hart erkämpfte Frauenrechte bedroht sehen.

Andere Stimmen fordern eine Differenzierung zwischen Personenstand und Geburtsregister, verweisen darauf, dass der Gesetzesentwurf andere Grundrechte berührt wie die Weltanschauungs- und Religionsfreiheit, die Meinungsfreiheit und das Recht der Eltern, für eine religiöse und moralische Erziehung ihrer Kinder gemäß ihren eigenen Überzeugungen zu sorgen, die beachtet werden müssten.

Der Regierungsentwurf wurde im Dezember 2022 verabschiedet. Der Senat billigte das Gesetz Anfang Februar 2023 mit geringen Änderungen. Bei Redaktionsschluss stand die erneute Abstimmung im Kongress noch aus.

Er sieht vor, dass Personen ab 16 Jahren ihren rechtlichen Geschlechtseintrag ändern lassen können, ab 14 Jahren mit Zustimmung der Erziehungsberechtigten. Gutachten, ärztlichen Atteste oder Hormonbehandlungen sind nicht nötig. Wer den rechtlichen Geschlechtseintrag ändern möchte, muss das innerhalb von drei Monaten bestätigen. Für einen zweiten Geschlechterwechsel muss die Person vor Gericht. Zu häufige Geschlechterwechsel werden als Betrug gewertet.

Das Gesetz sieht außerdem ein Konversionsverbot für Minderjährige vor und ein Verbot geschlechtsangleichender Operationen bei intergeschlechtlichen Kindern unter zwölf Jahren, soweit keine medizinische Notwendigkeit besteht. Einen eigenen dritten Personenstand gibt es in Spanien meinen Recherchen zufolge bislang nicht.

Seit 2022 durchläuft außerdem ein weiteres Gesetzespaket den Prozess, in dem es um die Stärkung der Frauenrechte geht. Der Entwurf sieht bessere Möglichkeiten für Abtreibungen insbesondere bei Minderjährigen vor, kostenlose hormonelle Verhütungsmittel und Hygieneartikel wie Binden und Tampons in Bildungseinrichtungen. In der Diskussion darüber in Deutschland zeigte sich eine typische Verzerrung: Wochenlang ging es hierzulande um den Vorschlag, dass Frauen mit Menstruationsbeschwerden in Spanien künftig mit Lohnfortzahlung zu Hause bleiben dürfen sollen. Das wollten deutsche Frauen auch. Und übersahen dabei, dass sie es längst dürfen. Denn in Deutschland gibt es Lohnfortzahlung ab Tag eins, in Spanien ab Tag vier der Arbeitsunfähigkeit.

USA

Seit April 2022 können sich in den USA intergeschlechtliche Menschen sowie nicht-binäre Personen im Pass mit X eintragen lassen. Die Markierung X für nicht-binär ergänzt F für ‚female' und M für ‚male'. Auf der Ebene der Bundesstaaten sieht die gesetzliche und gesellschaftliche Wirklichkeit für genderqueere Personen, sowie für Selbstbestimmungsrechte körperlicher Frauen sehr unterschiedlich aus.

In den USA tobt um das Thema Transgender ebenso ein Kulturkampf wie um Homosexualität und reproduktive Selbstbestimmung (Abtreibungsrechte). Es gibt Bundesstaaten, die sich gegenüber Transpersonen öffnen und ihnen mehr Rechte zugestehen, und solche, die Gendervielfalt bekämpfen, homophob handeln und Abtreibungsrechte einschränken oder ganz verbieten wollen.

Dabei haben Freiheiten für Frauen und LGBTQIA inzwischen einen schweren Stand in den USA. Donald Trump konnte in seiner Regierungszeit vier Stellen am Supreme Court, dem Obersten Gerichtshof, neu bestimmen. Dieser ist seither deutlich konservativer, in den USA heißt das auch, deutlich evangelikaler geprägt. Im Juni 2022 kippte der Supreme Court ein Grundsatzurteil aus dem Jahr 1973, das Frauen ein grundsätzliches Recht auf Abtreibung eingeräumt hatte. Damit ist seit Sommer 2022 Schluss. Mehrere Bundesstaaten haben Gesetze erlassen oder auf den Weg gebracht, die Abtreibungsrechte einschränken oder Abtreibung ganz verbieten.

In Texas zum Beispiel soll nicht nur die Frau, die ihre Schwangerschaft beendet, sondern ebenso die Ärzt*in mit lebenslanger Haft bestraft werden. Auch dann, wenn die Frau durch eine Vergewaltigung schwanger ist oder das ungeborene Kind nicht lebensfähig wäre. Das trifft vor allen Dingen ärmere Frauen, die sich keine weiten Reisen in Bundesstaaten, die eine Abtreibung ermöglichen, oder nach Mexiko leisten können.

In mehreren Bundesstaaten streben Republikaner*innen Gesetze an, die die Behandlung von Transpersonen mit Hormonblockern oder die Durchführung von Operationen unter Strafe stellen. Sie verbieten Schulen, über das Thema sexuelle

Orientierung oder Genderidentität auch nur zu reden, und bezeichnen Coming-of-Age-Geschichten von genderqueeren Jugendlichen als Pornografie.

Im *Tagesspiegel* schreibt die Journalistin Jasmin Ehbauer: „Die ‚Human Right Campaign', eine NGO für LGBT-Interessen, hat im vergangenen Jahr mehr als 268 Anti-LGBTI-Gesetzentwürfe gezählt. 168 davon bezogen sich auf Kinder und Jugendliche. (…) Dem gegenüber stehen 201 Gesetzesentwürfe aus dem Jahr 2021, die die Rechte queerer Menschen stärken wollen, 21 davon beziehen sich auf Kinder und Jugendliche."

Auf der konservativen Seite sind Staaten wie Alabama, Arkansas, Florida, Oklahoma und Texas. Auf der liberalen Seite steht zum Beispiel Kalifornien, Connecticut, New York, Rhode Island und Massachusetts.

Als erster US-Bundesstaat hat Kalifornien schon 2013 die Rechte von Trans-Jugendlichen gestärkt und ihnen freigestellt, welche Toiletten sie benutzen und in welcher Sportgruppe sie mittrainieren möchten. 2020 folgten Gesetze, die transgeschlechtlichen, nicht-binären und intergeschlechtlichen Inhaftierten ermöglichen, mitzuentscheiden, ob sie im Männer- oder im Frauengefängnis untergebracht werden.

Doch auch in Kalifornien gibt es Konflikte. 2021 besuchte eine Transfrau mit Penis das Frauen-Spa und lief dort nackt herum. Eine Frau beschwerte sich, im Frauenbereich sei ein Mann, und bekam gesagt, so seien die Gesetze. Sie postete ihre Empörung und Irritation in den sozialen Netzwerken. In der Folge kam es zu Ausschreitungen vor dem Spa.

Rechtliche Entwicklungen

Zwar steht im deutschen Grundgesetz seit 1949: „Die Würde des Menschen ist unantastbar." Doch ermöglichen unsere Gesetze und Normen diese Würde nicht allen Menschen gleichermaßen. Unser Rechtssystem ist dabei dem gleichen Wandel unterworfen wie alle anderen Teile der Gesellschaft. Was Richter*innen als verfassungskonform oder verfassungswidrig beurteilen, ist Ausdruck dieses Wandels. Das ist normal. Denn einerseits bringt die Forschung neue Erkenntnisse, andererseits verändern sich unsere Werte und unser Denken. So weiß die Wissenschaft heute mehr über die geschlechtliche Entwicklung. Wir sind offener geworden, haben patriarchale Zwänge ein Stück weit abgebaut und erlauben mehr Vielfalt.

In diesem Kapitel versuche ich, diesen Wandel für Deutschland nachzuzeichnen. Zur besseren Orientierung gliedere ich es in Frauenrechte, Homosexuellenrechte, Interrechte und Transrechte.

Frauenrechte

Während der sogenannten Deutschen Revolution 1848/1849 probten nicht nur Arbeiter den Aufstand, sondern auch Arbeiterinnen und Frauen im Allgemeinen. Sie gründeten demokratische Frauenvereine und forderten politische Mitspracherechte. Louise Otto war eine von ihnen und gilt als Mitbegründerin der deutschen Frauenbewegung. Sie gründete die erste Zeitung der deutschen Frauenbewegung, die Frauen-Zeitung. Nach der Niederschlagung der Märzrevolution wurden in den meisten deutschen Ländern politische Versammlungen und Vereinigungen von Frauen verboten, auch die Frauen-Zeitung. Preußen verbot Frauen die Teilnahme an politischen Versammlungen.

Mutige Frauen gaben aber nicht auf. 1865 fand in Leipzig die erste Frauenkonferenz statt. Der *Allgemeine Deutsche Frauenverein* (ADF) wurde gegründet. Erste Vorsitzende war die inzwischen verheiratete Louise Otto-Peters, daher der Doppelname. Der ADF wollte vor allem Berufstätigkeit und Bildungschancen für Frauen fördern.

1866 folgte die Gründung des Vereins zur Förderung der Erwerbstätigkeit des weiblichen Geschlechts in Berlin durch Adolf Lette. Dieser wollte Frauen zwar Erwerbsmöglichkeiten schaffen, eine politische Emanzipation von Frauen lehnte er aber kategorisch ab.

Das hielt Frauen aber nicht davon ab, genau das zu fordern: politische Mitbestimmung. 1876 forderte die Schriftstellerin Hedwig Dohm das uneingeschränkte Stimmrecht für Frauen. Immer lauter wurde der Ruf nach Bildungsrechten für Frauen: Helene Lange und der ADF forderten 1887 die Einführung höherer Mädchenschulen und die wissenschaftliche Ausbildung von Lehrerinnen. Viele Vereine wurden gegründet, in denen sich Frauen engagierten, darunter 1888 *Reform* (Frauenbildung – Frauenstudium) durch Johanna Kettler und *Frauenwohl* durch Minna Cauer. Lange gründete 1890 den *Allgemeinen Deutschen Lehrerinnen-Verein.* 1894 wurde für die vielen neuen Frauenvereine der Dachverband *Bund deutscher Frauenvereine* (BDF) gegründet.

Ab 1893 gab es erstmals gymnasiale Bildung für Mädchen. Helene Lange richtete gymnasiale Aufbaukurse in Berlin ein. In Karlsruhe eröffnete das erste Mädchengymnasium Deutschlands. Das Großherzogtum Baden war 1900 die erste deutsche Region, die Frauen als ordentliche Studentinnen an Universitäten zuließ.

Gleichzeitig wurde 1900 ein Gesetz beschlossen, das Frauen für die folgenden Jahrzehnte mit dem Eintritt in die Ehe entrechtete. Im Bürgerlichen Gesetzbuch, kurz BGB, wurde festgehalten, dass der Ehemann in allen Angelegenheiten, die das gemeinschaftliche Leben betreffen, das Entscheidungsrecht hat. Damit konnte der Ehemann einen Arbeitsvertrag der Ehefrau fristlos kündigen. Er verfügte über das Vermögen und entschied in Erziehungsfragen. Dieses Gesetz galt in der BRD bis 1953. Ledige Frauen hatten uneingeschränkte Geschäftsfähigkeit. Verheiratete nicht. Kein Wunder, dass Simone de Beauvoir 1949 Frauen davor warnte zu heiraten.

Mit Beginn des 20. Jahrhunderts nahm die Frauenbewegung weltweit Fahrt auf. In Neuseeland durften Frauen ab 1893 wählen, ab 1919 gewählt werden. Das aktive und passive Wahlrecht auf Bundesebene in einem modernen Staat erhielten Frauen erstmals 1902 in Australien. Minna Cauer, Lida Gustava Heymann und Anita Augspurg gründeten den Frauenstimmrechtsverein. In England kämpften 1905 die Suffragetten für das Frauenwahlrecht (erhielten es jedoch erst 1928). Preußen hob 1908 das Vereinsverbot für Frauen auf und ermöglichte ihnen, Mitglied politischer Parteien zu werden.

1908 wurde Dr. Elisabeth Altmann-Gottheiner erste Lehrbeauftragte in den Gebieten des Deutschen Kaiserreichs an der Handelshochschule (später Universität) Mannheim. Studiert hatte sie in London und Berlin, promoviert in Zürich, das war im Deutschen Kaiserreich noch nicht möglich. Clara Zetkin schlug 1910 auf einem internationalen Kongress für sozialistische Frauen die Einrichtung eines Internationalen Frauentages vor. Und am ersten Internationalen Frauentag als Kampftag für das Frauenstimmrecht beteiligten sich 1911 mehr als 500.000 Frauen in mehreren Ländern.

Mit der Novemberrevolution 1918 ging das Kaiserreich zu Ende. Als Grundlage für die Weimarer Republik, der ersten deutschen Demokratie, wurde eine neue Verfassung geschrieben. Darin bekamen Frauen erstmals das aktive und passive Wahlrecht. Das allgemeine Wahlrecht galt damals für Personen ab 20 und löste das feudale Dreiklassenwahlrecht für Männer ab, bei dem das Stimmgewicht von der Steuerleistung abhängig war. Am 19. Januar 1919 durften Frauen zum ersten Mal wählen und gewählt werden. Fast 90 Prozent der Frauen wählten. Knapp zehn Prozent der Gewählten waren Frauen.

Das erste europäische Land, das Frauen das Wahlrecht zugestand, war Finnland 1906. Nachzügler in Europa waren die Schweiz (1971 auf Bundesebene) und Liechtenstein (1984).

1923 bekam mit Margarete von Wrangell erstmals eine Frau in Deutschland eine ordentliche Professur (Landwirtschaftliche Hochschule Hohenheim).

Damit war freilich nicht ansatzweise eine rechtliche Gleichstellung erreicht. In der Weimarer Reichsverfassung stand zwar: „Männer und Frauen haben grundsätzlich die gleichen staatsbürgerlichen Rechte und Pflichten" (Art. 109, Abs. 2). Das wirkte sich aber nicht auf die Rechte in der Familie und andere Angelegenheiten aus. Hier galt weiter: Der Mann bestimmt.

1933 kam der Backlash. Mit der Machtübernahme der Nationalsozialisten wurden Frauenrechte wieder eingeschränkt. Frauen verloren das passive Wahlrecht, durften also nicht mehr gewählt werden. Auch ihre Möglichkeiten zu studieren wurden eingeschränkt. Beamtinnen in Führungspositionen wurden entlassen. Viele Frauenorganisationen wurden verboten. Der 1872 eingeführte Paragraf 218, der Schwangerschaftsabbrüche unter Strafe stellte, war in der Weimarer Republik etwas gelockert worden. Die Nationalsozialisten verschärften ihn und bestraften Schwangerschaftsabbrüche ab 1943 mit der Todesstrafe. Andererseits betrieben sie ab 1933 Zwangsabtreibungen und -sterilisationen, wenn das Leben nicht ihrer Rassenideologie entsprach.

Erst nach Ende des Zweiten Weltkriegs mit dem Wiederaufbau und der Gründung zweier deutscher Staaten bekamen Frauen wieder mehr Rechte. Die Rechtsstellung der Frau verlief in der DDR und der BRD unterschiedlich, aber diskriminiert blieben Frauen in beiden deutschen Staaten.

Bundesrepublik Deutschland

In der Bundesrepublik hieß es zwar 1949 im Grundgesetz Artikel 3, Absatz 2 „Männer und Frauen sind gleichberechtigt", aber das war eher eine Zielvorgabe. Die Väter des Grundgesetzes wollten die umfassende Gleichberechtigung von Männern und Frauen auch gar nicht im Grundgesetz verankern. Der Artikel ist Elisabeth Selbert und weiteren Frauen zu verdanken, die entsprechend Proteste mobilisierten.

Erst 1952 wurde ein Mutterschutzgesetz verabschiedet. Es erlaubte Frauen, sechs Wochen vor und nach der Niederkunft bei vollem Lohn zu Hause zu bleiben. Auch waren schwere Arbeiten während der Schwangerschaft verboten, und in den ersten vier Monaten nach der Geburt durften sie nicht gekündigt werden. Die Todesstrafe wegen Schwangerschaftsabbruch wurde erst 1953 zurückgenommen.

Bis 1958 galt noch das Gesetz aus dem BGB von 1900, das dem Mann die Entscheidungsgewalt über seine Ehefrau gab. Erst dann wurde es vom „Gesetz über die Gleichberechtigung von Mann und Frau auf dem Gebiet des bürgerlichen Rechts" abgelöst. Gestrichen wurde darin das Recht des Mannes, ungefragt den Arbeitsvertrag seiner Frau zu kündigen oder ihren Wohnsitz zu bestimmen. Ab jetzt durften Frauen ihr in die Ehe mitgebrachtes Vermögen selbst verwalten. Dennoch blieben viele Aspekte, die den Mann über die Frau stellten. Darunter der sogenannte Stichentscheid. Wenn sich die Eheleute uneins in Sachen Erziehung waren, hatte der Mann das letzte Wort. Auch hatte er weiter den Alleinvertretungsanspruch bei der gesetzlichen Vertretung des Kindes. Der Deutsche Juristinnenbund klagte dagegen vor dem Bundesverfassungsgericht, das den Stichentscheid und Alleinvertretungsanspruch 1959 für verfassungswidrig erklärte.

1961 war mit Elisabeth Schwarzhaupt (CDU) erstmals eine Frau Bundesministerin einer deutschen Bundesregierung (Gesundheit).

Ebenfalls 1961 gab es in Deutschland die erste Anti-Baby-Pille, aber nur auf Rezept und nur für verheiratete Frauen, begleitet von einem moralisch-christlichen Orchester der Bedenken, dass das nichts Gutes und Christliches sein könne. In einem Rundschreiben am 25. Juli 1968 lehnte Papst Paul VI. alle Methoden der künstlichen Verhütung ab.

Im Zuge der studentischen Bewegungen der 1960er Jahre formierte sich eine neue Frauenbewegung. Die studentischen Gruppen waren zwar links, aber viele dachten ebenso patriarchal wie die restliche Gesellschaft und sahen Frauen als Sexobjekte und Zuarbeiterinnen, aber nicht als ernstzunehmende Aktivistinnen auf Augenhöhe. Darauf reagierten die bewegten Frauen mit dem berühmten Spruch „Befreit die sozialistischen Eminenzen von ihren bürgerlichen Schwänzen!"

Ruth Westerwelle erforscht als Fotografin die Rolle der Frauen der 1968er. Im Interview mit dem Deutschlandfunk sagt sie: „Es gab ja auch den Spruch ‚Wer zweimal mit derselben pennt, gehört auch zum Establishment'. Es gab nicht den Spruch: ‚Wer zweimal mit demselben ...' Und wie das so ist: Mit dem Pennen entstehen Kinder daraus. Und da fühlten die Jungs sich also nun gar nicht in der Lage, für ein Kind die Verantwortung zu übernehmen. Weltrevolution ja – aber nicht Vaterschaft! Deshalb sage ich: Dem kurzen Sommer der Liebe folgte der lange Winter der alleinerziehenden Frauen."

Rebecca Hillauer zeichnet für den Deutschlandfunk die Frauenbewegung ab Ende der 1960er Jahre nach. Rechtliche Gleichstellung und sexuelle Selbstbestimmung gehörten zu den zentralen Forderungen der Frauenbewegung. Dazu zählte das Recht, über den eigenen Körper zu entscheiden, wenn eine Frau schwanger wird, und die Akzeptanz von unverheirateten Müttern und ihren Kindern.

Eine Gruppe um die Filmemacherin Helke Sander gründete 1968 den Aktionsrat zur Befreiung der Frauen. Im September fuhr Helke Sander mit der hochschwangeren Sigrid Rüger zur Delegiertenversammlung des Sozialistischen Studentenbundes (SDS) nach Frankfurt am Main. Sander durfte dort als einzige Frau eine Rede halten. Thema: die überkommenen Geschlechterrollen. Nach ihrer Rede wollten die Männer zum nächsten Punkt übergehen, als Sigrid Rüger eine Tomate warf und auf dem Podium Hans-Jürgen Krahl traf, den Cheftheoretiker des SDS. Die Tomatenwerferin wird im DLF im O-Ton zitiert: „Nu war ja der Teufel los. Dieser Tomatenwurf, der war im Grunde genommen der Funken im Pulverfass. Weil ich habe gemerkt an den anderen Frauen, wie die aufgesprungen sind und wie die dazwischen gerufen haben und uns unterstützt haben, dass das jetzt endlich auf die Tagesordnung muss. Es wurde dann noch anderthalb Tage lang über das Verhältnis der SDS-Genossen zu ihren Frauen und zu den SDS-Genossinnen diskutiert. Das hat deutlich gezeigt, das war genau das Richtige."

Ich gestehe: Vor der Recherche zu diesem Buch hatte ich noch nie von Sigrid Rüger gehört. Warum kennen alle Rudi Dutschke oder Benno Ohnesorg oder Daniel Cohn-Bendit, aber nicht die revolutionären Frauen?

Dabei setzte die Frauenbewegung ab Ende der 1960er Jahre wichtige Rechte durch, von denen wir heute profitieren. 1970 wurden Mütter ohne Trauschein und ihre Kinder bessergestellt. Im Gesetz über die rechtliche Stellung nichtehelicher Kinder erhält die Mutter die elterliche Sorge. Und der Unterhaltsanspruch des Kindes gegenüber dem Vater wird verbessert.

1971 bekannten sich im *Stern* 374 Frauen dazu, illegal abgetrieben zu haben, darunter Alice Schwarzer. Der Kampf gegen den Paragrafen 218 im Strafgesetzbuch (StGB) verschaffte der Frauenbewegung viel Zulauf. Es sollte aber noch Jahre dauern, bis Abtreibung für Frauen zumindest unter bestimmten Voraussetzungen nicht mehr strafbar war.

1977 wurde das Eherecht reformiert. Das Zerrüttungsprinzip löste das Verschuldensprinzip ab. Das Unterhaltsrecht wurde angepasst. Erst jetzt wurde die Verpflichtung der Frau zur Haushaltsführung und Kindererziehung abgeschafft. 1977 war das Jahr meiner Einschulung. Meine Mutter arbeitete Vollzeit in der Fabrik und war zusätzlich von Gesetzes wegen zur Haushalts- und Sorgearbeit verpflichtet.

Auch das Namensrecht wurde 1977 geändert. Eheleute konnten nun seinen oder ihren Namen als gemeinsamen Ehenamen führen. Ich wusste davon nichts in meinem Dorf. Und ich unterstelle: die meisten Erwachsenen auch nicht. Ich erinnere mich noch gut daran, dass ich als Kind dachte, alle Erwachsenen heiraten, gründen eine Familie und Frauen heißen dann wie ihre Männer. Ich wollte aber meinen schönen Namen nicht hergeben. Seit 1994 können beide Eheleute ihren Familiennamen beibehalten.

1979 wurde der Mutterschutzurlaub eingeführt. Zusätzlich zu den Wochen rund um die Geburt können Mütter vier Monate zu Hause bleiben und bekommen in dieser Zeit Lohnersatzleistungen und Kündigungsschutz. Ab 1980 gibt es das Unterhaltsvorschussgesetz, das einspringt, wenn der andere Elternteil bei Alleinerziehenden nicht zahlt.

1980 wurde das Gesetz über die Gleichbehandlung von Männern und Frauen am Arbeitsplatz beschlossen, als Rechtsanspruch auch auf gleiches Entgelt. Trotzdem beträgt der Gender-Pay-Gap 2021 immer noch fast 18 Prozent. Dabei gibt es einen großen Unterschied. Nach den Daten des Statistischen Bundesamtes verdienen Frauen in Westdeutschland 19 Prozent weniger pro Stunde, in Ostdeutschland sechs Prozent.

1986 wurden erstmals Erziehungsgeld und Erziehungsurlaub eingeführt. Es gab für Mütter oder Väter, die ihr Kind selbst betreuen, zehn Monate lang 600 D-Mark monatlich. Meine Schwester und ich waren da schon Teenager und mein Bruder ein Jahr alt. Meine Mutter hatte von dieser gesetzlichen Neuerung also nichts mehr. Bis 1990 wurde das Erziehungsgeld schrittweise auf 18 Monate verlängert.

Die Frauen meiner Kindheit

Die Frauen in meinem Dorf in Oberfranken an der deutsch-deutschen Grenze waren Hausfrauen, Bauersfrauen, Fabrikarbeiterinnen oder sie unterstützten ihre Männer beim Führen eines kleinen Betriebes (Metzgerei, Bäckerei, Schreinerei, Baustoffhandel, Gastronomie ...). Manchmal machten sie auch mehrere dieser Jobs gleichzeitig. Die Männer gingen ihrer Arbeit nach oder trafen sich in der Kneipe. In der Schule gab es Lehrer und Lehrerinnen und natürlich gab es Krankenschwestern, Frisörinnen, Stewardessen und Helferinnen für Anwälte, Ärzte, Zahnärzte, die damals fast immer Männer waren. Männer waren die Chefs, Frauen hielten ihnen den Rücken frei, in der Firma wie zu Hause. Sie arbeiteten oft viel mehr als Männer. Aber das fiel mir gar nicht auf. Denn Haus- und Sorgearbeit wurde nicht als Arbeit gesehen.

Die Mentalität meines Dorfes entsprach eher den 1950er als den 1980er Jahren. Das habe ich aber erst begriffen, als ich die Welt der Großstädte und andere Wirklichkeiten kennenlernte.

In den Nachrichten hörte ich manchmal von Frauen mit anderen Berufen. Die hatten oft Doppelnamen und waren die ersten, die diese Position erreichten. Aber mit ihnen schien etwas nicht in Ordnung zu sein. Oft wurde bei jeder Kleinigkeit schlecht über sie geredet. Sie seien hässlich, verhärmt, prüde, kaltschnäuzig, untervögelt ... Sie wurden also nicht als angesehene Vorbilder präsentiert, sondern kritisiert.

DDR

Auch in der DDR-Verfassung stand, dass Männer und Frauen gleichberechtigt sind. Auch in der DDR waren Frauen keineswegs gleichberechtigt, doch hatten sie mehr Rechte als die Frauen im Westen. Und vor allem waren sie materiell unabhängiger von ihren Männern.

Um das Bild der Frau in der DDR kurz nach ihrer Gründung zu beschreiben, zitiert Rebecca Hillauer in einem Feature für DLF Kultur ihren ersten Ministerpräsidenten, Otto Grotewohl, in der Volkskammer: „Wir alle wissen, dass es keine soziale Gerechtigkeit im Gemeinschafts- und im Wirtschaftsleben gibt, solange die Frau eine zweitrangige Rolle darin spielt. So muss der Staat alles tun, damit die Frau ihre Aufgabe als Bürgerin und Schaffende mit ihren Pflichten als Frau und Mutter vereinbaren kann."

Auch hier ist von den „Pflichten als Frau und Mutter" die Rede. Die Zuständigkeit der Frau für Haushalt und Sorgearbeit wurde also ebenso wenig infrage gestellt wie im Westen. Aber immerhin wurde versucht, sie dabei zu unterstützen.

So trat bereits 1950 das „Gesetz über den Mutter- und Kinderschutz und die Rechte der Frau" in Kraft. Darin war neben Mutterschutz auch der Ausbau der staatlichen Kinderbetreuung geregelt, und die Berufstätigkeit der Frauen wurde gefördert. Die Wochen vor und nach der Geburt waren bei vollem Lohn freigestellt. Wenn Mütter stillten, gab es ab 1958 zusätzlich Stillgeld von monatlich zehn Mark. Ab Mitte der 1970er Jahre gab es weitere Verbesserungen für Mütter, darunter ein bezahltes Babyjahr.

1966 trat in der DDR das Familiengesetzbuch in Kraft. Damit waren qua Gesetz beide Eheleute für die Erziehung der Kinder zuständig und sollten sich die Hausarbeit teilen.

1972 wurde Abtreibung bis zur zwölften Woche der Schwangerschaft legal, auch ohne vorherige Zwangsberatung. Die Wunschkind-Pille gab es kostenfrei auf Rezept. Wenn eine Frau alleinerziehend war, wurde sie bei Wohnraum, Kinderkrippe, Kindergarten und Schulhort bevorzugt. Die Öffnungszeiten der staatlichen Kinderbetreuung erlaubte Frauen eine vergleichsweise normale Berufstätigkeit. Dahinter steckte aber weniger der Wunsch, Männer und Frauen wirklich als gleichwertig und gleichberechtigt zu sehen. Es ging eher um die Arbeitskraft Frau, die gebraucht wurde.

Die marxistische Theorie geht davon aus, dass mit der Abschaffung des Kapitalismus die Unterdrückung der Frau abgeschafft wäre. Daher beanspruchte die DDR für sich, sie habe mit dem Sozialismus auch die Gleichberechtigung der Frau verwirklicht.

Doch bei allen beruflichen Möglichkeiten hatten Frauen keine echte Chance, in die obersten Führungsgremien aufzusteigen. Die blieben auch in der DDR Männern vorbehalten. Und was das väterliche Engagement im Haushalt und bei der Kinderbetreuung anging, sah es im Osten ähnlich düster aus wie im Westen.

Von echter Gleichberechtigung konnte also keine Rede sein. Freie Frauengruppen, die sich unter SED-Bedingungen engagierten, taten das oft im Verborgenen und bis heute ist wenig über sie bekannt.

Jessica Bock macht drei Strömungen aus: Frauen für den Frieden, feministische Theologie und lesbische Gruppen. Sie waren, wie viele andere freiheitliche Denkräume, an die evangelische Kirche der DDR angebunden. Und sie waren immer gefährdet, durch die Staatsicherheit überwacht und verfolgt zu werden. Ihr Engagement drehte sich oft darum, Frauen Schutzräume zu bieten, sie zu stärken und zu ermutigen sowie sich miteinander zu vernetzen.

Wiedervereinigtes Deutschland

Mit der Wiedervereinigung erlebten Frauen in den neuen Bundesländern einen Rückschritt. Die Errungenschaften der DDR zur Vereinbarkeit von Familie und Beruf gingen mit der DDR leider unter. Das bedauerten nicht nur die Frauen in der DDR, sondern auch viele im Westen. Für Frauen in Westdeutschland brachten die Diskussionen zur Anpassung der zwei Rechtssysteme ein paar Fortschritte.

Die liberalen Abtreibungsregeln der DDR-Gesetzgebung wurden zwar verworfen. Doch ein Schwangerschaftsabbruch ist erlaubt und straffrei nach einer Vergewaltigung oder wenn medizinische Risiken vorliegen. Eine selbstbestimmte Entscheidung der Frau zur Abtreibung ist weiterhin rechtswidrig, bleibt aber straffrei, wenn sie in den ersten zwölf Wochen und nach einer verpflichtenden Beratung durch einen Arzt durchgeführt wird.

Das Schwangeren- und Familienhilfegesetz von 1992 ermöglicht Erziehungsurlaub bis zur Vollendung des dritten Lebensjahres des Kindes. Das Erziehungsgeld wird auf bis zu zwei Jahre ausgedehnt, vorausgesetzt, die Eltern fallen unter die Einkommensgrenzen. Frauen unter 21 Jahren bekommen Verhütungsmittel, wie etwa die Pille, nun kostenfrei auf Rezept, sofern sie gesetzlich krankenversichert sind. Für Kinder ab drei Jahren gibt es nun einen Rechtsanspruch auf einen Kindergartenplatz bis zum Schuleintritt.

1993 wurde mit Heide Simonis (SPD) in Schleswig-Holstein erstmals eine Frau Ministerpräsidentin eines Bundeslandes. 1994 wurde Jutta Limbach erste Präsidentin des Bundesverfassungsgerichts.

Auch wenn im Grundgesetz seit 1949 steht, „Männer und Frauen sind gleichberechtigt", konnte davon auch 1994 nicht die Rede sein. Daher wurde der Absatz 2, Artikel 3 des Grundgesetzes um einen Satz ergänzt: „Der Staat fördert die tatsächliche Durchsetzung der Gleichberechtigung von Frauen und Männern und wirkt auf die Beseitigung bestehender Nachteile hin."

Im selben Jahr trat das 2. Gleichberechtigungsgesetz in Kraft. Darin geht es vor allem darum, die Vereinbarkeit von Familie und Beruf zu fördern, geschlechtsspezifische Benachteiligung schärfer zu ahnden, Beschäftigte vor sexueller Belästigung zu schützen und mehr Frauen in die Gremien des Bundes zu bringen.

1996 wurde der Familienlastenausgleich neu geregelt und das Kindergeld für die ersten beiden Kinder auf 200 D-Mark im Monat angehoben.

Nach vielen hitzigen Debatten gab es 1997 eine große Abstimmung im Bundestag, ob die Vergewaltigung in der Ehe unter Strafe gestellt werden soll. Eine überwältigende Mehrheit von 470 Abgeordneten war für das Gesetz, 138 stimmten dagegen, 35 enthielten sich. Die 138 Nein-Stimmen kamen von Abgeordneten aus der FDP, der CDU und der CSU, darunter Horst Seehofer und Friedrich Merz.

1999 führte die Bundesregierung die Gender-Mainstreaming-Strategie zur Verbesserung der Gleichstellung von Männern und Frauen ein.

2001 ratifizierte der Bundestag das Zusatzprotokoll zum UNO-Übereinkommen zur Beseitigung jeglicher Form von Diskriminierung der Frau (CEDAW). Die Frauenrechte in Deutschland erreichen damit UNO-Standard.

2005 wurde Angela Merkel erste Bundeskanzlerin.

Unter dem Motto „Nein heißt Nein" wurde das Sexualstrafrecht reformiert und das sexuelle Selbstbestimmungsrecht gestärkt. Mit der 50. Änderung des Strafgesetzbuches im November 2016 traten folgende Änderungen in Kraft: Personen können für sexuelle Übergriffe, Nötigung oder Vergewaltigung bestraft werden, wenn sie sich über den erkennbaren Willen des Opfers hinweggesetzt oder eine Situation, in der das Opfer keinen Willen bilden oder äußern konnte, ausgenutzt haben.

Die Sexualisierung von Frauen, die staatliche Verfügung über ihren Körper und die ungleiche Verteilung der Sorge- und Erziehungsarbeit sind bis heute die Hauptfaktoren, die körperlichen Frauen das Leben schwer machen. Der Paragraf 219a etwa erschwerte es Frauen, sich neutral und kompetent von Ärzt*innen über Abtreibungen aufklären zu lassen. 2017 wurde die Gießener Ärztin Kristina Hänel zu einer Geldstrafe verurteilt, weil sie aus Sicht des Gerichts gegen Paragraf 219a, dem sogenannten Werbeverbot für Schwangerschaftsabbrüche, verstoßen hatte. Im Sommer 2022 schaffte die Ampelkoalition den Paragrafen ab.

Ich als Mutter

Meine Freundin in Ostberlin wurde Ende 2001 Mutter, ich im Frühling 2002. Einen riesigen Unterschied gab es in der Kita-Versorgung. Zwar gab es auch in Ostberlin nach der Wiedervereinigung Veränderungen in der Kinderbetreuung, aber im Vergleich zum Westen waren dort Anfang der 2000er Jahre paradiesische Zustände, was Plätze und Öffnungszeiten anging.

Ich hatte damals eine Art „6er im Lotto mit Superzahl", weil ich in Köln einen städtischen Kita-Platz für Kinder unter drei Jahren ergattert hatte. Aber selbst wenn mein Kind die gesamte Öffnungszeit in der Kita gewesen wäre, wäre ein Vollzeitjob nicht einmal zu ganz gewöhnlichen Arbeitszeiten möglich gewesen. Das war für Mütter im Westen nicht vorgesehen – oder nur für die, die familiäre Unterstützung hatten oder so viel Geld, dass sie sich eine Au-Pair-Aushilfe leisten konnten.

Homosexuellenrechte

Homosexualität ist so alt wie die Menschheit. Aber selten wurde sie offen toleriert. Gesetze, die Homosexualität kriminalisieren, richten sich oft explizit gegen schwule Männer. Lesben tauchten in der Gesetzgebung meist nicht auf. Sex ohne Penis war offenbar nicht vorstellbar. Diskriminiert wurden und werden Lesben freilich trotzdem.

Das Reichstrafgesetz von 1871 bezeichnete im Paragrafen 175 Sex zwischen Männern als „widernatürliche Unzucht" und stellte sie unter Strafe. Während der Weimarer Republik gab es Bemühungen um eine Liberalisierung. Das wurde von den Nationalsozialisten zunichte gemacht. Sie verschärften 1935 die Strafen deutlich. Der Tatbestand wurde erweitert und das Strafmaß massiv erhöht.

„Bis 1945 gab es etwa 50.000 Verurteilungen. Tausende schwuler Männer wurden in Konzentrationslager verschleppt. Nur eine Minderheit überlebte den Terror der Lager", schreibt der Lesben- und Schwulenverband auf seiner Website. Auch lesbische Frauen waren von NS-Verfolgung bedroht, wenn auch nicht aufgrund von Paragraf 175.

Wie bei den Frauenrechten gingen die DDR und BRD nach dem Krieg auch beim Paragrafen 175, der in beiden Ländern nach dem Nationalsozialismus weiter galt, unterschiedliche Wege.

In der DDR wurden homosexuelle Handlungen zwischen Männern ab 1957 kaum noch bestraft. 1968 wurde der Paragraf mit der Einführung des neuen Strafgesetzbuchs der DDR gestrichen. Es wurde aber ein neuer Paragraf eingeführt, der homosexuelle Handlungen mit Jugendlichen unter Strafe stellte. Diese Regelung wurde 1988 aufgehoben.

In der Bundesrepublik blieb die Nazifassung bis 1969 unverändert in Kraft. Geprägt von katholischen Moralvorstellungen sah das Bundesverfassungsgericht 1957 darin keinen Verstoß.

Erst 1969 gab es erste Erleichterungen. Mit dem 1. Strafrechtsänderungsgesetz wurden homosexuelle Handlungen unter erwachsenen Männern straffrei. Erwachsen hieß damals ab 21 Jahren. 1973 wurde das Alter auf 18 herabgesetzt.

1990 nahm die WHO mit der ICD-10 gleichgeschlechtliche Liebe aus dem Krankheitsregister.

Nach der Wiedervereinigung bestanden zunächst für mehrere Jahre getrennte Regelungen in Ost und West. Erst 1994 wurde der Paragraf 175 aus den StGB gestrichen. Es sollte bis 2017 dauern, bis deshalb Verurteilte rehabilitiert wurden.

Gesetze gegen männliche Homosexualität wurden häufig mit dem Jugendschutz begründet. Als ginge von schwulen Männern mehr Bedrohung für Kinder und Jugendliche aus als von heterosexuellen Männern. Und auch Frauen können für Kinder bedrohlich sein. Mit dem Paragrafen 182 wurde ebenfalls 1994 eine einheitliche Jugendschutznorm eingeführt, die Jugendliche vor jeder Form sexuellen Missbrauchs schützen soll.

Lange wurde um die gleichgeschlechtliche Ehe gestritten. Am 1. August 2001 wurde eine Art ‚Ehe light' eingeführt. Homosexuellen Paaren wurde eine eingetragene Lebenspartnerschaft ermöglicht. Damit wurden sie in der Erbschaftssteuer verheirateten Paaren gleichgestellt, im Familienrecht, Adoptionsrecht und bei der Einkommenssteuer jedoch nicht. Erst seit dem 1. Oktober 2017 steht die Ehe allen Paaren offen, egal ob homo- oder heterosexuell.

2020 beschloss der Bundestag ein Konversionsverbot bei Minderjährigen. Das heißt, Behandlungen, die Homosexualität als Krankheit sehen und sie ‚heilen' wollen, sind verboten.

Interrechte

Die Existenz von intergeschlechtlichen Menschen ist seit Menschengedenken bekannt. Das zeigt sich zum Beispiel in der griechischen Mythologie mit Hermaphroditis, dem Kind des Gottes Hermes und der Göttin Aphrodite, das männliche und weibliche Geschlechtsmerkmale vereint, oder in der hinduistischen Mythologie mit Ardhanarishvara, oder im Talmud mit den erwähnten Bezeichnungen (Siehe Kapitel „Binarität und geschlechtliche Vielfalt im Judentum“). Schon immer wurden Menschen mit gemischtgeschlechtlichen Körpern geboren. Und bei einigen von ihnen ist das äußerlich sichtbar.

Eine rechtliche Anerkennung als Intergeschlecht gab es lange Zeit nicht und in vielen Ländern ist das bis heute so. Die Existenz intergeschlechtlicher Menschen war jenseits der biologischen und medizinischen Fachwelt meist nur Betroffenen und deren Angehörigen bekannt. Sie war tabu und wurde versteckt. Es wurde nicht darüber geredet und so getan, als gäbe es keine intergeschlechtlichen Menschen. Bei der Geburt musste zwangsweise ein Geschlecht eingetragen werden.

Im Allgemeinen Preußischen Landrecht von 1794 regelte ein ‚Zwitterparagraf‘ die Rechte von Intersexuellen.

„**[Rechte]** *der Zwitter.*

§19 Wenn Zwitter geboren werden, so bestimmen die *Aeltern, zu welchem Geschlechte sie erzogen werden sollen.*

§20 Jedoch steht einem solchen Menschen, *nach zurückgelegtem achtzehnten Jahre, die Wahl frey, zu welchem Geschlecht er sich halten wolle.*

§21 Nach dieser Wahl werden seine Rechte künftig *beurtheilt.*

§22 *Sind aber Rechte eines Dritten von dem Geschlecht eines vermeintlichen Zwitters abhängig, so kann ersterer auf Untersuchung durch Sachverständige antragen.*

§23 Der Befund der Sachverständigen entscheidet, auch gegen die Wahl des Zwitters, und seiner *Aeltern.*“

Im Bürgerlichen Gesetzbuch 1900 wurde er gestrichen. Es gab rechtlich nur Männer und Frauen. Intergeschlechtlichkeit fand nur im Rahmen der Medizin statt. Über lange Zeit empfahlen Mediziner*innen abzuwarten, welches Geschlecht sich körperlich entwickelt beziehungsweise, was die Person nach der Pubertät wünscht. Operiert wurde aus medizinischen Gründen oder aus Sorge vor Ausgrenzung und Mobbing.

Das änderte sich in den 1960er Jahren. Wie im Kapitel Doing Gender erläutert, glaubte die Medizin damals, das geschlechtliche Empfinden sei vollständig anerzogen. Nun wurde oft und viel geschlechtszuweisend operiert, am besten so früh wie möglich, also noch am Säugling oder Kleinkind.

Ab den 1990er Jahren wurde diese Praxis zunehmend als Verletzung des Menschenrechts auf körperliche Unversehrtheit kritisiert.

2017 rügte die UNO-Frauenrechtskonvention Deutschland für die Praxis, intergeschlechtliche Babys ohne medizinische Notwendigkeit an den Genitalen zu operieren. Das ist seit 2021 in Deutschland verboten. Heute fordern betroffene Interpersonen und ihre Verbände Entschädigung für unnötige Operationen ohne Einwilligung.

Auch ein eigener Personenstand ist eine neue Entwicklung. Erst seit Ende 2013 können Eltern den Geschlechtseintrag ihres Kindes offenlassen, wenn eine Intergeschlechtlichkeit festgestellt wird. Das Recht auf einen eigenen positiven Personenstand mussten sich Interpersonen vor dem Bundesverfassungsgericht erstreiten. Dieses urteilte 2017, dass es neben Frau und Mann eine positive dritte Option geben muss. Am 18. Dezember 2018 wurde das Personenstandsrecht um den Eintrag ‚divers' erweitert und ist seit dem 1. Januar 2019 in Kraft.

Interpersonen können zum Standesamt gehen und per Verwaltungsakt ihr Geschlecht zu ‚weiblich', ‚männlich', ‚divers' ändern lassen, oder den Eintrag ganz streichen. Sie benötigen dafür eine ärztliche Bescheinigung oder müssen eine eidesstattliche Erklärung abgeben. Bei Kindern bis 14 Jahren müssen die Erziehungsberechtigten die Erklärung abgeben, Jugendliche können das mit der Unterschrift der Erziehungsberechtigten tun. Unter Umständen kann auch das Familiengericht eine Zustimmung erteilen.

Im Reisepass kann M für ‚male' (männlich), F für ‚female' (weiblich) und X für ‚divers', unbestimmt oder nicht-binär, eingetragen werden. Für den Reisepass gilt außerdem eine Sonderregel: Das Geschlecht im Pass muss nicht mit dem Personenstand übereinstimmen. Es besteht die Möglichkeit, als Personenstand ‚divers' anzugeben und im Reisepass das Geburtsgeschlecht zu belassen. Ziel dieser Regelung ist es, Reisebeschränkungen zu vermeiden. Die Betroffenengruppen finden diese Möglichkeit aber unbefriedigend. Denn nach medizinischen Maßnahmen entspricht das Aussehen mitunter eher dem Identitäts- als dem Geburtsgeschlecht. Zielführend wäre also hier ein Eintrag, der dem phänotypischen Geschlecht, also dem Aussehen, am ehesten entspricht.

Die Möglichkeit für Interpersonen, ‚divers' eintragen zu lassen, heißt nicht, dass intergeschlechtliche Menschen automatisch davon Gebrauch machen. Viele definieren ihre Identität durchaus binär als Mann oder Frau oder haben sich inzwischen so lange daran gewöhnt, dass sie keinen oder keinen dringenden Änderungsbedarf sehen.

Es gibt auch Interpersonen, die den Begriff ‚divers' kritisieren. Die in Kapitel 4 porträtierte Natascha bringt es auf den Punkt: „Ich habe nicht diverse Geschlechter, sondern eines. Meines." Bei der Neugestaltung der rechtlichen Regeln wäre es wünschenswert, dass es neben ‚divers' weitere Möglichkeiten des Personenstands gibt, wie zum Beispiel ‚inter' und ‚nicht-binär', wie es in Österreich möglich ist.

Das große Problem intergeschlechtlicher Menschen ist aber weniger ihr Personenstand. Es ist die medizinische Versorgung: Viel zu wenige Menschen wissen etwas über Intergeschlechtlichkeit. Selbst medizinisches Fachpersonal ist oft uninformiert. Es ist Glückssache, ob eine Ärzt*in, Pflegekraft, Psycholog*in über Intergeschlechtlichkeit informiert ist. Gleiches gilt für pädagogische Fachkräfte und erst recht für die Allgemeinbevölkerung. Es ist eine enorme Belastung, wenn eine erkrankte Person ihre Existenz erst einmal erklären muss, Fehlbehandlungs-, Ausgrenzungs-, Mobbing- und Diskriminierungsgefahr inklusive.

Transrechte

Zwar gab es schon immer Menschen, die in die soziale Rolle des anderen Geschlechts schlüpften. Ein eigenes Konzept zu Transidentität und entsprechende Gesetze, die den Personenstand regeln, gab es lange nicht.

1980 wurde das Transsexuellengesetz, kurz TSG, beschlossen und trat zum 1. Januar 1981 in Kraft. Damals galt das TSG als modern und fortschrittlich. Es ebnete für Transpersonen erstmals einen legalen Weg in ein Leben im Transgeschlecht, inklusive einer Änderung von Geburtsurkunde und Personenstand. Eine ältere Transfrau, die bereits vor Jahrzehnten transitionierte, sagte mir: „Das TSG hat mir damals das Leben gerettet."

Das TSG in seiner ursprünglichen Fassung sah eine kleine und eine große Lösung vor. Für die Namensänderung mussten die Betroffenen bei Gericht zwei Gutachten vorlegen, die ihre Transidentität bestätigen. Für eine Änderung des Personenstandes mussten sie zusätzlich geschlechtsangleichende Operationen durchführen, die sie unfruchtbar machten. Selbst Eltern werden durften Transpersonen nicht.

Im Laufe der Zeit gab es mehrere Urteile des Bundesverfassungsgerichts (BuVerfG), die immer mehr Teile des Gesetzes als verfassungswidrig beurteilten und außer Kraft setzten. 2011 kippte das BuVerfG die Pflicht zur geschlechtsangleichenden Operation. Eine Zwangs-OP und Sterilisierung für eine Änderung des Personenstandes sind seither nicht mehr zulässig. Auch dürfen Transpersonen inzwischen heiraten und Eltern werden.

Geblieben ist ein löchriges Gesetzeskonzept, das dringend reformbedürftig ist. Und geblieben ist die Pflicht zur Begutachtung. Sie ist Teil der aktuellen Debatte. Einerseits ist sie teuer und muss von den Transpersonen selbst bezahlt werden. Häufig werden etwa 2000 Euro als Kosten genannt. Zum Zweiten wird sie von vielen Transmenschen als entwürdigend empfunden, da sie fremden Personen gegenüber intimste Details offenlegen müssen. Und zum Dritten kritisieren Fachleute, die solche Begutachtungen durchführen, das Verfahren. Denn Identität lässt sich nicht objektiv begutachten.

Bei einer Detransition muss eine Person den gleichen Prozess nochmal durchlaufen.

Bis zum Jahr 2018 waren Transpersonen gezwungen, sich als ‚männlich' oder ‚weiblich' zu definieren. Seither gibt es zusätzlich den Personenstand ‚divers' und ein zweites Verfahren zur Änderung des Geschlechtseintrags über den Paragrafen 45b Personenstandsgesetz (PSG). Hierfür braucht es nur eine ärztliche Bescheinigung und den Weg zum Standesamt.

Zunächst freute sich die Trans-Community und sah darin eine Möglichkeit, die teuren und belastenden Begutachtungen und den TSG-Weg über das Amtsgericht zu umgehen. Die alte Bundesregierung sah das anders. In einem Rundschreiben wies das Bundesinnenministerium, geführt von CSU-Minister Horst Seehofer, die Standesämter an, dieses Verfahren nur für Interpersonen anzuwenden. Im April 2020 bestätigte der Bundesgerichtshof diese Sichtweise. Allerdings gibt es auch anderslautende Rechtsgutachten. Der Lesben- und Schwulenverband gibt auf seiner Seite eine Anleitung, wie Transpersonen das PSG-Verfahren trotzdem nutzen können und was die Unterschiede zum TSG-Verfahren sind.

Streit gibt es auch darüber, wie Elternteile eingetragen werden, nach Geburtsgeschlecht oder Identitätsgeschlecht? Ist eine Transfrau der Vater oder die Mutter des von ihr gezeugten Kindes? Ist ein Transmann die Mutter oder der Vater des ausgetragenen und geborenen Kindes? Bisher werden Transpersonen als Elternteil mit ihrem Geburtsgeschlecht eingetragen. Dagegen läuft eine Klage beim Europäischen Gerichtshof für Menschenrechte.

Ein anderes Problem haben Menschen mit dem Personenstand ‚divers'. Er ist im Familienrecht bisher nicht vorgesehen, weshalb in Darmstadt eine nicht-binäre Person klagt, damit sie als Elternteil ihres leiblichen Kindes eingetragen wird. Aus Sicht des Standesamts soll sie das Kind adoptieren.

Das deutsche Mutterschutzrecht erkennt inzwischen an, dass auch Transmänner oder Nicht-Binäre Kinder gebären können. Dafür wurde der Anwendungsbereich des Gesetzes ausgeweitet auf alle Menschen, die Kinder gebären können.

Bei den Vorsorgeleistungen der Krankenkassen ist diese Ausweitung nicht überall angekommen. So fallen nicht-binäre Personen durch das Raster, weil sie in den Systemen nicht vorgesehen sind, wie Jay, dier nach der Personenstandsänderung keine Einladung mehr zur Mammografie bekam.

Es besteht Einigkeit darüber, dass das TSG reformiert werden muss. Erbittert gestritten wird darum, wie die neuen Regeln aussehen sollen.

Erkämpfte Rechte müssen verteidigt werden

Erkämpfte Rechte für Frauen, Homosexuelle, Intergeschlechtliche oder Transpersonen bleiben nicht garantiert. Sie müssen immer wieder neu verteidigt werden. Weltweit gibt es auch eine Reihe von Gegen- und Rückwärtsbewegungen (Backlashs).

Der russische Präsident Wladimir Putin unterzeichnete im Juni 2013 ein „Gesetz gegen Homosexuellen-Propaganda", das die positive Erwähnung homosexueller Beziehungen in Gegenwart von Kindern unter Strafe stellte. Am 24. November 2022 verschärfte die Duma die Gesetzgebung noch. Werbung, Medien- und Online-Inhalte, Bücher, Filme und Theateraufführungen sind verboten, wenn sie „LGBTQ-Propaganda" enthalten. Was darunter zu verstehen ist, bleibt Interpretationssache. Im Zweifel kann bereits ein Interview mit einer schwulen oder lesbischen Person als Propaganda ausgelegt werden.

2021 hat China die Darstellung von ‚verweichlichten' Männern im Fernsehen verboten. Gezeigt werden sollen nur noch Männer mit maskuliner Ausstrahlung.

Backlashs gibt es auch in westlichen Staaten: rigide Abtreibungsverbote in mehreren Bundesstaaten der USA, strengere Abreibungsregeln und Homophobie auch in Ungarn und Polen.

Wir können uns nicht auf erreichten Freiheitsrechten ausruhen, sondern müssen sie immer wieder aufs Neue verteidigen.

Die aktuelle Transgender-Debatte in Deutschland

Wie im vorangegangenen Kapitel dargelegt, besteht Einigkeit darüber, dass das TSG von 1980 reformbedürftig ist. Warum wurde das nicht längst reformiert? Seit 2011 sind weite Teile des Gesetzestextes nicht mehr anwendbar, weil als verfassungswidrig eingeordnet. Seither scheiterten alle Versuche, das TSG durch ein moderneres Gesetz zu ersetzen.

Am 30. Juni 2022 legte die Bundesregierung die Eckpunkte für ein Selbstbestimmungsgesetz vor. Zunächst sollte bis Jahresende ein Gesetzesentwurf fertiggestellt werden. Dann hieß es, das Gesetz werde bis zur Sommerpause 2023 im Bundestag verabschiedet. Anfang 2023 gibt es keinen klaren Zeitplan. In einem Interview mit der *Zeit* betont Bundesjustizminister Marco Buschmann: „Meine Motivation ist, dass wir zügig vorankommen. Ich halte das für einen Baustein einer liberalen Gesellschaftspolitik, deshalb muss es vor allem gut gemacht sein. Wenn im Gespräch mit einem anderen Ministerium noch Fragestellungen auftauchen, kann es vielleicht etwas länger dauern, das zu lösen."

Das Problem: Die rechtliche Definition von Geschlecht geht weit über die betroffene Person hinaus. Sie hat zahlreiche Rechtsfolgen für Dritte. Denn unsere Gesellschaft ist durch und durch nach Geschlecht organisiert.

In diesem Kapitel beleuchte ich die aktuelle Debatte um das Selbstbestimmungsgesetz in Deutschland. Ich frage, warum der Staat überhaupt Daten über das Geschlecht erhebt und wozu er sie verwendet. Ich beleuchte Lebenssituationen, in denen wir nach Geschlecht trennen, und hinterfrage, welche Aspekte von Geschlecht dabei im Mittelpunkt stehen: Körper, Identität oder Verhalten?

Widerstreitende Positionen

Im Kern des Streits stehen unterschiedliche Konzepte von Geschlechtlichkeit und ihrer Rolle in der rechtlichen und gesellschaftlichen Definition von Geschlecht. Während die eine

Seite ausschließlich das Körpergeschlecht als rechtlich relevant betrachtet, will die andere ausschließlich die Selbstaussage zur Geschlechtsidentität heranziehen.

Auf transaktivistischer Seite wird häufig die Ansicht vertreten, Geschlecht werde im Kopf bestimmt. Es sei ein gesellschaftliches Konstrukt und Körper spielten keine Rolle. Die Existenz intergeschlechtlicher Menschen wird benutzt, um die These zu untermauern, Geschlecht sei ein Spektrum. In diesem Kontext wird der Aufsatz ‚Sex redefined' in der Fachzeitschrift *Nature* von Claire Ainsworth aus dem intergeschlechtlichen Kontext gerissen und auf Transgender projiziert. Daraus abgeleitet wird die Forderung, Menschen sollten ihr Geschlecht frei bestimmen und jederzeit wechseln können. Alle Hürden, die sie daran hindern, sollten abgebaut werden.

Den Weg dafür soll das Selbstbestimmungsgesetz ebnen. Der Geschlechtseintrag im Personenstandsregister, also das rechtliche Geschlecht, das in Geburtsurkunde oder Pass steht, soll einfach geändert werden können, ähnlich der Meldeadresse nach einem Umzug. Wobei: Bei der Meldeadresse müssen wir einen Beleg liefern, dass das wirklich unsere Wohnadresse ist, etwa durch die Unterschrift unserer Vermieter*in. Die Änderung des Geschlechtseintrags soll nur auf der Selbstaussage beruhen und sich beliebig oft ändern lassen.

Dagegen laufen andere aus unterschiedlichen Motiven Sturm.

Konservativ-religiöse Gruppen sehen Homosexualität, Transgender, reproduktive Selbstbestimmung als widernatürlich und gegen die göttliche Ordnung. In den jeweils konservativen Lesarten monotheistischer Religionen dominiert die Ansicht: Gott hat Mann und Frau geschaffen, damit sie Kinder kriegen. Daran soll der Mensch nichts ändern. Liberal-Religiöse haben andere Positionen: Wenn Gott homosexuelle Menschen erschaffen hat, kann daran nichts falsch sein.

Im rechtspopulistischen, völkischen bis rechtsextremen Lager dominiert die Idee einer Familie mit dem Mann als Oberhaupt und der Frau als Mutter und Gefährtin des Mannes. Auch wenn es bei AfD und Co. einzelne LGBs gibt, sind in diesem Weltbild weder Homosexualität noch Transgender als gleichwertig akzeptiert. Frauen sollen das tun, wofür sie aus patriarchaler Sicht gemacht sind: Kinder kriegen, sich um diese kümmern, kochen, putzen, gut aussehen und dem Mann zur Verfügung stehen.

Diese Positionen werde ich hier nicht diskutieren, denn sie haben ein anderes Ziel, als ich mit diesem Buch verfolge: Sie wollen zurück zu einer geschlechterstereotypen, patriarchalen Gesellschaft. Ich will gleiche Rechte und Chancen für alle.

Im Folgenden beschäftige ich mich mit den Konfliktlinien, die es innerhalb der LGBTIQA-Community gibt, beziehungsweise zwischen Transgender-Aktivismus und feministischem Kampf. Hier sind die gemeinsamen Ziele Chancengerechtigkeit, Vielfalt, Nicht-Diskriminierung und doch wird erbittert gestritten.

Da sind Feminist*innen, unter ihnen viele lesbische Frauen und solche, die Missbrauch erlebt haben, die es ablehnen, dass der Körper bei der Geschlechtsbestimmung keine Rolle mehr spielen soll. Sie sehen hart erkämpfte Räume und Rechte von körperlichen Frauen bedroht, insbesondere, wenn männlich sozialisierte Personen mit Penis in Frauenräume eindringen oder auf Frauenplätzen kandidieren.

Auch viele Schwule und Lesben sehen hart erkämpfte Rechte in Gefahr. Sie werfen Transaktivist*innen vor, Vielfalt zu zerstören und homosexuelle Orientierung als Transgender umzuinterpretieren.

Beide werfen Transaktivist*innen vor, stereotype Bilder von Männern und Frauen zu zementieren, statt Stereotype abzubauen.

Kritik kommt auch von Transpersonen selbst. Sie sehen die hart erkämpfte Akzeptanz für Transgender in der Gesellschaft gefährdet, wenn Personen mit männlichem Hormonstatus und Penis darauf bestehen, eine Frau zu sein, und Zugang zu sämtlichen Frauenräumen einfordern, inklusive Frauensauna und Frauendusche. Sie definieren trans enger und sehen Geschlechtsdysphorie als Voraussetzung einer Transidentität, verbunden mit einem Bedürfnis der körperlichen Transition. Einige Transpersonen berichteten mir, dass mit dem Outing als trans bei ihnen ein Prozess angestoßen wurde, der nicht ohne körperliche Angleichung ausgekommen wäre, mindestens so weit, bis sie von außen im Identitätsgeschlecht wahrgenommen werden. Für manche ist der Personenstandswechsel Ziel und Krönung ihrer körperlichen Transition, nicht ein Startschuss oder gar der einzige Akt, auf den nichts folgt.

Anderen macht die wachsende Zahl von Jugendlichen Sorgen, die sich als transident identifizieren und ihre Körper mittels Hormonen und Operationen zum Wunschgeschlecht modellieren wollen. Dabei geht es weniger darum, dass sie Transgender generell ablehnen. Viele wünschen sich einfach mehr Vorsicht und Bedacht, weil Hormone und Operationen irreversible Folgen haben, eine Entscheidung also gut überlegt sein will.

Detrans-Personen, die sich an die Öffentlichkeit trauen, sind ein trauriges Zeugnis solch vorschneller Entscheidungen und müssen ihr Leben lang mit den irreversiblen Folgen klarkommen.

In diesem Kontext fordern viele mehr medizinische Evidenz, Aufklärung und Langzeitstudien. Denn die Datenlage ist dünn.

Auch unter den Menschen mit Varianten der Geschlechtsentwicklung (DSD) gibt es vielfältige Positionen. Wie wir am Anfang des Buches gesehen haben, gelten nicht alle der vielen Varianten als intergeschlechtlich. Selbst in der Wissenschaft gibt es unterschiedliche Definitionen.

Außerdem gibt es Interpersonen, die sich im binären Mann-Frau-System wohlfühlen. Gleichzeitig war es eine intergeschlechtliche Person, die das Recht auf einen eigenen dritten Personenstand vor dem Bundesverfassungsgericht erstritten hat.

Es gibt also vielfältige sachliche Fragen, Argumente, Sorgen oder Einwände, die es wert sind, genauer betrachtet zu werden, und über die wir als Gesellschaft debattieren müssen.

Vergiftetes Debattenklima

Das Problem dabei: Die Debatte ist vergiftet. Es dominieren radikale Positionen. Menschen werden in ‚Lager' eingeteilt, als Freund*in oder Feind*in identifiziert und gefeiert oder bekämpft. Entweder TRA (radikale Transaktivist*in) und misogyn oder TERF (Transexclusionary Radical Feminst) und transphob, schwarz oder weiß.

Transkritiker*innen verwehren Transpersonen häufig die Ansprache im Transgeschlecht und misgendern absichtlich, was den Konflikt verschärft. Sie beharren auf Zweigeschlechtlichkeit und schreiben, niemand könne sein Geschlecht ändern. Das finden viele Transpersonen verletzend.

Mit dem Argument „Transrechte sind Menschenrechte" wird auf Seiten der Transaktivist*innen jede Debatte um die Menschenrechte anderer Gruppen abgewürgt. Eine laute Minderheit innerhalb der Trans-Community behauptet, für die ganze queere Community zu sprechen. Manche behaupten sogar, sie würden auch für Frauen sprechen, und wüssten als Transfrauen besser über Frausein Bescheid als geburtsgeschlechtliche Frauen. Wenn Frauen kritische Fragen stellen, werden sie als transfeindlich, Fascho oder Nazi beschimpft. Gleiches passiert Transpersonen, die sich kritisch äußern. Ihnen wird gerne ein verinnerlichter Transhass angedichtet. Detrans-Personen werden ebenfalls bekämpft.

Social-Media-Plattformen und öffentliche Proteste werden genutzt, um Menschen als untragbar erscheinen zu lassen und ihnen konkret zu schaden. Die Beschimpfung als TERF ist das eine. Mit lautstarken Protesten, dem Ausschluss von Veranstaltungen bis hin zu Vorwürfen, rechtsradikale Netzwerke zu unterstützen, und dem Ruinieren beruflicher Karrieren wird scham- und würdelos gehetzt.

Ein Beispiel hierfür ist die britische Philosophie-Professorin und Lesbe Kathleen Stock. In ihrem Buch *Material Girls* untersucht sie die ‚Theorie der Transidentität', wie sie von den britischen Queer- und Trans-Organisationen *Stonewall* und *Mermaids*, aber auch von deutschen Transaktivist*innen, propagiert wird, und kritisiert sie als inkonsistent und frauenfeindlich. Transpersonen spricht sie in dem Buch wiederholt ihre Wertschätzung aus und fordert Toleranz und Unterstützung für transidente Menschen. Trotzdem gab es 2021 eine transaktivistische Kampagne gegen sie, die sie als transfeindlich brandmarkte und die so heftig geführt wurde, dass Stock Sicherheitsmaßnahmen für ihre Wohnung ergreifen musste und im Oktober 2021 ihren Lehrstuhl für Philosophie aufgab.

Im Herbst 2022 wurde ich auf Twitter teilweise für den gleichen Tweet sowohl von radikal-feministischer als auch von radikal-transaktivistischer Seite angegriffen. Die einen identifizierten mich als TRA, die anderen als TERF. Manchmal war ich mir nicht einmal sicher, von welcher Seite eine Anfeindung kam. Es wurde nur gehetzt, ohne Inhalt und Argumentation.

In diesem hasserfüllten Schwarz-weiß-Denken sehe ich eine große Gefahr: Wenn Transaktivist*innen alles als rechts und faschistisch framen, was nicht dem eigenen Narrativ entspricht, verharmlosen sie rechten Extremismus und Faschismus und verwischen die Grenzen nach rechts; zur Freude von Rechten und Radikal-Religiösen, denn es macht sie anschlussfähig und das ist gefährlich.

In Gesprächen haben mir Menschen, egal ob cis, trans oder inter, erzählt, dass sie sich nicht öffentlich äußern möchten, weil die Debatte zu aggressiv geführt werde. Es werden also wichtige Meinungen und Stimmen mundtot gemacht. Eine Netzwerk-Kollegin schrieb: „Eine offene Diskussion ist aktuell leider nicht möglich. Der kleinste Einwand, ja schon ein Nachfragen wird als transphob ausgelegt (aktuelles Beispiel die Schwimmerin Lia Thomas) oder von tatsächlich Transphoben vereinnahmt, so dass mir persönlich jegliche Lust, mich darüber zu unterhalten, vergangen ist."

Alle Seiten heizen Grundsatzdiskussionen an, übertreiben, verzerren und beharren darauf, im Recht zu sein. Es wird viel gegiftet und geblockt, aber wenig zugehört und debattiert. Moderate, kompromiss- und lösungsorientierte Positionen haben es schwer.

Der Hass wird zwar auf Social Media geschürt, aber er bleibt nicht dort. Gewaltbereitschaft wird angeheizt, indem die gegnerische Seite entmenschlicht wird. Aus Menschen, die kritische Fragen stellen, werden TERFs. Fernseh-Moderator und Satiriker Jan Böhmermann machte daraus im Dezember 2022 gar „TURDs", Scheißhaufen. Die Botschaft: TERFs sind keine Menschen, verdienen keine Menschlichkeit und müssen mit allen Mitteln entschieden bekämpft werden.

Auf eine Frage auf Twitter, was sie mit TERFs machen würde, schrieb eine Transaktivist*in: „Brenn, Hexe brenn.“ Auf dem Stuttgarter CSD im Sommer 2022 verteilte die Linke-queer Postkarten mit der Aufschrift „TERFs can suck my huge trans cock“, was so viel heißt wie: „Transkritische Feminist*innen können meinen riesigen Trans-Schwanz lutschen.“ Beim Dyke March 2022 in Köln kam es zu Ausschreitungen zwischen Lesben und Transaktivist*innen. Eine lesbische Frau wurde verletzt.

In den USA wurde im September 2022 bei der *Burlingten Pride Parade* ein Veteran der Gay-Bewegung, Fred Sargeant, von Transaktivist*innen angegriffen und zusammengeschlagen. Der inzwischen 74-jährige französisch-amerikanische Aktivist hatte 1969 an den *Stonewall Riots* in New York teilgenommen und war Mitbegründer des ersten Gay Pride in New York City 1970. Auf der Parade 2022 protestierte er gegen Homophobie und Frauenfeindlichkeit in der Trans-Community.

Als der Transmann Malte C. beim CSD 2022 in Münster lesbische Frauen gegen Beschimpfungen und Angriffe eines Mannes verteidigte, wurde er von diesem so schwer verletzt, dass er später seinen Verletzungen erlag. Diese Tragödie als Folge von Zivilcourage, verübt von einem Täter mit toxischem Männlichkeitsbild, wurde von beiden Seiten missbraucht. Manche Feminist*innen misgenderten Transmann Malte als Frau. Manche Transaktivist*innen gaben Frauen (TERFs) die Schuld an seinem Tod.

Beide Seiten wenden in dieser giftigen Debatte Strategien an, die ihre Position stärken und die andere schwächen sollen. Dabei ignorieren sie wichtige Aspekte, Einwände und Beispiele der jeweils anderen Seite, werten sie ab oder bezweifeln deren Wahrheitsgehalt. Umgekehrt überzeichnen, dramatisieren und erhöhen sie Aspekte, Einwände und Beispiele, die die eigene Position stärken. Es wird also auf beiden Seiten viel schwarzweiß gemalt. Dabei könnten sie auch aufeinander zugehen, einander zuhören, ausloten, wo es Gemeinsamkeiten gibt, Interessenskonflikte transparent machen und Kompromisse finden.

Zu den feministischen Kritikerinnen gehören zum Beispiel die Frauenrechtsaktivistin Alice Schwarzer, die Biologin Marie-Luise Vollbrecht und die Menschen- und Frauenrechtsaktivistin Inge Bell von Terre des Femmes.

Personen aus diesem Umfeld gendern zwar häufig, aber nur mit Binnen-I. Den Genderstern oder andere inklusive Zeichen lehnen sie ab, um zu zeigen, dass sie nur zwei Geschlechter akzeptieren. Damit kritisieren sie vor allem das neue Konzept der Nicht-Binarität. Das kritisieren auch viele Transpersonen, insbesondere dann, wenn sie sich klar binär und gegengeschlechtlich sehen und ihre Körper entsprechend angepasst haben. Intergeschlechtliche Menschen sind aus dieser Perspektive ebenfalls Mann oder Frau, je nachdem, ob sie über Hoden- oder Eierstockgewebe verfügen. Und die wenigen, die über beides verfügen, werden als zahlenmäßig irrelevant ausgeblendet.

Auf der Seite des Transaktivismus jüngeren Datums finden wir neben Sven Lehmann, Queer-Beauftragter der Bundesregierung, und Tessa Ganserer, Transfrau und Bundestagsabgeordnete der Grünen, auch die Transorganisationen *Bundesverband Trans** und DGTI sowie zahlreiche Influencer*innen, bei denen es sich hauptsächlich um Transfrauen handelt. Die Position dieser Seite lässt sich mit einem Zitat von Lehmann aus der Zeit im April 2022 beschreiben: „Trans Frauen sind Frauen. Und trans Männer sind Männer. Punkt. Alles andere ist transfeindlich."

Dabei übersieht diese Seite zwei wichtige Punkte: Zum einen hat sich der Begriff Transgender verändert. Als trans bezeichnen sich heute nicht nur transidente Menschen mit starker Körperdysphorie, sondern eine Reihe weiterer Gruppen, die nicht im klassischen Sinn transident sind, sondern bestimmte Stylings bevorzugen oder erotisch finden, sowie Menschen, die mit dieser Bezeichnung zeigen, dass sie Geschlechterstereotype ablehnen, aber auch solche, die genau diese Stereotype als geschlechtsprägend markieren.

Zweitens wird in dieser Lesart versäumt, die globale Diskriminierungskategorie ‚Sex' zu benennen und zu berücksichtigen.

Sie wird Transgender einverleibt und untergeordnet. Schließlich werden Frauen weltweit nicht unterdrückt und weibliche Föten häufiger abgetrieben, weil sie sich mit dem Geschlecht Frau identifizieren, sondern wegen der Merkmale XX und/oder Vulva. Weltweit werden Frauen wegen ihres Körpers diskriminiert, Abtreibungsverbote auch nach Vergewaltigung und Feminizide inklusive. Die Jahrtausende alte Diskriminierung, die kollektive Unterdrückungserfahrung durch das Patriarchat wird ignoriert. Wenn Frauen auf diese Tatsachen aufmerksam machen, werden sie von radikalen Transaktivist*innen als transfeindlich, faschistisch und als Nazis beschimpft. Das ist zutiefst misogyn.

Auf der Strecke bleiben in dieser feindseligen Debatte auch Detrans-Personen, also Menschen, die ihre Transition rückgängig gemacht haben. Die transkritische Seite bläst jede Geschichte auf, um sie gegen ein Selbstbestimmungsgesetz zu richten. Transaktivist*innen blenden sie aus und werten sie als irrelevante Einzelfälle ab, die ignoriert werden können. So werden mit dem Argument der Würde Minderheitenrechte eingefordert und gleichzeitig genau diese Würde einer anderen Minderheit verweigert.

Niedergemacht und ausgeblendet werden auch die Berichte von Transpersonen, die Jahre nach ihrer Transition zwar nicht unglücklich sind, ihre Entscheidungen aber inzwischen reflektierter betrachten als zum Zeitpunkt der Transition, wie die zitierte Aleksa Lundberg aus Schweden.

Dabei sind gerade die Erfahrungen all dieser Menschen wichtig für Personen, die eine Identitätskrise in Bezug auf ihr Geschlecht durchleben, um sich über mögliche Neben- und Folgewirkungen zu informieren, über mögliche Schwierigkeiten und die Strategien, damit umzugehen.

Transpersonen sind Menschen wie andere auch. Nicht besser, nicht schlechter. Mehr Sachlichkeit ist bitter nötig. Wir brauchen ein neues Gesetz, das der gesellschaftlichen Wirklichkeit und dem Stand der Forschung Rechnung trägt. Wir brauchen ein Gesetz, das die Menschenrechte aller Gruppen achtet.

Das bedeutet: Wir müssen unsere Definitionen von Geschlecht ausleuchten, hinterfragen, an welchen Stellen unseres Lebens das

Geschlecht welche Rolle spielt, und darauf achten, welche Auswirkungen das neue Gesetz hat. Menschenrechte sind Individualrechte und gelten für jeden einzelnen Menschen. Ich kann nicht ein Menschenrecht durchsetzen, indem ich ein anderes Menschenrecht verwehre.

Hoffnungsfroh stimmen mich Personen wie die schwedische Transfrau und CEO Caroline Farberger. Im *Stern*-Podcast *Die Boss* erzählt sie von den zwei Perspektiven auf ihre Karriere: als der Mann, der sie war, und als die Frau, die sie ist. Wie privilegiert sie als Mann gewesen sei, habe sie erst gemerkt und verstanden, als sie ihr Leben als Frau führte. „Ich dachte wirklich fälschlicherweise, dass das Spielfeld, die Plattform, für alle gleich sei", so Farberger. Heute schäme sie sich dafür. „Was ich nicht erkannte, war mein Privileg, als Mann jeden Tag einfach ich selbst zu sein. (...) Ich konnte in jeder beliebigen Stimmung ins Büro kommen: glücklich, wütend oder was auch immer. Und meine Autorität wurde nie infrage gestellt." Frauen hätten im Geschäftsleben einen engeren Korridor an akzeptierten Verhaltensweisen als Männer.

Letztlich bieten doch gerade Transpersonen die Chance, uns von beiden Seiten der Medaille zu erzählen. Denn schließlich ist es dieselbe Person, die je nach gelesenem Geschlecht unterschiedlich behandelt wird. Das gelingt aber nur, wenn wir beides anerkennen: Transgeschlechtlichkeit und die Diskriminierung aufgrund von Körpergeschlecht.

Das Genderbias in der Transdebatte

Je mehr ich mich in dieses Thema vertieft habe, umso häufiger stieß ich auf Geschlechterstereotype, die als geschlechtsbestimmend herangezogen werden, auf Unstimmigkeiten und verstörende Feindseligkeit, totalitäre Sichtweisen, teilweise offene Misogynie und Sexismus im Namen von Transrechten. Diese Genderbias möchte ich beleuchten. Denn sie sind wichtig, wenn wir geschlechtliche Vielfalt dazu nutzen wollen, das Patriarchat zu überwinden und Vielfalt zu feiern, anstatt Genderstereotype zu zementieren.

Wir sagen geschlechtliche Vielfalt und reden über Transfrauen

Es gibt etwa gleich viele Transfrauen und Transmänner. In der jungen Bevölkerung gibt es viel mehr Transmänner als Transfrauen, in der älteren ist es umgekehrt. Trotzdem stehen weit überwiegend Transfrauen auf der öffentlichen Bühne und im Mittelpunkt. Transmänner kommen selten vor. Warum ist das so? Dafür gibt es mehrere plausible Erklärungsansätze:

- Wenn eine Transperson mittels Hormonen und geschlechtsangleichender Operationen anstrebt, sich optisch dem Identitätsgeschlecht möglichst anzugleichen, ist das für Transmänner leichter als für Transfrauen. Das Testosteron führt zu vermehrter Körperbehaarung und zum Stimmbruch. Die tiefe Stimme bleibt, egal ob durch natürliche Pubertät oder künstliche Transition verursacht. Auch andere durch das Testosteron angestoßenen Vermännlichungen lassen sich durch eine Östrogenbehandlung nicht rückgängig machen, breite Schultern etwa, die Körper- und Schuhgröße oder kantige Gesichtszüge. Das führt dazu, dass bei Transfrauen, die im Erwachsenenalter transitionieren, ihr männlicher Körper häufig noch durchschimmert. Sie können ihre Transgeschlechtlichkeit also schlechter verbergen.
- Durch die patriarchale Hierarchie in unserer Gesellschaft erleben Transmänner, die als Männer gelesen werden, einen gesellschaftlichen Aufstieg. Transfrauen dagegen einen Abstieg, inklusive Sexismus, Misogynie und Diskriminierung, die sie als Mann nicht kannten. Das empört verständlicherweise Transfrauen. Transmänner dagegen verspüren vielleicht gar keine Notwendigkeit, ihre Besserstellung zu gefährden.
- Die patriarchale Sozialisation führt dazu, dass Transfrauen, besonders wenn sie erst als Erwachsene, möglicherweise nach einer erfolgreichen Karriere, transitionieren, häufig ihren männlichen Habitus beibehalten, also dominant, laut und durchsetzungsorientiert ihre Interessen vertreten. Umgekehrt legen Transmänner ihren weiblichen Habitus, der sie zur Zurückhaltung erzogen hat, nicht einfach ab.

Es wirken also unterschiedliche Faktoren zusammen mit dem Ergebnis, dass Intergeschlechtliche wie Transmänner aus der öffentlichen Debatte und Wahrnehmung verdrängt werden. So wie es Lesben schwer haben, sich in der schwulen Dominanz Gehör zu verschaffen. So wie Frauen von Männern verdrängt werden. Es ist immer das gleiche patriarchale Muster.

Wenn wir Vielfalt ernst meinen, müssen wir geschlechterbezogene Verzerrungen wahrnehmen und bewusst überprüfen, ob unsere mediale Darstellung von genderqueeren Lebenswelten tatsächlich vielfältig ist oder einfältig bestimmte Wirklichkeiten und Interessen abbildet.

Umso verstörender wird dies, weil sich in der Transdebatte zuletzt vermehrt Transfrauen zu Wort melden, die aussehen wie Männer, sich benehmen wie Männer und offenbar nur mäßig unter Geschlechtsdysphorie leiden, sich also in ihrem männlichen Körper wohl fühlen, ihn aber weiblich verstanden wissen wollen. Dazu kommen Transfrauen, die körperlichen Frauen erklären wollen, was eine Frau ausmacht, sogar glauben, es besser zu wissen. Und wer ihnen widerspricht, wird als transphob geächtet. Es ist faszinierend und verstörend gleichermaßen. Unter dem Schlagwort geschlechtliche Vielfalt wird genau diese Vielfalt bekämpft.

Binäres Denken dominiert die Debatte

Judith Butler wie Pierre Bourdieu gehen auf das Phänomen ein, dass wir gerne in binären Kategorien denken: oben-unten, ja-nein, richtig-falsch, schwarz-weiß, Mann-Frau. Mir ist dieses Denken schon in unzähligen Debatten und Fragestellungen begegnet. Gestritten wird darüber, wer recht hat. Doch die adäquate Antwort ist nicht „entweder oder" sondern „sowohl als auch" oder „kommt darauf an". Ausgerechnet die Debatte über geschlechtliche Vielfalt wird hochgradig binär geführt: entweder Körper oder Identität.

Die evolutionsbiologische Perspektive verkennt, dass Geschlecht in der Gesellschaft von mehr abhängt als dem Chromosomensatz oder den Gameten. Intergeschlechtlichkeit wird unter den Teppich gekehrt, Transgeschlechtlichkeit oft abgewertet.

Die transaktivistische Seite tut so, als ob Körpergeschlecht ein gesellschaftliches Konstrukt wäre. Sie leugnet damit nicht nur medizinische und biologische Standards, sondern ignoriert die globale Diskriminierungskategorie ‚Sex' (körperliches Geschlecht).

Wie binär auch Transpersonen denken, zeigt das im Kapitel Doing Gender zitierte Beispiel von Freddy McConnell, dem britische Transmann, der zwei Kinder zu Welt gebracht hat. Als er im Dokumentarfilm ein Baby geboren hat, ist sein erster Satz: „Es ist ein Junge." Dem Neugeborenen wird durch einen Blick zwischen die Beine ein Geschlecht zugewiesen. Im Januar 2022 brachte Freddy McConnell sein zweites Kind zur Welt, auch hier sofort mit einer Geschlechtszuweisung: ein Mädchen.

Gerade im Kontext von Transgender hatte ich mit mehr Sensibilität und weniger binärer Geschlechtszuweisung gerechnet. Mein Bauch sagt mir: Sigi, wundere dich nicht. Transpersonen unterliegen den gleichen stereotypen Vorstellungen von Mann und Frau wie alle anderen auch.

Die Natur ist nicht zweigeteilt und nicht in eckigen Schubladen organisiert. Sie bevorzugt Wellen, Spektren und fließende Übergänge, ganz egal, ob Schall, Farbe oder Geruch, Magnet, Wasser, Wind oder Wärme. Andererseits brauchen wir Kategorien, um diese Welt zu erfassen und uns in ihr zu orientieren.

Was können wir von der Natur lernen? Zwischen Schwarz und Weiß liegen alle Farben des Regenbogens. Dennoch können diese nicht von einer in eine andere Farb-Kategorie springen. Blau wird nicht einfach zu Gelb, weil es sich so fühlt. Und wenn ich Blau und Gelb mische, entsteht Grün, eine weitere Farbe.

Auf Albert Einstein geht die Aussage zurück, dass sich Probleme nicht mit dem Denken lösen lassen, durch das sie entstanden sind. Wenn unser Gendertrouble also daher kommt, dass wir zu binär denken und die Wirklichkeit komplexer ist, sollten wir dazu übergehen, die Wirklichkeit der Dinge zu akzeptieren und unser Denken für mehr als zwei Geschlechterkategorien öffnen. Auch wenn diese biologisch kein eigenes Geschlecht bilden, schaffen sie doch Raum für Vielfalt.

Und wenn außerdem unser aller Denken kulturell geformt und von patriarchalen Geschlechter- und Machtverhältnissen belastet ist, die sich tief in unsere gesellschaftlichen Strukturen und unsere Gehirne eingegraben haben, müssen wir dies berücksichtigen und sehr genau aufpassen, dass wir wirklich Vielfalt und Chancengerechtigkeit herstellen und nicht eine neue Form patriarchaler Machtdemonstration.

Die Re-Stereotypisierung von Geschlecht

Im September 2021 sprach die WDR-Journalistin und Grünen-Politikerin Georgine Kellermann in der *taz* über ihr Comingout als Transfrau: „Ich selbst habe seit dem Outing alles weggegeben, was mich zu einem Mann gemacht hat." Auf die Nachfrage der *taz* „Was meinen Sie?" antwortete Kellermann: „Na ja, den Anzug zum Beispiel."

Wie bitte?

Ein Rock und hohe Schuhe machen eine Frau, Hosen und Anzug einen Mann? Und das sagt eine Person, die intelligent und gebildet ist und als Reporterin ein Gespür haben sollte für die Wirkung von Sprache.

Machen wir den Flip-Test, wie in diesem Buch vorgestellt. Tauschen wir das Geschlecht: Ein Transmann wird interviewt und sagt: „Ich selbst habe seit dem Outing alles weggegeben, was mich zu einer Frau gemacht hat." Auf die Nachfrage „Was meinen Sie?" antwortet er: „Na ja, den Rock zum Beispiel."

Ganz ähnlich schrieb Kellermann im August 2022 auf Twitter, ein Mann würde sie beneiden, weil sie Röcke tragen könne und er nicht. In welcher Welt lebt die 65-Jährige? Männer dürfen 2022 alles tragen, was sie wollen. Natürlich erfordert es heute noch Mut. Das ist aber unabhängig davon, ob sich die Person männlich oder weiblich identifiziert.

Kellermann ist kein Einzelfall. Es gibt immer wieder Transfrauen, die ihr Frausein über Stereotype definieren und diese damit festigen, statt sie abzubauen. Wer Frausein als männliche Fantasie über Aussehen und Kleidung definiert, handelt sexistisch und gleichermaßen männer- wie frauenfeindlich.

Denn solche Aussagen sprechen Männern, die Lust auf bunte Farben, leichte Stoffe, auf Nagellack oder Make-up haben, indirekt ihre Männlichkeit ab.

Sie sprechen Frauen, die genau darauf keine Lust haben und Jeans und Sneakers ganz ohne Make-up bevorzugen, indirekt ihre Weiblichkeit ab.

Letztlich fordern sie auch von Transpersonen, einem patriarchalen Stereotyp von Geschlecht zu entsprechen. Was hat das mit Vielfalt oder freier Persönlichkeitsentwicklung zu tun?

Es ist doch zu begrüßen, dass es unter jungen Männern hip und trendig ist, sich die Nägel zu lackieren, auch mal einen Rock zu tragen oder sich eine Handtasche zuzulegen. Die sind deswegen weder trans noch schwul. Sie nehmen sich die Freiheit, ihren Style zu leben.

Viele Frauen sind froh, dass der Zwang zu Make-up und hohen Schuhen zunehmend wegfällt und sie endlich auch in Führungskräfte-Umfeldern in bequemen Schuhen fest auf zwei Beinen stehen dürfen. Noch vor wenigen Jahren war ich, die ich Absatzschuhe nicht leiden kann, gesellschaftlich genötigt, zu bestimmten Business-Veranstaltungen welche zu tragen. Inzwischen werden auch Stylings toleriert, die ich bequemer finde und die mir mehr entsprechen. Die Absatzschuhe verstauben seither im Schrank.

Bei einer Einladung durch einen Geschäftspartner 2012 zur Ehrengarde-Sitzung im Kölner Karneval in die Festhalle Gürzenich war Abendrobe Pflicht. Für Frauen hieß das Cocktail- oder Abendkleid. Weil ich so etwas nicht besitze und keine Lust verspürte, mehrere hundert Euro für ein Kleid auszugeben, dass ich freiwillig nicht trage, lieh ich mir ein Kleid von einer Bekannten, beziehungsweise von ihrer Tochter. Zum Glück passte eines. Ich habe mich in meinem ganzen Leben noch nie so verkleidet gefühlt wie an diesem Abend.

Frauen sind und fühlen nicht einheitlich ‚frau'. Sie kleiden sich unterschiedlich und leben die Freiheit, sich zu schminken oder es zu lassen, Hosen oder Röcke zu tragen. Diese Freiheit wünsche ich Männern von Herzen auch. Kleidung definiert kein Geschlecht.

Die kollektive Erfahrung des Frauseins hat viel mit körperlichen Erfahrungen und der weiblichen Sozialisation zu tun. Ab der Pubertät eint Frauen die Erfahrung der Menstruation: Ob sie kommt oder nicht kommt, ob sie schmerzt oder nicht schmerzt, ob Frauen Hygieneartikel dabeihaben, wenn sie kommt, damit nicht plötzlich ein roter Fleck die Hose ziert. Frauen haben Angst vor ungewollter Schwangerschaft, der schwierigen Frage, ob sie abtreiben sollen, wenn das passiert, oder versuchen verzweifelt, schwanger zu werden. Frauen erleben die Faszination, was so ein Frauenköper kann, wenn er schwanger ist, oder die Trauer einer Fehlgeburt. Natürlich erlebt nicht jede Frau alles davon. Dennoch spielt ihr Körper und die mit ihm verbundene Rolle in der Fortpflanzung eine wichtige Rolle. Frauen müssen mit hormonellen Schwankungen umgehen, von denen geburtsgeschlechtliche Männer keine Ahnung haben. Frauen wissen, dass ihre Geburtsfähigkeit endlich ist. Sie erleben intensive Veränderungen während der Wechseljahre. Hier sind sich Frauen, Transmänner und nichtbinäre Personen mit weiblichen Körpern ähnlich.

Wenn Frauen Mütter werden, erleben sie eine weitere Form kollektiver Erfahrung. Auf einmal stehen ihnen viel engere Räume zur Verfügung als Männern. Transmänner werden hier als Männer gelesen und behandelt mit all dem Raum, der für Väter vorgesehen ist.

Eine weitere weibliche Kollektiv-Erfahrung ist die Objektifizierung als Sexobjekt. Das erleben auch manche Transfrauen. Aber das ist eben nur ein kleiner Teil des Frauseins.

Verzerrte Wirklichkeitskonstruktionen

Unsere Wahrnehmung ist ausgesprochen selektiv und subjektiv. Sie orientiert sich an unserem Weltbild. Die Psychologie kennt mehr als hundert verschiedene unbewusste Verzerrungen (Unconscious Bias). Eine ist das *Confirmation Bias*, der Bestätigungsfehler. Er beschreibt unsere Neigung, Informationen so auszuwählen und zu interpretieren, dass unsere Erwartungen bestätigt werden. Hier stelle ich einige Beispiele aus dem Kontext der Transdebatte vor:

Weil es nur Eizellen und Spermienzellen gibt, argumentiert Schwarzer, gebe es nur zwei Geschlechter. Sie blendet die intergeschlechtlichen Varianten aus und damit auch, dass sich Interpersonen gemischt-geschlechtlich fühlen können und die Möglichkeit haben sollen, sich als ‚divers' eintragen zu lassen.

Weil es Kulturen gibt, die neben Mann und Frau weitere Geschlechter kennen, feiern Transaktivist*innen diese Kulturen oder Länder als Beispiele für geschlechtliche Vielfalt, ohne zu prüfen, wie sich diese dritten Geschlechter darstellen. Auf einmal werden Indien oder Pakistan als leuchtende Beispiele für Gendervielfalt genannt und ignoriert, dass beide Länder zutiefst patriarchale und frauenfeindliche Strukturen haben.

Journalist*innen scheint es dabei oft nicht aufzufallen, dass es sich in diesen Kulturen fast immer um körperliche Männer handelt, die in stereotyp weiblichen Outfits auftreten. Wikipedia zählt 18 Beispiele für das dritte Geschlecht auf. 13 davon beschreiben männlich geborene Personen, die spezielle Rollen in der Gesellschaft einnehmen, oft verbunden mit der Legitimation von Homosexualität. Hijras, Kathoeys oder Chanits sind keine akzeptierten gleichwertigen Mitglieder ihrer jeweiligen Gesellschaft. Schwule Männer sind ebenfalls massiver Unterdrückung ausgesetzt. Frauen haben in vielen dieser Länder überhaupt keine Freiheit, erst recht keine sexuelle Selbstbestimmung. Sie werden als Besitz ihrer Väter, Brüder, Ehemänner gesehen. Folgerichtig gibt es dort weder Lesben noch Transmänner beziehungsweise sie leben heimlich, versteckt, hochgradig gefährdet.

In Ländern, die eigene Geschlechter für körperliche Frauen vorsehen, die in Männerrollen leben, etwa die Burneshas in Südosteuropa, ist diese Rolle mit einem Sexverbot verbunden. Häufig suchten es sich diese Frauen nicht selbst aus, in Männerrollen zu leben, sondern mussten als Ersatz herhalten, weil es keinen männlichen Nachkommen gab. Auch hier: Fremdbestimmung statt individueller Freiheit.

Von Genderblindheit zeugt auch das folgende Beispiel. Die *taz* schreibt 2021: „Mit Ganserer und Nyke Slawik aus Nordrhein-Westfalen werden die Grünen aller Voraussicht nach erstmals zwei offen transgeschlechtliche Menschen in den nächsten Bundestag schicken, mit Victoria Broßart aus Oberbayern könnte vielleicht sogar noch eine dritte dazukommen." Nicht einmal der auf Gleichstellung und Vielfalt bedachten *taz* scheint es aufzufallen, dass es alles Transfrauen sind. Wo sind die Transmänner bei den Grünen?

Frauen werden zwar mitgemeint, aber nicht mitgedacht und daher auch beim Tun vergessen. Eine uralte, gewohnte, patriarchale Praxis. Er ist die Norm, sie eine Abweichung davon. Diese unbewusste Gewohnheit ist möglicherweise mitverantwortlich dafür, dass Frauenrechte in den Yogyakarta-Prinzipien 2007 übersehen wurden. Es wurde verpasst, Sex, Gender und sexuelle Orientierung als drei verschiedene Diskriminierungskategorien zu würdigen. In den Yogyakarta-Prinzipen wird alles unter Gender gefasst und ein Anspruch auf rechtliche Akzeptanz des Identitätsgeschlechts formuliert. Auf diese Weise dominiert die Geschlechtsidentität das Körpergeschlecht und die sexuelle Orientierung. Die Yogyakarta-Prinzipien sind zwar nicht rechtlich bindend, haben aber großen Einfluss auf die internationale Gesetzgebung.

Mitautor Robert Wintemute, Professor für Menschenrechte am King's College London, äußert sich inzwischen kritisch und sagt, er habe seine Meinung geändert, nachdem er Frauen zugehört habe. Frauenrechte hätten bei dem Treffen im indonesischen Yogyakarta 2007 tatsächlich keine Rolle gespielt.

Aggressives Auftreten mancher Transfrauen

Den Begriff Habitus habe ich weiter vorne erläutert als eine Sammlung von oft unbewussten Verhaltensmustern, die wir feinsinnig und ebenso unbewusst wahrnehmen. Im Kontext der Transgender-Debatte fällt mir ein Verhalten auf, das mich nicht an Toleranz oder Vielfalt denken lässt, sondern an den Versuch, ichbezogene Interessen aggressiv durchsetzen zu wollen.

Als Beispiel für diese Verhaltensmuster skizziere ich Tessa Ganserer, weil sie bekannt ist und sich ihr Reden und Tun gut dokumentieren lässt.

Ganserer steht als Mitglied des Bundestages und Transfrau prominent für transaktivistische Perspektiven auf das geplante Selbstbestimmungsgesetz. Gleichzeitig lebt sie eine spezielle Version von Transgeschlechtlichkeit und hat eine eigenwillige Definition von Geschlecht, die sie 2021 in der *taz* erklärte: „Aber ein Penis ist nun mal nicht per se ein männliches Genital." Im Juni 2022 sagte sie, ebenfalls in einem Interview mit der *taz*, was sie mit dem Selbstbestimmungsgesetz will: „Wir wollen eine rechtliche Grundlage dafür schaffen, dass Menschen selbstbestimmt einen nicht passenden Geschlechtseintrag korrigieren können. Welchem Geschlecht ein Mensch angehört, kann letztlich nur jeder Mensch für sich selbst beantworten. Das ist eine Frage der Würde."

Tessa Ganserer möchte also das körperliche Geschlecht als Kategorie abschaffen, ihren Penis als weibliches Organ verstanden wissen und den Personenstand ausschließlich über die Selbstaussage ohne weitere Nachweise ändern. Sie behauptet: „Für 99 Prozent der Bevölkerung ändert sich durch eine rechtliche Vereinfachung, die das zur Grundlage macht, überhaupt nichts."

Transmann Till Amelung widerspricht ihr im selben Interview: „Es ändert sich sehr wohl etwas, wenn eine Änderung des offiziellen Geschlechtseintrags allein per Selbstauskunft möglich wird. Das verändert fundamental etwas für alle: Die Basis von Geschlecht …"

Ganserer geht in der Sache nicht auf Amelung ein, was ich von einer Politikerin, die neue Gesetze und eine völlig neue Definition von Geschlecht durchsetzen will, erwarte. Sie weicht aus und antwortet: „Ja, wo ist das Problem? Ich komme aus dem Bayerischen Wald und identifiziere mich viel mehr als Waldlerin denn als trans, obwohl ich schon seit 20 Jahren nicht mehr dort wohne."

Warum begegnet Ganserer einem wichtigen sachlichen Einwand mit latenter Aggression? Für mich ist das nicht das Niveau, das ich von einer Bundestagsabgeordneten erwarte.

Holen wir nach, was Amelung anspricht und Ganserer verweigert: Die Definition von Geschlecht prägt unzählige Alltagssituationen, Statistiken und gesellschaftliche Raumaufteilung (siehe Kapitel „Genderspezifische Daten, Rechte und Räume").

Dabei erkennen auf der ganzen Welt Menschen aller Altersgruppen, Bildungsniveaus, Kulturen, mit und ohne Behinderung Mann und Frau anhand äußerlicher körperlicher Merkmale relativ treffsicher. Für Ganserer spielt das keine Rolle. Sie hält es nicht einmal für nötig, ihre Sichtweise zu erläutern.

Wenn der Penis kein männliches Geschlechtsorgan ist, ändert das grundlegend die kulturübergreifende Definition von Mann und Frau. Natürlich hat das Folgen, und zwar für alle Menschen, die ein Geschlecht haben, also für 100 Prozent der Gesellschaft.

Ganserer spricht in den Interviews mit ihr wiederholt von Würde und Respekt, ist aber nicht bereit, ihrem Gesprächspartner respektvoll zu begegnen.

Im *taz*-Interview 2021 sagt Ganserer, „dass es mich aufwühlt ohne Ende, wenn ich ständig meinen Deadname hören muss". Gleichzeitig verweigert sie es, ihren ‚Deadname' sterben zu lassen und zu beerdigen, um in dem Sprachbild zu bleiben. Im Personenstandsregister wird sie zu diesem Zeitpunkt mit ihrem Geburtsnamen Markus Ganserer und ihrem Geburtsgeschlecht ‚männlich' geführt. Sie hätte das längst ändern können, wie zahlreiche andere Transpersonen auch. Aber sie wollte nicht. Denn auch das findet sie diskriminierend. Im *taz*-Interview 2022 sagt Ganserer: „Jedes Mal wenn ich meinen Personalausweis vorzeigen muss, muss ich mich erklären, weil ich Frau Tessa Ganserer bin, weil ich mich nicht verleumden kann. Das ist das Demütigendste, was eine Gesellschaft machen kann: einem Menschen die Würde zu nehmen." Und weiter: „Ich will gar nicht daran denken, welche Nachteile es mir gebracht hat, dass Menschen meinen Namen auf dem Wahlschein nicht sofort gefunden haben."

Ganserer verweigert also eine Personenstandsänderung in Frau und Tessa nach dem TSG. Deshalb ist sie personenstandsrechtlich ein Mann und heißt Markus. Und deshalb steht auf dem Wahlzettel rechtskonform der Name, wie er im Personenstandsregister dokumentiert ist. Und dann beschwert sie sich darüber, dass dies potenzielle Wähler*innen verwirrt. Sie trifft also eine Entscheidung und macht andere für deren Folgen verantwortlich.

Wer Personen zuhört, die Transitionen hinter sich haben und als Transmann oder Transfrau leben, hört andere Geschichten als das von Ganserer verbreitete Narrativ.

Ja, die Begutachtungen beschreiben viele als belastend, aber nicht alle. Und vor allem: Der Weg hat sich für sie gelohnt. Denn die Änderung des Personenstands war für sie enorm wichtig, häufig auch die hormonelle und medizinische Angleichung an das empfundene Geschlecht.

Es gibt etliche Transpersonen, die Ganserers Narrativ kritisch sehen, darunter Amelung und die Transfrau und Youtuberin PersiaX. Viele äußern sich auch nur anonym oder im Privatgespräch, weil sie Angst vor Shitstorms und Ausgrenzung haben. Ganserer spricht also nicht für die Trans-Community, sondern nur für einen speziellen (und sehr lauten und dominanten) Teil.

Zu dieser Inszenierung gehört die Selbstdarstellung als Opfer. Die eigene Diskriminierung wird überhöht, alle anderen Aspekte werden ausgeblendet. Das Ich steht im Zentrum und nur es zählt. Kritischen Nachfragen wird mit Polemik begegnet. Bei mir löst das starke Assoziationen an die Männer aus, die sich durch eine Frauenquote oder einen Genderstern diskriminiert fühlen. Und an die, die vor Gericht ziehen, weil ein Partnerunternehmen ihrer Arbeitgeberin den Unterstrich als Genderzeichen verwendet.

Würde sich Ganserer wirklich für geschlechtliche Vielfalt einsetzen, würde sie dafür sorgen, dass intergeschlechtliche und transgeschlechtliche Menschen sich selbstverständlich outen können und als normaler Teil der Gesellschaft akzeptiert werden, als das, was sie sind: Transmann, Transfrau, Interperson, nicht-binär. Dafür brauchen wir eigene Kategorien und die müssen in allen Regeln und Räumen mitgedacht und berücksichtigt werden.

Parallelen zur Debatte um kulturelle Aneignung

2022 wurde die Musikerin Ronja Maltzahn mit ihrer Band von einer lokalen Fridays-for-Future-Gruppe ausgeladen, weil sie Dreadlocks trug und diese vor dem Konzert nicht abschneiden wollte. Ihr wurde kulturelle Aneignung vorgeworfen. Ein solches Ansinnen, anderen Leuten eine Frisur vorzuschreiben, was sie essen, kochen oder welche Musik sie hören oder machen dürfen, geht mir deutlich zu weit. Ich halte die Debatte um kulturelle Aneignung an vielen Stellen für übertrieben. Dennoch hat sie auch wahre und wichtige Aspekte, die wir sehen, anerkennen und berücksichtigen sollten. Und sie lässt sich auf das Thema Gender anwenden. Aber eines nach dem anderen:

Auf der einen Seite hätten wir keinerlei Zivilisation ohne kulturellen Austausch. Egal ob Essen, Musik oder Mode, ob Sprache, Handel oder Kulturpraktiken: Unsere Zahlen sind arabisch, Kartoffel und Tomate sind Latinas, Pfeffer und Muskat kommen aus Ostasien. Blues, Jazz, Gospel oder Rap sind Schwarz. Die gesamte Weltgeschichte ist eine Geschichte des kulturellen Austausches und der Übernahme von Elementen aus anderen Kulturen. Das macht unsere Welt so schön bunt.

Auf der anderen Seite gibt es Konstanten der Macht, zum Beispiel die koloniale, die patriarchale sowie die klassistische Hierarchie. Diese Machtverhältnisse stehen im Zentrum, wenn es um kulturelle Aneignung geht.

Bis heute wollen Weiße oft nicht wahrhaben, dass ihre Hautfarbe ihnen vieles erleichtert. Bis heute wollen viele Männer ihre Privilegien nicht sehen. Und bis heute sehen viele Reiche die Erleichterungen durch ihren Reichtum nicht.

Die patriarchale Hierarchie haben wir in den letzten Jahrzehnten mühsam aufgebrochen: Immer mehr Frauen erklimmen die Leitern der Macht, haben Einfluss, Budgets und können entscheiden. Sexuelle Übergriffe sind zunehmend gesellschaftlich Thema. Frauen trauen sich häufiger, ihren Chef, Arbeitgeber, Filmproduzenten und andere Männer, die Macht über sie haben, öffentlich für Übergriffe zu kritisieren oder anzuzeigen. Immer beäugt und bekämpft von einer ängstlichen und fragilen Männlichkeit, die ihre Privilegien nicht sehen will.

Wenn der Vorwurf ‚kulturelle Aneignung' im Raum steht, geht es immer auch um Macht und Hierarchie. Und es geht darum, erkämpfte Positionen in der Gesellschaft nicht an die mächtigere Gruppe zu verlieren, die sich einfach bedient, weil sie es kann.

Wenn eine Weiße Person sich als Schwarze Person verkleidet oder ausgibt, heißt das Blackfacing und gilt als rassistisch. Einen Fall von Schwarzer Identitätsbekundung durch eine Weiße Person gab es 2015 in den USA. Rachel Dolezal hatte sich als Schwarze ausgegeben und behauptet, sie wisse, was es bedeute, in dieser Welt eine Afroamerikanerin zu sein.

Schwarze protestierten: Egal wie du dich fühlst, du hast keine Ahnung, was es heißt, Schwarz zu sein. Dolezals Verhalten wurde als Blackfacing und rassistisch kritisiert. Ein Argument: Sie könne ihr Schwarzsein aufgeben wie ein Styling, das sei tatsächlichen Afroamerikaner*innen nicht möglich. Parallel gab es in den USA eine Diskussion, ob es neben transgender auch transracial gebe und mensch die ethnische Zugehörigkeit wechseln könne.

Die Identifikationsdebatte weitet sich inzwischen auch in Richtung Behinderung aus. Eine körperlich gesunde Transfrau in Oslo identifiziert sich als behindert und benutzt einen Rollstuhl, weil sie sich immer gewünscht habe, von der Hüfte abwärts gelähmt zu sein.

Natürlich leiden transidente Menschen in ihrem Geburtsgeschlecht. Sie verleugnen einen Teil ihres Seins, um einer Erwartung zu entsprechen, oder geraten in Konflikt, weil eben das nicht gelingt. Dennoch können sich Transfrauen entscheiden. Bleiben sie im abgelehnten, aber privilegierten Körpergeschlecht, weil es ihnen soziale und wirtschaftliche Vorteile verschafft, als Mann gelesen und behandelt zu werden? Oder machen sie sich auf den Weg zu ihrem Identitätsgeschlecht und setzen sich damit unterschiedlichen Formen von Diskriminierung aus, die sie als männlich gelesene Person nicht kennen?

Sie können das sogar strategisch planen. Sie können zum Beispiel als Mann Karriere machen und erst, wenn eine Transition die Karriere nicht mehr gefährdet, zur Frau transitionieren. Das dürfen sie und ich gönne es ihnen. Aber sie sollten sich dieses Privilegs bewusst sein. Denn geburtsgeschlechtliche Frauen oder mit Vulva geborene und weiblich sozialisierte/gelesene Interpersonen können das nicht.

Sexistische und sexuelle Übergriffigkeit

Die Transdebatte ist an mehreren Stellen mit sexistischen und sexuell übergriffigen Erwartungen gespickt. Auch hier sind es einige wenige laute und aggressive Personen, die den Diskurs bestimmen.

Auf Twitter beschwerten sich lesbische Frauen, dass sie angefeindet und als transphob beschimpft worden seien, weil sie in ihrem Profil auf einem queeren Datingportal ihre Präferenzen mit „no female dicks" angaben. Ist es also transphob, wenn eine Vulvaträgerin äußert, dass sie nur auf Vulven steht? Nein. Sexuelles Begehren hat nun mal etwas mit Körpern zu tun. Und es ist das ureigenste Menschenrecht einer Person, attraktiv zu finden, wen sie will, und Sex zu haben, mit wem sie will, solange die Sexpartner*in erwachsen und einverstanden ist. Das ist zu respektieren. Alles andere ist ein sexueller Übergriff.

Mein Vorschlag auf Linkedin, in der Sauna neben einem Frauentag einen Queertag einzurichten, wurde von radikalen Transaktivist*innen als transfeindlich beschimpft. Ich finde es befremdlich, dass manche Personen mit Penis unbedingt am Frauentag in die Sauna wollen. Es gibt sechs Tage, die für alle offen sind. Wenn ein Cis-Mann in die Frauendusche oder Frauensauna ginge, würde er wegen Exhibitionismus belangt. Wo genau ist der Unterschied?

Das versteht jedes Vorschulkind: Bei einer nackten Person sehen andere anhand von Penis einen Mann und bei Vulva eine Frau, weltweit, in allen Kulturen. Die Identität, die diesem Körper durchaus widersprechen kann, sehen sie nicht. Auch ihr Schamgefühl orientiert sich an dem, was sie sehen. Es gibt nun mal Menschen, die sich nicht vor andersgeschlechtlichen Körpern entblößen wollen. Das selbst zu bestimmen, ist ihr Recht. Safespaces dafür einzufordern, ebenfalls.

Es ist nur legitim, dass genderqueere Menschen einen eigenen Saunatag bekommen, bei dem sie unter sich sind und weniger Angst haben müssen, wegen ihrer Körper angestarrt zu werden.

Dabei sind transaktivistische Angriffe in der medialen Öffentlichkeit vor allem gegen Frauen gerichtet. Machen wir auch hier einen Flip-Test:

A: Eine männlich sozialisierte Person mit Penis, die sich weiblich identifiziert, betritt nackt die Frauendusche, das Frauen-Spa, die Frauen-Sauna und erwartet, als Frau akzeptiert zu werden. Frauen, die das nicht gut finden oder Angst haben, werden als transphob beschimpft.

B: Eine weiblich sozialisierte Person mit Busen und Vulva, die sich männlich identifiziert, betritt nackt die Gruppendusche für Männer oder den Männertag im Hamam und erwartet, dort als Mann akzeptiert zu werden. Männer, die das nicht gut finden oder Angst haben, werden als transphob beschimpft.

Noch ein Beispiel:

Eine Person mit Adamsapfel und Vollbart legt Make-up auf, lackiert sich die Nägel, trägt Rock und hochhackige Schuhe und fordert, als vollwertige Frau anerkannt zu werden.

Eine Person mit Busen und weiblicher Stimmhöhe schmeißt sich in Anzug und Krawatte oder in Blaumann und Arbeitsschuhe oder in Hoodie, Jeans und Sneakers, tritt ungeschminkt in die Welt und fordert, als vollwertiger Mann anerkannt zu werden.

Absurd? Ja.

Geschlechtliche Vielfalt erreichen wir nicht, indem wir Geschlechterstereotype zementieren und körperliches Geschlecht leugnen.

Sprachliche Übergriffe

Ich setze mich seit Jahren für Sprachsensibilität, geschlechtergerechte Sprache und geschlechtliche Vielfalt ein. In zahlreichen Beratungen und Trainings erkläre ich, was Intergeschlechtlichkeit ist und was Transgeschlechtlichkeit. Ich arbeite dafür, dass Menschen aller Geschlechter in der Sprache sichtbar gemacht und wertschätzend berücksichtigt werden. Ich benutze den Genderstern und probiere genderneutrale Pronomen aus. Denn ich bin überzeugt: Sprache ist Ausdruck unserer Kultur (siehe Kapitel „Gendersprache“).

Sprache ist ein agiles System, verändert sich dauernd und Kommunikation findet immer im Kontext statt. Leider beobachte ich in der Transdebatte eine patriarchale Verschiebung, die Frauen wieder in die Unsichtbarkeit zu drängen versucht.

Frauen werden dafür angegriffen, über Menstruation als Frauensache zu sprechen. Wurde jemals ein Mann dafür angegriffen, wenn er über Erektionsstörung oder Prostataprobleme als Männersache gesprochen hat?

Versteh mich bitte richtig, es ergibt schon Sinn, wenn zum Beispiel Gynäkolog*innen in ihrer Sprache Raum schaffen, in dem sich Transmänner wiederfinden und wohlfühlen. Aber daraus sollte kein Dogma werden. Und schon gar nicht sollte das Wort Frau abgeschafft werden, das Wort Mann aber nicht.

Die Aktionsgruppe FLINTA versteckt die Hälfte der Menschheit in einen Akronym. Frau ist ihr kein eigenes Wort mehr wert. Es gibt nur noch FLINTAs und Männer. FLINTA steht für Frauen, Lesben, Intersexuelle, Nicht-binäre, Transgender und A-Gender. Das Wort Mann steht patriarchal allein da.

Frauen haben jahrzehntelang dafür gekämpft, in der Sprache gesehen und benannt zu werden. Und da kommt eine Gruppe und löscht sie unter der Behauptung angeblicher Progressivität aus. Keine Frauen mehr da. Nur noch Männer und FLINTAs. FLINTAs sind alle, die nicht heterosexuell, männlich und cisgender sind. Wobei: Die schwulen Männer haben die FLINTAs vergessen. Zumindest werden sie nicht erwähnt. Sie leiden ebenfalls unter patriarchaler Diskriminierung, müssten also auch FLINTAs sein, andererseits werden dort lesbische Frauen erwähnt. Sexuelle Orientierung, körperliches Geschlecht und Geschlechtsidentität werden unter dem Begriff Identität zusammengefasst und gegen Mann positioniert. Ein solches Denken ist nicht fortschrittlich, sondern binär, Vielfalt vernichtend und sachlich unlogisch.

Genderspezifische Daten, Rechte und Räume

Fassen wir die bisherigen Erkenntnisse kurz zusammen: Auf der Ebene der Biologie gibt es zwei Geschlechter und eine Vielzahl von gemischt-geschlechtlichen Varianten. Menschen werden bei Geburt anhand der Zuordnung Penis gleich männlich, Vulva gleich weiblich unterschiedlich erfasst und sozialisiert. Dabei werden gemischt-geschlechtliche Personen meist einem der binären Geschlechter zugeordnet, was sich für die Person falsch anfühlen kann. Ebenso gibt es Menschen, bei denen Körpergeschlecht und Identitätsgeschlecht verschieden sind. Die Rolle vorgeburtlicher Einflüsse auf Transgeschlechtlichkeit ist wissenschaftlich nicht geklärt.

Seit 2017 gibt es in Deutschland den Personenstand ‚divers'. Er ist aber noch nicht in allen Rechten, Regeln und Räumen berücksichtigt.

Die rechtliche Geschlechtsdefinition geht bisher vom körperlichen Geburtsgeschlecht aus und erlaubt unter engen Voraussetzungen Abweichungen davon. Das geplante Selbstbestimmungsgesetz soll diese rechtliche Zuweisung zu einem Geschlecht neu definieren. Es gibt auch Stimmen, die den Geschlechtseintrag ganz abschaffen wollen.

Daher frage ich im Folgenden: Wozu erfassen wir Daten über Geschlecht? Was genau messen diese Daten, orientieren sie sich an Körpern, Verhalten, Aussehen oder Identität? Und wofür benutzen wir sie? Wobei helfen sie uns?

Statistiken

Geschlechtsspezifische Daten werden für alle möglichen statistischen Zwecke benutzt. Hätten wir keine Geschlechtseinträge mehr, hätten wir auch keine Daten, um eine Diskriminierung von Frauen nachzuweisen: Gender-Pay-Gap, Gender-Pension-Gap, Motherhood-Penalty, sexualisierte Übergriffe, Femizide.

Wir könnten keine geschlechtsspezifischen Verhaltensmuster und Risiken erkennen: Unfallverursacher*innen, Unfallgeschädigte, Gewaltdelikte, Lebenserwartung, Gesundheitsdaten, Krankheitsrisiken oder Todesursachen.

Wenn wir geschlechtsspezifische Unterschiede kennen, können wir eine bessere Politik machen, die darauf Rücksicht nimmt. Wir lesen aus solchen Daten auch ab, ob Bemühungen um Gleichstellung der Geschlechter Erfolg haben und wo es Handlungsbedarf gibt. Wir sehen, wie viele Männer in Teilzeit gehen oder sich zu Hause um die Kinder kümmern.

Wenn wir die Definition von Geschlecht ändern, verändern wir diese statistischen Daten, weil sie dann auf einer anderen Grundlage erhoben werden.

Wenn die Identität die Grundlage der statistischen Erhebung ist, werden geschlechtsspezifische Daten verfälscht. Geschlechterunterschiede aufgrund von körperlich-biologischen Voraussetzungen, geschlechtsspezifischer Sozialisation und Diskriminierungserfahrung werden verschleiert und nicht mehr sauber erfasst.

Ein Beispiel: Eine Person wird für eine Vergewaltigung verurteilt. Sie ist körperlich ein Mann und nicht operiert, in ihrem Personenstand aber weiblich. Würde eine solche Straftat in der Statistik als weibliche Gewalttat geführt, wäre das grob Daten verfälschend.

Bei anderen Themen sind die Verschiebungen vielleicht weniger offensichtlich, deswegen aber nicht weniger wichtig. Die Qualität der statistischen Daten leidet also, wenn wir keine sauberen Kategorien mehr trennen. Ob das verkraftbar ist oder nicht, hängt davon ab, wie wichtig die Unterschiede sind und wie groß die Zahl derer ist, die die Datengruppe wechseln.

Wie viele Menschen das betrifft, wissen wir heute nicht. Wir wissen aber, dass die Zahlen derer, die ihren Geschlechtseintrag ändern wollen, stark angestiegen ist. 1995 gab es bundesweit etwa 400 Verfahren nach dem TSG. Damals war eine Personenstandsänderung noch mit Zwangs-OP verbunden, ab dem BVerfG-Urteil von 2011 nicht mehr. Bis 2019 stieg die Zahl der Verfahren auf 2582, schreibt Katharina Hamberger in der *Zeit* mit Verweis auf die Geschäftsübersicht der Amtsgerichte vom Oktober 2020. Und es wird mit einem weiteren Anstieg gerechnet. Eine offene Möglichkeit, den Geschlechtseintrag zu ändern, wird also auf entsprechend größere Nutzung stoßen.

Wenn wir weiterhin hochwertige Daten über unsere Gesellschaft wollen, die uns helfen, die Verpflichtungen unserer Verfassung umzusetzen, nämlich niemanden wegen des Geschlechts zu diskriminieren, brauchen wir sinnvolle Kategorien, damit wir das messen, was für die jeweilige Fragestellung relevant ist.

Leistungssport

Bei Sport-Wettkämpfen treten Männer und Frauen in der Regel getrennt an. Das hat viele gesellschaftliche Ursachen, aber auch eine biologische Begründung. Dr. Christine Hutterer stellte im April 2022 für die Zeitschrift *Sportmedizin* einige körperliche Unterschiede zwischen Männern und Frauen zusammen. Körperliche Männer sind im Durchschnitt neun Prozent größer, haben 14 Prozent breitere Schultern, 30 Prozent weniger Körperfett, 45 Prozent mehr Muskelmagermasse und 40 Prozent mehr Muskelmasse im Oberkörper. Effekt: Leistungsvorteil für männliche Körper.

Natürlich gibt es auch innerhalb einer Geschlechtskategorie angeborene körperliche Vorteile, etwa wenn jemand besonders groß ist, besonders lange Beine hat oder andere angeborene Eigenschaften, die für die jeweilige Sportart ein Wettbewerbsvorteil sind, die aber nicht zu Wettbewerbsausschlüssen führen.

Die Hauptursachen für die geschlechtsspezifischen Leistungsunterschiede zwischen Männern und Frauen sind Testosteron und die männliche Pubertät. Wegen seiner leistungsfördernden Effekte zählt Testosteron zu den verbotenen Doping-Mitteln. Bei vorpubertären Kindern gibt es keine geschlechtsspezifischen Leistungsunterschiede.

Wie groß diese Wettbewerbsvorteile sind, hängt von der jeweiligen Sportart ab. Hutterer zählt in ihrem Artikel einige auf: Beim Schwimmen und Rudern haben Männerkörper elf Prozent Leistungsvorsprung, im Bahnlauf zwölf Prozent, bei Sprungwettbewerben 19 Prozent und beim Gewichtheben 31 Prozent.

Dieser Leistungsvorteil führt zu erheblichem Streit in der Frage, ob und unter welchen Voraussetzungen Transfrauen bei den Frauen antreten dürfen. Auch bei Frauen, die erhöhte Testosteronwerte haben, gibt es diesen Streit. So wurde es der südafrikanischen Läuferin Caster Semenyas verboten, in ihrer Paradedisziplin anzutreten, weil ihre Testosteronwerte zu hoch waren. Semenyas ist vermutlich intergeschlechtlich. Da intergeschlechtliche Menschen massiven Diskriminierungsrisiken ausgesetzt sind, kommunizieren sie ihre Intergeschlechtlichkeit selten öffentlich.

Woher auch immer Semenyas ungewöhnlich hohen Testosteronwerte kommen, sie will sich nicht zu medizinischen Eingriffen zwingen lassen. Die Unversehrtheit des eigenen Körpers ist ein Menschenrecht. Deshalb klagt Semenyas vor dem Europäischen Gerichtshof für Menschenrechte.

Der Testosteronspiegel im Blut von Männern und Frauen unterliegt einer großen Spannbreite, ist bei Männern im Durchschnitt jedoch deutlich höher als bei Frauen. In den alten Richtlinien des Internationalen Olympischen Komitees (IOC) galten Testosterongrenzwerte, die nicht überschritten werden durften, um bei den Frauen antreten zu dürfen: in den letzten zwölf Monaten weniger als zehn Nanomol pro Liter Blut. Bei vielen Verbänden werden fünf Nanomol als Grenzwert verwendet. Zum Vergleich: 95 Prozent der körperlichen Frauen haben Werte unter zwei Nanomol, 94 Prozent der Transfrauen allerdings auch, schreibt Hutterer.

Umgekehrt erleben Transmänner eine Explosion ihrer Kraftentwicklung. Im Kinofilm *I got life* über Transpersonen erzählt ein Eishockey-Spieler begeistert, wie seine Kraft und Leistungsfähigkeit durch die Transition gestiegen sind, und dass dies ein Riesenunterschied sei.

Der Testosteronwert ist außerdem nicht allein verantwortlich für Wettbewerbsvorteile bei Sportwettkämpfen. Im Basketball, wo die Körpergröße wettbewerbsrelevant ist, dürfte es kaum Transmänner geben. Denn die Transition macht aus einer 1,70-Person keine 1,90-Person. Eine Transfrau wird umgekehrt im Kunstturnen vermutlich nur dann gegen körperliche Frauen mithalten können, wenn sie für einen Mann besonders klein und zierlich ist.

Im Frühling 2022 machte der Fall der Schwimmerin Lia Thomas Schlagzeilen. War sie als Mann auf Rang 462 der männlichen Universitätsschwimmer in den USA, schoss sie als Frau auf Rang 1. Dabei hat Lia Thomas alles getan, um ihre Leistungswerte den Regularien der *National Collegiate Athletic Association* (NCAA) anzupassen. Sie hat ihren Testosteronspiegel regelkonform unterdrückt.

Wissenschaftler*innen versuchen herauszufinden, wie sich die Leistungswerte durch Transition verändern. Erste Studien weisen darauf hin, dass es mehrere Jahre dauert, bis die Leistung von Transfrauen mit denen von körperlichen Frauen vergleichbar ist.

Sportler*innen und Verbände suchen nach Lösungen, wie die Kriterien angepasst werden müssen, damit ein fairer Wettbewerb stattfinden kann. Das *Internationale Olympische Komitee* (IOC) hat Ende 2021 seine Regularien geändert. In der seit März 2022 geltenden neuen Richtlinie schafft es die bisher gültigen Testosteron-Grenzwerte ab. Die einzelnen Verbände sollen das für sich regeln. Das klingt zunächst nach einer vernünftigen Entscheidung. Im Grunde zieht sich das IOC aus der Verantwortung, anstatt mit modernen Rahmenbedingungen eine Orientierung zu bieten.

Das verspricht Chaos, Streit und Durcheinander:

Der Weltschwimmverband FINA erließ im Sommer 2022 so strenge Regeln für Transfrauen, dass sie bei internationalen Wettbewerben quasi nur noch bei den Männern antreten können. Denn sie dürfen keine männliche Pubertät jenseits von Tanner 2 durchlebt haben. Tanner heißt die Klassifikation der menschlichen Entwicklung: Tanner 1 bedeutet vorpubertär, Tanner 2 markiert den Anfang der Pubertät, Tanner 5 beschreibt den erwachsenen Körper. Der Verband brachte eine weitere, offene Wettkampfkategorie ins Spiel, bei der alle ohne Einschränkung antreten dürfen. Bisher ist aber offen, wie die ausgestaltet werden soll.

Der Weltverband für Rugby beschloss bereits 2020, Transfrauen vom Kontakt-Rugby auszuschließen, und begründete das damit, dass beim Rugby Körpergröße, Kraft und Geschwindigkeit nicht nur für die Leistung relevant sind, sondern auch für die Verletzungsgefahr der beteiligten Spieler*innen. Er legte eine Studie vor, die das mit Zahlen belegen sollte. Der Protest blieb nicht aus und die Studie wurde als ungeeignet kritisiert.

Der französische Rugby-Verband entschied dagegen 2021, Transfrauen ab der Saison 2022 zuzulassen. Wenn sich die Transfrau geschlechtsangleichenden Operationen unterzogen hat, darf sie ohne weitere Voraussetzungen antreten. Falls das nicht der Fall ist oder sie sich gerade in einer Übergangsphase befindet, muss sie zusätzliche Voraussetzungen erfüllen.

Für den Amateurfußball beschloss der Deutsche Fußball-Bund DFB, ab der Saison 2022/23 die strenge Geschlechterteilung der Teams zu lockern. Transpersonen, Intergeschlechtliche und solche mit dem Personenstand ‚divers' dürfen sich aussuchen, ob sie bei den Männern oder den Frauen mitspielen wollen. Für den Profi-Fußball gibt es keine vergleichbare Regelung. Die Fifa arbeitet im Sommer 2022 noch an neuen Regeln.

In einem Interview im Deutschlandfunk zum DFB-Beschluss diskutierten eine Fußballtrainerin und Transfrau, eine Sportmedizinerin und ein Vertreter des DFB. Die Sportmedizinerin erklärte, dass weibliche Skelette bei Mannschafts-Kontaktsportarten stärker der Gefahr von Kreuzbandrissen ausgesetzt seien. Und die Transfrau und Fußball-Trainerin bestätigte dies mit einem Beispiel, wo genau das passierte und sich ein Transmann im Männerteam entsprechend verletzt hatte.

Wir brauchen mehr Forschung, mehr Wissen und weniger Ideologie, um aus den körperlichen Voraussetzungen und den Geschlechtsidentitäten fairen sportlichen Wettbewerb für alle zu organisieren.

Bisher ist noch keiner der Verbände aus dem binären Mann-Frau-Denken ausgestiegen und hat zum Beispiel Leistungskategorien unabhängig vom Geschlechtseintrag etabliert. Das werden wir mittelfristig aber müssen. Die Schubladen ‚Männlein' und ‚Weiblein' sind zu eng, um einen menschenrechtlich und sportlich fairen Wettbewerb zu organisieren.

Orientierung bieten Sportarten, die bereits jetzt mehr als zwei Kategorien kennen, etwa Boxen oder Ringen, bei denen die Athlet*innen nicht nur nach Geschlecht, sondern auch nach Gewichtsklassen sortiert gegeneinander antreten. Niemand käme dort auf die Idee, ernsthaft ein Fliegengewicht gegen ein Schwergewicht antreten zu lassen.

Lernen können wir auch von den paralympischen Wettbewerben, die ein komplexes Kategoriensystem haben, um einen möglichst fairen Wettbewerb zu gestalten.

Der Preis: Es wird komplexer. Wenn es mehr Kategorien gibt, gibt es mehr Wettbewerbe. Wenn das bisherige System die Wirklichkeit nicht ausreichend abbildet, sollten wir es ändern.

Wir können nicht so tun, als ob Intergeschlecht nicht existiert. Wir müssen Transidentitäten anerkennen. Und wir müssen ebenso geschlechtsspezifische Leistungsvoraussetzungen und Verletzungsrisiken respektieren.

Gesundheitsversorgung

In der Gendermedizin zeigt sich eindringlich, dass es nicht ausreicht, Identität und Selbstaussage als alleinige Geschlechtszuweisung zu nehmen. Denn Gendermedizin definiert sich nicht über Identität, sondern über körperliche Voraussetzungen und soziale Bedingungen.

Um die Gesundheitsversorgung für Frauen, aber auch für spezifische Männerproblematiken sowie für inter- und transgeschlechtliche Menschen zu verbessern, brauchen wir mehr Daten über die Wirkzusammenhänge geschlechtlicher Körper.

Transpersonen sind hier eine Chance für die Forschung. Denn sie vergrößern die Zahl derer und damit das Wissen darüber, was passiert, wenn Körper teilweise männlich, teilweise weiblich funktionieren.

Wir brauchen im Interesse von Vielfalt mehr Daten und Aufklärung über die körperliche Geschlechtlichkeit und ihre Auswirkungen auf Krankheitsrisiken, Symptomatik und Medikation. Das gelingt nur, wenn wir Daten über Körpergeschlecht erfassen.

Wenn eine Person auf ein Spenderorgan wartet und es unterschiedliche Regularien für Männer und Frauen gibt, ist das körperliche Geschlecht relevant und muss entsprechend bekannt sein.

Wenn eine Person mit Gebärmutter und Eierstöcken den nicht-binären Personenstand ‚divers' hat, darf sie nicht durch das Vorsorge-Raster fallen, weil die Leistung nur für personenstandsrechtliche Frauen und Transmänner bezahlt wird.

Wenn eine Person in die Notaufnahme eingeliefert wird, muss das Krankenhauspersonal spätestens durch einen Blick auf die Gesundheitskarte erkennen können, welches körperliche Geschlecht medizinische Hilfe braucht. Fehleinschätzungen können tödlich enden.

Für die Trans- und Intergesundheit ist es außerdem wichtig, dass medizinisches Personal deutlich mehr Wissen über die geschlechtlichen Wirkzusammenhänge in Körpern wissen und für mischgeschlechtliche Formen sensibilisiert sind.

Frauenquote

Die anhaltende Diskriminierung von Frauen in Führungspositionen in Politik und Wirtschaft hat an vielen Stellen zu Quotenregelungen geführt. Die Frauenquoten für Aufsichtsräte und Vorstände großer Unternehmen wurden eingeführt, weil die deutsche Wirtschaft Frauen trotz jahrzehntelanger Debatten freiwillig kaum Zugang zu ihren Führungsriegen gewährte.

Noch 2020 gab es in deutschen DAX-Konzernen mehr Vorstände mit dem Namen Thomas als Frauen insgesamt. Inzwischen haben Frauen aufgeholt. Von Parität kann aber keine Rede sein.

In familiengeführten Betrieben herrschen nach wie vor Zustände wie aus dem letzten Jahrhundert, wie der Bericht der Allbright-Stiftung vom Mai 2022 zeigt. Frauen in Führungspositionen sind dort im einstelligen Bereich. Bei den angeblich so modernen Start-ups sieht es nicht besser aus.

Die Frage in Bezug auf Transgender lautet hier: Für wen sollen Frauenquoten gelten? Welche Diskriminierung soll mit der Quote ausgeglichen werden? Geht es um den Körper, die Sozialisation, die Identität, die Kleidung, den Habitus oder um eine Mischung aus allem?

Wenn wir Chancengerechtigkeit für alle wollen, müssen wir genau hinsehen, wodurch Chancenungerechtigkeit entsteht.

Wenn also eine Selbstauskunft genügt, um aus einem Mann eine Frau zu machen, ist es verständlich, wenn Feminist*innen diese hart erkämpften Plätze in den oberen Etagen der Macht gefährdet sehen.

Besonders bei den Grünen und den Linken gab es unterschiedliche Aufsehen erregende Kandidaturen von Personen im männlichen Phänotyp, die sich weiblich identifizierten, ob aus Provokation, um Vorteile zu erhalten oder als echte Transidentität, lässt sich kaum prüfen.

Der berühmteste Fall ist die erwähnte Tessa Ganserer. Die grüne Juristin und erklärte Trans-Gegnerin Eva Engelken wirft Ganserer Rechtsbeugung vor, da mit ihrer Kandidatur als rechtlicher Mann auf einem Frauenlistenplatz ein geplantes Gesetz faktisch vorweggenommen worden sei.

Gerade bei den Grünen erscheint die Aufregung über die Quote übertrieben. Denn dort gibt es schon so lange eine paritätische Quote, dass im Bundestag mehr Frauen als Männer sitzen. Andererseits stehen an der prominenten Spitze der Partei mehr einflussreiche Männer als Frauen. Quoten hin oder her. Teste dich selbst: Welche Namen berühmter grüner Politikerinnen und Politiker fallen dir ein?

Patriarchale Denkmuster und patriarchaler Habitus machen auch nicht vor den Grünen Halt. Und bei den Transgender dominieren auch bei den Grünen die Transfrauen. Wir wurden halt alle in diesem patriarchalen Muster sozialisiert.

Was heißt das jetzt für die Quote?

Ehrlicherweise können wir nicht verlangen, dass Menschen im wörtlichen Sinne die Hosen runterlassen, um zu prüfen, ob sie Penis oder Vulva haben. Genauso ehrlicherweise müssen wir zugeben, dass wir auch bekleidet am äußeren Erscheinungsbild klar festmachen, ob wir jemand männlich oder weiblich lesen. Und ehrlicherweise geht es uns nichts an, ob sich ein Mensch ästhetischen Operationen unterzieht.

Was heißt das nun für die Quote? Ich plädiere für eine Genderquote, die sich an einem Maximalwert orientiert. Also statt „Frauen müssen mindestens 30 Prozent der Plätze bekommen" umdrehen in: „Kein Gender darf mehr als 70 Prozent der Posten besetzen". Noch besser wäre eine Quote, bei der kein Gender mehr als 60 Prozent der Plätze für sich beanspruchen darf.

Natürlich können wir auch eine eigene Quote für genderqueere Menschen einführen. Dort, wo viele Plätze zu vergeben sind, macht das durchaus Sinn. Bei einem fünfköpfigen Vorstandsgremium wird das jedoch kaum praktikabel sein. Dafür ist die Gruppe der genderqueeren Menschen zu klein, selbst wenn wir neben Trans- und Interpersonen auch die LGB-Personen dazuzählen würden. Und natürlich immer nur die, die sich outen.

Für viele Quotensituationen wird es also weiter in der binären Zweiteilung ‚männlich' und ‚weiblich' bleiben. Wir brauchen eine pragmatische Lösung.

Die könnte so aussehen, dass genderqueere Personen jeweils zur größeren Gruppe dazugezählt werden und auf diese Weise den geschlechtlichen Ausgleich positiv beeinflussen. Das Minderheitengeschlecht kann so schneller aufholen.

Diese Genderqueerness kann natürlich nur gezählt werden, wenn sie entweder phänotypisch offensichtlich oder öffentlich und geoutet ist. Wer nicht geoutet ist und gesellschaftlich in dem Geschlecht wahrgenommen wird, das in seinem Personenstand steht, wird auch in dieser Gendergruppe gezählt.

Auf diese Weise werden binäre wie nicht-binäre Trans- und Interpersonen integriert, ohne dass die Minderheitengruppe Plätze an die Mehrheitsgruppe abgeben muss und ohne dass sich jemand zwangsouten muss.

Wenn wir eines Tages so weit sind, dass alle Menschen, unabhängig von ihrer körperlichen Ausstattung, die gleichen Karrierechancen haben, die gleiche Vielfalt an Stylings nutzen können und die gleiche Akzeptanz in ihrem Sosein erfahren, können wir das mit den Quoten ganz sein lassen. Das wird aber noch etwas dauern.

Toiletten

Häufig wird beim Thema Transgender oder Intergeschlecht die Toilette als Problemzone herangezogen. Gemessen an der Häufigkeit, in der über Toiletten gesprochen wird, ist die ‚Problemlage' eher gering. Wenn wir im Flugzeug sind oder im Zug, akzeptieren wir ohne zu meckern eine Unisex-Toilette. Auch benutzen wir in Privaträumen ein gemeinsames Klo, nur eben nicht gleichzeitig, sondern nacheinander. Bei Festivals oder in Katastrophengebieten funktioniert das mit geschlechtsneutralen Dixie-Klos.

Was wir brauchen, um uns zu erleichtern oder uns um die Monatsblutung zu kümmern, sind sichere Räume. Eine Toilette braucht also einen abschließbaren Raum, der vom Boden bis zur Decke geschlossen ist, damit niemand darüber oder darunter filmen oder gar reinklettern kann.

Für Neubauten liegen diverse Konzepte vor, wie geschlechtsneutrale Toiletten gebaut werden können, mit einem gemeinsamen Vorraum mit Waschbecken und Hygieneartikeln und abschließbaren Einzelkabinen. Denkbar sind zwei zusätzliche Bereiche mit Sichtschutz und Pissoirs, einmal Pissoirs für Penisse, einmal Pissoirs für Vulven. Die gibt es inzwischen nämlich auch, wenn es mal schnell gehen muss oder wenig Platz ist.

Allerdings habe ich auch gelernt, dass viele Frauen keinen gemeinsamen Waschraum möchten, sondern wirklich einen penisfreien Safespace. Sie argumentieren: In der Zugtoilette oder im Flugzeug ist das Waschbecken in der Kabine, einen Vorraum gibt es dort nicht. Und auch diesen Frauen müssen wir zuhören. Es ist ihr Recht auf Selbstbestimmung.

Die Organisation öffentlicher Toiletten benötigt aus weiteren Gründen eine Reorganisation und hier sehe eine Chance. Bisher werden Frauen bei Klos massiv benachteiligt. Obwohl Frauen (und Transmänner) aufgrund ihrer Blase und der Monatsblutung häufiger Toilettenräume aufsuchen müssen als Männer (und Transfrauen), stehen ihnen erheblich weniger Möglichkeiten zur Verfügung. In vielen Kneipen kommen auf eine Pinkelmöglichkeit für Frauen drei oder vier für Männer. Das führt immer wieder zu langen Schlangen vor Frauenklos, während es bei den Männern frei ist.

Ich gehöre zu den Frauen, die auf das Klo gehen, das frei ist. Wenn beim Frauenklo eine Schlange ist, gehe ich eben zu den Jungs. Es tut mir auch leid, wenn sich manche Männer dadurch gestört fühlen. Aber ich sehe das als Reclaiming Equal Space (Einfordern von Toilettengerechtigkeit). Und in Köln machen das viele Frauen. Bei großen Veranstaltungen in Kölner Kneipen, wie zum Beispiel Karneval, ist es normal, dass Frauenklos nur für Frauen sind und Männerklos für alle Geschlechter.

Das können wir nutzen: Dort, wo kein Platz für ein drittes, geschlechtsneutrales Klo ist, ergibt es Sinn, die geräumigeren

Männertoiletten für alle Gender zu öffnen, während Frauenklos vulvatragenden Personen vorbehalten bleiben.

Umkleiden

Anders stellt sich diese Situation bei Sammelumkleiden dar. In Schwimmbädern gibt es häufig neben Sammelumkleiden zusätzlich Einzelkabinen. In diesem Fall lässt sich das ähnlich lösen wie bei den Toiletten.

Anders ist das bei vielen Sporthallen, in Firmenräumlichkeiten oder in Schulen. Dort gibt es häufig ausschließlich Sammelumkleiden und das ist mitunter ein Problem, wenn andersgeschlechtliche Körper sich in Gruppenräumen umziehen, die als monogeschlechtlich definiert sind.

Ari, die Krankenschwester aus Berlin, hat das für sich sehr achtsam gelöst. Sie hat beobachtet, wie ihre Umgebung sie interpretiert. Solange sie männlich wahrgenommen wurde, zog sie sich in der Charité in der Männerumkleide um. Als sie merkte, dass sie beim Umkleiden von einem fremden Kollegen schräg angesehen wurde, wechselte sie das nächste Mal in die Frauenumkleide. Denn offensichtlich war ihre Transition so weit fortgeschritten, dass sie jetzt weiblich gelesen wurde.

Besser wäre es natürlich, wenn es immer Einzelkabinen gibt, in denen sich Personen umziehen können, für die das wichtig ist. Es gibt ja auch Inter- oder Transpersonen, die sich nicht vor anderen entkleiden möchten. Vielleicht könnte auch hier ein Konzept helfen, dass es Sammelumkleiden für alle Gender gibt und zusätzlich Einzelkabinen, für diejenigen, denen es ein Bedürfnis ist, dass nicht andere ihren Körper sehen können.

Ein besonderes Problem gibt es in den Umkleiden an Schulen. Denn dort handelt es sich um Minderjährige, und die Lehrperson hat eine besondere Verantwortung.

Stellen wir uns eine beliebige Schule vor und eine Klasse voller 13-Jähriger mitten in der ersten großen Hormondusche der Pubertät, ein kompliziertes Alter für die Teenager, deren Körper sich verändern. Die 13-jährige Kai ist ein Transmädchen, also ein körperlicher Junge, der sich als Mädchen fühlt. In welche Umkleide soll die Sportlehrkraft Kai schicken?

- In der Jungsumkleide setzt sie Kai Mobbing aus, weil sich ein Teil der Jungs gerade in Männlichkeitsfantasien überbietet.
- In der Mädchenumkleide ist das Gekreische groß, weil einige Mädchen, deren Brüste gerade wachsen oder die zum ersten Mal ihre Menstruation haben, auf keinen Fall einen Penis unter sich dulden, weil sie das als peinlich empfinden.
- Bleibt die Lehrkräfteumkleide. Doch Kai ist minderjährig und schutzbefohlen. Hier setzt sich die Lehrkraft der Gefahr aus, des sexuellen Missbrauchs bezichtigt zu werden. Um nicht gleichzeitig in einer Umkleide zu sein und das Risiko einer Anklage zu umgehen, bieten Lehrkräfte dem Transkind die Lehrkräfteumkleide an, vor oder nachdem sie sie benutzen.

Du siehst: Das ist ganz schön kompliziert. Denn alle Beteiligten in dieser Klasse haben die gleichen Menschenrechte, die geachtet werden müssen.

Saunen, Duschen und andere Nackträume

Die Duschen im Fitness-Center sind im Regelfall nach Männern und Frauen getrennte Gruppenduschen. Im Hamam und vielen Saunen gibt es spezielle Frauentage. Welche Definition von Frau soll in solchen geschlechtsspezifischen Nackträumen Zugang haben?

Reden wir von körperlichen Geschlechtsmerkmalen, also von Vulva, Busen und anderen Merkmalen oder reden wir von Geschlechtsidentitäten? Meint die Männerdusche im Fitnesscenter auch nicht-operierte Transmänner oder nur operierte mit Mastektomie und Penoid-Aufbau?

Um hier eine sachliche Antwort zu finden, hilft es zu hinterfragen, warum es in Saunen, Hamams und anderen Nackträumen überhaupt geschlechtsspezifische Tage gibt oder warum Gruppenduschen in Männer und Frauen getrennt sind.

Es gibt Menschen, denen ist es egal, wer sie nackt sieht. Für sie gibt es gemischtgeschlechtliche Saunen, Spas sowie FKK-Angebote, die in der Regel ebenfalls gemischtgeschlechtlich sind. Da können alle hin, egal welcher Körper, egal welche Identität.

Zusätzlich gibt es Angebote, in denen nackte Haut nur körperlich gleichgeschlechtlichen Menschen gezeigt wird, ob aus religiösen und weltanschaulichen Ansichten, aus Schamempfinden oder anderen Gründen.

Aber wohin geht ein Transmann, der obenrum Bart- und Brusthaar trägt und untenrum Vulva? Wohin geht eine Person, die obenrum einen Busen hat und unten einen Penis oder eine vergrößerte Klitoris, die einem Penis ähnelt?

Um auch Menschen zu integrieren, die sich in binären Räumen unwohl fühlen, zum Beispiel weil ihre Körper unweigerlich Blicke auf sich ziehen, sollten genderqueere Angebote ausgebaut werden. Einige gibt es bereits: So veranstaltet der Verein *Transident e.V.* in München einmal im Monat ein queeres Schwimmen. Auch in Berlin gibt es solche queer-spezifischen Angebote, um einen Safespace, einen sicheren Raum für Trans- und Interpersonen zu gewähren.

Das Thema Sicherheit bezieht sich hierbei zwar auch, aber nicht in erster Linie auf Vergewaltigung oder körperliche Gewalt. Vielmehr geht es um ein sicheres Gefühl und um Wohlbefinden. Es geht um Schutz vor blöden Bemerkungen, Schutz vor Anstarren sowie um Rücksicht auf die individuellen Schamgefühle oder Glaubensvorstellungen. Vielleicht geht es in geschlechtsspezifischen Nackträumen auch nur darum, keine gegengeschlechtlichen Sexualorgane sehen zu müssen. Das sind völlig legitime Interessen, ganz egal ob cis oder trans, binär oder nicht-binär, hetero oder homo oder bi/pan, Frau oder Mann oder Intergeschlecht.

Ein Beispiel aus der Männersauna: Ana Biefang schreibt in ihrer Kolumne für das Queer-Magazin *Mannschaft* im Herbst 2021 von einem Erlebnis in einer Kölner Männersauna während des CSD, die sie gemeinsam mit schwulen Freunden besuchte. Sie sei in dem Glauben gewesen, schreibt sie, dort seien Transfrauen willkommen. Ihr wurde auch Einlass gewährt. Als sich herausstellte, dass sie keinen Penis hat, wurde sie der Sauna verwiesen. Gäste hatten sich beschwert, es sei eine Frau in der Männersauna. Ich habe bei der Sauna angerufen und nachgefragt. Der Mitarbeiter am Telefon, der bei dem Vorfall anwesend war, bestätigte: „Wir sind eine reine Männersauna, das steht überall." Er bedauerte den Vorfall und betonte, dass die schwule Traditionssauna in Köln bereits seit zwei Jahren ein offenes Konzept habe und alle zwei Wochen Saunatage für alle Gender anbiete, aber eben nicht täglich.

Nun ist Ana rechtlich eine Frau und wird nackt als Frau gelesen. Wie wäre es aber bei einer Transfrau mit Penis oder einem Transmann mit Vulva? Wer darf in die Männersauna, wer nicht? In einer E-Mail frage ich den Geschäftsführer, wie die Sauna Geschlecht definiert. Der Geschäftsführer bedankte sich für meine Mailanfrage und sagte, er sei sich des Problems bewusst. Früher war der Laden eine reine Schwulensauna. Inzwischen heißt sie Männersauna, um Männer zu integrieren, die zwar an Sex mit Männern interessiert sind, sich aber nicht als schwul bezeichnen. Derzeit orientiere sich die Definition Mann in seinem Betrieb, wie in den meisten Männer- und Schwulensaunen, am Vorhandensein eines Penis, weil das dem entspricht, wie die Gäste Geschlecht wahrnehmen und was diese mehrheitlich wünschen. Als Veranstalter sei er auch für die Sicherheit von Transpersonen in seiner Einrichtung verantwortlich.

Jeden ersten und dritten Montag im Monat bietet die Sauna All-Gender-Tage an. Da sind alle Geschlechtsidentitäten und Körper willkommen. An diesen Tagen sorgt zusätzliches Personal für Sicherheit und kann bei einer eventuellen Belästigung oder unschönen Situation sofort eingreifen. Das könne er aber nicht an allen Tagen leisten. Er sei außerdem mit Rubicon, einem Kölner LGBTIQA-Verein, sowie mit anderen Männer- und Schwulensaunen im Gespräch, wie sich queere Saunabetriebe weiter öffnen könnten.

Eine Münchner Schwulensauna erlaubt Transmännern, die an den Genitalien nicht operiert sind, dann Zugang, wenn sie diese mit einem Handtuch bedecken. So wie Frauen nicht unversehens mit Penissen konfrontiert werden wollen, wollen Männer nicht ungefragt mit Vulven konfrontiert werden.

Während es für eine Schwulensauna, die sich in einem sexuell offenen Umfeld bewegt, einfach ist, von Vulven und Penissen zu reden, ist dies für viele Menschen in der Allgemeinbevölkerung schambehaftet und schwer. Einrichtungen, die sich kultursensibel an alle möglichen Zielgruppen richten, können nicht einfach Penistag oder Vulventag auf das Schild schreiben. Vielen Menschen wäre eine solche Wortwahl zu vulgär und anstößig. Die Geschlechtsorgane sind in vielen Kulturen und Lebenswelten unter einer dicken Decke von Scham und Schuld verborgen und mit ihnen die Sprache, um darüber offen zu sprechen, übrigens auch in der Trans-Community selbst. Denn eine Genderdysphorie richtet sich genau gegen diese geschlechtsmarkierenden Körperteile.

Egal, wie wir es drehen: Wir brauchen neue, genderqueere Räume, insbesondere für Personen, deren Körper im nackten Zustand Merkmale beider Geschlechter aufweisen und die leicht angestarrt werden, was ebenfalls äußerst unangenehm ist.

Es wäre hilfreich, wenn es von der Gesetzgeberin Leitplanken gäbe, wie die Konfusion zwischen Körpergeschlecht und Geschlechtsidentität wertschätzend gelöst werden kann. Gibt es diese nicht, so fürchtet Amelung, werden nicht Penisse am Frauentag im Hamam als weiblich geduldet, sondern Trans- und Interpersonen generell ausgeschlossen. Amelung betont aber auch, dass wir nicht alles mit Gesetzen lösen können. Wir werden immer Verständnis, Rücksicht und Empathie brauchen, um im täglichen Miteinander gute Lösungen für alle zu finden.

Frauenhäuser

Frauenhäuser sind Schutzräume für Opfer von Gewalt. Diejenigen, die in diesen Räumen Schutz suchen, haben oft ein jahrelanges Martyrium hinter sich. Hier leben Frauen, die meist männliche Gewalt erlebt haben und oft genug traumatisiert sind. Natürlich haben die Frauenhäuser eine ganz besondere Sorgfaltspflicht, nicht nur jedwede Missbrauchsmöglichkeit auszuschließen, sondern die Frauen und Kinder auch vor möglicher Retraumatisierung zu bewahren.

Dafür muss eine Transfrau keinerlei böse Absichten hegen. Bei vielen schimmert trotz Hormonen und Operationen ein Hauch männlich gelesenes Erscheinungsbild durch, sei es in der Stimme, den Gesichtszügen oder der Körpergröße. Viele Unterstützungsangebote orientieren sich entlang der geschlechtsspezifischen Sozialisation und den damit verbundenen Mustern.

Natürlich gibt es auch gewalttätige Frauen und schutzbedürftige Männer, Gewalt in homosexuellen Beziehungen, Gewalt gegen Transmänner, Transfrauen, Nicht-Binäre und Intergeschlechtliche. Das ohnehin spärliche Angebot für Frauen ist für diese Gruppen noch spärlicher. Und natürlich haben auch diese Menschen ein Recht auf Schutz wie alle Opfer von Gewalt. Gerade genderqueere Menschen sind in erhöhtem Maße homophober und vielfaltsfeindlicher Gewalt ausgesetzt.

Aber wo sollen Transfrauen hin, wenn sie Opfer von Gewalt werden? Wo sollen Männer hin, die Opfer von häuslicher Gewalt wurden? Einrichtungen fehlen.

Der Hamburger Grüne Adrian Hector forderte zusammen mit seiner Partei im Frühjahr 2021 die Stadt Hamburg auf, mehr Schutzräume für Frauen zu bieten, die vor häuslicher Gewalt fliehen, und endlich auch Schutzräume für nicht-binäre Personen und Männer.

Die Frauenhauskoordinierung schreibt auf ihrer Website:

„Es gibt Fachberatungsstellen und Frauenhäuser, die auch Lesben, bisexuelle Frauen sowie trans- und intergeschlechtliche Menschen unterstützen. Die Hilfeeinrichtungen entscheiden im Einzelfall, wie sie diese Personen unterstützen können. Die Unterstützungsbedarfe von gewaltbetroffenen LSBTI muss noch mehr in den Hilfeangeboten berücksichtigt werden."

Frauenhäuser müssen das Recht haben, individuell zu entscheiden, ob oder unter welchen Voraussetzungen sie sich für Transfrauen öffnen wollen. Aber es muss eben auch Schutzräume für genderqueere Menschen und für Männer geben.

Anti-Gewalt-Trainings

Während meiner Recherche sprach ich mit einem Sozialpädagogen aus Süddeutschland, der seit vielen Jahren mit Männern arbeitet, die gewalttätig wurden. Er berichtete, dass die sozialpädagogische und gewalt-therapeutische Arbeit bisher sehr heteronormativ und binär ausgelegt ist.

In einer seiner Männer-Gruppen habe sich auch einmal eine Transfrau beworben, die gewalttätig geworden war. Der Sozialpädagoge sagt, sie sei nach Rücksprache mit dem Team zunächst in die Vorbereitung auf das Täterprogramm aufgenommen worden. Denn das Konzept baut unter anderem auf der Sozialisation im Patriarchat auf und die sei bei der Transfrau nun mal männlich gewesen. Letztlich hat sie es nicht in die Gruppe geschafft, da die Person andere – gender-unspezifische – Kriterien nicht erfüllte. Die Wartelisten für solche Programme sind lang.

Angebote für homosexuelle Personen, für Transpersonen, aber auch für gewalttätige Frauen sind selten. In ersten Projekten sammeln die Fachleute Erfahrung, um zu verstehen, welche Personen welche gruppenspezifischen Bedürfnisse haben. Die Gewaltprävention und Anti-Gewalt-Arbeit steht hier erst ganz am Anfang. Wir sollten hier keine ideologischen Dogmen einfordern, wo es doch ganz sensibel um spezifische Erlebens- und Verarbeitungswelten geht.

Gefängnis

Auch Gefängnisse in Deutschland sind bisher streng binär organisiert. Paragraf 4 Absatz 1 des Justizvollzugsgesetzbuches sagt: „Frauen sind getrennt von Männern in besonderen Justizvollzugsanstalten für Frauen oder in getrennten Abteilungen in Justizvollzugsanstalten für Männer unterzubringen. Sie sind auch sonst von den männlichen Gefangenen und männlichen Untergebrachten getrennt zu halten." Intergeschlechtliche Menschen und nicht-binäre Personen kommen in diesen Regeln nicht vor. Maßgeblich ist im Regelfall der Personenstand, also das rechtliche Geschlecht. Die Detailregeln für den Strafvollzug sind Ländersache, unterscheiden sich also je nach Bundesland.

Das Leben im Männerknast kann für eine Transfrau lebensgefährlich sein, ebenso wie für schwule Männer und alle, die nicht ‚männlich' genug gelesen werden. Denn gerade in Gefängnissen findet sich besonders viel toxische Männlichkeit. In Hamburg brachte sich Anfang 2022 eine Transfrau im Gefängnis um.

Zuvor war sie dort massivem Mobbing ausgesetzt. In Hamburg sollen nun Gesetze geändert werden, um den Justizanstalten mehr Spielraum zu geben.

In Berlin ist es seit Herbst 2021 möglich, dass neben dem rechtlichen Personenstand auch die Geschlechtsidentität einer Person herangezogen wird, um zu entscheiden, ob sie in das Männer- oder das Frauengefängnis kommt.

In Frauengefängnissen gibt es aber ebenfalls Probleme. In Großbritannien gab es sowohl sexuelle Übergriffe wie auch sexuelle Beziehungen, inklusive Schwangerschaften, nachdem nicht operierte Transfrauen im Frauengefängnis waren.

Dazu kommt ein weiteres Problem: Die Unterbringung in Frauengefängnissen ist auch für Frauen diskriminierend. Da sie viel seltener straffällig werden als Männer, gibt es weniger Frauengefängnisse mit weniger Angeboten für die Tagesgestaltung oder die Weiterbildung für das Leben nach dem Knast. Die Anfahrtswege für Angehörige sind deutlich weiter, Besuche entsprechend seltener möglich.

In ihrem Gutachten von 2020 zu den Gesetzesentwürfen aus der vergangenen Legislaturperiode fordert Jura-Professorin Dr. Ulrike Lembke Konzepte, die sowohl die hierarchischen Diskriminierungen in den Geschlechterverhältnissen berücksichtigen als auch einen Schutz für LGBTQIA-Menschen mitdenken und räumlich gestalten.

Geschlechtsspezifische Rechte

Nun wünschen wir uns Frieden und mögen wir von Krieg verschont bleiben, aber was wäre, wenn der Ernstfall eintritt? In Deutschland sind Männer ab 18 wehrpflichtig, soweit sie Deutsche nach dem Grundgesetz sind. Frauen dürfen zwar dienen, müssen es aber nicht. Was viele nicht wissen: Die Wehrpflicht ist nach Paragraf 2 des Wehrpflichtgesetzes ausdrücklich nur im Friedensfall ausgesetzt, nicht im Spannungs- oder Verteidigungsfall.

Was bedeutet das für Transpersonen? Können Transmänner eingezogen werden? Würde der Eintrag als Frau einen geburtsgeschlechtlichen Mann von der Wehrpflicht befreien?

In den USA nicht. Dort müssen sich Männer zwischen 18 und 25 Jahren im Selective Service System registrieren lassen. Transpersonen werden nach ihrem Geburtsgeschlecht als potenzielle Soldat*innen geführt. Auf ihrer Website schreibt die Behörde: „US citizens or immigrants who are born male and changed their gender to female are still required to register. Individuals who are born female and changed their gender to male are not required to register."

Auch solche Fragen müssen im Rahmen eines Selbstbestimmungsgesetzes beantwortet werden.

Geschlechtsspezifische Regeln gibt es auch im Klein-Klein arbeitsrechtlicher Vorschriften. So darf Sicherheitspersonal nur Menschen gleichen Geschlechts abtasten. Wenn Phänotyp und rechtlicher Geschlechtseintrag auseinanderfallen, sind die Betroffenen quasi nicht mehr für das Abtasten einsetzbar. Denn rechtlich zählt der Personenstand. Die abgetasteten Menschen orientieren sich an dem Geschlecht, das sie sehen.

Wenn wir also über die Definition von Geschlecht sprechen, müssen wir all diese Aspekte berücksichtigen.

Wir brauchen sinnvolle Geschlechterkategorien

Die Qualität unser Daten und Regeln hängt davon ab, ob wir sie in sinnvollen Kategorien zusammenfassen. Wenn wir eine genderfaire Welt wollen, brauchen wir Kategorien, die uns dabei helfen. Wenn wir von Männern und Frauen oder von männlich und weiblich sprechen, meinen wir oft völlig verschiedene Aspekte von Geschlecht.

- Manchmal geht es um körperliche Geschlechtlichkeit, manchmal steht die geschlechtsspezifische Sozialisation im Vordergrund.
- Manchmal sind es unsere stereotyp geprägten Geschlechterbilder und Erwartungen an Geschlechterrollen.
- In den meisten Fällen trennen wir nur zwischen männlich und weiblich und unterstellen gleichzeitig eine heterosexuelle Norm. Dadurch werden intergeschlechtliche, nicht-binäre und homosexuelle Menschen benachteiligt.

- Patriarchal geprägte Denk- und Handlungsmuster sowie Strukturen stellen den Mann über die Frau und diskriminieren Frauen ab Geburt.
- Das Konzept der Geschlechtsidentität ist relativ neu und bisher in den Daten und Regeln kaum erfasst oder verankert.
- Auch der neue Personenstand ‚divers' ist in vielen Gesetzen und Verordnungen noch nicht berücksichtigt.

Diskriminierung, die durch ein patriarchales und binäres System verursacht wird, lässt sich nicht abbauen, indem wir ein binäres System durch ein anderes binäres System ersetzen.

Daten über Geschlecht lassen sich weder alleine über den Körper noch alleine über die Sozialisation, die Identität oder den Phänotyp bestimmen. Das bedeutet: Wir müssen offener und in mehr als zwei Schubladen über Geschlecht nachdenken.

Warum können wir die Kategorisierung von Geschlecht nicht sein lassen? Weil unser Gehirn das nicht zulässt. Es braucht Kategorien zur Orientierung. Es sucht nach Strukturen, Zusammenhängen und Regeln, die ihm relevant erscheinen, verallgemeinert sie und verschiebt diesen Teil der Informationsverarbeitung ins Unbewusste. Das ist effizient, denn so verbraucht es sehr viel weniger Energie, um sie abzurufen.

Dabei finden wir Kategorisierungen, die sich nach Gesellschaft und Kultur unterscheiden und verändern. Und es gibt welche, die lassen sich über alle Gesellschaften und sogar bei anderen Säugetieren nachweisen. Das Erkennen von Mann und Frau anhand körperlicher Merkmale ist so eine Unterscheidung.

Wir sehen nicht die Chromosomen und auch nicht, ob jemand Eizellen oder Spermien oder nichts davon produziert. Noch weniger sehen wir eine Identität. Die können wir nur glauben, wenn sie geäußert wird, nicht überprüfen. Und doch erkennen wir geburtsgeschlechtliche Männer und Frauen sofort und mit hoher Treffsicherheit.

Die Zuweisung erfolgt anhand einer ganzen Reihe phänotypischer Merkmale, die nicht alle gleichzeitig auftreten müssen, aber merkmalsprägend wirken: Bartwuchs, Körperbehaarung, Skelett, Körperform, Fettverteilung, Stimme und zentrales Kriterium am nackten Körper: Penis oder Vulva. Auch wenn es uns nur selten um Fortpflanzung geht, so liegt doch darin die Ursache für diese global vorhandenen Kategorien Mann und Frau, selbst bei den Bugis in Indonesien mit fünf Geschlechtern oder den Amarete in Bolivien mit zehn. Was diese Gesellschaften aber tun, sie begnügen sich nicht mit Mann und Frau, sondern differenzieren weiter, haben zusätzliche Kategorien.

Das machen wir im Grunde auch, zumindest in unseren Begrifflichkeiten. Sehen wir eine Person, bei der unser Gehirn sagt Mann oder Frau, die sich aber anders gibt, als es die Geschlechterstereotype nahelegen, interpretieren wir diese Person im Rahmen der uns kulturell bekannten Kategorien, zum Beispiel als Transfrau, als Transmann, als Dragqueen oder Butch. Ihr Geburtsgeschlecht bleibt uns dabei bewusst.

Diese alltägliche und natürliche Wahrnehmung unseres Gehirns müssen wir berücksichtigen, wenn wir rechtliche Geschlechterkategorien definieren.

Berücksichtigen müssen wir ebenso die natürlichen Körperunterschiede, wie wir in den erwähnten Beispielen gesehen haben, etwa bei Leistungssport, Sicherheitstechnik oder medizinischer Versorgung.

Daten, die aus geschlechtsspezifischem Verhalten resultieren, hängen einerseits eng mit der Sozialisation zusammen und sind kulturell geprägt. Aber auch die Hormonversorgung mag Einfluss auf Verhalten haben, allerdings wissen wir wenig darüber, wie genau. Relevant sind solche Verhaltensdaten bei allen möglichen Statistiken, etwa Verkehrsunfälle mit Personenschaden, Suchtproblematiken, Gewaltdelikte und so weiter.

Es ist auffällig, dass Gewalt weltweit zu 80 Prozent und mehr von körperlichen Männern ausgeht. Ist das ausschließlich die Folge patriarchaler Strukturen? Oder ist ein Teil evolutionär begründet? Wir wissen es nicht.

Daten, die geschlechtsspezifische Ungleichbehandlung messen, wie Gender-Pay-Gap, Gender-Pension-Gap, Motherhood-Penalty und so weiter, vermischen Aspekte, die aus der Sozialisation resultieren, mit Aspekten, die von außen qua Phänotyp zugeschrieben werden.

Bei all diesen Daten benötigen wir nicht nur Information über eine selbstbestimmte Identität, sondern ebenso Information über das Geburtsgeschlecht und die damit verbundene Sozialisation. Ein offener, transparenter Umgang mit Transgeschlechtlichkeit hilft uns zu verstehen, welchen Einfluss Hormone haben, welche Geschlechtsunterschiede von der Natur gewollt sind und welche wir kulturell erzeugen. Letztere, also die Stereotype, sollten wir abbauen.

Wir unterscheiden bisher nur Männer und Frauen. Wir haben kein eindeutiges Bild davon, wie ‚nicht-binär' oder ‚divers' aussieht. Wir können aber im Umgang darauf achten, anderen nicht automatisch ein Geschlecht zuzuweisen, weil es die Person verletzen könnte. Hier ist Achtsamkeit gefragt. Wertschätzung im Miteinander kann kein Gesetz regeln, es kann aber die gesellschaftliche Akzeptanz fördern.

Was Gesetze leisten müssen

Gesetze bestimmen die Regeln für unser Zusammenleben. Dafür müssen sie möglichst klar und eindeutig sein. Andernfalls erzeugen sie Probleme in Form von hunderten oder tausenden von Klagen, wie das Gesetz nun gemeint sei, im Zweifel auf Kosten der Steuerzahler*innen. Ebenso muss Missbrauch ausgeschlossen oder zumindest erschwert werden. Sonst haben Gesetze fatale Nebenwirkungen.

In unserer hochgradig vernetzten Gesellschaft mit ihren vielen Gesetzen, Verordnungen und Regeln ist es gar nicht so einfach, alle Auswirkungen eines Gesetzes vorherzusehen. Außerdem machen zu bürokratische und komplizierte Regelungen die Umsetzung schwer und teuer.

Einfache und unbürokratische Regelungen haben dafür häufig das Problem, dass sie Einfallstore für missbräuchliche Nutzung öffnen. Das haben wir bei den Coronahilfen 2020 gesehen, bei den Coronatests und anderen Regelungen, die aufgrund einer pandemischen Dringlichkeit auf schnelle Umsetzung getrimmt waren.

Das Thema geschlechtliche Vielfalt ist aber nicht pandemisch. Wir haben also Zeit, ein neues Gesetz ausführlich zu durchleuchten und zu debattieren.

Handwerklich gute Gesetze erfordern eine offene demokratische Debatte, ohne Angst oder Scheuklappen. Sie leuchten aus, inwieweit in ihrer Anwendung Rechte anderer berührt werden und wo es missbräuchliches Ausnutzen von Gesetzeslücken geben könnte.

Wir können sicher sein: Wo eine Gesetzeslücke ist, wird sie genutzt. Nicht unbedingt von denen, für die das Gesetz gedacht ist, sondern von Trittbrett-Fahrer*innen, die sich dadurch Vorteile versprechen. Die Argumentation von Sven Lehmann und Transaktivist*innen – weil es bisher keine Probleme gab, wird es auch künftig keine Probleme geben – klingt nach Wunschdenken statt realer Gesellschaftspolitik.

Der Düsseldorfer Anwalt Udo Vetter arbeitet seit 30 Jahren als Strafverteidiger und hat Einblick in die Persönlichkeit von Vergewaltigern, Pädophilen oder Exhibitionisten. Gegenüber der *Neuen Zürcher Zeitung* mit Blick auf das Eckpunktepapier im Sommer 2022 sagte er: „Dieses Gesetz würde nicht nur für rational denkende Menschen gelten, sondern auch für Menschen, die triebgesteuert sind. Wenn der Staat jetzt die Möglichkeit eröffnet, dass man durch eine bloße Erklärung zum Beispiel keinen Exhibitionismus mehr begehen kann, dann kann das ein Exhibitionist ausnutzen. Dieser Straftatbestand ist auf Frauen nicht anwendbar."

Der Exhibitionismus-Paragraf 183 StGB wendet sich tatsächlich explizit an Männer.

Seit das Bundesverfassungsgericht die Zwangs-OP im TSG gekippt hat, sind Personenstandswechsel ohne medizinische Geschlechtsangleichung möglich. Aber der Weg über das TSG ist belastend und teuer. Den gehen also nur Menschen, die bereit sind, diese Mühsal auf sich zu nehmen, weil ihnen dieser Wechsel sehr wichtig ist. Die Personengruppe der wirklich transidenten Menschen, für die dieses Gesetz gedacht ist, muss auch geschützt werden vor anderen Personengruppen, die in ihrem Namen ein solches Gesetz missbrauchen. Denn mal ehrlich: Was passiert, wenn ein Missbrauch des Selbstbestimmungsgesetzes aufgedeckt wird? Er wird allen Transpersonen zur Last gelegt oder sogar allen queeren Menschen, Lesben und Schwule eingeschlossen. Die gesellschaftliche Akzeptanz sinkt. Das kann doch niemand wollen.

Wie also sollte ein Selbstbestimmungsgesetz ausgestaltet sein, damit es Menschenrechte stärkt und nicht für die Menschenrechte einer Gruppe die Menschenrechte einer anderen verletzt oder am Ende sogar transfeindlich wirkt?

Ein neues Selbstbestimmungsgesetz

Dass Menschen aller Gender gleichermaßen wertgeschätzt werden, dass Diskriminierung abgebaut wird und alle die gleichen Chancen und Möglichkeiten bekommen, dafür haben wir einen Verfassungsauftrag und eine breite Unterstützung in der Bevölkerung.

Das 2022 auf den Weg gebrachte Selbstbestimmungsgesetz soll das Namensrecht und den geschlechtlichen Personenstand neu regeln. Die medizinische Versorgung ist (Stand: Januar 2023) nicht Bestandteil des Selbstbestimmungsgesetzes.

In ihren Rechtsgutachten aus der letzten Legislaturperiode beschreiben Jurist*innen, worauf es dabei aus verfassungsrechtlicher Sicht ankommt: Es geht um den Schutz der Menschenwürde und des individuellen Persönlichkeitsrechts. Die Geschlechtsidentität wird als wesentlicher Bestandteil dieser Persönlichkeit gewertet. Ebenso wichtiger Bestandteil ist die verfassungsgemäße Pflicht des Staates, geschlechtsbedingte Diskriminierung abzubauen und die Gleichstellung von Männern und Frauen zu fördern. Dazu kommen weitere Schutzrechte.

Professorin Anna Katharina Mangold hebt hervor, dass sich aus der Verfassung keine Pflicht ableiten lässt, ob oder wie Geschlecht im Personenstandsrecht zu erfassen ist.

Professorin Ulrike Lembke zitiert aus zwei Urteilen des Bundesverfassungsgerichts 2005 und 2017:

„Die Geschlechtszugehörigkeit kann nicht allein nach den physischen Geschlechtsmerkmalen bestimmt werden.“ (BVerfG, 6. Dezember 2005)

„Aus medizinischer Sicht wird an einer allein binären Geschlechtskonzeption nicht festgehalten (...) In den medizinischen und psychosozialen Wissenschaften besteht zudem weitgehend Einigkeit darüber, dass sich das Geschlecht nicht allein nach genetisch-anatomisch-chromosomalen Merkmalen bestimmen oder gar herstellen lässt, sondern von sozialen und psychischen Faktoren mitbestimmt wird." (10. Oktober 2017)

Bemerkenswert finde ich an dieser Stelle die Wörter „nicht allein" und „mitbestimmt". In den dogmatischen Positionen der Debatte wird das ignoriert. Die einen nehmen allein die Gameten, die anderen allein die Identität. Das kann nichts geben. Dabei liegt gerade in der Berücksichtigung von beidem eine Chance zu einer wirklich modernen Perspektive auf Geschlecht.

Professor Florian Becker betont, dass die formale Geschlechtszuordnung mit zahlreichen Rechten und Pflichten einhergehe und eine rein subjektive und veränderliche Kategorie hierfür als alleiniges Merkmal nicht ausreiche. Er betont, dass es zwar möglich sein muss, den Personenstand auch mehrfach zu ändern, wie das bei Heiraten und Scheidungen auch möglich ist, dass aber ein grundsätzliches Interesse an der Dauerhaftigkeit und Eindeutigkeit eines Personenstandsregisters bestehe, das der Erleichterung des Rechtsverkehrs diene. Insbesondere dem Gesetzesentwurf der FDP von 2020, der beliebig viele Wechsel ohne Fristen vorsah, erteilt er eine Absage. Die Frist von einem Jahr bis zu einer erneuten Änderung bei den Grünen hält er für den richtigen Weg, bezeichnet sie aber als sehr kurz. Außerdem verweist er auf Frauenförderrechte, möglichen Missbrauch und das Recht von Kindern auf Auskunft über ihre Abstammung.

Zum Redaktionsschluss lag der neue Gesetzesentwurf noch nicht vor. Daher nehme ich das Eckpunktepapier von Ende Juni 2022 als Ausgangspunkt. Danach soll ein Verfahren beim Standesamt, also ohne Amtsgericht, eingeführt werden, das eine Namensänderung und eine Änderung des Geschlechtseintrages grundsätzlich per Selbstauskunft ermöglicht. Dabei sollen die derzeit unterschiedlichen Verfahren für Trans- und Interpersonen vereinheitlicht werden. Geplant ist außerdem ein sanktionsbewehrtes Offenbarungsverbot. Das bedeutet, dass die Offenlegung der Transgeschlechtlichkeit einer Person durch Dritte unter Strafe gestellt werden soll.

Für Kinder und Jugendliche bis 14 Jahre sollen die Sorgeberechtigten das Geschlecht ändern können. Ab 14 können es die Jugendlichen mit Zustimmung der Sorgeberechtigten tun. Wenn die Eltern nicht zustimmen, können Jugendliche auch einen Entscheid über das Familiengericht herbeiführen.

Eine erneute Änderung soll nach einer Sperrfrist von einem Jahr möglich sein. Zum Aspekt der Beratung steht im Eckpunktepapier noch sehr unklar formuliert, dass aktiv auf Beratungsangebote hingewiesen werden soll.

Ich habe Transmann Till Amelung gefragt, wie er das Eckpunktepapier einschätzt. Er sagt, er sei froh, dass die Eltern bis zur Volljährigkeit mit im Boot bleiben. In Deutschland können Jugendliche ohne Zustimmung der Sorgeberechtigten nicht einmal an einer Klassenfahrt teilnehmen. Es wäre unlogisch, wenn sie formalrechtliche Vorgänge ohne Zustimmung durchführen könnten.

Eine Namensänderung sollte für alle, unabhängig von Geschlechterfragen, möglich sein. Für die Änderung des Geschlechts wünscht sich Amelung eine vorherige Beratung und mehr Sicherheitsvorkehrungen, um die Ernsthaftigkeit des Anliegens sicherzustellen. Andere Länder haben zum Beispiel zwei Vorstellungstermine beim Amt mit einer Wartezeit von drei bis sechs Monaten. Auch ein einfaches psychologisches Attest ähnlich dem ärztlichen Attest für Interpersonen könne er sich vorstellen. Möglich sei auch eine verpflichtende niedrigschwellige Beratung ähnlich der Schwangerschaftsberatung.

Die erneute Wechselmöglichkeit nach nur einem Jahr ist aus Amelungs Sicht zu kurz. Fünf Jahre wären besser. Amelung sagt: „Ich möchte doch am Ende des Tages ein Gesetz haben, was für uns besser ist als das Transsexuellengesetz und zugleich unseren Ruf schützt."

Auf die geäußerte Sorge, dass ein allzu laxes Selbstbestimmungsgesetz von Sexualstraftätern ausgenutzt werden könnte, bin ich bereits eingegangen.

Ebenso wichtig sind gesellschaftlich akzeptierte und praktikable Lösungen für viele Alltagssituationen, die nichts mit Straftaten, wohl aber mit legitimen Bedürfnissen, Wohlbefinden und Fairness zu tun haben: Wenn das körperliche Geschlecht personenstandsrechtlich keine Rolle mehr spielt, wie sollen dann all die Freizeit-Sportvereine, Fitnesscenter, Hamams oder Saunen in ihren Umkleiden, Toiletten, Gruppenduschen oder an Frauen-/Männer-Tagen umgehen?

Hier sollte ein Gesetz einen Orientierungsrahmen schaffen, der die alltägliche Geschlechtswahrnehmung über die Körperlichkeit sowie die unterschiedlichen Schamgefühle berücksichtigt. Andernfalls laufen wir Gefahr, dass genderqueere Menschen aus solchen Räumen kategorisch ausgeschlossen werden. Und wir dürfen mit Klagen rechnen, bei denen sich Personen mit Penis in Vulven-Räume einzuklagen versuchen. Auch das spaltet und beschädigt die Akzeptanz von Transgender.

Zu den vulnerablen Räumen, in denen ich mir Orientierung von der Gesetzgeberin wünsche, gehören auch Einrichtungen in der Gesundheits- und Altenpflege. Eine kultursensible Versorgung von Patient*innen und Bewohner*innen von Altenheimen ist ein wichtiges Thema. „Wenn eine Frau sagt, ich möchte nur von einer biologischen Frau gepflegt werden, muss das möglich sein, ohne dass jemand Transphobie schreit oder eine Klage über das AGG anstrengt", gibt Amelung zu bedenken. Ein generationen- und kultursensibler Umgang miteinander sowie Rücksicht auf Glauben und Weltanschauung von Menschen hat ebenso Verfassungsrang.

Amelung kritisiert, dass manche Aktivist*innen es schon als Zumutung oder transphob empfinden, wenn von Transpersonen ein Mindestmaß an Reflexion erwartet wird. „Ich habe nichts davon, wenn ich im Schwimmbad Männer mit meinem Körper irritiere, mit einem bestimmten Teil, weil ich keine Genitalangleichung habe. Da würde ich mich auch nicht wohl fühlen und ich kann es auch nicht verstehen, wenn manche Transfrauen auf Biegen und Brechen unbedingt beim Frauensport dabei sein möchten."

Eine Umfrage des Meinungsforschungsinstituts *YouGov* von Mai 2022 in Großbritannien zeigt, dass die gesellschaftliche Akzeptanz für Transgender in Großbritannien zuletzt gesunken ist. *YouGov* hat die Brit*innen in den Jahren 2018, 2020 und 2022 befragt. Die Akzeptanz einer sozialen Transition ist relativ hoch. Bei der rechtlichen Ankerkennung im Identitätsgeschlecht ist die Skepsis größer, und viele wollen das an kontrollierte Voraussetzungen gebunden wissen. Besonders groß ist die Ablehnung in Bezug auf die Teilnahme beim Sport sowie die Nutzung genderspezifischer Räume.

Die aktuelle Debatte konzentriert sich sehr auf die Selbstbestimmung über den Geschlechtseintrag. Mindestens so wichtig ist allerdings die Überarbeitung zahlreicher weiterer Gesetze, Verordnungen und Regelungen. Eine Rechtsfolgenabschätzung ist schon allein deshalb wichtig, um zu erkennen, welche weiteren Gesetze, Regelungen und Verordnungen betroffen sind und angepasst werden müssen.

Wir haben gesehen, wie vielfältig Regeln und Räume nach Geschlecht sortiert sind. Amelung erzählt, dass er nach seiner Transition eine Weile Probleme hatte, gynäkologische Leistungen von der Kasse bezahlt zu bekommen. Das wurde inzwischen geändert. Lücken gibt es aber weiterhin, etwa bei nichtbinären Personen, wie das Beispiel Jay in dem Buch zeigt.

Wir brauchen neue Regeln, die sich der geschlechtlichen Vielfalt öffnen und internationale Menschenrechtsstandards in deutsches Recht umsetzen. Wenn aber weiterhin jede Kritik direkt niedergebrüllt wird, ist das der sichere Weg, entweder zu keinem Gesetz zu kommen oder zu einem Gesetz, das gut gemeint und schlecht gemacht ist. Beides würde der Sache schaden, nicht dienen.

Utopia – Wie es funktionieren könnte

Ich habe ausgeleuchtet, wie unsere körperliche Geschlechtlichkeit entsteht, dass es auf Körperebene neben Mann und Frau viele intergeschlechtliche Varianten gibt, wie wir als Gesellschaft Geschlecht konstruieren und wahrnehmen und welche Diskriminierungen damit verbunden sind. Und ich bin den Spuren der patriarchalen Hierarchie gefolgt, habe die Situation in verschiedenen Ländern beleuchtet, die rechtliche Entwicklung nachgezeichnet und die aktuelle Debatte um Transgender und Selbstbestimmung in Deutschland umrissen.

Hier möchte ich skizzieren, wie eine Lösung für geschlechtliche Vielfalt aussehen könnte.

Menschen mit Körpern und Identitäten

Wir sind alle Menschen mit körperlichem Geschlecht und einer Identität, die sich aus unserem angeborenen Wesen im Zusammenspiel mit unserer Umwelt und unseren Erfahrungen entwickelt. Wir alle haben sozialisationsbedingte, stereotype Vorstellungen von Männern und Frauen, ganz egal in welchem geschlechtlichen Körper wir stecken, ob wir cis oder trans sind oder ob wir cis als Begriff generell ablehnen. Ich möchte dich in diesem Buch dazu einladen, deine eigenen Stereotype zu entdecken und zu hinterfragen. Und ich möchte dich einladen, die Erkenntnisse daraus zu nutzen, um Platz für Vielfalt zu schaffen: gedanklich, strukturell, physisch.

Ich bin überzeugt: Für viele Menschen wäre es hilfreich, Räume jenseits der gender-stereotypen Schubladen zu haben, in denen sie einander begegnen und erfahren können, dass mit ihnen alles stimmt.

Mir gefällt das Geschlechtsmodell der Bugis mit ihren fünf Geschlechtern. Fünf kriegen wir in unserem komplexen Gesellschaftssystem vermutlich nicht hin. Aber drei haben wir schon. Wir müssen also ohnehin die unterschiedlichsten Gesetze und Regelungen vom Abstammungs- und Familienrecht über geschlechtsspezifische Gesundheitsleistungen bis zu arbeitsrechtlichen Regelungen, von Rentenansprüchen bis zum Wehrpflichtgesetz so anpassen, dass die personenstandsrechtliche Geschlechterkategorie ‚divers' berücksichtigt wird.

Nutzen wir diesen Raum und gestalten wir ihn. Ich begreife ihn als Chance, Geschlechterdiskriminierung abzubauen, damit die Welt für alle fairer wird.

In diesem gemischten Raum haben alle Platz, die sich den binären Kategorien entziehen. Neben Interpersonen können das nicht-operierte Transpersonen sein und alle Genderidentitäten, die sich eben nicht eindeutig männlich oder weiblich verorten lassen wollen oder können.

Je größer diese Gruppe ist, umso mehr Kraft und gesellschaftliche Relevanz erfährt sie und kann die freie Entwicklung geschlechtlicher Vielfalt fördern.

Daneben gibt es weiterhin die Kategorien Mann und Frau, wie wir sie kennen.

Namensrecht, Deadnaming und wahrheitsgemäße Dokumentation

Das Namensrecht könnte längst geregelt sein. Vornamen sind wichtig für die eigene Identität. Gesellschaftlich haben sie keine Relevanz. Daher sollte der Vorname einfach geändert werden können. Das muss kein Transthema sein. Es gibt 1001 Gründe, warum jemand den Vornamen ändern möchte. Um die Verwaltung nicht zu überfordern, sollte es diese Möglichkeit bei Jugendlichen nur alle zwei Jahre, bei Erwachsenen nur alle fünf oder zehn Jahre geben.

Wenn zu mir jemand sagt: Ich heiße Anna und möchte mit sie angesprochen werden, dann mache ich das. Und wenn jemand sagt: Ich heiße Max und möchte mit er angesprochen werden, auch.

Wenn jemand eine Transperson absichtlich im alten Namen (Deadnaming) und im Geburtsgeschlecht anspricht, halte ich das für unhöflich. Es ist jedoch kein Hassverbrechen, sondern einfach unhöflich, vielleicht auch respektlos. Nicht mehr, nicht weniger. Eine Geldstrafe für Deadnaming geht meines Erachtens zu weit. Wir leben in einer Demokratie, in der Meinungsfreiheit ein hohes Gut ist. Wir müssen für Toleranz, Akzeptanz und Verständnis werben. Das lässt sich nicht per Gesetz erzwingen.

Die Ansprache im Geburts- beziehungsweise Körpergeschlecht ist auch nicht zwingend diskriminierend. Wenn eine Person aussieht wie ein Mann, aber als Frau angesprochen werden will (und umgekehrt), kommt das Gehirn durcheinander. Das ist ungefähr so, wie wenn es das Wort Gelb in rotem Schriftzug lesen soll. Es entsteht ein Widerspruch der gelernten Konzepte.

Vielleicht kann und will sich die Oma oder der Opa der Transperson nicht umgewöhnen. Vielleicht ist die Person kognitiv gar nicht in der Lage, diese Metaebene zu durchdenken und zu erlernen. Vielleicht verplappert sich jemand aus Gewohnheit. Vielleicht passiert in einer Behörde aus Versehen ein Fehler. Oder es ist im Kontext wichtig, dass ein Namens- und Geschlechtswandel stattgefunden hat.

Leichter fällt es unserem Gehirn, neue Kategorien zu bilden und zu erlernen, wie es uns andere Kulturen mit Kathoey, Hijra oder Mexe vormachen. All das sind keine Frauen und erheben auch keinen Anspruch auf die Kategorie Frau, sondern sie haben eigene Bezeichnungen für ‚weibliche Seele in männlichem Körper'.

Wahrheitswidrig und unwissenschaftlich wäre es zu behaupten, Schauspieler Elliot Page habe 2007 die Hauptrolle im Film *Juno* gespielt, damals wurde die Hauptrolle in dem Film von Ellen Page gespielt, die sie zu dieser Zeit war. 2020 outete sich Page als Transgender und nahm den Namen Elliot sowie das männliche Geschlecht an. Gleiches gilt für andere Ereignisse im Leben öffentlicher Personen oder für dokumentierte Ereignisse von Relevanz, etwa einer Straftat.

Etwas anderes ist es, wenn der alte Name einer Person mutwillig ausgeforscht wird, um dieser damit zu schaden. Wenn also Mutwilligkeit und Schadensabsicht nachgewiesen werden, halte ich eine Strafe für gerechtfertigt. Allerdings stellt sich die Frage, ob das nicht bereits mit den Paragrafen 185 bis 187 StGB (Beleidigung, Üble Nachrede, Verleumdung) abgedeckt ist oder durch eine Ergänzung dort abgedeckt werden kann.

Es ist zwar zu verstehen, dass manche Transpersonen ihre Vergangenheit im alten Geschlecht am liebsten verdrängen möchten, aber das ist nicht Aufgabe des Staates oder der Gesellschaft, sondern Aufgabe psychotherapeutischer Begleitung, wie bei anderen biografischen Problemen und Traumata, bei denen es ein Vorher und ein Nachher gibt.

Und ich wünsche mir, dass wir genderneutrale Pronomen finden. Die individuellen Pronomen sind eine Sackgasse. Pronomen sind keine zweiten Vornamen, sondern ein komplexes grammatikalisches System, um schöne Sätze bilden zu können und nicht ständig die gleichen Nomen zu wiederholen. Ich habe ich es hier mit sier, sihr, dier probiert.

Personenstandsrecht: Geschlechter der Zukunft

Ich finde es wichtig, Geschlechtsidentität anzuerkennen und zu berücksichtigen, aber nicht, indem das körperliche Geschlecht ignoriert wird. Das entspräche auch nicht dem, was das Bundesverfassungsgericht gefordert hat. Im Urteil ging es darum, dass das Körpergeschlecht nicht allein zählt, nicht, dass es irrelevant sei.

Je länger ich mich mit dem Thema befasse, desto sinnvoller finde ich es, das körperliche Geschlecht und die Geschlechtsidentität zu erfassen.

Wir haben gesehen, wofür wir Daten über Geschlecht benötigen. Valide Daten zu Sex und Gender helfen uns außerdem, um transfeindliche Gewalt identifizieren und wirksam bekämpfen zu können. Gleiches gilt für Transgesundheit und andere queer-spezifische Themen. Das Identitätsgeschlecht als alleiniges Merkmal genügt hierfür nicht.

Zum dritten ist Identität nicht objektiv messbar und verändert sich im Laufe eines Lebens. Deshalb soll die Begutachtung ja abgeschafft werden. Andererseits soll genau diese subjektive und nicht messbare Identität alleiniger Maßstab sein für eine objektive Definition mit allen Rechtsfolgen? Das ist nicht logisch.

Von den negativen Folgen einer derart willkürlichen Definition sind ja nicht nur Cis-Personen betroffen, sondern ebenso Transpersonen. Anfang 2022 führte das Robert-Koch-Institut eine Umfrage zur Gesundheit von Transpersonen durch. Auf

Twitter beschwerten sich einige Transleute, dass an der Umfrage Cis-Menschen teilnehmen würden, die sich nur als trans ausgäben. Das genau ist das Problem, wenn ein subjektives Empfinden zur normativen Grundlage wird. Es funktioniert nicht, weil es Missbrauch in jeder Hinsicht Tür und Tor öffnet.

Eine einfache und praktikable Lösung wäre es, eine zweite Kategorien-Ebene einzuführen, wie bei der kanadischen Zensusbefragung.

Der bisherige Geschlechtseintrag wird präzisiert als: körperliches oder Geburtsgeschlecht, unterschieden in ‚weiblich', ‚inter', ‚männlich' und ‚offen'.

Dazu kommt ein zweiter Eintrag: Geschlechtsidentität, unterschieden in ‚weiblich', ‚nicht-binär', ‚männlich' ‚fluide' und ‚agender' oder ‚androgyn'.

Das Geburtsgeschlecht wird bei Kindern entweder wie bisher eingetragen oder es kann offen gelassen werden. Spätestens während der Pubertät wird dann das körperliche Geschlecht eingetragen. Dieses Geschlecht muss auf keinem Zeugnis oder Führerschein stehen, wohl aber auf der Krankenkassenkarte, denn dort ist es wichtig.

Wahrscheinlicher ist es, dass die Vermischung von Körper, Sozialisation und Identität bleibt, wir also alle Mischvarianten mit den Kategorien ‚männlich', ‚weiblich', ‚divers' und ‚kein Eintrag' abdecken müssen.

Dann wäre mein Vorschlag: Alle Personen, die nicht bei Sex und Genderidentität gleichermaßen ‚männlich' beziehungsweise ‚weiblich' stehen haben, können sich mit einem einfachen Verwaltungsakt im rechtlichen Geschlecht ‚divers' eintragen.

Der Wechsel in das rechtliche Geschlecht, das dem Körpergeschlecht entgegensteht, sollte hingegen von weiteren Voraussetzungen abhängig gemacht werden. Das können verpflichtende Beratungen sein, Gutachten oder ein Kriteriensystem. Letzteres würde dazu dienen, Transpersonen, die alles getan haben, um in ihrem Identitätsgeschlecht gelesen zu werden und für die der rechtliche Eintrag im Identitätsgeschlecht psychisch wichtig ist, keine unnötigen Hürden in den Weg zu legen, ohne dass der Geschlechtseintrag beliebig wird.

Geklärt werden muss außerdem, ob die Personenstandsänderung nur in die Zukunft oder auch in die Vergangenheit wirkt. Falls sie auch für die Vergangenheit zählen sollte, zieht sie zahlreiche Folgeprobleme nach sich: Darf ein Kind oder eine Eheperson gezwungen werden, ihre Urkunden zu ändern? Kann eine ehemalige Arbeitgeberin verpflichtet werden, 20 Jahre alte Arbeitszeugnisse anzupassen? Wie sind die Auswirkungen auf Verträge und Verfahren in der Vergangenheit? Hier wünsche ich mir pragmatische Lösungen, die die Interessen aller Beteiligten berücksichtigen.

Nicht alles lässt sich per Gesetz lösen. Und schon gar nicht lässt sich die Gesellschaft dazu zwingen, Geschlecht nicht mehr über Körper wahrzunehmen. Wir brauchen daher ein Gesetz, das unter Berücksichtigung der gesellschaftlichen Realitäten einen Rahmen steckt, der Interessensausgleich und pragmatische Lösungen für Alltagssituationen unterstützt.

Solche Alltagssituationen sind geschlechtsspezifische Nackträume, wie Gruppenduschen, Spas, Umkleiden oder Toiletten. Hier brauchen wir alle gegenseitiges Verständnis und Pragmatismus. Wenn ein Frauenraum zum Beispiel nur für körperliche Frauen und operierte Transfrauen offen ist, penis-tragende Personen aber ausschließt, ist das kein Pauschalverdacht gegen Männer und nicht-operierte Transfrauen. Es ist das Selbstbestimmungsrecht dieser Gruppe.

Wo es räumlich möglich ist, sollten Einzelkabinen Schutz bieten. Zusätzlich zu ‚männlichen‘ und ‚weiblichen‘ sollte es ‚genderneutrale‘ Räume oder spezielle Queer-Tage geben. Darüber hinaus muss die Möglichkeit bestehen, im einzelnen Kontext pragmatische Lösungen zu finden.

Was im Einzelfall funktioniert und baulich möglich ist, hängt oft von der konkreten Situation und den räumlichen Möglichkeiten ab.

Medizinische Versorgung, Hormone und Operationen

Wir brauchen mehr Wissen über geschlechtsspezifische Medizin. Der eklatante Wissensmangel bei Fachpersonal in Bezug auf intergeschlechtliche Menschen muss behoben werden. Das

Thema gehört in alle Lehrpläne der medizinischen, pflegerischen und pädagogischen Ausbildung. Denn gegenwärtig hängt ihre Gesundheitsversorgung oft vom Zufall ab. Intergeschlechtliche Menschen brauchen mehr Sichtbarkeit. Sie sollten selbstverständlicher Teil unserer Gesellschaft sein und ohne Angst über ihr Geschlecht reden können. Für vergangenes Unrecht (ungefragte geschlechtszuweisende Operationen) müssen sie entschädigt werden.

Gleiches gilt für die Information und Aufklärung zum Thema Transgender. Wir brauchen ideologiefreie, evidenzbasierte und sachliche Information und Beratung. Damit sich alle informieren und für sich selbst klären können, was der richtige Weg und die richtige Entscheidung ist. Es gibt keine Generalantwort. Dafür sind wir viel zu komplexe Wesen.

Den Zugang zu medizinischen Leistungen regelt in Deutschland der Gemeinsame Bundesausschuss (G-BA). Er entscheidet, welche Leistungen von der Gesetzlichen Krankenversicherung (GKV) übernommen werden und was privat zu bezahlen ist. Im internationalen Vergleich werden in Deutschland viele Maßnahmen zur Geschlechtsangleichung von der Krankenkasse bezahlt. In vielen Ländern müssen Transpersonen die medizinischen Maßnahmen aus der eigenen Tasche finanzieren. Das ist ein Grund, weshalb weltweit so viele Transpersonen in der Prostitution arbeiten. Anders bekommen sie das Geld nicht zusammen.

Es gibt in Deutschland zwar regionale Unterschiede je nach KV-Region und Krankenkasse, aber grundlegende medizinische Maßnahmen zur Behandlung einer Geschlechtsdysphorie werden bezahlt. Dazu zählen Hormonbehandlungen, Haarentfernungen, Mastektomie (Entfernung der Brust) und Genitalangleichung (Penoid- oder Vaginoplastik). Entschieden wurde das durch ein Grundsatzurteil des Bundessozialgerichts in den 1980er Jahren. Es geht auf die Sichtweise zurück, nach der Genderdysphorie eine Krankheit ist. Und Krankenkassen in Deutschland sind verpflichtet, Krankheiten zu behandeln. Zu ihrer Pflicht gehört außerdem die Versorgung von Schwangeren. Prophylaxe-Leistungen werden nur so weit erbracht, wie sie in der Impfrichtlinie und der Vorsorgerichtlinie vorgesehen sind. Darüber hinaus steht es Menschen frei, private Leistungen in Anspruch zu nehmen.

Bei ästhetischen Operationen gibt es Fälle, für die eine medizinische Indikation vorliegt und die von der Krankenkasse übernommen werden. Doch die meisten Eingriffe müssen privat bezahlt werden.

Die „S3-Leitlinie Geschlechtsinkongruenz, Geschlechtsdysphorie und Trans-Gesundheit: Diagnostik, Beratung, Behandlung" aus dem Jahr 2019 sieht nicht mehr automatisch eine medizinische Geschlechtsangleichung vor. Die neue ICD-11, die im deutschen Gesundheitssystem erst noch umgesetzt werden muss, definiert Transgender nicht mehr als Krankheit. Immer mehr Menschen definieren sich als trans oder nichtbinär, ohne dass sie geschlechtsangleichende Maßnahmen wünschen. Das bringt das gemeinschaftlich finanzierte System der GKV in Erklärungsnot. Warum finanzieren sie keine Brustvergrößerung, Nasenanpassung oder Fettabsaugung, aber eine Mastektomie, Gesichtschirurgie und Genital-OP bei Transgender, wenn das keine Krankheit ist?

Bisher muss eine 26-jährige Frau ihre Hormone zur Schwangerschaftsverhütung selbst bezahlen, es sei denn, es liegt eine medizinische Indikation vor, etwa starke Akne oder Schmerzen. Hormone zur Linderung von Wechseljahresbeschwerden werden von der Kasse bezahlt. Wo sollen hier künftig Transpersonen verortet werden? Unter welchen Umständen zahlt die Kasse welche Behandlung?

Wir werden also früher oder später darüber diskutieren, welche medizinischen Transbehandlungen aus der gesetzlichen Krankenkasse finanziert werden und welche privat zu bezahlen sind, wie das in der ästhetischen Chirurgie, der Augen- und Zahnheilkunde, der Orthopädie und der Gynäkologie ebenfalls an vielen Stellen der Fall ist.

Geschlechtsangleichende Maßnahmen müssen der gleichen medizinischen Evidenz und den gleichen Regularien unterliegen wie alle anderen medizinischen Leistungen auch. Andernfalls wäre das eine Ungleichbehandlung und damit verfassungsrechtlich problematisch.

Was ich mir wünsche

Ich wünsche mir, dass wir alle gemeinsam daran arbeiten, Geschlechterstereotype abzubauen und eine Gesellschaft zu gestalten, in der Geschlecht zwar real ist, aber keine Auswirkungen auf gesellschaftliche Chancen und Möglichkeiten hat. Das gelingt nur, wenn wir körperliche Unterschiede berücksichtigen, wo sie relevant sind, und aufhören, sie mit kulturellen Zuweisungen aufzuladen.

Es ist egal, ob wir in weiblichen, männlichen oder gemischtgeschlechtlichen Körpern geboren werden. Deswegen sind wir weder klüger noch dümmer, talentierter noch weniger talentiert, weder bessere noch schlechtere Menschen.

Auf körperlicher Ebene gibt es Stoffwechselunterschiede zwischen XX- und XY-Personen. Testosteron führt zu vermehrter Körperkraft und Impulsivität sowie diverser Veränderungen im Skelett und der Muskel-Fett-Verteilung. Viele andere Geschichten rund um Testosteron und andere geschlechtsspezifischen Hormone sind bisher zu wenig erforscht beziehungsweise mit kulturellen Mythen aufgeladen.

Ich wünsche mir, dass wir genauer nachforschen, welche körperlichen Unterschiede wirklich relevant sind, um eine bessere Gesundheitsversorgung und mehr Sicherheit für alle zu ermöglichen.

Ich wünsche mir, dass wir bei der Produktentwicklung aufhören, unnötige Unterschiede zwischen männlich und weiblich zu konstruieren, sondern zum Beispiel Kleidung, Schuhe, Körperpflege, Make-up und vor allen Dingen Spielsachen konsequent genderneutral anbieten. Hier liegt ein großer Hebel für mehr Selbstbestimmung, Vielfalt und Gendergerechtigkeit.

Und ich wünsche mir, dass wir dort, wo es relevante Unterschiede gibt (Größe und Kraft der Hand, Busen Ja/Nein/Größe, Pinkeln mit Penis/Vulva), die Produkte auf diese unterschiedlichen Körper optimieren (Crash-Test-Dummies, Sicherheitskleidung, Ausstattung für Leistungssport, Handwerkszeug). Auch hier liegt ein großer Hebel für mehr Gendergerechtigkeit.

Ich wünsche mir, dass wir unser Denken befreien von diesem Zwang zu entweder-oder, ja-nein, richtig-falsch. Die Natur ist nicht schwarz-weiß, sondern bunt und vielfältig.

Transpersonen waren einen Teil ihres Lebens im einen Geschlecht und einen Teil im anderen. Sie können aus erster Hand berichten, was sich allein dadurch ändert, wenn das Umfeld einen Menschen mit dem gleichen Charakter und den gleichen Kompetenzen im anderen Geschlecht wahrnimmt. Dazu müssen sie selbst sensibel dafür sein, diese geschlechtsspezifischen Privilegien zu erkennen, und den Mut haben, darüber zu sprechen.

Alle, die eine medizinische Transition erlebt haben, können von diesen Erfahrungen berichten. Was hat sich verändert? Und wo gab es Probleme? Was sollten andere wissen, bevor sie die medizinischen Schritte gehen? Welche Nebenwirkungen müssen in Kauf genommen und abgewogen werden? Eine Transition ist ein langer und schwerer Weg und die Betroffenen haben ehrliche und gute Information verdient.

Um bestimmte Frisuren oder Kleidung zu tragen, muss niemand den Geschlechtseintrag ändern. Einfach machen und dafür kämpfen, dass ein Sommerkleid für einen Mann so normal wird wie eine Jeans für eine Frau.

Mutige Frauen haben in 250 Jahren Frauenbewegung viel riskiert und viel verändert. In den 1920er und den 1980er Jahren gab es Phasen des androgynen Spiels, der Aufhebung von Kleider-, Stil- und Frisurenordnungen. Warum knüpfen wir nicht daran an und arbeiten gemeinsam an einer vielfältigen und gendergerechten Welt?

Wenn die Debatte weiter so aggressiv schwarz-weiß und Gräben vertiefend geführt wird, sorge ich mich um die Akzeptanz, die Schwule, Lesben und Transpersonen in der Vergangenheit in der deutschen Gesellschaft geschaffen haben. In Großbritannien hat sich die Stimmung für Transpersonen verschlechtert, in den USA tobt ein Kampf in einer gespaltenen Gesellschaft. Lasst uns daraus lernen und es besser machen.

Wir alle sind Vorbilder für die, die nach uns kommen. Wir leben vor, wie vielfältig Mannsein oder Frausein sein kann.

Oder wir leben Stereotype vor. Wir entscheiden, was wir weitergeben.

Wir können Genderstereotype abbauen oder zementieren. Wir können Raum geben oder nehmen. Wir können für medizinische Evidenz und Sicherheit sorgen oder Angst vor Ärzt*innen und Psychotherapeut*innen schüren. Wir können anderen Verständnis, Offenheit und Kompromissbereitschaft entgegenbringen oder dogmatisch, totalitär und deterministisch nur unsere Position gelten lassen.

Wir alle können uns entscheiden, Vielfalt zu akzeptieren, statt gegeneinander zu kämpfen. Jed*er Einzelne von uns.

Bin ich also trans? Nicht-binär? Divers?

Am Anfang dieses Buches stellte ich die Frage, ob ich trans bin. Und ich habe viel nachgedacht und gelernt. Auch über die Auseinandersetzung mit meiner Biografie und dem Gendertrouble, der mich mein ganzes Leben begleitet:

Schon im Kindergarten war ich die Sigi. Meinen Geburtsnamen lehnte ich ab. Ich spielte mit Jungs und war zufrieden. Mich nervten die Röcke, in die ich gezwungen wurde. Sie behinderten mich beim Spielen. Außerdem wurde ich quasi täglich geschimpft, weil ich mich schmutzig gemacht hatte. Da waren meine Jungsfreunde im Vorteil. Die trugen Hosen, und alle fanden es normal, dass sie sich schmutzig machten.

In der Grundschule schien es auf einmal wichtig, wer Junge oder Mädchen ist. Das wurde für mich zum Problem. Jungs wollten nicht mehr mit mir spielen, weil ich ein Mädchen war. Mit Mädchen konnte ich oft wenig anfangen. Zum Glück gab es ein weiteres Mädchen, das ähnliche burschikose Spielinteressen hatte wie ich.

Meine Anwesenheit in Papas Werkstatt war geduldet, soweit es nichts Wichtigeres in Haushalt und Küche zu tun gab. Ich durfte Papa zwar Werkzeug anreichen, aber auf die Idee, mir zu zeigen, wie das alles geht, und mich dann machen zu lassen, kam er nicht. Dafür musste ich backen, bügeln, putzen. Ich war ja ein Mädchen, kein Junge.

Meine Erstkommunion erlebte ich als Drama. Ich musste ein langes weißes Kleid anziehen und durfte es nicht einmal nachmittags zu Hause ablegen. Und am Ende wurde ich geschimpft, weil es beim Spielen schmutzig geworden war. Als Geschenke bekam ich – wir befinden uns im katholischen Dorf im Jahr 1980 – Handtücher, Bettwäsche und Obstschalen, zur Firmung einige Jahre später Besteck. Und jede Menge christliche Utensilien: Gebetbuch mit Goldrand, Halskette mit Kreuz, Rosenkranz in silbernem Schmucktäschchen. Die Jungs kriegten Fotoapparate, Ferngläser, Lego-Technik, Sachbücher oder schlicht Geld, um sich ihre Wünsche zu erfüllen. Aussteuer hieß das, damit ich, wenn ich heirate, meinen Haushalt in die Ehe mitbringe. Was für eine Botschaft an neunjährige Kinder!

Vorbilder, an denen ich mich hätte orientieren können, gab es kaum. Die Mädchen in Kinderbüchern und -filmen waren fast immer langweilig. Wenn sie schön und brav waren, heirateten sie am Ende den Prinzen und ihr Leben war zu Ende erzählt. Die interessanten Dinge machten die Jungs. Mit Ausnahme natürlich von Pippi Langstrumpf, die neugierig das tat, worauf sie Lust hatte, aber mit ihrer Superkraft keine reale Figur war. Eher schon die Rote Zora, die eine Kinderbande anführte und – mein Vorbild – Enid Blytons George von den fünf Freunden, das Mädchen, das ein Junge sein wollte.

Die Männer im Dorf gingen zur Arbeit und in die Kneipe. Die Frauen gingen zur Arbeit, machten den Haushalt und versorgten die Kinder. Bei manchen verdiente der Mann mehr, dann waren die Frauen Hausfrauen und kümmerten sich ausschließlich um Haushalt und Kinder.

In Politik und Wirtschaft, in Film und Fernsehen. Überall gaben Männer den Ton an und Frauen assistierten. Da war für mich kein Platz. Ich habe mich nirgendwo gesehen.

Meine erste Menstruation war für mich der Körper gewordene Fakt, dass aus mir kein Junge mehr wird. Also versuchte ich, es zu akzeptieren und das Beste daraus zu machen. Von Transgender hatte ich nie gehört.

Auf meine Bildung wurde kein Wert gelegt, aber mir wurde das Gymnasium auch nicht verboten, wie es noch älteren weiblichen Verwandten passierte. Helfen konnte mir daheim niemand. Meine Eltern hatten einfache Volksschul-Abschlüsse. Zum Glück fiel mir die Schule leicht. So konnte mir niemand sagen, dass das Gymnasium nichts für mich sei.

Sobald ich anfing, mich für Jungs zu interessieren, wurden die Regeln, was mir erlaubt wurde, deutlich strenger. Was dazu führte, dass ich viel heimlich tat und zunehmend rebellierte.

Ansonsten erlebte ich in der Pubertät den üblichen Sexismus, den auch andere junge Frauen erleben. An sich konnte ich mich ganz gut wehren. Allerdings war das lange vor #Metoo und Frauen war es kaum erlaubt, gegen Sexismus aufzubegehren. Im Zweifel hieß es: Bist ja selbst schuld, wenn du abends ausgehst, dies oder jenes anziehst. Oder: Stell dich nicht so an, ist doch nicht schlimm.

Nach dem Abi 1990 verließ ich das Dorf so schnell ich konnte. Studieren war dafür die einfachste Möglichkeit. Bildung als Flucht sozusagen. Wieder gab es Bedenken, warum ich studieren wolle, ich würde doch sowieso heiraten und Kinder kriegen. In Nürnberg und an der Uni fühlte ich mich tatsächlich endlich freier und gleichberechtigter.

Mit den feministischen Punkbands der Riot Grrrls traten Anfang der 1990er Jahre Frauen auf den Plan, die mir mehr entsprachen. Es waren Frauen mit Springerstiefeln und Minirock, verschmierter Schminke, wild und laut an E-Gitarre, Bass und Drums, allen Frauenstereotypen den Stinkefinger zeigend. Ob sie schön waren oder nicht, schien ihnen egal. Sie waren da. Sie waren laut. Weder keusch und brav noch schöne Prinzessin noch heiß und promiskuitiv. Einfach frei und wild.

Als Studentin gab es eine Phase, in der ich viel in lesbischen Kreisen unterwegs war, vermutlich ein Teil meiner Identitätssuche. Meine Lebensgefährten waren jedoch Männer, in der Regel welche ohne Macho-Allüren, dafür mit femininen Wesenszügen. So glichen sich die männlichen und weiblichen Anteile innerhalb der Beziehung aus.

Insgesamt fand ich die Zeit an der Uni und zum Berufsstart relativ gleichberechtigt. Vielleicht habe ich aber auch Diskriminierungen nicht bemerkt. Ich brauchte lange, bis ich begriff, dass manche Reaktionen auf mein Verhalten nichts mit mir als Mensch zu tun hatten, sondern geschahen, weil ich weiblich gelesen wurde.

Besonders eng wurde es, als ich mit Anfang 30 Mutter wurde. Der gesellschaftliche Druck, in einer bestimmten Art und Weise zu funktionieren, war enorm. Dabei können Väter alles genauso gut oder schlecht wie Mütter, außer Austragen und Gebären. Beim Stillen haben Frauen einen Heimvorteil, dafür aber auch oft genug Ärger mit schmerzenden Brüsten oder durchnässten T-Shirts. Männer können mit Fläschchen sogar originale Muttermilch füttern, wenn diese zuvor abgepumpt wurde.

Bis heute knirscht es, wenn jemand, bewusst oder unbewusst, von mir stereotype Verhaltensmuster erwartet. Ich bin mit 52 viel selbstbewusster als mit 25 und denke: Es ist nicht meine Aufgabe, Geschlechtsstereotypen zu entsprechen.

Bin ich also trans?

Ich bin im Körper einer Frau und entspreche in meinem Wesen eher männlichen als weiblichen Geschlechtsstereotypen. Mir geht es ähnlich, wie ich es von Interpersonen gehört habe: Ich weiß nicht, wie sich Männer oder Frauen fühlen. Ich weiß, wie ich mich fühle.

Und ich weiß, das habe ich in diesem Buch ausführlich dargelegt, dass Menschen aufgrund ihres Geburtsgeschlechts unterschiedlich behandelt werden und unterschiedliche Erfahrungen machen. Dafür gibt es sowohl körperliche wie auch gesellschaftliche Gründe.

Eine Geschlechtsdysphorie habe ich nicht oder nicht mehr. Eine Hormonbehandlung würde die Diskriminierungen in meiner Biografie nicht rückgängig machen. Sie würde nur dazu führen, dass ich die Aspekte des männlichen Körpers zu spüren bekäme, die ich nicht haben will: vermehrte Körperbehaarung und ausfallende Kopfhaare. Darauf verzichte ich gerne. Eine Änderung des Geschlechtseintrags ohne medizinische Transition ergibt für mich keinen Sinn, denn es geht nicht darum, was auf einem Papier steht, sondern wie ich in der Gesellschaft wahrgenommen und behandelt werde.

Mit einem vereinfachten Namensrecht könnte ich den unbenutzten Namen streichen und Sigi an der Stelle einsetzen. Das würde ich gerne tun, weil es lästige Nachfragen erspart.

Ganz egal, ob ich transmännlich, weiblich oder nicht-binär bin: Eine weniger genderstereotype Welt hätte mir viel Leid erspart. Ich hätte weniger Störgefühle entwickelt und mir vielleicht gar nicht erst gewünscht, ein Junge zu sein.

Schlusswort/Danke

Dieses Buch konnte nur entstehen, weil viele Menschen daran mitgewirkt haben und mich in unterschiedlichster Weise unterstützt haben. Auch wenn ich nicht alle namentlich erwähnen kann, ich danke von Herzen. Die Arbeit an diesem Buch war auch für mich eine Reise mit emotionalen Hochs und Tiefs. Und ohne das gute Wort hier, das geduldige Ohr da oder den Link oder die Vernetzung dort würde es dieses Buch nicht geben.

Ganz besonderes danke ich Petra Plaum, die mir von der Idee bis zum fertigen Manuskript zur Seite stand, Entwürfe gegenlas und mich aufbaute, wenn ich drohte, den Mut zu verlieren, einen Verlag für mein Buch zu finden.

Ich bedanke mich bei Kerstin Dämon und Sofia Touantzoglou für ihre Geduld, wenn ich mal wieder monothematisch unterwegs war, für das Probelesen, die vielen Gespräche, Gedanken, die Kritik, die Tipps, die Inspiration. Herzlichen Dank auch an Christoph Kahle und Norbert Loeken für den frischen Blick, die wertvollen Meinungen und Kommentare. Ihr habt mir sehr geholfen.

Besonderer Dank geht an meine Lektorin Katja Schurter. Sie hat meine manchmal ausschweifenden Gedankengänge eingefangen, Hölzchen, Stöckchen und Klötzchen markiert, die entweder an der falschen Stelle standen, doppelt waren oder überflüssig. Sie hat nicht immer bequeme, aber stets wertvolle Fragen gestellt. Das hat dem Buch als Ganzes richtig gutgetan.

Danke an Sergio Vitale für das schöne Buchcover und all die grafische Arbeit. Denn mal ehrlich: Natürlich geht es uns um den Inhalt. Aber ohne ansprechende Verpackung laufen wir dran vorbei und sehen ihn nicht.

Ich danke Franka Zastrow, die immer an mein Buch geglaubt hat. Danke Jim Baker, Ilona Bubek, Marc Lippuner und allen, die zum Querverlag-Team zählen: Ihr habt dem Buch vertraut und in die Welt verholfen.

Mein Buch wäre nicht halb so gut ohne die vielen Menschen, die mir ihre Zeit geschenkt, ihr Fachwissen oder ihre persönliche Erfahrung mit mir geteilt haben oder mich von ihrem Netzwerk haben profitieren lassen. Herzlichen Dank an Prof. Georg Romer, Dr. Achim Wüsthof, Patricia Schüttler, Anastasia Biefang und Till Randolf Amelung. Speziell erwähnen möchte ich auch die Inter- und Transpersonen, die zu ihrem Schutz anonym bleiben. Danke, dass ihr mir eure Geschichten erzählt habt und ich sie hier abdrucken durfte. Ohne euch fehlte diesem Buch die Lebendigkeit und die Verbindung mit dem echten Leben echter Menschen.

Ich danke auch denen, die mich feindselig angegriffen haben, denn auch sie haben mich viel gelehrt. Ich wurde mir zunehmend sicherer, dass ich bei diesem Thema nicht nur klare Kante gegen rechts zeigen muss, sondern gegen jede Form von Extremismus und Intoleranz. Vielfalt lebt von Vielfalt, dazu gehören vielfältige Meinungen, die wir aushalten müssen.

Merci. Shukran. Bedankt.

Glossar

Affirmativer Ansatz ist ein Ansatz im Umgang mit Transgender, der die Selbsteinschätzung der Klient*in bestätigt. Der affirmative Ansatz steht im Kontrast zum explorativen Ansatz, der ergebnisoffen und erkundend die Patient*in in ihrer Biografie und Umwelt in den Blick nimmt.

Ally heißt übersetzt Verbündet*er. Das Wort kommt aus der Anti-Diskriminierungs-Bewegung und meint Menschen, die sich für diskriminierte Gruppen einsetzen, ohne selbst betroffen zu sein.

Androgenitalas Syndrom bezeichnet eine Form von Intergeschlecht: XX-Chromosomensatz, weibliche Gonaden, vergrößerte Klitoris, äußeres Genital vermännlicht.

Androgenresistenz bedeutet, dass im Körper die Rezeptoren für die Verarbeitung von Testosteron entweder fehlen oder nicht funktionieren.

Andrologie ist ein Fachbereich der Medizin, der sich mit Männern beschäftigt (Gegenstück zur Gynäkologie).

Anorektisch bedeutet magersüchtig. Wenn der BMI unter 17,5 fällt, gilt das als anorektisch. Anorexie, also Magersucht, ist eine schwerwiegende und lebensgefährliche Erkrankung.

Asexuell sind Personen, die wenig oder keine Lust auf Sex haben.

Atrophie oder **vaginale Atrophie** ist die medizinische Beschreibung für Veränderungen in der Scheide: Schleimhäute bilden sich zurück, das Gewebe wird weniger elastisch, was zu Scheidentrockenheit und Schmerzen führen kann. Wird in der Regel durch Östrogenmangel verursacht.

Autogynophilie bezeichnet das erotische Erleben von Männern, die sich sexuell erregt fühlen, wenn sie sich als Frau vorstellen. Bei Frauen heißt es Autoandrophilie.

Backlash ist eine gesellschaftliche Entwicklung weg von Emanzipation und Gleichberechtigung, die erkämpfte Errungenschaften rückgängig macht.

Bias bedeutet Verzerrung. Der Begriff kommt aus dem Englischen und wird als Kurzform gebraucht für Unconscious Bias, übersetzt als unbewusste Denkmuster, unbewusste Vorurteile, unbewusste kognitive Verzerrungen.

Binär kommt aus dem Lateinischen und bedeutet zweiteilig. Binär ist zum Beispiel die Geschlechterordnung in Mann und Frau, aber auch das Zahlensystem aus Null und Eins, das für die Programmierung verwendet wird.

Biologisches Geschlecht wird oft für das körperliche Geschlecht verwendet. Im Grunde ist dieser Begriff ungenau, denn bereits auf den Embryo wirken Umwelteinflüsse und haben biologische Auswirkungen. So können wir bereits beim Neugeborenen in vielen Fällen nicht sicher sagen, was durch Gene verursacht wurde und was durch Umwelteinflüsse, im Zuge des Aufwachsens noch weniger.

Blackfacing meint, dass eine Weiße Person sich entweder als Schwarze verkleidet oder eine Schwarze Identität annimmt. Beides gilt als rassistisch.

Brazilian Butt bezeichnet einen großen, runden Hintern beziehungsweise die Methoden der plastischen und ästhetischen Chirurgie, diesen zu formen.

Als **Butch** werden Frauen bezeichnet, die sich ein betont männliches Äußeres geben. In der Regel handelt es sich um lesbische Frauen. Aber auch eine Hetero-Frau kann als Butch wahrgenommen werden, wenn sie sich betont männlich kleidet und verhält.

CAIS (Komplette Androgenresistenz) haben Menschen, bei denen der Rezeptor für die Verarbeitung von Testosteron fehlt oder nicht funktioniert. Sie haben einen XY-Chromosomensatz, innenliegende Hoden und ein weibliches äußeres Genital.

Cancel Culture ist ein Begriff in der öffentlichen Debatte, der Bestrebungen kritisiert, dass bestimmte Dinge nicht mehr gesagt werden dürfen.

Chromosomen sind die Träger von Erbanlagen. In der Standardausführung haben Menschen 23 Chromosomenpaare, also 46 Chromosomen. Davon sind 22 Paare identisch, beim 23. Paar gibt es standardmäßig die Ausführungen XX und XY. Damit ein Säugling überlebensfähig geboren wird, braucht er alle Chromosomen, bis auf eines. Nur auf das zweite X-Chromosom oder das Y-Chromosom kann ein Mensch verzichten. Deshalb ist X0 die einzige lebensfähige Monosomie (Turner). Trisomien, bei denen es ein Chromosom dreimal statt zweimal gibt, kennen wir mehrere. Im Kontext von Geschlecht ist Klinefelter bedeutsam (XYY) Am bekanntesten ist die Trisomie 21 (Down-Syndrom).

Cis ist eine Person, die sich mit dem Geschlecht identifiziert, das bei ihrer Geburt eingetragen wurde.

Cotton Ceiling ist ein Begriff, mit dem manche Transfrauen lesbischen Frauen Diskriminierung unterstellen, wenn sie keine Transfrauen mit Penis daten wollen, als ob es ein Recht darauf gäbe, von anderen begehrt zu werden.

Crossdresser ist eine Person, die sich gegengeschlechtlich kleidet.

Deadname, **Deadnaming** bezeichnet, wenn Transpersonen mit ihrem Geburtsnamen angesprochen werden, obwohl sie sich einen neuen Namen gegeben haben. Deadname ist der alte Name, Deadnaming die Ansprache.

Detrans, Detransitioner, Detransition bezeichnet den Prozess der Rückkehr zum Geburtsgeschlecht beziehungsweise die Person, die dies tut. Eine komplette Umkehrung einer medizinischen Transition ist nicht möglich. Irreversible Veränderungen, etwa Stimmbruch und Veränderungen durch geschlechtsangleichende Operationen, bleiben.

Divers ist die Bezeichnung im deutschen Personenstandsrecht für ein Geschlecht, das weder männlich noch weiblich ist.

Doing Gender verweist auf die Praxis, Menschen aufgrund ihres körperlichen Geschlechts gemäß einer genderspezifischen Rollen- und Verhaltenserwartung zu erziehen und zu behandeln.

Dragqueen ist ein in der Regel schwuler Mann, der sich hyperstereotyp als Frau stylt, Dragking eine Frau, die sich als Mann aufmacht.

Drittes Geschlecht bezeichnet nicht ein Geschlecht, sondern ist ein Sammelbegriff für Gender oder Geschlechtsvarianten jenseits von männlich und weiblich.

DSD ist die Abkürzung für Disorder/Differences of Sexual Development und umfasst Varianten der geschlechtlichen Entwicklung. Diese können intergeschlechtlich sein, müssen es aber nicht.

Endokrinologie ist der medizinische Fachbereich, der sich mit Hormonen beschäftigt.

Estradiol ist ein körpereigenes Hormon, umgangssprachlich zusammen mit zwei sehr ähnlichen Hormonen (Estron und Estriol) als Östrogene bezeichnet. Frauen produzieren Estradiol in größeren Mengen in den Eierstöcken. Männer in geringeren Mengen in der Nebennierenrinde und in den Hoden. Estron und Estriol sind vor allen Dingen während Schwangerschaften und in den Wechseljahren wichtig.

Femizid ist der Mord an einer Frau im Zusammenhang mit ihrem Frausein.

FLINTA ist ein Akronym und steht für Frauen, Lesben, intersexuelle, nicht-binäre, trans und agender Personen.

Gameten sind die Keimzellen, besser bekannt als Eizellen und Spermien. Damit ein Baby entstehen kann, braucht es beide.

Gebärmutter-Transplantation wurde erstmals in Deutschland 2016 am Universitätsklinikum Tübingen durchgeführt. Eine Frau, die ohne Gebärmutter geboren worden war, bekam eine eingesetzt. 2019 kamen dort die ersten Babys aus transplantierten Gebärmüttern zur Welt.

Gelesenes Geschlecht weisen wir einer Person zu, wenn wir sie sehen oder hören. Die meisten Menschen stellen sich automatisch vor, ob jemand ein Mann ist oder eine Frau.

Gender ist ein Begriff aus der Soziologie, der das soziale Geschlecht bezeichnet, im Unterschied zum Sex oder Sexus, dem Körpergeschlecht. Er verweist darauf, dass vieles, was wir als männlich oder weiblich bezeichnen, wenig mit Natur und viel mit Kultur zu tun hat.

Genderfluid verweist darauf, dass eine Person ihr Geschlecht nicht als fest wahrnimmt, sondern als fließend und sich mal männlicher, mal weiblicher fühlt.

Gendernonkonform bezeichnet die Nicht-Anpassung an geschlechterstereotype Rollenbilder.

Genderqueer oder **queer** werden Menschen bezeichnet, die in irgendeiner Form vom Standard-Heteromann oder der Standard-

Heterofrau abweichen. Ursprünglich schloss der Begriff Homosexuelle ein. Einige grenzen sich inzwischen aber davon ab.

Gene sind Informationen und Baupläne, die auf den Chromosomen liegen. Sie bestimmten zum Beispiel unsere Haar- oder Augenfarbe und sind an unserer geschlechtlichen Entwicklung beteiligt.

Geschlechtsdysphorie oder **Geschlechterinkongruenz** bezeichnet das Auseinanderklaffen von körperlichem Geschlecht und empfundener Geschlechtszugehörigkeit. Geschlechtsdysphorie geht mit einer Ablehnung der körperlichen Geschlechtsmerkmale einher.

Geschlechtsidentität, Genderidentität ist das Geschlecht, dem sich eine Person zugehörig fühlt.

Gonaden sind die Keimdrüsen, wir kennen sie besser unter den Namen Hoden und Eierstöcke. Sie produzieren die Keimzellen (Gameten) in Form von Spermien und Eizellen.

Habitus bezeichnet eine Sammlung von Verhaltensmustern und kulturellen Normen, die zu einer bestimmten sozialen Gruppe gehören, und wird in der Regel unbewusst erlernt.

Heteronormativ bezeichnet, dass unsere Gesellschaft Heterosexualität, also das Begehren zwischen Frau und Mann, als Norm sieht und andere sexuelle Orientierungen als Abweichung von der Norm.

Der Begriff **heteronormative Matrix** geht zurück auf die Philosophin Judith Butler. Sie kritisiert damit, dass die Gesellschaft Geschlecht stereotyp als Mann und Frau mit heterosexuellem Begehren denkt.

ICD ist die Internationale statistische Klassifikation von Krankheiten und Gesundheitsproblemen und wird von der Weltgesundheitsorganisation WHO herausgegeben und immer wieder aktualisiert. Bis die ICD-11 in das deutsche Gesundheitssystem überführt ist, gilt weiterhin die ICD-10.

Intergeschlechtlich, intersexuell, inter bezeichnet Personen, die mit gemischtgeschlechtlichen Körpern geboren werden.

Klinefelter ist eine chromosomale Variante, bei der Menschen mindestens zwei XX- und ein Y-Chromosom haben.

Konversionstherapie versucht Menschen von Homosexualität oder Transidentität zu ‚heilen'.

LGBTQIA+ ist das Akronym für Lesbian, Gay, Bisexual, Transgender, Queer, Intersexual, Asexual and others. Der Begriff versucht, alle Genderidentitäten, biologischen Geschlechter und sexuellen Orientierungen zu fassen, die nicht in die heteronormative und binäre Ordnung von Mann und Frau nach biblischer Vorstellung passen.

Mastektomie bedeutet Brustentfernung.

Matriarchal sind Gesellschaften, in denen Frauen die Herrschaft ausüben.

Matrilinear sind Gesellschaften, in denen das Erbe über die weibliche Linie von Mutter zur Tochter weitergegeben wird.

Matrilokal sind Gesellschaften, in denen bei der Heirat der Mann in die Familie/das Haus der Frau zieht.

Misgendern bezeichnet das Ansprechen einer Person mit einem falschen Geschlecht beziehungsweise einer falschen Genderzuweisung.

Misogynie bezeichnet Geringschätzung und Verachtung gegenüber Frauen, kann bis zu Frauenhass reichen.

Neovagina wird künstlich aus dem Gewebe von Penis und Hoden zusammen mit anderen Hautteilen angelegt (Vaginoplastik). Dafür sind in der Regel mindestens zwei Operationen nötig.

Nicht-binär oder **non-binary** sind Menschen, die sich in der Zweiteilung Mann-Frau nicht wiederfinden oder diese ablehnen.

Pansexuell bedeutet, dass sich jemand in Menschen unabhängig vom Geschlecht verlieben kann.

Patriarchal sind männlich beherrschte Gesellschaften.

Penoid (auch **Phalloplastik** genannt) ist ein aus eigener Haut künstlich angelegter Penis. Der Penoid-Aufbau ist komplex und benötigt mehrere Operationen, abhängig vom gewünschten Ergebnis und dem Verfahren der jeweiligen Operateur*in.

Phänotyp meint das Erscheinungsbild, Aussehen.

Prävalenz ist ein Begriff aus der Medizin und bezeichnet die Häufigkeit, mit der ein Phänomen auftritt.

Die **Queertheorie** geht davon aus, dass Personen ihr Geschlecht selbst bestimmen können und sollen, weil nur sie wissen, welches Geschlecht sie haben. Biologische Geschlechtsmerkmale sollen bei der Geschlechtsdefinition keine Rolle spielen.

RadFems ist die Selbstbezeichnung einer feministischen Gruppe, die sich dagegen ausspricht, dass Geschlecht per Selbstbezeichnung definiert werden kann. Sie fordern, dass das Körpergeschlecht weiterhin maßgeblich sein soll für eine Geschlechtsdefinition.

Safespace bedeutet sicherer Raum, sicherer Ort, sichere Umgebung.

Sexismus bezeichnet die Diskriminierung aufgrund des Geschlechts beziehungsweise der geschlechtlichen Zuweisung.

Sexuelle Orientierung beschreibt, welches Geschlecht jemand begehrt.

Sexus oder **Sex** bezeichnet das körperliche Geschlecht, also Mann oder Frau sowie die intergeschlechtlichen Varianten.

Straight ist der Gegenbegriff zu queer und bedeutete früher vor allen Dingen heteronormativ, heute bezeichnen sich auch manche Schwule und Lesben als straight in Abgrenzung zu transgender.

TERF steht für Transexclusionary Radical Feminist und wird vor allen Dingen als Schimpfwort für Frauen, aber auch für Transpersonen, seltener für Männer verwendet, die der Queertheorie kritisch gegenüberstehen.

Toxische Männlichkeit beschreibt eine Haltung, die Aggressivität und Dominanz als wichtigen Teil von Männlichkeit ansieht und eine Unterordnung von Frauen befürwortet.

Transfrau, Transmädchen ist ein geburtsgeschlechtlicher Mann/Junge, der sich selbst als Frau/Mädchen identifiziert.

Transgender bedeutet, dass das gefühlte Geschlecht nicht dem Geburtsgeschlecht entspricht. Teilweise wird der Begriff synonym zu Transsexualität verwendet, teilweise davon abgegrenzt.

Transgeschlechtlich, transident, trans ist eine Person, die sich einem anderen Geschlecht zugehörig fühlt als dem ihr bei der Geburt zugewiesenen.

Transition bezeichnet den Prozess, den Transpersonen durchlaufen, um ihr Geschlecht der empfundenen Geschlechtsidentität anzugleichen. Dazu gehören soziale, medizinische und rechtliche Schritte.

Transmann, Transjunge ist eine geburtsgeschlechtliche Frau/Mädchen, die sich selbst als Mann/Junge identifiziert.

Transperson empfindet und lebt ein anderes Geschlecht als das ihr bei der Geburt zugewiesene.

Transsexualität, transsexuell bezeichnet eine Geschlechtsdysphorie mit dem Bedürfnis nach einer medizinischen Transition.

Transvestit ist ein Mann, der sich als Frau verkleidet, häufig als Bühnenrolle im Theater. Möglich ist auch, das jemand die Straße und Öffentlichkeit als Bühne verwendet.

Vulnerabel heißt verletzlich. Der Begriff kommt aus dem Bereich soziale Arbeit/Soziologie/Psychologie und wird verwendet für Personengruppen, die besonders gefährdet sind, oder für Situationen, in denen Menschen verletzlicher sind als sonst.

Zugewiesenes Geschlecht erhalten Babys bei der Geburt. Mit einem Blick zwischen die Beine wird über Penis und Vulva in männlich und weiblich eingeteilt. In den meisten Fällen passt das, aber nicht immer.

Literaturverzeichnis

Achterberg, Beatrice: Strafverteidiger Udo Vetter: „Der Staat eröffnet mit diesem Gesetz auch Exhibitionisten die Möglichkeit, sich ganz legal Zutritt zu Schutzräumen für Frauen zu verschaffen", NZZ, 18. August 2022, https://www.nzz.ch/feuilleton/selbstbestimmungsgesetz-anwalt-udo-vetter-kritisiert-buschmann-ld.1698036, abgerufen am 10. Januar 2023

Adamietz, Laura: Stellungnahme zur Öffentlichen Anhörung des Innenausschusses am 2. November 2020, Selbstbestimmungsrecht, Bremen, 26. Oktober 2020

Adler, Sabine: Die CDU in Frauenhand, DLF, 9. April 2010, https://www.deutschlandfunk.de/die-cdu-in-frauenhand-100.html, abgerufen am 2. März 2022

AFP: Caitlyn Jenner: Transgender-Aktivistin will Gouverneurin von Kalifornien werden, Stuttgarter Nachrichten, 23. April 2022, https://www.stuttgarter-nachrichten.de/inhalt.caitlyn-jenner-transgender-aktivistin-will-gouverneurin-von-kalifornien-werden.bf859a7b-fd6a-4fd0-a141-74f8edc661ba.html, abgerufen am 8. Juni 2022

AFP: Rechtsstreit in Frankreich: Transgender-Frau kann sich in Geburtsurkunde als zweite Mutter eintragen lassen, FAZ, 9. Februar 2022, https://www.faz.net/aktuell/gesellschaft/menschen/transgender-frau-kann-sich-als-zweite-mutter-eintragen-lassen-17791700.html, abgerufen am 8. Juni 2022

Ahs, Jill W. et al.: Proportion of adults in the general population of Stockholm County who want gender-affirming medical treatment, PLOS ONE, https://journals.plos.org/plosone/article?id=10.1371/journal.pone.0204606, 5. October, 2018, abgerufen am 3. Januar 2023

Ainsworth, Claire: Sex redefined, nature, Vol. 518, 19. Februar 2015

Ala: Kalifornien stärkt Rechte von Transgender-Schülern, Spiegel.de, 13. August 2013, https://www.spiegel.de/panorama/gesellschaft/gesetz-kalifornien-staerkt-rechte-von-transgender-schuelern-a-916293.html, abgerufen am 8. Juni 2022

Albrich, Karolina: Darstellung vom Geschlechterverhältnis in der Fifa-Reihe. Spieleratgeber NRW, https://www.spieleratgeber-nrw.de/Darstellung-von-Geschlechterverhaltnissen-in-der-FIFA-Reihe.5568.de.1.html

Allbright-Stiftung: Aufbruch oder Alibi, September 2021

Allbright-Stiftung: Deutscher Sonderweg, September 2020

Allgemeines Landrecht für die Preußischen Staaten, Erster Teil, 1.6.1794, https://opinioiuris.de/quelle/1622#Erster_Titel._Von_Personen_und_deren_Rechten_ueberhaupt, abgerufen am 24. September 2022

Allianz: Vorsicht vor der Rentenlücke bei Frauen: Das Gender Pension Gap, https://www.allianz.de/vorsorge/rente/gender-pension-gap/#ranking, abgerufen am 11. Februar 2022

Alsalem, Reem: Brief an schottische Regierung, Zeichen: OL GBR 14/2022, UNO, Genf

Alsedo, Quico: Ley trans: Consejo de Psicología de España: „Antes teníamos cuatro consultas de cambio de sexo al año en cada Unidad. Hoy hay días de cuatro o cinco", El Mundo, 17. November 2022, https://www.elmundo.es/papel/historias/2022/11/17/6374e6a3fc6c8360278b45a1.html, abgerufen am 24. November 2022

APA: Frankreich: Kein Recht auf „neutrales Geschlecht", Der Standard, 8. Mai 2017, https://www.derstandard.at/story/2000057158528/frankreich-kein-recht-auf-neutrales-geschlecht, abgerufen am 8. Juni 2022

Auga, Ulrike: Erfindungen von Sünde und Geschlecht, Aus Politik und Zeitgeschichte, 16. Dezember 2014, https://www.bpb.de/shop/zeitschriften/apuz/197973/erfindungen-von-suende-und-geschlecht/, abgerufen am 13. Februar 2022

Ball, Hillary: The push for intersex rights recognitions in Canada, McGill Journal of Law and Health, 28. Februar 2022, https://mjlh.mcgill.ca/2022/02/28/the-push-for-intersex-rights-recognitions-in-canada/, abgerufen am 6. Juni 2022

Bangladesh Intersex Forum, https://www.bangladeshintersexforum.org/, abgerufen am 29. Mai 2022

Baur, Dominik: Ihr langer Kampf um Akzeptanz, taz, 26. Juli 2021, https://taz.de/Transsexualitaet-und-Politik/!5783177/, abgerufen am 12. Juni 2022

BBC: Dr Money and the boy with no penis, https://www.bbc.co.uk/sn/tvradio/programmes/horizon/dr_money_prog_summary.shtml, abgerufen am 18. März 2022

Becker, Florian: Vorlagen der Fraktionen FDP, Bündnis 90/Die Grünen und Die Linke zum Selbstbestimmungsrecht, Kiel, 29. Oktober 2020

Belschner, Sandra und Weiss, Raphael: Sind Männer gekränkt, wenn die Frau den Heiratsantrag macht?, jetzt.de, 15. Januar 2021, https://www.jetzt.de/querfragen/querfragen-heiratsantraege-von-frauen, abgerufen am 15. Januar 2022

Bethke, Hannah und Buschmann, Marco: „Wenn sich die Welt verändert, muss sich auch die Politik verändern", zeit.de, 6. Januar 2023, https://www.zeit.de/politik/deutschland/2023-01/marco-buschmann-selbstbestimmungsgesetz-atomkraft-silvesternacht-interview, abgerufen am 12. Januar 2023

Beyrodt, Gerald im Gespräch mit Rabbinerin Ulrike Offenberg: Intersexuelle im Talmud – Transgender gab es schon immer, Deutschlandfunk, 18. Januar 2019, https://www.deutschlandfunkkultur.de/intersexuelle-im-talmud-transgender-gab-es-schon-immer-100.html, abgerufen am 15. März 2022

Biefang, Anastasia: Herrschaft!, Mannschaft, Herbst 2021

Bindel, Julie and Newman, Melanie: The trans rights that trump all. The Critic, April 2021, https://thecritic.co.uk/issues/april-2021/the-trans-rights-that-trump-all/, abgerufen am 21. November 2022

Bock, Jessica: Die nichtstaatliche Frauenbewegung in der DDR, Lernen aus der Geschichte, 25. März 2020, http://lernen-aus-der-geschichte.de/Lernen-und-Lehren/content/14782, abgerufen am 11. Januar 2023

Bode, Maria: Barbara Schöneberger meldet sich nach Shitstorm zu Wort, t-online.de, 4. November 2019, https://beta.t-online.de/unterhaltung/stars/id_86748432/barbara-schoeneberger-meldet-sich-nach-make-up-shitstorm-zu-wort.html, abgerufen am 15. Januar 2022

Bola, JJ: Sei kein Mann. Warum Männlichkeit ein Albtraum für Jungs ist, hanserblau, 2020

Bouillot, Corinne: Auferstanden aus Ruinen. Die Frauenbewegung in der DDR, Bundeszentrale für politische Bildung, 8. September 2008, https://www.bpb.de/themen/gender-diversitaet/frauenbewegung/35279/auferstanden-aus-ruinen/, abgerufen am 11. Januar 2023

Bourdieu, Pierre: Die männliche Herrschaft, Suhrkamp, 5. Auflage, 2020

Brachthäuser, Franziska: Ein kleiner Rechtsvergleich zur Frage des Geschlechts in Deutschland und Frankreich, 2015, https://www.juwiss.de/82-2015/, abgerufen am 8. Juni 2022, abgerufen am 8. Juni 2022

Brems, Lukas: Lia Thomas: Sie dürfen nicht mehr mitschwimmen, zeit.de, 21. Juni 2022, https://www.zeit.de/sport/2022-06/lia-thomas-schwimmen-transgender-frauen, abgerufen am 25. Juli 2022

Bundesinstitut für Arzneimittel und Medizinprodukte (BFARM): 11. Revision der ICD der WHO (ICD-11), https://www.bfarm.de/DE/Kodiersysteme/Klassifikationen/ICD/ICD-11/_node.html, abgerufen am 23. November 2022

Bundesinstitut für Arzneimittel und Medizinprodukte (BFARM): ICD-11 in Deutsch – Entwurfsfassung, https://www.bfarm.de/DE/Kodiersysteme/Klassifikationen/ICD/ICD-11/uebersetzung/_node.html;jsessionid=3A5558B4F18B320987F391F3211D7454.intranet261, abgerufen am 23. November 2022

Bundesministerien Justiz und Familie, Senioren, Frauen, Jugend: Eckpunkte zum Selbstbestimmungsgesetz, Juni 2022

Bundesministerium der Justiz, Bundesamt für Justiz: Wehrpflichtgesetz, https://www.gesetze-im-internet.de/wehrpflg/inhalts_bersicht.html, abgerufen am 10. Januar 2023

Bundesministerium der Justiz, Bundesamt für Justiz: Grundgesetz für die Bundesrepublik Deutschland, https://www.gesetze-im-internet.de/gg/BJNR000010949.html , abgerufen am 14. Januar 2023

Bundesministerium des Inneren und für Heimat: Der deutsche Reisepass, Website, https://www.bmi.bund.de/DE/themen/moderne-verwaltung/ausweise-und-paesse/reisepass/reisepass-node.html, abgerufen am 7. April 2022

Bundesministerium für Familie, Senioren, Frauen und Jugend (BMFSFJ): https://www.bmfsfj.de/bmfsfj/themen/gleichstellung/gleichstellung-und-teilhabe/strategie-gender-mainstreaming, abgerufen am 10. Februar 2022

Bundeszentrale für politische Bildung: 1994: Homosexualität ist nicht mehr strafbar, 7. März 2014, https://www.bpb.de/kurz-knapp/hinter-

grund-aktuell/180263/1994-homosexualitaet-nicht-mehr-strafbar/, abgerufen am 2. April 2022
Buolamwini, Joy: Gender shades: Algorithmic bias persists, https://www.media.mit.edu/projects/gender-shades/overview/, abgerufen am 14. Januar 2023
Butler, Judith: Why is the idea of ‚gender' provoking backlash the world over?, The Guardian, 23. Oktober 2021, https://www.theguardian.com/us-news/commentisfree/2021/oct/23/judith-butler-gender-ideology-backlash, abgerufen am 3. April 2022
BVerfG, Beschluss des Ersten Senats vom 11. Januar 2011,- 1 BvR 3295/07 -, http://www.bverfg.de/e/rs20110111_1bvr329507.html, abgerufen am 2. April 2022
Carvajal, Álvaro: El Senado avala la Ley Trans ignorando los casos de Suecia y Reino Unido: „Allí las están enmendando", El Mundo, 8. Februar 2023, https://www.elmundo.es/espana/2023/02/08/63e3f37f21efa0df298b4584.html, abgerufen am 11. Februar 2023
Cev/dpa/Reuters: Auch Fußball-Weltverband Fifa überprüft Transgender-Regeln, spiegel.de, 21. Juni 2022, https://www.spiegel.de/sport/fussball/transgender-fussball-weltverband-fifa-arbeitet-an-neuen-richtlinien-a-fdb1e434-59f5-4b42-b0d5-533db7be01ef, abgerufen am 25. Juli 2022
CMM Models: Model Maße: Voraussetzungen und Größe für High Fashion, Werbung, Plus size & curvy models, CM Model Agency, https://cmmodels.de/masse-model-voraussetzungen-grose-high-fashion-werbung-plus-size-curvy-models/#Masse_fur_Mannermodels, abgerufen am 8. März 2022
Coen, Amrai und Shafy, Samiha: Pillen aus Guanajuato, Die Zeit, 15. Juni 2022
Criado-Perez, Caroline: Unsichtbare Frauen, btb, 2020
Dahms, Martin: Zweimal zum Amt für Geschlechtswechsel: Neues Transgendergesetz in Spanien, RND, 29. Juni 2021, https://www.rnd.de/politik/transgender-gesetz-in-spanien-zweimal-zum-amt-fuer-geschlechts-wechsel-UAHFQDBRP5EDLNXMB5IMPCINFQ.html, abgerufen am 8. Juni 2022
Danzer, Natalie et al.: Kita- und Schulschließungen haben bei westdeutschen Vätern Einstellungen zur Erwerbstätigkeit von Müttern verändert, DIW Wochenbericht 34/2021
DeJure.org: Justizvollzugsgesetzbuch, Paragraf 4, Trennungsgrundsätze, https://dejure.org/gesetze/JVollzGB_I/4.html, abgerufen am 15. Januar 2023
Delap, Lucy: So sieht Feminismus aus, Blessing, 2022
Der Bundesrat: Unbürokratische Änderung des Geschlechtseintrags ab 1. Januar 2022, 27. Oktober 2021, https://www.admin.ch/gov/de/start/dokumentation/medienmitteilungen.msg-id-85588.html, abgerufen am 6. Juni 2022

Destatis: Typologie der Wünsche 2009, https://de.statista.com/statistik/daten/studie/173963/umfrage/bewunderung-von-frauen-die-kinder-haben-und-karriere-machen/, abgerufen am 11. Februar 2022

Deutsche Botschaft Seoul: Wehrpflicht in Deutschland, https://seoul.diplo.de/kr-de/service/-/1693990#content_0, abgerufen am 10. Januar 2023

Deutsche Gesellschaft für Sexualforschung: Geschlechtsinkongruenz, Geschlechtsdysphorie und Trans-Gesundheit, S3-Leitlinie zur Diagnostik, Beratung und Behandlung, AWMF-Register-Nr. 138/001, 2019, nächste Überarbeitung geplant für 2023

Deutsche Gesellschaft für Urologie, Deutsche Gesellschaft für Kinderchirurgie und Deutsche Gesellschaft für Kinderendokrinologie und -diabetologie: S2k-Leitlinie – Varianten der Geschlechtsentwicklung, S2k-Leitlinie 174/001, 2016

Deutscher Bundestag, Wissenschaftliche Dienste: Die Änderung des Geschlechtseintrags und des Vornamens durch transgeschlechtliche Personen. Rechtslage in Deutschland und ausgewählten anderen Staaten, WD 7 – 3000 – 082/22, Oktober 2022

Deutsches Ärzteblatt: Zahl der Menschen mit drittem Geschlecht geringer als angenommen, 9. Mai 2019, https://www.aerzteblatt.de/nachrichten/102938/Zahl-der-Menschen-mit-drittem-Geschlecht-geringer-als-angenommen, abgerufen am 13. November 2021

Deutsches Institut für Medizinische Dokumentation und Information: Aufbau der ICD-11 MMS, https://www.dimdi.de/dynamic/de/klassifikationen/icd/icd-11/aufbau-der-icd-11-mms/ und https://www.dimdi.de/dynamic/de/klassifikationen/icd/icd-11/, abgerufen am 10. November 2021

De Waal, Frans: Der Unterschied. Was wir von Primaten über Gender lernen können, Klett-Cotta, 2022

Diewald, Gabriele und Steinhauer, Anja: Handbuch geschlechtergerechte Sprache, Duden 2020, S. 100

DIW Berlin: Gehaltszuschlag für große Männer: Neue Studie belegt erstmals Zusammenhang zwischen Körpergröße und Verdienst in Deutschland, 22. April 2004, https://www.diw.de/de/diw_01.c.10431.de/gehaltszuschlag_fuer_grosse_maenner_neue_studie_belegt_erstmals_zusammenhang_zwischen_koerpergroesse_und_verdienst_in_deutschland.html, abgerufen am 1. Dezember 2021

Dominique: USA: Kalifornien verabschiedet ein ganzes Paket an Rechten für LGBTI+, gah.ch, 3. Oktober 2020, https://gay.ch/news/usa-kalifornien-verabschiedet-ein-ganzes-paket-an-rechten-fuer-lgbti, abgerufen am 8. Juni 2022

DPA/AFP: Argentinien legalisiert Abtreibungen, ZDF, 30. Dezember 2020, https://www.zdf.de/nachrichten/politik/argentinien-senat-abtreibungsgesetz-100.html, abgerufen am 8. Juni 2022

Drösser, Christoph: Stimmt's? Manche Menschen haben einen doppelten Satz DNA, Zeit, Wissen, 10. März 2022, S. 36

Duden der sprachlichen Zweifelsfälle, Band 9, Ausgabe 2022

Ebert, Matthias: Eine Quote für Transmenschen, tagesschau.de, 21. August 2021, https://www.tagesschau.de/ausland/amerika/argentinien-transgender-101.html, abgerufen am 8. Juni 2022
Ehbauer, Jasmin: „Don't say gay"-Gesetze in den USA Konservative kämpfen gegen Queerness in US-Schulen, 12. Februar 2022, Der Tagesspiegel, https://www.tagesspiegel.de/gesellschaft/queerspiegel/konservative-kampfen-gegen-queerness-in-us-schulen-4307608.html, abgerufen am 8. Juni 2022
Ehm, Sebastian: LGBTQ in Russland: Wie ein nebulöses Gesetz Putins Macht ausbaut, ZDF, 4. Dezember 2022, https://www.zdf.de/nachrichten/politik/putin-russland-lgbtq-gesetz-100.html, abgerufen am 11. Januar 2023
Eidgenössische Kommission für Frauenfragen: Emilie Kempin-Spyri (1853–1901), 19. Juni 2020, https://ch2021.ch/emilie-kempin-spyri-1853-1901/, abgerufen am 28. Juni 2022
Elias, Norbert: Über den Prozess der Zivilisation, Band 1, Suhrkamp, 15. Auflage, 1990
Elias, Norbert: Über den Prozess der Zivilisation, Band 2, Suhrkamp, 17. Auflage, 1992
Eliot, Lise: Neurosexism: the myth that men and women have different brains, Nature, 6. März 2019, https://www.nature.com/articles/d41586-019-00677-x, abgerufen am 26. Februar 2022
Eliot, Lise: You don't have a male or female brain – the more brains scientists study, the weaker the evidence for sex differences, theconversation.com, 22. April 2021, https://theconversation.com/you-dont-have-a-male-or-female-brain-the-more-brains-scientists-study-the-weaker-the-evidence-for-sex-differences-158005, abgerufen am 26. Februar 2022
Emma: Wie sexistisch ist Transaktivismus?, 29. Juli 2022, https://www.emma.de/artikel/wie-sexistisch-ist-transaktivismus-339655, abgerufen am 22. November 2022
Emma: Vergewaltigung in der Ehe: Na, endlich!, 1. Juli 1997, https://www.emma.de/artikel/vergewaltigung-der-ehe-na-endlich-265187, abgerufen am 7. April 2022
Endler, Rebekka: Das Patriarchat der Dinge, Dumont, 2021
Endometriose-Vereinigung Deutschland e.V.: Was ist Endometriose?, https://www.endometriose-vereinigung.de/was-ist-endometriose.html, abgerufen am 17. Juni 2022
Esch, Kirsten: Testosteron – Der Stoff, aus dem die Männer sind, Dokumentation im ZDF, 7. Juli 2021, https://www.zdf.de/dokumentation/zdfinfo-doku/testosteron--der-stoff-aus-dem-maenner-sind-100.html, abgerufen am 12. November 2021
FAZ: Kulturelle Aneignung? Fridays For Future löst Debatte über Dreadlocks aus, 24. März 2022, https://www.faz.net/aktuell/gesellschaft/menschen/wegen-dreadlocks-fridays-for-future-laedt-musikerin-aus-17906731.html, abgerufen am 22. November 2022

Feldhoff, Charlotte H.: The child penalty: Implications of parenthood on labour market outcomes for men and women in Germany, SOEPpapers on Multidisciplinary, Panel Data Research, No. 1120, Deutsches Institut für Wirtschaftsforschung (DIW), 2021

Finlay, Jeanie: Der schwangere Mann, WDR.DOK, 2019, https://www.ardmediathek.de/video/wdr-dok/der-schwangere-mann/wdr/Y3JpZDovL3dkci5kZS9CZWl0cmFnLTBiYjJkMTAzLTZiOWUtNDJmYS1iOGYwLTcwNTkxZmRiNGE4NA/, abgerufen am 23. Januar 2022

Forde, Kaelyn: 14 berührende Porträts von Albaniens Mannfrauen, https://www.refinery29.com/de-de/2015/12/158478/albaniens-mannfrauen-fotografien, abgerufen am 15. März 2022

Frauenhauskoordinierung: LSBTI, https://www.frauenhauskoordinierung.de/themenportal/gewalt-gegen-frauen/spezifische-betroffenengruppen/lsbti, abgerufen am 23. November 2022

Freund, Sarah und Sürken, Julia: Die Tatort-Kommissarinnen, GRIN Verlag, 2003, https://www.grin.com/document/16792, abgerufen am 1. März 2022

Friedeck, Patricia und Pulz, Magdalena: Protokolle von sich schminkenden jungen Männern, jetzt.de, 5. November 2019, https://www.jetzt.de/gender/protokolle-von-sich-schminkenden-jungen-maennern, abgerufen am 6. Januar 2022

Funk: Linkedin-Post zu Annalena Baerbock, Januar 2022, https://www.linkedin.com/posts/funk_au%C3%9Fenministerin-sein-und-gleichzeitig-zwei-activity-6884768754610253825-0ieV?utm_source=share&utm_medium=member_desktop, abgerufen am 6. Januar 2022

Funk: Linkedin-Post, 3. März 2022, https://www.linkedin.com/feed/update/urn:li:activity:6905183804361646080/, abgerufen am 8. März 2022

Geisler, Sara: Like a Virgin, fluter.de, 10. Januar 2016, https://www.fluter.de/like-a-virgin, abgerufen am 18. Juni 2022

GEO: China, im Reich der Mosuo-Frauen, https://www.geo.de/geo-tv/3827-rtkl-china-im-reich-der-mosuo-frauen, abgerufen am 15. März 2022

Gernot, Facius: Paulus – Frauenfeind oder Gründer des Christentums?, Welt, 27. Juni 2007, https://www.welt.de/politik/article979705/Paulus-Frauenfeind-oder-Gruender-des-Christentums.html, abgerufen am 5. März 2022

Gilson, Dirk: Wie entsteht das körperliche Geschlecht, Inter*, https://inter-nrw.de/ls/wie-entsteht-das-koerperliche-geschlecht-ls/, abgerufen am 12. November 2021

Glatthard, Jonas: Administrative Geschlechtsänderung boomt in der Schweiz, swissinfo.ch, 10. Februar 2022, https://www.swissinfo.ch/ger/trans-rechte-lgbt_administrative-geschlechtsaenderung-boomt-in-der-schweiz/47331002, abgerufen am 6. Juni 2022

Gleeson, Jules: Judith Butler: „We need to rethink the category of woman" The Guardian, 7. September 2021, https://www.theguardian.

com/lifeandstyle/2021/sep/07/judith-butler-interview-gender, abgerufen am 3. April 2022

Goldmann, Fabian: Drittes Geschlecht – Mann und Frau waren nie die Einzigen, Zeit online, 1. Januar 2019, https://www.zeit.de/kultur/2018-12/drittes-geschlecht-rechtliche-anerkennung-mann-frau-vielfalt-akzeptanz/komplettansicht, abgerufen am 24. November 2022

Gopalakrishnan, Manasi: Was Transgender-Autorin Vivek Shraya am Queersein liebt, Deutsche Welle, 23. Oktober 2021, https://www.dw.com/de/was-transgender-autorin-vivek-shraya-am-queersein-liebt/a-59588399?utm_source=pocket-newtab-global-de-DE, abgerufen am 15. März 2022

Graepel, Mareike: Abtreibung: Der neue Glaubensstreit in Irland, Frankfurter Rundschau, 4. Februar 2020, https://www.fr.de/panorama/irlands-neuer-glaubensstreit-13522517.html, abgerufen am 8. Juni 2022

Greife Leonie: In Kanada gibt's jetzt einen LGBTQ-Reisepass, reisereporter.de, 1. September 2017, https://www.reisereporter.de/artikel/2234-kanada-lgbtq-initiative-reisepass-neutrales-geschlecht, abgerufen am 6. Juni 2022

Hamberger, Katharina: Der schwierige Weg zu einem neuen Transsexuellenrecht, Zeit online, 26. Mai 2021, https://www.deutschlandfunk.de/geschlechteridentitaet-der-schwierige-weg-zu-einem-neuen-100.html, abgerufen am 28. Mai 2022

Handelsblatt: Interview mit Boris von Heesen: Wirtschaftswissenschaftler zu toxischer Männlichkeit: „Eine finanzielle Schneise der Verwüstung.", 27. Mai 2022, handelsblatt.com, https://www.handelsblatt.com/arts_und_style/interview-mit-boris-von-heesen-wirtschaftswissenschaftler-zu-toxischer-maennlichkeit-eine-finanzielle-schneise-der-verwuestung/28354694.html, abgerufen am 11. Juni 2022

Harari, Yuval Noah: Eine kurze Geschichte der Menschheit, Pantheon, 2013

Hardy, Anne: Vom Weiberrat zur Frauenprofessur, Goethe-Universität Frankfurt am Main, 6. April 2018, https://idw-online.de/en/news696771, abgerufen am 7. April 2022

Hauck, Lena, Richter-Appelt, Hertha und Schweizer, Katinka: Zum Problem der Häufigkeitsbestimmung von Intergeschlechtlichkeit und Varianten der Geschlechtsentwicklung: Eine Übersichtsarbeit, Zeitschrift für Sexualforschung, 32(02) 2019, S. 80-89, https://www.thieme-connect.com/products/ejournals/abstract/10.1055/a-0897-0404,abgerufen am 27. Juli 2022

Hecht, Patricia und Strothmann, Luise: Trans ist keine Mode, taz,11. Juni 2022, https://taz.de/Debatte-ums-Selbstbestimmungsgesetz/!5857771/, abgerufen am 12. Juni 2022

Hecht, Patricia: Georgine Kellermann über Coming-out: „Ich vermisse Georg nicht", taz, 4. September 2021, https://taz.de/Georgine-Kellermann-ueber-Coming-out/!5796288/, abgerufen am 29. Mai 2022

Hecht, Patricia: Femizide in Deutschland: Blinder Fleck in der Gesetzgebung, taz, 17. November 2020, https://taz.de/Femizide-in-Deutschland/!5728408/, abgerufen am 27. Februar 2022

Heinrich-Böll-Stiftung: Intersektionalität: eine kurze Einführung, 12. April 2019, https://www.gwi-boell.de/de/2019/04/12/intersektionalitaet-eine-kurze-einfuehrung, abgerufen am 14. Januar 2023

Helberg, Christina: Diese Abgeordneten stimmten 1997 gegen die Strafbarkeit von Vergewaltigung in der Ehe, correctiv.org, 14. November 2018, https://correctiv.org/faktencheck/politik/2018/11/14/diese-abgeordneten-stimmten-1997-gegen-die-strafbarkeit-von-vergewaltigung-in-der-ehe/, abgerufen am 7. April 2022

Hering Schuppener (Hrsg.): Die Ausnahme, die Rabenmutter, die Kämpferin, Frankfurt am Main, 2020

Heute.at: Trans-Behindert: Gesunde sitzt freiwillig im Rollstuhl, 8. November 2022, https://www.heute.at/s/trans-behindert-gesunde-sitzt-freiwillig-im-rollstuhl-100237356, abgerufen am 8. Januar 2023

Heylens, Gunter et al: Gender identity disorder in wwins: a review of the case report literature, J Sex Med, 2012, S. 751-757

Hillauer, Rebecca: Der befreiende „Tomatenwurf" von 1968 – Beginn der neuen Frauenbewegung, DLF Kultur, 12. September 2018, https://www.deutschlandfunkkultur.de/der-befreiende-tomatenwurf-von-1968-beginn-der-neuen-100.html, , abgerufen am 7. April 2022

Hillauer, Rebecca: Frauenrechte in der DDR: „Es ging darum, die Frau funktionstüchtig zu machen", DLF Kultur, 27. Juni 2018, https://www.deutschlandfunkkultur.de/frauenrechte-in-der-ddr-es-ging-darum-die-frau-100.html, abgerufen am 7. April 2022

Hirnstein, Marco; Hugdahl, Kenneth und Hausmann, Markus: Cognitive sex differences and hemispheric asymmetry: A critical review of 40 years of research. In: Laterality, 24(2)/2019, S. 204-252, https://doi.org/10.1080/1357650X.2018.1497044, abgerufen am 26. Februar 2022

Hoenes, Josch; Januschke Eugen und Klöppel, Ulrike: Häufigkeit normangleichender Operationen „uneindeutiger" Genitalien im Kindesalter, Ruhr Universität Bochum, 2019, https://omp.ub.rub.de/index.php/RUB/catalog/book/113, abgerufen am 12. Januar 2023

Hoffmann, Heiner: „Ja, ich will. – Dich, und dich, und dich, und dich", Spiegel, 7. Juli 2021, https://www.spiegel.de/ausland/suedafrika-diskutiert-ueber-die-einfuehrung-der-vielehe-fuer-frauen-polygamie-fuer-alle-a-bd4ceea7-9220-4887-9da7-453fd5bec6ce, abgerufen am 15. März 2022

Hofmann, Inga: Verbesserung von Haftbedingungen für trans und inter Personen, Tagesspiegel, 3. September 2021, https://www.tagesspiegel.de/gesellschaft/queerspiegel/berlin-reformiert-strafvollzug-verbesserung-von-haftbedingungen-fuer-trans-und-inter-personen/27577352.html, abgerufen am 11. Juni 2022

Human Rights Watch: Bangladesh Intersex Forum, https://www.astraea-foundation.org/stories/bangladesh-intersex-forum/, abgerufen am 29. Mai 2022

Human Rights Watch: Bangladesh: Transgender men gear for their safety, 19. Januar 2018, https://www.hrw.org/news/2018/01/19/bangladesh-transgender-men-fear-their-safety, abgerufen am 29. Mai 2022

Human Rights Watch: Russland: Gesetz über „homosexuelle Propaganda" gefährdet Minderjährige, 11. Dezember 2018, https://www.hrw.org/de/news/2018/12/11/russland-gesetz-ueber-homosexuelle-propaganda-gefaehrdet-minderjaehrige, abgerufen am 2. April 2022

Hummel, Katrin: Wenn Frauen mehr verdienen: Was bleibt von mir als Mann?, FAZ, 27. Januar 2014, https://www.faz.net/aktuell/gesellschaft/familie/wenn-frauen-mehr-verdienen-was-bleibt-von-mir-als-mann-12769463.html, abgerufen am 15. Januar 2022

Hümpfner, Kalle, Bundesverband Trans: Schriftliche Stellungnahme zur Vorbereitung der Anhörung des Ausschusses für Inneres und Heimat des Deutschen Bundestages am 2. November 2020, 29. Oktober 2020

Hüther, Gerald: Männer – Das schwache Geschlecht und sein Gehirn, Vandenhoeck & Ruprecht, 2009

Hutterer, Christine: Transgender-Athletinnen im Leistungssport: Wann ist ein Mann eine Frau?, Zeitschrift Sportmedizin, April 2022, https://www.zeitschrift-sportmedizin.de/transgender-athletinnen-im-leistungssport-wann-ist-ein-mann-eine-frau/, abgerufen am 28. Mai 2022

Industriegewerkschaft Bauen Agrar Umwelt: WSI-Bericht zum Weltfrauentag: Frauen haben in Bildung und Job aufgeholt, doch traditionelle Strukturen bremsen – in Corona-Krise besonders stark, 23. Februar 2022, https://igbau.de/Neuer-WSI-Bericht-zum-Weltfrauentag-Frauen-haben-in-Bildung-und-Job-aufgeholt-doch-traditionelle-Strukturen-bremsen-in-Corona-Krise-besonders-stark.html, abgerufen am 21. Januar 2023

Infamous Models: Modelmaße, http://www.infamous-models.de/modelmasse/, abgerufen am 8. März 2022

Institut für Qualität und Wirtschaftlichkeit im Gesundheitswesen: Endometriose, https://www.gesundheitsinformation.de/endometriose.html, abgerufen am 17. Juni 2022

Intergeschlechtliche Menschen e.V. Bundesverband: Intergeschlechtlichkeit, https://im-ev.de/intergeschlechtlichkeit/, abgerufen am 12. November 2021

Istanbul-Konvention: https://www.unwomen.de/informieren/internationale-vereinbarungen/die-istanbulkonvention.html, abgerufen am 27. Februar 2022

Jacksch, Benjamin, Linkedin-Post im Dezember 2021, https://www.linkedin.com/posts/benjamin-jaksch_life-newwork-dad-activity-6879796263735332864-t7jC, abgerufen am 6. Januar 2022

Jetzt.de: Querfragen: Kleine Männer, was macht eure Größe mit euch?, 30. Juli 2021, https://www.jetzt.de/querfragen/querfrage-kleine-maenner-was-macht-eure-koerpergroesse-mit-euch, abgerufen am 1. Dezember 2021

Jones, Jeffry: LGBT identification rises to 5,6 % in latest U.S. estimate, Gallup, Februar 2021, https://news.gallup.com/poll/329708/lgbt-identification-rises-latest-estimate.aspx, abgerufen am 12. Januar 2023

Jongeling, Nele Peer und Vandenbussche, Elie: Gender Detransition – auf dem Weg zur Selbstakzeptanz, Posttrans, https://post-trans.com/Detransition-Broschure-Deutsch, abgerufen am 12. Januar 2023

Juristinnenbund: Stellungnahme: 21-04 – zum Antrag „Femizide in Deutschland untersuchen, benennen und verhindern", 25. Februar 2021, https://www.djb.de/presse/stellungnahmen/detail/st21-04, abgerufen am 27. Februar 2022

Karasek, David: LGBTI-Rechte – Geschlechtsneutrale Pässe und Transquote – modernes Argentinien, SRF, 15. August 2021, https://www.srf.ch/news/international/lgbti-rechte-geschlechtsneutrale-paesse-und-transquote-modernes-argentinien, abgerufen am 8. Juni 2022

Karsten, Nele Sophie: Abtreibungsversuche mit dem Kleiderbügel, spiegel.de, 21. Februar 2021, https://www.spiegel.de/ausland/abtreibung-auf-malta-ein-ausweg-aus-der-verzweiflung-a-9fa35954-59b4-4f68-ab6d-dc04ce881507, abgerufen am 6. Juni 2022

Kaufmann, Sabine: Frauenstudium, SWR, Planet Wissen, 3. Februar 2020, https://www.planet-wissen.de/gesellschaft/lernen/universitaet/pwiefrauenstudiumamanfangstanddieschulefuerhoeheretoechter100.html, abgerufen am 14. Januar 2022

Kelle, Birgit: „Transkids": England macht eine beispielhafte Kehrtwende in der Behandlung, NZZ, 28. Januar 2021, https://www.nzz.ch/meinung/transkids-england-macht-eine-beispielhafte-kehrtwende-ld.1598408?reduced=true, abgerufen am 8. Juni 2022

Klein, Jeja: Einzige englische Klinik für trans Teenager schließt, queer.de, 2. August 2022, https://www.queer.de/detail.php?article_id=42802, abgerufen am 4. August 2022

Klein, Jeja: Hat es britischen Vergewaltigungsfall wirklich gegeben?, queer.de, 24. März 2022, https://www.queer.de/detail.php?article_id=41523, abgerufen am 8. Juni 2022

Klein, Jeja: Nach Suizid von trans Frau: Gefängnisreform angekündigt, queer.de, 22. März 2022, https://www.queer.de/detail.php?article_id=41496, abgerufen am 11. Juni 2022

Kleinjung, Tilmann: Vom Erzkatholizismus zum liberalsten Land der EU, DLF, 22. April 2014, https://www.deutschlandfunk.de/malta-vom-erzkatholizismus-zum-liberalsten-land-der-eu-100.html, abgerufen am 6. Juni 2022

Kleinmann, Patrick: DFB schafft Regelung für Trans-, Inter- und nichtbinäre Menschen, kicker.de, 23. Juni 2022, https://www.kicker.de/dfb-schafft-regelung-fuer-trans-inter-und-nichtbinaere-menschen-906576/artikel#fb, abgerufen am 25. Juli 2022

Konate, Noelle: Vom Sie zum Er zum Ich, fluter, 15. 12. 2020, https://www.fluter.de/transition-transgender-detransition, abgerufen am 12. November 2021

Koohestani, Franziska Setare und Haaf, Kolja: Männer, würdet ihr euch gerne schminken?, Querfragen, 19. März 2021, https://www.jetzt.de/querfragen/maenner-wuerdet-ihr-euch-gerne-schminken, abgerufen am 6. Januar 2022

Korbik, Julia: Simone de Beauvoir (1908-1986). Ein Kurzportrait. In: Aus Politik und Zeitgeschichte, 51/2019, 16. Dezember 2019, S. 17-23

Kramper, Gernot: Ende eines patriarchalen Mythos – Frauen gingen in der Steinzeit auf die Jagd, Stern, 6. Dezember 2020, https://www.stern.de/digital/technik/ende-eines-patriarchalen-mythos---frauen-waren-in-der-steinzeit-jaegerinnen-9516676.html, abgerufen am 22. Februar 2022

Kramß, Anna-Lena: Modelmaße: Ab wann ist man ein „echtes" Model?, Cosmopolitan, 19. September 2019, https://www.cosmopolitan.de/modelmasse-ab-wann-ist-man-ein-echtes-model-65960.html, abgerufen am 1. Dezember 2021

Kretschmer, Fabian: Feminines unerwünscht: Warum China künftig nur noch „maskuline Männer" im TV zeigt, RND, 3. September 2021, https://www.rnd.de/medien/feminines-unerwuenscht-warum-china-kuenftig-nur-noch-maskuline-maenner-im-tv-zeigt-FOOGL-W5RKZBFJJJTW74DCNGIH4.html, abgerufen am 2. April 2022

Küppers, Carolin: Soziologische Dimensionen von Geschlecht. In: Aus Politik und Zeitgeschichte, 20–21/2012, 14. Mai 2012, S. 3-8

Kurier, Österreich: Kleine Männer: Studie bestätigt Napoleon-Komplex, 14. Mai 2018, https://kurier.at/wissen/kleine-maenner-studie-bestaetigt-napoleon-komplex/400034995, abgerufen am 1. Dezember 2021

Länderdateninfo, https://www.laenderdaten.info/durchschnittliche-koerpergroessen.php#by-population, abgerufen am 1. Dezember 2021

Landeszentrale für politische Bildung Baden-Württemberg: Die wichtigsten Etappen zur Gleichberechtigung, Auswirkungen von Artikel 3 des Grundgesetzes, https://www.lpb-bw.de/publikationen/stadtfra/frauen4.htm, abgerufen am 7. April 2022

Lehmann, Sven, 14. November 2022, https://www.abgeordnetenwatch.de/profile/sven-lehmann/fragen-antworten/sehr-geehrte-herr-lehmann-gibt-es-mittlerweile-eigentlich-ein-genaueres-datum-fuer-das-selbstbestimmungsgesetz, abgerufen am 23. November 2022

Lembke, Ulrike: Schriftliche Stellungnahme zur Anhörung des Ausschusses für Inneres und Heimat des Deutschen Bundestages am 2. November 2020, Berlin, 31. Oktober 2020

Lenzen-Schulte, Martina: Transition bei Genderdysphorie: Wenn die Pubertas gestoppt wird, Deutsches Ärzteblatt 119(48)/2022, https://www.aerzteblatt.de/archiv/228699/Transition-bei-Genderdysphorie-Wenn-die-Pubertas-gestoppt-wird, abgerufen am 3. Januar 2023

lha: Grosse Nachfrage nach Gesetzesänderung – Dutzende wollen das Geschlecht wechseln, blick.ch, 9. Januar 2022, https://www.blick.ch/politik/grosse-nachfrage-nach-gesetzesaenderung-dutzende-wollen-das-geschlecht-wechseln-id17130838.html, abgerufen am 6. Juni 2022

Lieb, Sigi: Definiere! Mann, Frau oder ... Wie divers bist du?, Frühling 2021, https://www.gespraechswert.de/alle-gender-definiere-mann-frau-divers/, abgerufen am 7. Januar 2023

Lörchner, Jasmin: Kampf gegen Paragraf 218 „Nieder mit den Abtreibungsparagrafen", Spiegel, 3. Januar 2022, https://www.spiegel.de/geschichte/150-jahre-218-nieder-mit-dem-abtreibungsparagrafen-a-5d67ae86-15a0-4b29-83af-5dcb74434a3b, abgerufen am 7. April 2022

LSVD: §45b Personenstandsgesetz (PStG) für transgeschlechtliche Menschen?, LSVD, https://www.lsvd.de/de/ct/1474-45b-Personenstandsgesetz-PStG-fuer-transgeschlechtliche-Menschen, abgerufen am 14. Januar 2023

LSVD: Musterschreiben zur Änderung des Geschlechtseintrags, Antrag nach §45b PStG, https://www.lsvd.de/de/ct/3082-antrag-nach-45b-pstg, abgerufen am 27. Juli 2022

LSVD: Verfolgung von Homosexuellen in Deutschland – Geschichte eines Schandparagraphen, https://www.lsvd.de/de/ct/1022-Paragraph-175-StGB-Verbot-von-Homosexualitaet-in-Deutschland#entkriminalisierung, abgerufen am 7. April 2022

LSVD: Yogyakarta-Prinzipien, LSVD, https://www.lsvd.de/de/ct/3359-yogyakarta-prinzipien, abgerufen am 22. November 2022

Mailab: Weibliches vs. Männliches Gehirn, youtube, 23. August 2018, https://www.youtube.com/watch?v=xt2Bgkqk71I , abgerufen am 7. Januar 2023

Malisa-Stiftung: Frauen auf der Leinwand – jung, schlank und Partnerin, 8. Februar 2022, https://malisastiftung.org/frauen-auf-der-leinwand-jung-schlank-partnerin/, abgerufen am 1. März 2022

Malisa-Stiftung: Sichtbarkeit und Vielfalt im TV. Fortschrittsstudie zur audiovisuellen Diversität, Oktober 2021, https://malisastiftung.org/fortschrittsstudie-audiovisuelle-diversitaet-ergebnisse-tv-deutschland/, abgerufen am 12. Januar 2023

Mangold, Anna Katharina: Öffentliche Anhörung Selbstbestimmungsrecht, Flensburg, 1. November 2020

Manne, Kate: Down Girl – Die Logik der Misogynie, Bundeszentrale für politische Bildung, 2019

Markwardt, Nils: Rachel Dolezal. Die Farbenfrage, Zeit online, 17. Juni 2015, https://www.zeit.de/kultur/2015-06/rachel-dolezal-hautfarbe-debatte/komplettansicht, abgerufen am 24. September 2022

Masurczak, Pia: Wer hilft bei Zweifeln nach einer Geschlechtsangleichung? DLF Kultur, Zeitfragen, 15. April 2021, https://www.deutschlandfunkkultur.de/detransition-wer-hilft-bei-zweifeln-nach-einer.976.de.html?dram:article_id=495730), abgerufen am 14. Januar 2022

May, Stefan: Gaming als Männerdomäne: Das vermeintliche Territorium im Kopf, Der Standard, 6. März 2021, https://www.derstandard.de/story/2000124706172/gaming-als-maennerdomaene-das-vermeintliche-territorium-im-kopf, abgerufen am 2. März 2022

McLoughlin, Bill: Tavistock gender clinic „not safe" for young children, report finds, Standard, 11. März 2022, https://www.standard.co.uk/news/london/tavistock-centre-gender-clinic-young-people-children-nhs-report-b987475.html, abgerufen am 6. Juni 2022

MDR: Die Geschichte der Verhütung, 14. Oktober 2021, https://www.mdr.de/geschichte/geschichte-pille100.html, abgerufen am 7. April 2022

Méndez, Luis: La ‚ley trans' divide a la izquierda y al feminismo en España, rif, 28. Oktober 2022, https://www.rfi.fr/es/europa/20221028-la-ley-trans-divide-a-la-izquierda-y-al-feminismo-en-espa%C3%B1a, abgerufen am 24. November 2022

Meyenburg, Bernd, Renter-Schmidt, Karin und Schmidt, Gunter: Transidentität in Jugend und Adoleszenz: Zur Veränderung der Sexratio und der Prävalenz in den letzten eineinhalb Jahrzehnten, Zeitschrift für Kinder- und Jugendpsychiatrie und Psychotherapie, 49(2), Dezember 2020

Meyenburg, Bernd, Richter-Unruh, Annette: Leben im falschen Körper. Transsexualität im Kindes- und Jugendalter, korasion, Nr. 2, Mai 2012, https://www.kindergynaekologie.de/fachwissen/korasion/2012/transsexualitaet-im-kindes-und-jugendalter/, abgerufen am 4. Januar 2023

Michel, Jörg: Kanada lässt die Gender fließen, taz, 19. Juni 2017, https://taz.de/Gesetz-zum-Schutz-von-LGBTI/!5418703/, abgerufen am 6. Juni 2022

Milton, Josch: Swedish health board wants doctors to stop prescribing life-saving puberty blockers, pinknews, 23. Februar 2022, https://www.pinknews.co.uk/2022/02/23/sweden-trans-healthcare-puberty-blockers/, abgerufen am 6. Juni 2022

Ministerium für Soziales und Integration Baden-Württemberg: 100 Jahre Frauenwahlrecht, https://www.frauenwahlrecht-bw.de/damals-heute/zeitstrahl/, abgerufen am 7. April 2022

Möbius, Karsten: Gender und Theologie: Frau. Mann. Sex. Was wirklich in der Bibel steht, MDR, 19. Januar 2020, https://www.mdr.de/wissen/mensch-alltag/bibel-gender-sex-und-kirche100.html, abgerufen am 13. Februar 2022

Naylor, Dave: Transgender activist Yaniv wanted by police in BC, The Western Standard, 31. Dezember 2020/21. April 2022, https://www.westernstandard.news/news/transgender-activist-yaniv-wanted-by-police-in-bc/article_700495e6-dbcc-5d2d-8c60-f96327ac8b3b.html, abgerufen am 8. Juni 2022

Nelemil: FTM Detrans: Wieso ich nicht mehr Transgender bin, youtube, 12. Februar 2020, https://www.youtube.com/watch?v=XDwhGVteLGc, abgerufen am 21. März 2022

Netdoktor.de: Estradiol, https://www.netdoktor.de/medikamente/estradiol/, abgerufen am 12. Januar 2023

Newmark, Catherine: Feminismus mit Foucault, Philosophie Magazin, 22. Mai 2019, https://www.philomag.de/artikel/feminismus-foucault, abgerufen am 22. Februar 2022

Nicht-binär-Wiki: Pronomen, https://nibi.space/pronomen, abgerufen am 14. Januar 2023

OECD: Wide gap in pension benefits between men and women, März 2020, https://www.oecd.org/gender/data/wide-gap-in-pension-benefits-between-men-and-women.htm, abgerufen am 8. März 2022

Offenberg, Ulrike: Intersexuelle im Talmud. Transgender gab es schon immer, DLF Kultur, 18. Januar 2019, https://www.deutschlandfunkkultur.de/intersexuelle-im-talmud-transgender-gab-es-schon-immer-100.html, abgerufen am 21. Juli 2022

ORF im Gespräch mit Judith Goetz: Wo feministische „Utopie" zum Gesetz wird, 6. Juni 2022, ORF, https://orf.at/stories/3268547/, abgerufen am 8. Juni 2022

Organization Intersex International Europe: WHO publishes ICD-11 – and no end in sight for pathologisation of intersex people, 19. Juni 2018, https://www.oiieurope.org/who-publishes-icd-11-and-no-end-in-sight-for-pathologisation-of-intersex-people/, abgerufen am 23. November 2022

Österreichische Akademie der Wissenschaften: Kulturen der Gleichheit, 8. März 2016, https://www.oeaw.ac.at/detail/news/kulturen-der-gleichheit, abgerufen am 15. März 2022

Oudray, Laila: Geld in Liebesbeziehungen: Es ist kompliziert, taz, 9. März 2020, Geld in Liebesbeziehungen: Es ist kompliziert – taz.de, abgerufen am 15. Januar 2020

Panster, Claudia: Raus aus der Komfortzone: Janina Kugel fordert mehr Mut zur Veränderung, Handelsblatt, 24. April 2021, https://www.handelsblatt.com/arts_und_style/literatur/buchrezension-raus-aus-der-komfortzone-janina-kugel-fordert-mehr-mut-zur-veraenderung/27120962.html, abgerufen am 8. März 2022

Papasabbas, Lena: Gender Games: Wir sind Heldinnen, Zukunftsinstitut, https://www.zukunftsinstitut.de/artikel/gender-games-wir-sind-heldinnen/, abgerufen am 2. März 2022

Parveen, Nazia: Transgender prisoner who sexually assaulted inmates jailed for life, The Guardian, 11. Oktober 2018, https://www.theguardian.com/uk-news/2018/oct/11/transgender-prisoner-who-sexually-assaulted-inmates-jailed-for-life, abgerufen am 6. Juni 2022

Patalong, Frank: Die Hexen von Salem, 28. August 2021, Spiegel, https://www.spiegel.de/geschichte/usa-die-hexen-von-salem-und-ihre-spaeten-begnadigungen-a-6685b09b-7868-4c27-9157-c2ce6ca101e9?utm_source=pocket-newtab-global-de-DE, abgerufen am 14. September 2021

Paulus, Jochen: Macht durch Gardemaß, Gesellschaft und Psychologie, wissenschaft.de, 17. August 2004, https://www.wissenschaft.de/gesellschaft-psychologie/macht-durch-gardemass/, abgerufen am 1. Dezember 2021

Pincott, Jena: Endometriose: Gewebe auf Abwegen, spektrum.de, 18. Januar 2019, https://www.spektrum.de/news/endometriose-ist-eineder-unterschaetzten-frauenkrankheiten/1608414, abgerufen am 17. Juni 2022

Poder Judical España: El CGPJ aprueba por unanimidad el informe al anteproyecto de Ley para la igualdad real y efectiva de las personas trans y para la garantía de los derechos de las personas LGTBI, 20. April 2022, https://www.poderjudicial.es/portal/site/cgpj/menuitem.65d2c4456b6ddb628e635fc1dc432ea0/?vgnextoid=6c18191cbf640810VgnVCM1000004648ac0aRCRD&vgnextchannel=d800e24f004f9210VgnVCM100000cb34e20aRCRD&vgnextfmt=default&vgnextlocale=en&lang_choosen=en, abgerufen am 8. Juni 2022

Portnoy, Elischa, Rabbiner: Das dritte Geschlecht. Männlich, weiblich, divers: Was die Halacha zu Genderfragen sagt, Jüdische Allgemeine, 13. Juni 2019, https://www.juedische-allgemeine.de/religion/das-dritte-geschlecht-2/, abgerufen am 27. Juli 2022

Pospiech, Jasmin: „Der schwangere Mann": Zweites Kind kommt per Notkaiserschnitt, Frankfurter Rundschau, 21. Januar 2022, https://www.fr.de/ratgeber/gesundheit/transgender-papa-schwangerschaft-freddy-mcconell-gericht-schweden-instagram-england-zyx-zr-91251256.html, abgerufen am 23. Januar 2022

Post-Trans: Detrans-Stories: https://post-trans.com/, abgerufen am 12. November 201

Prommer, Elizabeth, Stüwe, Julia und Wegner, Juliane Wegner: Sichtbarkeit und Vielfalt: Fortschrittsstudie zur audiovisuellen Diversität – Gender & Kino, Rostock, März 2022, https://www.uni-rostock.de/universitaet/kommunikation-und-aktuelles/medieninformationen/detailansicht/n/sichtbarkeit-und-vielfalt-fortschrittsstudie-zur-audiovisuellen-diversitaet-2/, abgerufen am 14. Januar 2023

Quarks: Ist das Gehirn weiblich, männlich oder etwas anderes?, 26.06.2018, https://www.youtube.com/watch?v=oHJhN2vATRs, abgerufen am 28. Oktober 2021

Quarks: Junge oder Mädchen? Mein Kind ist intersexuell, 26.06.2018, https://www.youtube.com/watch?v=e5PK_wCW1Eg, abgerufen am 28. Oktober 2021

Queer Youth Group and Queer Rights Collective: The reality of transgender rights in Nepal, The Record, 25. September 2020, https://www.recordnepal.com/the-reality-of-transgender-rights-in-nepal, abgerufen am 12. Januar 2023

Queer.de: Spanien: Parlament verabschiedet umfassendes Selbstbestimmungsgesetz, 22. Dezember 2022, https://www.queer.de/detail.php?article_id=44172, abgerufen am 11. Januar 2023

Queer.de: Oberster Gerichtshof Großbritanniens lehnt drittes Geschlecht ab, 16. Dezember 2021, https://www.queer.de/detail.php?article_id=40716, abgerufen am 15. Januar 2023

Queer.de: Frankreichs Rugby-Verband lässt trans Menschen bei Wettbewerben zu, 18. Mai 2021, https://www.queer.de/detail.php?article_id=38896, abgerufen am 1. Juni 2022

Rau, Anke: Das Baby X-Experiment, WDR, Planet Wissen, 2. Juni 2020, https://www1.wdr.de/mediathek/video-das-baby-x-experiment-102.html, abgerufen am 12. November 2021

Regenbogenportal: Trans Elternschaft, Bundesministerium für Familie, Senioren und Jugend, https://www.regenbogenportal.de/informationen/trans-elternschaft, abgerufen am 23. Januar 2022

Regenbogenportal: w / m / divers / offen: der Geschlechtseintrag, 2021, https://www.regenbogenportal.de/informationen/w-/-m-/-divers-/-offen-der-geschlechtseintrag, abgerufen am 2. April 2022

Respaut, Robin, Terhune, Chad und Conlin, Michelle: Why detransitioners are crucial to the science of gender care, 22. Dezember 2022, Reuters, https://www.reuters.com/investigates/special-report/usa-transyouth-outcomes/, abgerufen am 14. Januar 2023

Rettenberger, Catiana: Regeländerung beim Tennis, sky sport, 29. Dezember 2018, https://sport.sky.de/tennis/artikel/nach-wirbel-um-serena-williams-wta-schafft-rock-pflicht-ab/11580953/34240, abgerufen am 14. Januar 2022

Rheingold-Institut: Stolperfalle Gendern: sprachliche Provokation konterkariert die Sehnsucht nach gesellschaftlichem Miteinander, 17. Februar 2022, https://www.rheingold-marktforschung.de/stolperfalle-gendern/, abgerufen am 8. März 2022

Rinas, Jutta: Feministin im Interview: Der Kampf für Gender-Sprache hat sie die Karriere gekostet, HAZ, 2. Juni 2019, https://www.haz.de/lokales/hannover/der-kampf-fuer-gender-sprache-hat-sie-die-karriere-gekostet-CVKEG6MQPGRJX2BACO4NVVPRZM.html, abgerufen am 28. Juni 2022

RND/AP: „Stille Epidemie" in Pakistan: Immer mehr Frauen werden Opfer von Gewalt, 31. Juli 2021, https://www.rnd.de/panorama/stille-epidemie-in-pakistan-immer-mehr-frauen-werden-opfer-von-gewalt-XS2GDNHVP3V2FGQH5VZ4TNIMRI.html, abgerufen am 6. Juni 2022

RND/AP: Tod von Transgender-Mitschülerin: Mitschüler kritisieren Schulleitung, 18. Dezember 2020, https://www.rnd.de/panorama/frankreich-transgender-schulerin-in-lille-nimmt-sich-das-leben-mitschuler-kritisieren-schulleitung-BJDIVQR6VBQFJKPUUGACMNZRLU.html, abgerufen am 8. Juni 2022

Roth, Deborah: Femizide in Deutschland: Wenn sich männliche Wut an Frauen entlädt, National Geographic, 25. Februar 2022, https://www.nationalgeographic.de/geschichte-und-kultur/2022/02/femizide-in-deutschland-wenn-sich-maennliche-wut-an-frauen-entlaedt, abgerufen am 27. Februar 2022

Röttger-Rössler, Birgitt: Geschlechtliche Mehrdeutigkeit als „Raum der Möglichkeiten". Transgenderism in zwei islamischen Gesellschaften Südostasiens. In: Elfriede Hermann, Karin Klenke und Michael Dickhardt (Hg.): Form, Macht, Differenz. Motive und Felder ethnologischen Forschens, Göttingen, 2009, S. 277–294

Sasha: Geschlecht in anderen Kulturen, geschlechtsneutral, https://geschlechtsneutral.wordpress.com/informationen/geschlecht-in-anderen-kulturen/, abgerufen am 15. März 2022

Schadwinkel, Alina: Im Wettbewerb verhalten sich Männer wie Menschenaffen, Zeit online, 29. Juni 2010, https://www.zeit.de/wissen/2010-06/mann-affe-wettbewerb/komplettansicht, abgerufen am 13. November 2021

Schlieben, Michael: Die Frauen der Waffe, Zeit, 23. März 2007, https://www.zeit.de/online/2007/13/krimiserie-frauen, abgerufen am 1. März 2022

Schmid, Birigt: Aus Samantha wird Sam – doch das Glück bleibt auch im neuen Körper aus, NZZ, 6. Februar 2021, https://www.nzz.ch/gesellschaft/die-frau-die-kein-mann-mehr-sein-will-ein-transmann-bereut-ld.1599401, abgerufen am 3. Januar 2022

Schniedermeier, Insa: #DieseJungeDame-Skandal um Baerbock: „Hört endlich auf mit Boys don't cry!", t3n, 9. Februar 2022, https://t3n.de/news/junge-dame-skandal-um-annalena-1449985/, abgerufen am 11. Februar 2022

Scholz, David (Hrsg.): Transidentität und drittes Geschlecht im Arbeitsumfeld. Praxisbuch für Unternehmen und den Öffentlichen Dienst, Springer Gabler, 2022

Schöneberger, Barbara: Über sich schminkende Männer, 2019, https://www.youtube.com/watch?v=AvKEYVQirBw, abgerufen am 15. Januar 2022

Schoppmann, Claudia: Lesbische Frauen und weibliche Homosexualität im Dritten Reich. In: Schoppmann, Claudia: Homosexuelle im Nationalsozialismus, Zeitgeschichte im Gespräch, 18/2014, https://doi.org/10.1524/9783486857504.85, abgerufen am 27. Juli 2022

Schular, Edgar: Bundesrat erteilt drittem Geschlecht eine Abfuhr, Tages-Anzeiger, 22. Dezember 2022, S. 5

Schumacher, Hajo: Nur mit Brüsten eine Frau? Das ist doch Unsinn, Spiegel, 8. November 2020 https://www.spiegel.de/gesundheit/silvana-koch-mehrin-ueber-ihre-brustkrebserkrankung-nur-mit-bruesten-eine-frau-unsinn-a-366a6622-7a2a-42ad-9b3a-05678a8ba2d1, abgerufen am 11. Februar 2022

Schüpbach, Rico: Zehn Jahre Selbstbestimmungsgesetz in Argentinien, queer.de, 29. Mai 2022, https://www.queer.de/detail.php?article_id=42157, abgerufen am 8. Juni 2022

Schwarzer, Alice und de Beauvoir, Simone: „Das ewig Weibliche ist eine Lüge" (1976). In: Aus Politik und Zeitgeschichte, 51/2019, 16. Dezember 2019, S. 10-16

Schwenger, Christine: Sag es keinem anderen, DLF Kultur, 29. April 2009, https://www.deutschlandfunkkultur.de/sag-es-keinem-anderen-100.html, abgerufen am 27. Juli 2022

Schwulissimo: Krise in Großbritannien, Geplantes Trans-Gesetz führt zu heftigen Debatten und Demonstrationen, 19. Januar 2023, https://

www.schwulissimo.de/neuigkeiten/krise-grossbritannien-streit-zwischen-schottland-und-england, abgerufen am 24. Januar 2023

Schwulissimo: Angriff auf Stonewall-Veteran: „Wenn ich es nicht tue, wer sollte es sonst tun?", 22. September 2022, https://www.schwulissimo.de/neuigkeiten/angriff-auf-stonewall-veteran-trans-aktivisten-schlagen-auf-fred-sargeant-ein, abgerufen am 22. November 2022

Schwulissimo: Frauenfeindlichkeit beim CSD in Stuttgart? Ansonsten: Viel Freude und ein neuer Besucherrekord, 1. August 2022, https://www.schwulissimo.de/neuigkeiten/frauenfeindlichkeit-beim-csd-stuttgart-aktion-der-queeren-linken-gruppe-der-kritik, abgerufen am 22. November 2022

Schwulissimo: Ausschreitungen bei Dyke March in Köln: „Der Angriff zeigt, dass die Community ziemlich intolerant gegenüber anderen Meinungen geworden ist!", 4. Juli 2022, https://www.schwulissimo.de/neuigkeiten/ausschreitungen-bei-dyke-march-koeln-queere-aktivisten-schlagen-auf-lesben-ein, abgerufen am 22. November 2022

Schwulissimo: Selbstbestimmungsgesetz in Spanien: Umfassendes Gesetzpaket will Rechte für LGBTI* stärken, 28. Juni 2022, https://www.schwulissimo.de/neuigkeiten/selbstbestimmungsgesetz-spanien-regierung-fuehrt-selbstbestimmung-ab-12-jahren-ein, abgerufen am 24. November 2022

Schwulissimo: Trans-Frau spricht Ganserer Identität ab: Streit um trans-Frau der Grünen entfacht erneut, 8. März 2022, https://www.schwulissimo.de/neuigkeiten/trans-frau-spricht-ganserer-identitaet-ab-beifall-von-trans-frauen-aus-der-lgbti, abgerufen am 12. Juni 2022

Seggiani, Michela: Warum tragen Männer keine Röcke?, Fragen an die Wissenschaft, Uni Basel, 2010, https://www.unibas.ch/de/Aktuell/Uni-Nova/Uni-Nova-115/Uni-Nova-115-Roecke.html, Abgerufen am 20. November 2021

Selective Service System: Who needs to register, https://www.sss.gov/register/who-needs-to-register/, abgerufen am 10. Januar 2023

Selig, Anette: Der Sammler und die Jägerin – Geschlechterbilder in der Steinzeit, SWR Wissen, 28. August 2021, https://www.swr.de/swr2/wissen/geschlechterbilder-steinzeit-sammler-jaegerin-100.html, abgerufen am 22. Februar 2022

Siddique, Haroon: Appeal court overturns UK puberty blockers ruling for under-16s, The Guardian, 17. September 2021, https://www.theguardian.com/society/2021/sep/17/appeal-court-overturns-uk-puberty-blockers-ruling-for-under-16s-tavistock-keira-bell, abgerufen am 8. Juni 2022

Simonetti, Ricardo,: Stereotyped, 18. Juli 2021, https://stereotyped.podigee.io/7-stereotyped, abgerufen am 14. November 2021

Smith, Matthew: Where does the British public stand on transgender rights in 2022?, yougov.co.uk, 20. Juli 2022, https://yougov.co.uk/topics/society/articles-reports/2022/07/20/where-does-british-public-stand-transgender-rights, abgerufen am 16. November 2022

Society For Evidence Based Gender Medicine: Summary of key recommendations from the Swedish national board of health and welfare, 27. Februar 2022, https://segm.org/segm-summary-sweden-prioritizes-therapy-curbs-hormones-for-gender-dysphoric-youth, abgerufen am 8. Juni 2022

Späth, Raphael: trans Frauen im Sport – „Die Akzeptanz ist sehr wichtig", 26. Juni 2022, DLF, https://www.deutschlandfunk.de/trans-frauen-sport-100.html, abgerufen am 28. Juli 2022

Späth, Raphael: Protest aus den eigenen Reihen: Rugby-Weltverband schließt Tür für trans Athletinnen, DLF, 20. September 2020, https://www.deutschlandfunk.de/protest-aus-den-eigenen-reihen-rugby-weltverband-schliesst-100.html, abgerufen am 1. Juni 2022

Spiegel: US-Bürger können Reisepässe mit „X" als Geschlechtsangabe bekommen, 31. März 2022, https://www.spiegel.de/ausland/usa-reisepaesse-mit-x-als-geschlecht-moeglich-a-c1e21e3c-794c-4737-9aa6-41acc4b3cc50, abgerufen am 8. Juni 2022

Spiegel: Derrick auf dem Jangtse, Interview mit Herbert Reinecker, 11.12.1998, https://www.spiegel.de/panorama/derrick-auf-dem-jangtse-a-ebd0ea66-0002-0001-0000-000008002073?context=issue, abgerufen am 21. Januar 2023

Spiegelhauer, Rheinhard: Spanien plant freie Tage bei Menstruationsschmerzen, DLF Nova, 17. Mai 2022, https://www.deutschlandfunknova.de/beitrag/menstruationsurlaub-was-das-neue-gesetz-fuer-menstruierende-in-spanien-vorsieht, abgerufen am 8. Juni 2022

Stangl, Werner: Habitus, Online Lexikon für Psychologie und Pädagogik. https://lexikon.stangl.eu/1971/habitus, abgerufen am 16. Juni 2022

Stangl, Werner: Identität, Online Lexikon für Psychologie und Pädagogik. https://lexikon.stangl.eu/1971/habitus, abgerufen am 16. Juni 2022

Stark, Florian: Erst Pferde zwangen die Menschen, Hosen zu tragen, Die Welt, 9. September 2021, https://www.welt.de/geschichte/article128727795/Archaeologie-Erst-Pferde-zwangen-die-Menschen-Hosen-zu-tragen.html, abgerufen am 14. Januar 2022

Statistics Canada: Canada is the first country to provide census data on transgender and non-binary people, 27. April 2022, https://www150.statcan.gc.ca/n1/daily-quotidien/220427/dq220427b-eng.htm, abgerufen am 6. Juni 2022

Statistisches Bundesamt: Gender Pay Gap 2021: Frauen verdienten pro Stunde weiterhin 18 % weniger als Männer, 7. März 2022, https://www.destatis.de/DE/Presse/Pressemitteilungen/2022/03/PD22_088_621.html, abgerufen am 7. April 2022

Statistisches Bundesamt: Suizide, https://www.destatis.de/DE/Themen/Gesellschaft-Umwelt/Gesundheit/Todesursachen/Tabellen/suizide.html, abgerufen am 11. Juni 2022

Steinke, Ronen: Als Vergewaltigung in der Ehe noch straffrei war, suedeutsche.de, 4. Juli 2017, https://www.sueddeutsche.de/leben/sexuelle-selbstbestimmung-als-vergewaltigung-in-der-ehe-noch-straffrei-war-1.3572377, abgerufen am 16. Januar 2022

Stendel, Sarah: Transgender CEO: „Es war leichter für mich, als Mann Karriere zu machen", stern.de, 1. Juni 2022,https://www.stern.de/wirtschaft/die-boss/carolin-farberger-im-podcast-die-boss--transgender-ceo-ueber-vielfalt-im-job-31820608.html, abgerufen am 8. Juni 2022

Stern.de: China verbietet Reality-Shows und „verweichlichte Männer" im Fernsehen, 3. September 2021, https://www.stern.de/politik/china-verbietet-reality-shows-und--verweichlichte-maenner--im-tv-30709426.html, abgerufen am 24. Januar 2021

Stern.de: Transgender-Frau muss in den Männerknast, weil sie eine Affäre mit einer Insassin begann, 3. Juni 2019, https://www.stern.de/panorama/transgender-im-gefaengnis--transfrau-muss-zurueck-ins-maennergefaengnis-8737616.html, abgerufen am 6. Juni 2022

Still, Tish: The Truth about trans murders. Performative headlines can't disguise the facts, unherd.com, 11. Januar 2022, https://unherd.com/2022/01/the-truth-about-trans-murders/, abgerufen am 21. November 2022

Stock, Kathleen: Material Girls. Warum Weiblichkeit für den Feminismus unerlässlich ist, Edition Tiamat, 2022

Stoehr, Anna-Janina: Mehr Frauenpower in FIFA 22 – EA baut Pro Clubs Modus aus, 4. August 2021, https://www.esports.com/de/mehr-frauenpower-in-fifa-22-ea-baut-pro-clubs-modus-aus-257956, abgerufen am 2. März 2022

Stöhr, Maria: Transgender in Bangladesch: Drei Minuten Ansage an alle, spiegel.de, 18. April 2021, https://www.spiegel.de/ausland/transgender-moderatorin-in-bangladesch-drei-minuten-ansage-an-alle-a-c1169f8c-fa21-4228-a2de-283307118392, abgerufen am 29. Mai 2022

Stokowski, Margarete: Das Ewigweibliche endlich fallen lassen: Was sagt uns „Das andere Geschlecht" heute? In: Aus Politik und Zeitgeschichte, 51/2019, 16. Dezember 2019, S. 4-9

Surbeck, Martin et al: Mate competition, testosterone and intersexual relationships in bonobos (*Pan paniscus*), Animal Behavior, 9. Januar 2011, https://www.mpg.de/4983711/Bonobos_Testosteron, abgerufen am 13. November 2021

Syed, Renate: Nicht Mann, nicht Frau. Hijras: Indiens „drittes Geschlecht". In: Eibl, Doris G. et al: Innsbrucker Gender Lectures I, Universität Innsbruck, 2012, S. 77-94

Tag24: Niemand will ihre Hoden wachsen: Transgender-Frau sieht nur einen Ausweg, 24. Oktober 2019, https://www.tag24.de/nachrichten/jessica-yaniv-wegen-hoden-beautysalon-verweigert-transgender-frau-behandlung-kanada-1260087, abgerufen am 6. Juni 2022

Tagesschau.de: Schottland beschließt Transgender-Gesetz, 22. Dezember 2022, https://www.tagesschau.de/ausland/europa/gender-gesetz-schottland-103.html, abgerufen am 11. Januar 2023

The Astraea Lesbian Foundation for Justice: Bangladesh Intersex Forum, https://www.astraeafoundation.org/stories/bangladesh-intersex-forum/, abgerufen am 29. Mai 2022

Thomas, Gina: Mehrbettzimmer, FAZ, 22. März 2022, https://www.faz.net/aktuell/feuilleton/debatten/grossbritannien-diskussion-um-trans-personen-und-mehrbettzimmer-belegung-17895306.html, abgerufen am 8. Juni 2022

Transgender Trend: The Supreme Court decision in the Keira Bell case is not a loss, 6. Mai 2022, https://www.transgendertrend.com/supreme-court-decision-keira-bell-case-is-not-a-loss/, 6. Juni 2022

Ty, Manolo: „Gender X" Transgender in Pakistan: Es gibt nur drei Wege, Geld zu verdienen – Betteln, Tanzen oder Prostitution, stern.de, 11. November 2019, https://www.stern.de/panorama/transgender-in-pakistan--es-gibt-nur-drei-wege--geld-zu-verdienen---betteln--tanzen-oder-prostitution_8977364-8967698.html, abgerufen am 6. Juni 2022

UN.org: Estimated 1.7 per cent of new-born babies are intersex 2016, https://news.un.org/en/audio/2016/11/619332, abgerufen am 12. Januar 2023

Universität Rostock: Frauen auf der Leinwand – Jung, schlank und Partnerin, https://www.uni-rostock.de/universitaet/kommunikation-und-aktuelles/medieninformationen/detailansicht/n/frauen-auf-der-leinwand-jung-schlank-und-partnerin-2/ abgerufen am 12. Januar 2023

UNO, CEDAW/C/DEU/CO/7-8, Convention on the Elimination of All Forms of Discrimination against Women, 9 March 2017

Valdés, Isabel: Ley Trans. El Congreso aprueba la ‚ley trans' con apoyo del PSOE pero con la abstención de Carmen Calvo, El Pais, 22. Dezember 2022, https://elpais.com/sociedad/2022-12-22/el-congreso-aprueba-la-ley-trans.html, abgerufen am 11. Januar 2023

Van Oot, Torey: Anmutige Bilder zeigen die Schönheit des „dritten Geschlechts" in Indien, 4. Oktober 2019, https://www.refinery29.com/de-de/hijra-die-schoenheit-des-dritten-geschlechts-indien-in-bildern, abgerufen am 15. März 2022

Vanellope trifft alle Disneyprinzessinnen, aus „Chaos im Netz", Disney 2019, https://www.youtube.com/watch?v=ULRcGBQnvx0, abgerufen am 21. November 2021

Varela, Montserrat: Spanien: Ein Überblick über die Gesetzgebung zu Self-ID, 13. Oktober 2022, http://fairplayfuerfrauen.org/spanien-ein-ueberblick-ueber-die-gesetzgebung-zu-self-id-10-2022/, abgerufen am 13. Januar 2023

Veyder-Malberg, Thyra: 16.07.1927: Reichstag ratifiziert Washingtoner Übereinkommen. Die Geschichte des Mutterschutzes in Deutschland, MDR, 8. März 2021, https://www.mdr.de/geschichte/mutterschutz-deutschland-geschichte-100.html, abgerufen am 7. April 2022

Wandler, Reiner: Trans-Gesetz in Spanien: Mehr Rechte für Trans-Menschen, taz, 29. Juni 2021, https://taz.de/Trans-Gesetz-in-Spanien/!5783339/, abgerufen am 8. Juni 2022

Weinrich, Ulrike: Aufatmen bei Serena Williams: Neue Kleiderordnung erlaubt Leggings, tennisnet.com, 15. Dezember 2018, https://www.

tennisnet.com/news/aufatmen-bei-serena-williams-neue-kleiderordnung-im-damen-tennis-erlaubt-leggings, abgerufen am 14. Januar 2022

Westerhaus, Christine: Schweden: Den Trans-Train stoppen!, emma, 28. April 2021, https://www.emma.de/artikel/den-trans-train-stoppen-338609, abgerufen am 6. Juni 2022

Westphal, Sascha: Wenn die Vernunft sich schlafen legt, nachtkritik.de, 15. Februar 2014, https://www.nachtkritik.de/index.php?option=com_content&view=article&id=9133:republik-der-woelfe-claudia-bauer-richtet-zusammen-mit-der-band-the-ministry-of-wolves-ein-suggestives-maerchenmassaker-in-dortmund-an&catid=212:theater-dortmund&Itemid=100190, abgerufen am 1. März 2022

Wieser, Florian, Linkedin-Post von Ende 2021: https://www.linkedin.com/posts/flowieser_genderswap-bemorepirate-genderequality-activity-6868806308078878720-gEE5, abgerufen am 12. Februar 2022

Wikipedia: Ada Lovelace, https://de.wikipedia.org/wiki/Ada_Lovelace#Rechenmaschine_und_Computer, abgerufen am 14. Januar 2023

Wikipedia: Amarete, https://de.wikipedia.org/wiki/Amarete, abgerufen am 15. März 2022

Wikipedia: Bugis, https://de.wikipedia.org/wiki/Bugis, abgerufen am 12. Januar 2023

Wikipedia: Drittes Geschlecht, https://de.wikipedia.org/wiki/Drittes_Geschlecht, abgerufen am 8. Juni 2022

Wikipedia: Elisabeth Altmann-Gottheiner, https://de.wikipedia.org/wiki/Elisabeth_Altmann-Gottheiner, abgerufen am 7. April 2022

Wikipedia: Polyandrie, https://de.wikipedia.org/wiki/Polyandrie, abgerufen am 15. März 2022

Wildermuth, Volkart: Der Streit um Caster Semenyas Testosteronwerte, DLF, 30. April 2019, https://www.deutschlandfunk.de/intersexualitaet-im-sport-der-streit-um-caster-semenyas-100.html, abgerufen am 31. Mai 2022

Wilmes, Annette: Frauenrechte in Westdeutschland – Der zähe Kampf um Gleichberechtigung, DLF Kultur, 27. Juni 2018, https://www.deutschlandfunkkultur.de/frauenrechte-in-westdeutschland-der-zaehe-kampf-um-100.html, abgerufen am 2. April 2022

Wilmes, Annette: Abschied vom Patriachat, DLF Kultur, 3. Mai 2007, https://www.deutschlandfunkkultur.de/abschied-vom-patriachat-102.html, abgerufen am 7. April 2022

Wojcik, Nadine: Gender-Studie: Männer dominieren TV-Bildschirme, 13. Juli 2017, https://www.dw.com/de/gender-studie-m%C3%A4nner-dominieren-tv-bildschirme/a-39667702, abgerufen am 1. März 2022

Ziss, Galetea: Die Geschichte der Frauenhose, 12. November 2018, https://www.galatea-ziss.de/journal/frauen-in-hosen.html, abgerufen am 14. Januar 2022

Zylbersztajn, Daniel: Umgang mit Kindern „ungenügend", taz, 31. Juli 2022, https://taz.de/Londoner-Gender-Klinik-wird-geschlossen/!5871272/, abgerufen am 4. August 2022